示范性高职院校建设规划教材

JIECHUJING GUIFANHUA GONGZUOSHIWU

接处警规范化

工作实务

岑鸿雁／主编

中国政法大学出版社

2017·北京

图书在版编目（ＣＩＰ）数据

接处警规范化工作实务/岑鸿雁主编. —北京：中国政法大学出版社，2017.1
（2022.1重印）
ISBN 978-7-5620-7320-8

Ⅰ.①接…　Ⅱ.①岑…　Ⅲ.①警察－工作－规范化　Ⅳ.①D035.3-65

中国版本图书馆CIP数据核字(2017)第020744号

出　版　者	中国政法大学出版社
地　　　址	北京市海淀区西土城路 25 号
邮寄地址	北京 100088 信箱 8034 分箱　邮编 100088
网　　　址	http://www.cuplpress.com (网络实名：中国政法大学出版社)
电　　　话	010-58908586(编辑部) 58908334(邮购部)
编辑邮箱	zhengfadch@126.com
承　　　印	固安华明印业有限公司
开　　　本	720mm×960mm　　1/16
印　　　张	29
字　　　数	470 千字
版　　　次	2017 年 1 月第 1 版
印　　　次	2022 年 1 月第 2 次印刷
定　　　价	57.00 元

示范性高职院校建设规划教材
接处警规范化工作实务

主　　编：岑鸿雁
副 主 编：张克强　米学军
参编人员：岑鸿雁　张克强　米学军
　　　　　姚　伟　周　宏　张明华

序　言
PREFACE

　　自 2008 年 9 月公安部党委部署在全国公安机关开展执法规范化建设以来，各级公安机关及各部门、各警种紧密结合实际，高度重视、积极探索，采取切实有效措施，深入、持续地开展执法规范化建设，取得了阶段性成效，有效地推动了公安工作和队伍建设的全面发展。但与此同时，公安机关的执法工作中，仍存在着一些不规范的问题，影响着公安机关执法公信力。

　　接处警执法工作是基层民警的主要任务之一，基层民警的政治素质、业务素质和对外形象也主要体现在接处警执法上。在实际工作中，少数基层民警的执法素质偏低，年龄结构老化，不适应执法形势的新变化，接处警能力不强，不能做到严格、公正、文明、规范执法。有的民警执法思想不端正，在接处警过程中存在冷、硬、横、推现象，接警态度和语言生硬，处警不及时、处置不规范，严重伤害了群众感情，恶化了警民关系。因此，必须大力推进执法规范化建设，切实加强对广大基层民警的教育管理、监督考评，提升基层公安队伍的政治素质、业务素质和管理水平。

　　随着我国法律制度的日益完善，人民群众法律意识的不断增强，人们对公安机关办案质量和依法行政的要求也愈发严格。随着我国社会主义法制建设的不断深入，人民群众的法律意识、权利意识日益增强，舆论监督、社会监督力度进一步加大，对公安机关的执法活动提出了新的更高的要求。为适应新形势下人民群众对公安工作的新期待和新要求，公安机关必须进一步转变执法理念，改变执法方式，规范执法行为，提高执法质量，维护社会公平正义。

　　公安执法规范化建设作为推动公安事业长远发展的公安机关三项建设之

一，其建设水平在相当程度上影响着国家依法治国方略的进程，影响着社会的和谐稳定。接处警工作是公安执法活动的首要环节，接处警工作是否规范不仅影响案件的处置结果，而且关系到人民群众对公安工作的满意度以及公安队伍的整体形象，直接影响到公安执法规范化的建设水平。因此，加强接处警规范化建设的研究，深入分析和研究当前我国公安机关接处警执法过程中不适应新形势的各种因素，有针对性地加强接处警执法规范化建设，提高公安机关执法水平，对于落实依法治国方略、促进公安机关建设均具有十分重大的现实意义和极其深远的历史意义。

执法规范化建设是当前公安机关执法工作的一场深刻变革，孟建柱同志指出"加强执法规范化建设，事关社会公平正义，事关社会和谐稳定，事关经济发展大局。"接处警是公安机关执法过程中的一个重要环节，同时也是与群众联系最紧密的警务活动之一，加强接处警规范化执法建设不仅顺应社会公众对公正廉洁执法的要求，同时对于全面提升公安机关执法能力、执法水平和执法公信力，推动公安事业长远发展具有重要意义。

《接处警规范化工作实务》由岑鸿雁任主编，米学军、张克强任副主编，各章撰稿人为（以撰写章节先后为序）：

岑鸿雁（四川司法警官职业学院）：模块一、二

张克强（德阳市公安局旌阳区分局）：模块三、四

姚伟（德阳市公安局旌阳区分局）：模块五

米学军（四川司法警官职业学院）：模块六

张明华（四川司法警官职业学院）：模块七

周宏（四川司法警官职业学院）：模块八

C目录
ONTENTS

序　言 ……………………………………………………………… 1

模块一　接处警基本工作流程 ……………………………… 1
　任务一　接受报警 ……………………………………………… 6
　任务二　指挥调度 ……………………………………………… 20
　任务三　处　　警 ……………………………………………… 30
　任务四　反馈与回访 …………………………………………… 45
　任务五　现场媒体应对 ………………………………………… 61

模块二　现场保护与取证 …………………………………… 81
　任务一　现场保护 ……………………………………………… 85
　任务二　收集证据 ……………………………………………… 97
　任务三　现场访问 ……………………………………………… 108

模块三　常见处理措施 ……………………………………… 125
　任务一　常用强制措施 ………………………………………… 128
　任务二　行政处罚 ……………………………………………… 142

任务三　刑事强制措施 ································ 155

模块四　纠纷求助类警情处置 ················ 217

任务一　纠纷类警情处置 ···················· 220

任务二　求助类警情处置 ···················· 239

模块五　重大事件类警情处置 ················ 258

任务一　预谋群体性事件警情处置 ·············· 262

任务二　械斗事件警情处置 ·················· 271

任务三　突发群体性事件警情处置 ·············· 276

任务四　违规上访事件警情处置 ··············· 294

模块六　特定对象类警情处置 ················ 306

任务一　涉及宗教问题警情处置 ··············· 309

任务二　涉及民族问题警情处置 ··············· 316

任务三　特殊对象警情处置 ·················· 321

任务四　涉犬事件警情处置 ·················· 330

模块七　刑事案件警情处置 ················· 343

任务一　刑事案件处置概述 ·················· 346

任务二　普通刑事案件警情处置 ··············· 360

任务三　严重刑事案件警情处置 ··············· 395

模块八　事故灾害类警情处置 ················ 424

任务一　人为事故警情处置 ·················· 428

任务二　灾害意外警情处置 ·················· 441

经典案例

　　2011 年 10 月，四川某公司计划在××市投资建设"钼铜多金属资源深加工综合利用项目"（以下简称"钼铜项目"），并向社会公示，征求公众意见。2012 年 2 月 21 日，××市地方电视台报道称该项目已通过环保部的技术评审，进入环保部行政审批程序，处于尚未动工建设阶段。3 月 26 日，钼铜项目通过环保部环境影响评价审批。6 月 29 日，钼铜项目开工典礼在××市举行。

　　6 月 30 日上午，十几名市民到××市委集体上访。改市市委工作人员拨打

110报警，称有群众在市委门口聚集，影响市委办公秩序。接警后，处警民警立即前往现场。因为之前当地政府以及公安机关已了解到可能引发聚集，公安机关、国保机关，及情报部门已在现场守候，处警民警按照预案对部分聚集人员进行登记，并将该人群引导至市政府信访部门。聚集群众经市委工作人员和信访人员劝解后离开。

7月1日晚，数十名学生和数百名市民分别聚集在××市委门口和宏达广场两地聚众示威，要求停建钼铜项目，部分聚集群众还发起在横幅标语上签名请愿。该行为未报经相关部门审批，并且导致市委门口和宏达广场两地拥堵，造成交通中断。群众多次报警，处警民警出警后联系当地政府共同劝解，并将该情况向指挥中心以及各级领导汇报。公安机关出动巡特警以及大量交警到现场维护现场及周边秩序，后聚集人员陆续离开。

7月2日上午，一些市民陆续在××市委、××市政府门口聚集，反对钼铜项目建设，其中部分市民不听劝阻，强行冲破警方警戒线进入市委机关。当地公安机关组织警力进行处置，设置警戒线，喊话劝解市民克制自己的行为，并且派遣民警用防暴盾牌组成人墙阻止市民进入市委机关。当天下午，在部分人的怂恿、煽动下，聚集的市民强行冲破人墙，冲进市委机关和办公楼，打砸公共设施和车辆，踩踏市委牌匾，并用花盆、矿泉水瓶、杂物等扔砸在场的民警和机关工作人员。当地公安机关报请省公安厅同意，调用周边县市区的警力前往协助处置。警方使用催泪瓦斯对情绪激动、失去理智的人群进行了驱散，并加强了对市委机关等重点场所的警戒。在处置过程中十多名民警和机关工作人员受伤，7辆公务用车受到不同程度损坏，严重影响了机关正常办公秩序和社会稳定。

7月2日，××市政府发出停止钼铜项目建设的通知。7月3日上午，××地方电视台发布《××市公安局关于严禁非法集会、游行、示威活动的通告》。当天下午，××市委书记接受媒体采访时表示，在群众不了解、不理解、不支持的情况下，钼铜项目不再建设。7月3日当晚，××市公安机关依据法律规定，对在宏达广场打砸、推翻警车的钟某、李某、刘某等3人予以刑事拘留；对强行冲击警戒线，向执勤民警投掷花盆、砖头、石块等杂物的洪某、周某、钟某等3人予以行政拘留；其余21人经批评教育，认清所犯错误并具结悔过后，全部予以释放。

问题导入

一、接到报警后，接警人员应首先向报警人了解哪些情况？

二、如果群众报警时本身处于慌乱之中，接警人员应怎样引导报案人说清楚情况？

三、如何根据群众提供情况安排警力？

模块概述

执法规范化建设是当前公安执法工作的一场深刻变革。孟建柱同志指出："加强执法规范化建设，事关社会公平正义，事关社会和谐稳定，事关经济发展大局。"接处警工作是公安执法活动的首要环节，接处警执法规范化建设是公安执法规范化建设的重要组成部分。接处警工作是否规范不仅影响到案（事）件的处置结果，而且关系到人民群众对公安工作的满意度以及公安队伍的整体形象，直接影响到公安执法规范化的建设水平。因此，加强接处警执法规范化建设不仅顺应社会公众对公正廉洁执法的要求，同时对全面提升公安机关执法能力、执法水平和执法公信力，推动公安事业长远发展具有重要意义。

接处警的组织实施，是指公安机关接到报警后，根据警情的性质和实际情况调动警力和装备，对警情进行处理的整个执法过程。接处警的实施程序是接处警执法规范化建设的核心内容，不仅关系到公安机关接处警工作的成效，还对公安机关的执法能力和社会形象有着直接的影响。接处警的基本工作流程主要包括接警、指挥调度和处警三个环节，后续工作还有反馈与回访、现场媒体应对两个环节。

我国的接处警以 110 报警平台为载体、以公安指挥中心为龙头。接处警规范化建设要求严格、公正、文明、理性执法，要求基层民警养成规范执法的良好习惯。根据公安机关接处警操作规范，接处警工作标准主要有四个方面：

（一）接处警岗位标准

围绕民警"干什么"的问题，设定民警岗位职责标准、岗位业务标准和岗位技能标准。

（二）接处警行为标准

围绕民警"怎么干"的问题，制定接处警执法动作标准，固化勤务流程和操作规范。统一"一问、二拍、三录、四记、五查"的接处警五步走操作流程标准，明确民警首接责任制，制定处警民警先期取证行为标准，实施接处警全程录音录像、随警督察和接处警倒查制度。

（三）接处警语言标准

完善民警基本执法语言标准，统一接处警民警的语言规范，确保民警工作中熟练运用法言法语和文明用语。加强养成教育，杜绝因语言、态度引发的投诉。

（四）接处警保障标准

各级公安机关要加强保障力度，从基础设施、装备、经费、信息化等方面制定保障标准，为接处警工作的标准化管理提供必备条件。

所谓"规范化"，是指在经济、技术和科学及管理等社会实践中，对重复性事物和概念，通过制定、发布和实施标准（规范、规程和制度等）达到统一，以获得最佳秩序和社会效益。

公安机关接处警规范化，是指公安机关依据法律法规和内部规章接警、出警、处警所形成的基本体系。它是公安民警必须遵循的行为准则，是依法行政、依法治警在公安工作中的具体体现，也是现代警务机制和公安队伍正规化建设的重要组成部分。它具有以下四个特征：（1）法定性。执法活动的基本依据是国家的法律法规和规范性文件，以国家的强制力为重要依托，是广大人民管理国家事务的基本意愿通过公安机关的具体行为来实现的法定职权。（2）程序性。执法活动及其规范体系建设以法律法规为依据，对具体的执法行为、执勤活动以及结果运用，制定了一整套严格、明确、标准的操作程序，以保证各项执法活动有序开展。（3）公正性。这是执法执勤体系建设所追求的目标和衡量标准，也是公安民警依法履行职责的基本要求，实现社会公平与正义是建设法治国家、构建和谐社会的必然选择，更是公安机关执法活动的最基本追求。（4）互动性。执法规范体系具有执法主体与执法客体，执法行为和执勤活动，主体素质与社会条件，软件建设与硬件保障等互为影响、互为促进、互为条件的辩证统一关系。

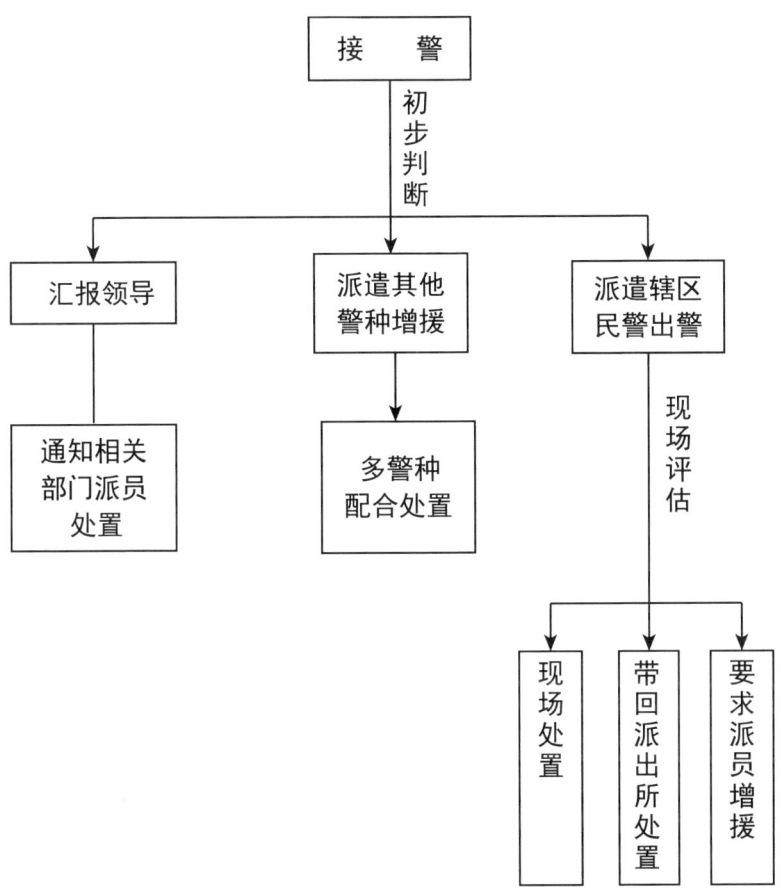

任务一
接受报警

情景导入

2015年6月15日10时48分，某市局110指挥中心接到群众石某报警称："其在前营子砖厂被打"。接警后，指挥中心立即派警到A县公安分局指挥室。10时50分，A县公安分局指挥室反馈：该案发地应属B县公安分局Y派出所管辖。10时51分，指挥中心将该警情增派B县公安分局；10时55分，指挥中心再次向A县公安分局派警，要求必须出警，到案发地和B县公安分局现场移交。11时14分，B县公安分局Y派出所民警在现场反馈案发地是A县公安分局X派出所辖区；后指挥中心再次通知A县公安分局到现场和B县公安分局当面交接。12时39分，A县公安分局X派出所民警来电称正在处置另一个警情。指挥中心根据《公安机关110接处警工作规范（试行）》中"直接指挥权"的规定，告知其必须先期出警，事后如对辖区有异议，书面向市局指挥中心报告。13时许，B县公安分局Y派出所民警向指挥中心汇报已先期给报警人调查取证，告知报警人先去医院看病，案发地属A县公安分局辖区，应由A县公安分局X派出所受理该警情，指挥中心告知其将辖区争议情况书面报市局。

14时40分许，A县公安分局X派出所当日值班所长吕某、指导员石某到市局指挥中心，指挥中心当面指令X派出所受理此案；后经市局治安支队当面协调，按照行政管辖来划定治安管辖的基本原则要求，明确该案件应该由A县公安分局X派出所受理，A县公安分局X派出所领导同意受理此案。

2015年6月16日11时29分，报警人石某再次拨打110报警称："自己昨天在前营子砖厂被打，报警后一直无人管"。市局110指挥中心接警后，经核实案发地属于 A 县某行政村管辖，再次派警到 A 县公安分局指挥室。A 县分局指挥室反复来电称不是其辖区，不予受理；并强调该警情已向 A 县公安分局领导汇报，正在协调指定管辖。

课前讨论

一、接警后，接警中心工作人员应问清楚哪些情况？

二、如果群众报警时本身处于慌乱之中，接警人员应怎样引导报案人说清楚情况？

三、如何分辨有效警情和无效警情？

理论知识

接警，就是接受报警，是公安机关和 110 报警服务台（含指挥中心）的接警人员对报警、求助、投诉的案（事）件情况进行询问、登记，了解情况，判明性质和轻重缓急，下达处警指令的全过程，主要包括接受、下达指令、信息沟通、回复回访和记录等。接警是公安机关和 110 报警服务台（含指挥中心）快速反应的第一个环节，是公安机关维护社会治安秩序，打击违法犯罪活动的一项有效手段，也是人民警察的责任和义务。公安机关对报案、控告、举报、群众扭送或者违法嫌疑人投案，以及其他行政主管部门、司法机关移送的案件，应当及时受理。对不属于自己管辖或者职责以外的事项，应当先行登记，及时移交有关部门和人员办理，并向报警人、求助人或投诉人说明情况。

一、接警的范围

根据《人民警察法》《110 接处警工作规则》等法律规范以及公安机关的职责任务，公安机关接警的范围主要包括以下几个方面：

（1）报警。包括刑事案件、治安案（事）件，危及人身、财产安全或者社会治安秩序的群体性事件，自然灾害、火灾、治安灾害事故、道路交通事故，其他需要公安机关处置的与违法犯罪有关的报警。

（2）求助。包括发生溺水、坠楼、自杀等危急情况，需要公安机关紧急救助的；老人、儿童、智障人员、精神疾病患者等行为能力辨别能力差的人员走失，需要公安机关帮助查找的；公众遇到危难，处于孤立无援状况，需要公安机关立即救助的；水、电、气、热等公共设施出现险情，威胁公共生命或者财产安全和生产生活秩序，需要公安机关先期紧急处置的；其他可能引发人身伤亡事故或者公私财产重大损失的险情，需要公安机关紧急处置的。

（3）投诉。公安机关及其人民警察违反《人民警察法》《公安机关人民警察纪律条令》等法律法规和人民警察各项纪律规定，违法行使职权，不履行法定职责，不遵守各项执法、服务、组织、管理制度和职业道德的各种行为引发的各种投诉。

（4）其他。其他公安机关职责范围内的应当接警情况。

二、接警的种类

（一）根据接警部门进行分类。

按接警部门不同，接警的种类可分为 110 报警服务台（含指挥中心）接警，公安派出所接警，巡逻民警接警，警务督察部门接警及公安机关其他部门、人民警察接警五种。

1. 110 报警服务台（含指挥中心）接警

110 报警服务台（含指挥中心）受理报警、求助和投诉，应当尽快询问对方的姓名、单位、住址和联系电话，了解警情的基本要素，如时间、具体地点和位置、案（事）由等，并针对具体警情进一步问明下列情况：

（1）受理案件报警，应当尽快询问涉案人数、嫌疑人体貌特征、携带物品、是否持有器械和危险物品、作案后去向；如嫌疑人驾驶车辆的，应当询问车牌号、车型、颜色等。

（2）受理群体性事件报警，应当尽快询问事件的参与人数、规模、人员构成、事由，是否持有器械，是否发生过激行为等情况。

（3）受理火灾报警，应当尽快询问燃烧物质种类，有无人员被困、伤亡，火势大小、蔓延情况，有无中毒、爆炸等危险情况，相邻单位情况等。

（4）受理交通事故报警，应当尽快询问车辆类型、车辆牌号、人员伤亡、是否载有危险物品、危险物品的种类等情况；受理其他事故报警，应当尽快询问事故原因、人员伤亡、经济损失等情况。

（5）受理求助，应当问明需要救助的人数、事由、危险源等。

（6）受理投诉，应当问明被投诉者的基本情况、投诉事由等。

2. 公安派出所接警

公安派出所值班民警接到报警、求助、投诉，应当与110报警服务台工作人员在接受报警时一样，做到语言规范、文明接警，在问明相关情况后做出相应处理，并根据需要指导急救。有条件的，应当与110报警服务台使用同一接警平台。需要处警或者接到110报警服务台（含指挥中心）处警指令的，应当立即向公安派出所值班领导报告，并按照相关规定予以处置。公安派出所接受刑事案件或者行政案件报警后，依照公安部办理刑事案件和办理行政案件的规定处理。

3. 巡逻民警接警

巡逻民警在巡逻中接到群众报警、求助、投诉时，应当做到语言规范、文明接警，在问明相关情况后作出相应处理，并根据需要指导急救，并立即向主管单位报告情况。

4. 警务督察部门接警

公安机关警务督察部门接到投诉时，应当语言规范、文明接警，在问明相关情况后作出相应处理。

5. 其他部门、人民警察接警

公安机关其他部门、人民警察接到报警、求助和投诉，应当问明情况并制作记录，立即向负责人报告情况，对属于本部门管辖的，依照处警相关规定办理。属于刑事案件或者行政案件的，依照公安部办理刑事案件和办理行政案件的相关规定处理。对不属于本部门管辖的，如果是公安机关职责范围以外的紧急案（事）件或者事故报警，或者公安机关职责范围以外的可能危及公共安全、人身或者财产安全的紧急求助，在下达指令做好先期处置的同时，及时通知相关部门或者单位派员到场处置。在相关部门或者单位进行现场处置时，公安机关处置民警可以给予必要的协助。如果是公安机关职责范围以外的投诉或者非紧急报警、求助，应当告知投诉人、报警人、求助人向有关主管部门或者单位投诉、报告、求助，并视情况转告有关主管部门或者单位，对投诉人、报警人、求助人给予必要的解释。属于刑事案件或者行政案件的，应当先行采取必要的紧急措施，并按照相关程序移送有管辖权的机关处理。

（二）根据警情进行分类

按警情的不同，接警的种类可分为一般警情的接警、重大警情的接警、求助类警情的接警、投诉举报类警情的接警四种。

1. 一般警情的接警

（1）一般案件类警情的接警。一般案件类警情，是指情节、危害、影响、后果轻微的案件类警情。接警人员受理此类警情时，应询问发生地点、发现时间、人员受伤、财物损失等基本情况，提醒报警人保护现场、等候民警处置。对现行发生的，应当询问嫌疑人数量、体貌特征、驾乘交通工具、逃跑方向及涉案物品等情况。对发案地点不明或无追捕条件的非现行发生的一般案件，应告知报警人直接向辖区公安机关报案，并给予必要解释。但报警人坚持要求处警的，应当指令出警。

（2）一般交通事故类警情的接警。一般交通事故类警情，是指发生在道路、非道路上的受伤人数较少、受伤程度较轻、财产损失不大、未造成严重交通堵塞的交通事故，以及造成人员受伤或一定财产损失，需要紧急救助的水上交通事故。接警人员受理此类警情时，应询问发生地点、发现时间、人员受伤、车船损失、车船特征、肇事逃逸者及其逃跑方向等基本情况。对发生在高速公路上的交通事故，应询问事故车辆前进方向或上行线、下行线等情况，引导报警人确认事故发生地里程标识；对发生在水上的交通事故，应询问发生的水域、发生时间、船只特征，以及人员落水、船体损坏、沉没及装载物等情况；对非现行发生的一般道路交通事故，应告知报警人到事故发生地交巡警部门报案；对单方道路交通事故仅造成自身车辆损失的，应告知其直接向保险公司请求理赔，通过简易程序处理，并给予必要的引导。

（3）一般火灾及其他灾害事故警情的接警。一般火灾及其他灾害事故警情，是指危害程度较轻、受伤人数较少、财务损失不大、灾害范围较小的火灾及其他灾害事故。接警人员受理此类警情，应当询问发生地点、起因、人员伤亡及被困情况，现场及周围有无易燃易爆物品等。

（4）对涉及计算机网络警情的接警。对涉及计算机网络的诈骗、盗窃、侮辱、诽谤、敲诈等违法犯罪报警，除询问基本要素外，还应问清其上网所在地、上网设备、网上虚拟身份等情况。对利用网络发起非法结党集会、散布影响社会稳定信息等情况的报警，应详细了解相关情况，并及时报告。对网络游戏设备被盗等涉及虚拟财产报警，可告知报警人，我国现行法律对此尚未有明文规定，发生此类问题，可直接向网络游戏运营商反映。报警人坚持要求公安机关受理的，可先受理再答复。

2. 重大警情的接警

重大警情，是指危及公共安全、公民人身或重大财产安全，需要立即处置的警情，主要包括重大刑事案件、群体性事件、重大灾害事故及紧急求助等。

（1）接警人员受理使用爆炸、投毒等手段行凶、破坏、威胁警情时，除问清基本要素外，应迅速判明是否已实施爆炸、投毒，是否有人员伤亡，还是扬言爆炸、投毒敲诈或威胁，提醒报警人注意自身安全，并与警方保持联系。

（2）接警人员受理劫持汽车、轮船、飞机警情时，除问清基本要素外，应询问现场最新情况和发展态势。

（3）接警人员受理劫持、绑架、抢劫、杀人、强奸、重伤害等警情时，除问清基本要素外，应询问涉及对象身份、人数和作案手段，提醒报警人注意保护现场、保全证据。

（4）接警人员受理群体性事件类警情时，除问清基本要素外，应了解事件主体的身份、人数及诉求，是否携带或使用器械、可燃性物品，是否拉横幅、打标语、呼喊口号，是否围堵铁路、国省道或干线公路，是否围堵、冲击党政、企事业单位，是否打、砸、抢、烧等。

（5）接警人员受理重大放火、火灾类警情时，除问清基本要素外，应了解涉及范围、燃烧物质和人员伤亡、被困等情况，以及周围有无重点单位、重要设施、危险物品等。

（6）接警人员受理重大道路交通事故类警情时，除问清基本要素外，应询问人员伤亡情况以及肇事人、车是否逃逸，涉事车辆是否为特殊车辆，涉事人员是否具有特殊身份等情况。

（7）接警人员受理重大公共卫生事件和自然灾害事故类警情时，除问清基本要素外，应了解涉及范围、人员伤亡、财产损失、有无扩展等情况。

（8）接警人员受理危险化学品泄漏类警情时，除问清基本要素外，应了解泄漏物名称、特性及处理方法，涉及范围和已造成的损失情况等。

3. 求助类警情的接警

接警人员受理求助类警情时，应正确判断求助的性质，对无需出警的，应告知求助人求助渠道或解决方法，并给予适当解释。涉及社会联动单位的，应及时通知社会联动单位处置或向求助人提供联动单位的联系方式。

4. 投诉举报类警情的接警

接警人员受理公众投诉举报时，应遵循"认真受理、如实登记、及时报告、规范移交、跟踪办理、严格保密"的原则，及时向投诉人反馈查处情况。

（1）接警人员受理投诉时，应向投诉人了解被投诉对象的基本情况、投诉内容、要求和投诉人姓名、工作单位或家庭住址、联系方式等情况。投诉人不愿透露本人情况的，不得强求；不愿公开姓名的，不得公开。

（2）接警人员受理举报线索类警情时，应询问举报人与案（事）件及被举报人的关系，举报线索来源及可靠性。对不属于公安机关管辖范围的举报，应告知举报人向有关部门举报，并提供相应联系方式。

（三）根据报警方式进行分类

按报警方式的不同，接警的种类可分为固定目标报警的接警、移动目标报警的接警、互联网报警的接警、短信息报警的接警、旅馆业信息系统报警的接警等。

1. 固定目标报警的接警。固定目标报警，是指重点单位、要害部位安装在固定地点的技防监控报警系统报警。接警人员对此类报警应当做到"逢报必接，逢接必处"。

2. 移动目标报警的接警。移动目标报警，是指安装在金融押运车、出租车、租赁车、危险品运输车、公交车等车辆上的技防监控报警系统（GPS），通过人工触发报警装置实施的报警。接警人员接到此类报警，应迅速确定报警车辆用途、方位并判断警情性质，不宜与报警人直接进行语音通话。

3. 互联网报警的接警。互联网报警，是指报警人通过互联网向警方实施的报警。接警人员对此类报警应当迅速判断报警内容是否属于公安机关管辖，按相关规定处置。

4. 短信息报警的接警。短信息报警，是指报警人利用移动电话设备编辑短信息发送到 110 报警服务台的报警。对短信息报警的，应仔细查看内容，迅速用短信息回复确认，并提醒有关事项，核实有关情况，初步判断警情性质，分析是现行警情还是已发警情。对可能造成报警人危险的警情一般不得使用电话反拨。

5. 旅馆业信息系统报警的接警。旅馆业信息系统报警是旅客信息自动比对报警。对旅馆业信息系统报警应及时查看报警资料的有关信息，嫌疑人的基本情况，入住旅馆的地址、名称和房间。

（四）根据报警和案（事）发地域进行分类

按报警和案（事）发地域的不同，接警的种类可分为异地报警的接警、异地警情的接警、境外警情的接警等。

1. 异地报警。异地报警，是指报警人不在案（事）发地，向案（事）发地110报警服务台报警求助的情况。110报警服务台对异地报警，需要即时派警处置的，应当受理；对需要履行法律手续的报案，应引导报警人按规定程序进行。案（事）发地110报警服务台应当问清情况，视情通报报警人所在地110报警服务台向报警人核实情况，报警人所在地110报警服务台应予配合。对异地报警无法提供警情地址或无出警条件的，应引寻报警人到所在地公安机关报警。

2. 异地警情。异地警情，是指报警人不在案（事）发地，向本人所在地110报警服务台报警求助的情况，或报警人在案（事）发地，向非案（事）发地110报警服务台报警求助的情况。受理地110报警服务台应核实情况后，及时将警情通报案（事）发地110报警服务台。案（事）发地110报警服务台接到警情通报后，应立即开展处置工作，并及时将处置情况向报警人和报警人所在地110报警服务台反馈。对因通信故障等原因导致报警人在案（事）发地的报警通信信号转入异地110报警服务台的，接收到报警的110报警服务台及案（事）发地110报警服务台应参照异地警情的相关规定处理。

3. 境外警情。境外警情，是指案（事）件发生在境外的情况。对于案（事）件发生在境外的中国公民的报警求助，要询问报警求助人所在国家或地区的具体地点、联系方式及求助事项。

三、接警的基本要求

（一）公安机关、人民警察接警的基本要求

1. 接待报案人

公安派出所值班民警、巡逻民警、其他部门、人民警察接到报警、求助、投诉时，要热情接待报案人，询问基本情况，制作询问笔录，填写《接受案件回执单》，并根据内部分工交有关民警处理；对紧急案（事）件，应当立即依法采取紧急处理措施，并向公安机关领导报告。

2. 做好报警记录

（1）公安机关及其人民警察对接报的案件，应当及时受理，进行登记，客观、认真地填写《受案登记表》。

（2）报案既可以采用书面形式，也可以采用口头形式。凡接受口头报案的，要让对方把事情说清、说全、说完。接待人员应当全面、认真做好记录，经阅读或宣读无误后，由控告人、检举人等签名或盖章。对于书面提出的，要注意审查内容、材料是否完备，不完备的要通过询问补充完整。

（3）接警时，应当做好制作《报处警记录表》、接受证据、制作《受案登记表》及《接受案件回执单》等工作。《受案登记表》应记明以下内容：案件来源、报案人的基本情况、简要案情、接报人等。《接受案件回执单》应注意填明：受案单位名称，受案民警姓名以及相关电话号码等。《受案回执单》一式两份，一份交报案人、控告人、举报人、扭送人，一份附卷。对其他行政主管部门或司法机关移送的案件，应当在《移送案件通知书》等文书或者其他送达回执上签收，不必制作《接受案件回执单》。

3. 特殊情况的处置

（1）受理群众现场报警时，应当做到：①认真听取报警人陈述，对陈述不清的情况进行询问，并做好询问笔录，力求报警材料完整，不得只问不记或者记录残缺不全。②在询问报警人之前或者询问结束后，应当告知其依法享有的权利和应承担的法律责任，并记入笔录。③对非本辖区的警情，应当先受理后移交。

（2）受理投案自首时，应当做到：①对投案人应当及时讯问，根据法律规定，向其讲明投案自首的具体要求，并制作讯问笔录，录音或录像。②讯问中应根据投案人的供述，及时固定有关证据。③有亲友陪同的，应对其亲友进行询问，并制作询问笔录。④询（讯）问结束后，应将案情向值班领导汇报，再根据案情分别作以下处理：构成犯罪的，及时移送侦查部门，依法采取相应的强制措施；对符合治安行政处罚的，应及时查处或者移送有管辖权的部门处理；对没有违法行为或者违法行为显著轻微，不够治安行政处罚的，应向其讲明法律、法规有关规定后让其离开；对不属于公安机关或者本机关管辖的案件，应按有关规定及时办理移交事宜。

（3）受理群众扭送犯罪嫌疑人时，应当做到：①做好询（讯）问笔录，在掌握基本案情后，立即报告。②对可能构成犯罪的，应及时立案侦查或者移送有管辖权的单位办理。③对属于治安行政案件的，应及时立案查处或者移送有管辖权的部门办理。④对民间纠纷，应依法做好相应的调解处理工作。

⑤对参与扭送的群众，应记录其联络方式。

(二) 110 报警服务台 (含指挥中心) 接警的基本要求

1. 接受。110 报警服务台 (含指挥中心) 接警工作人员在接受报警、求助、投诉时应当做到：①语言规范。接警工作人员应当掌握和使用普通话并全程录音，有条件的应当同步录像。在外国人来往较多的城市，110 报警服务台 (含指挥中心) 应当积极创造条件，开通外语接警服务；在少数民族聚居较多或者民众使用方言较普遍的城市，开通当地通用的少数民族语言或者方言接警服务。②文明接警。接警工作人员应当警容严整，语言文明，态度热情，语气平和，耐心解答，注意保密。接警时，应当根据报警者心情和态度给予必要的答复和安慰。③问明情况。受理报警、求助和举报时，应当尽快询问对方姓名、单位、住址和联系电话，了解警情的"何时、何地、何事、何人、何因、何物、何果"等基本要素，并针对具体警情，询问车牌号、车型、颜色等。④指导急救。对情况紧急的违法犯罪、灾害事故、人身危险、严重伤病等报警、求助，可以视情况告知报警人、求助人有关应急处置办法，指导其救人或者自救。

2. 下达处警指令。①明确管辖。110 报警服务台 (含指挥中心) 向处警单位下达处警指令，应当遵循属地管辖原则、就近管辖原则、业务管辖原则。对管辖暂不明确的案 (事) 件，应当先指定处警民警进行先期处置，管辖权明确后再移交有关部门进行处理。对属于公安机关管辖范围的报警、求助，接警人员应当及时受理，不得拒绝、推诿，并按有关规定立即开展处置工作。对接警过程中通过口头答复即可解决的报警求助，应当直接帮助报警人解决。对不属于公安机关管辖范围的报警求助，接警人员应当向报警人解释清楚，并提供必要的引导服务；对非紧急求助，应通过分流处理渠道，及时转交有关部门。②下达指令。在接受报警后，110 报警服务台 (含指挥中心) 应当立即指令有关处警力量赶赴现场处置；对于正在发生的紧急警情，应当就近调派警力先期处置，在指令相关警种、单位出警的同时，按规定上报情况，并向业务主管部门通报。有人员伤亡的，应当立即通报 120 急救中心赴现场实施医疗救护。110 报警服务台 (含指挥中心) 下达处警指令应当准确、迅速、避免使用容易产生歧义的词语。处警指令的基本内容包括：报警人的姓名、联系方式，案 (事) 发时间、地点、目前状况以及需要注意的其他情况。

3. 信息沟通。110 报警服务台 (含指挥中心) 与处警民警应当及时就处警情况进行沟通。①在案（事）件处置过程中，110 报警服务台（含指挥中心）要了解、收集处警民警到达现场的先期报告和案（事）件处置完毕后的反馈报告。对重大案（事）件或者性质一时难以判明的案（事）件，要进行跟进了解，随时掌握案情进展和处置工作情况。对收集到的相关信息和反馈的情况，要认真做好记录。②110 报警服务台（含指挥中心）对当天接报、掌握的重要警情信息，应当严格依照重要情况信息收集以及报送工作的规定办理，并定期对警情进行研判，发布预警通报。

4. 回复回访。110 报警服务台（含指挥中心）应当依照有关规定或者在必要时将处警结果回复报警人、求助人、举报人，并回访报警人、求助人、举报人。

5. 记录。在 110 接处警系统中对接处警情况进行登记和存储，并做好备份。有关记录和录音应当依照有关规定妥善保存。报警人、求助人、投诉人如果不愿公开自己的姓名和报警、求助、举报的行为，应当为其保守秘密，并在接处警记录中注明。

四、接警后不同管辖范围的分流处置

公安机关接到报警后，应当按照警情性质和管辖权限的不同，进行分别处理。

1. 处警。对属于本单位管辖范围内的事项，应当及时处警。

2. 移送。对属于公安机关职责范围，但不属于本单位管辖的，应当在受理后的 24 小时内移送有管辖权的单位处理，并告知报案人、控告人、举报人、扭送人、投案人。如果具有下列情形之一的，受理案件或者发现案件的公安机关及其人民警察应当依法先行采取必要的强制措施或者其他处置措施，再移送有管辖权的单位处理：

（1）违法嫌疑人正在实施危害行为的；

（2）正在实施违法行为或者违法后即时被发现的现行犯被扭送至公安机关的；

（3）在逃的违法嫌疑人已被抓获或者被发现的；

（4）有人员伤亡，需要立即采取救治措施的。

3. 告知向其他有关主管机关报案或投案。对不属于公安机关职责范围内的事项，书面告知报案人、控告人、举报人、扭送人、投案人向其他有关主管机关报案或者投案。

五、接警中出现的其他问题：

1. 接警人员对律师索要接处警资料的，告知其应通过具体办案单位和法制部门联系协调，对其他单位或个人索要接处警资料的不予办理。

2. 接警人员接到重复报警时，应区分具体情况，采取适当应对措施。对因处警民警未及时到达而重复报警的，应作适当解释，并督促处警单位尽快赶赴现场；警情升级必须立即处置的，应指令就近警力赶赴现场处置；对处警民警长时间未到达现场的多次重复报警，应通报处警单位上级部门查处。

3. 110报警服务台（含指挥中心）接警时特殊情况的处置。①接警人员受理发生在运行的交通工具上的警情时，应询问车（船）起止点、线路、发生地、性质、规模和危害程度等，先行受理登记。一般警情，要提醒报警人在停车（船）后向就近公安机关报警。②接警人员接到骚扰电话时，应当对当事人进行教育批评，指出其行为已扰乱公安机关的正常工作秩序，责其改正。对骚扰110情节严重的，应依法查处。③接警人员对同号码短时间内多次主叫多次或夜间出现主叫多次的电话，应慎重对待，视情反打回去。④接警人员接到无语报警电话时，应仔细倾听，判断对方有无异常情况，视情开展处置工作，切忌随意挂断电话。对反拨无法接通电话的应记录备查；对反拨接通无应答的应设法提醒或给予对方暗示，仍不应答也无暗示的即可挂断电话，视情派员处置。⑤对报警人无法说明警情地点的，应引导其将电话交附近居民接听或使用固定电话报警；周边无人的，可引导其寻找就近的公用电话报警或利用路灯杆编号辅助定位，或就近到标志性建筑物附近或路口等待；处于野外且报警人遭遇事故、不法侵害等致使无法行走或移动的，应运用技术手段辅助定位。⑥接警人员接到要求采访的电话时，一律不得直接接受采访，告知其应通过公安宣传部门联系协调。

实训任务

一、简要案情

2015年4月13日21时40分许，有群众拨打110报警，称在××市区×巷有人打架。110指挥中心将警情推送至辖区派出所，由派出所值班民警赶赴现场。在处警民警到达现场后，发现只有一名女子钱某和一名男子孙某在场。据钱某反映，孙某的妻子胡某在街面上无故对其进行殴打，造成自己身体多处受伤，现在这名叫胡某的女子不知何时已经离开现场。处警民警随即对孙某进行询问，孙某称离开的女子胡某确实是其妻子，因胡某怀疑孙某和钱某有感情瓜葛，当天夜间孙某外出，胡某便悄悄尾随孙某。当孙某在街上遇见钱某后，与钱某在街道上闲聊。二人正在聊天的过程中，不知道胡某从什么地方冲出，先对钱某进行辱骂，在钱某与胡某进行争吵的过程中。胡某情绪激动，与钱某发生抓扯。孙某随即上前劝阻，在将二人分开后，胡某趁钱某不注意自行离开现场。打架之时有部分群众围观，在处警民警赶到现场后，聚集围观的群众越来越多，现场的群众开始对钱某和孙某进行议论。

二、课堂讨论

1. 根据现场情况，假如你是现场处警民警，现场如何处置？

2. 假如钱某称自己身上多处受伤，要求民警马上抓捕胡某到现场来解决该事件，现场民警应如何处置？

3. 假如胡某称自己也有伤，正前往医院治疗，不能到公安机关，处警民警应如何处置？

4. 假如钱某、胡某均受伤在医院治疗，该案件短期内未能取得当事人双方询（讯）问笔录，该案件应先期受理为什么类型的案件？

三、课堂作业

根据以上情节，制作受案登记表。

表1

受 案 登 记 表

公（　　）受案字〔　　〕　　号

案件来源		□110指令□工作中发现□报案投案□移送□扭送□其他				
报案人	姓　名		性别		出生日期	
	身份证件种类		证件号码			
	工作单位			联系方式		
	现住址					
移送单位			移送人		联系方式	
接报民警			接报时间		接报地点	
简要案情或者报案记录（发案时间、地点、简要过程、涉案人基本情况、受害情况等）以及是否接受证据：						
受案意见	□属本单位管辖的行政案件，建议及时调查处理 □属本单位管辖的刑事案件，建议及时立案侦查 □不属于本单位管辖，建议移送＿＿＿＿＿＿＿＿处理 □不属于公安机关职责范围，不予调查处理并当场书面告知当事人 □其他＿＿＿＿＿＿＿＿＿＿＿＿＿＿＿＿＿＿＿ 受案民警： <div align="right">年　　月　　日</div>					
受案审批	受案部门负责人： <div align="right">年　　月　　日</div>					

一式两份，一份留存，一份附卷。

任务二
指挥调度

情景导入

2009 年 12 月初，东成镇一块承包地上正在做种植前的相关清理作业，但相关作业遭到当地一户村民的反对。当月 4 日上午，××市 110 指挥中心接警称，有人在东成镇抱舍村盗伐林木。

接警后，××派出所被指令出警。该所指派民警詹某出警，警车在距现场约 100 米处停下。詹某带了一部相机着警服出警，未随身携带警械等处警装备。到场后，詹某发现有桉树被砍并拍照。村民陈某荣与其胞兄陈某书（均另案处理）称，罗某、邝某等人乱伐林木，这些桉树是陈家所种。罗某等人却称，桉树是村集体种植的。双方现场情绪激动，不断争吵。但现场谁都拿不出相关证明，詹某就带治保主任等人收队。

"这事没处理完，一会打起来怎么办？"这时，陈某荣等人要求詹某处置纠纷后再离开，但詹某等仍走向警车方向。村民无奈之下，再次拨打 110 报警。期间，陈家人员持砍刀阻止罗某等人装运砍倒的桉树，并与罗某等人再度发生争执。詹某等人转回现场，但现场双方争吵升级，互相打了起来。罗某、邝某被陈某书等人砍倒，陈家父子三人也不同程度受伤，且很快逃离现场。

课前讨论

一、此案 110 指挥中心应如何调度？

二、接到报案后到达现场，如果发现警情远远超出预期怎么办？

三、如果接收到需要其他部门配合的复杂警情怎么处置？

理论知识

指挥调度，是指根据接到的警情信息，进行分析研判，并按实际情况的需要向处警单位发出处警信息和指令的过程。指挥调度是一个决策的过程，是接处警工作的核心和枢纽，指挥调度的准确性和效率直接影响到处警的效果。接处警的指挥调度实行值班（指挥）长负责制。110报警服务台接警的，指挥调度工作应由本级公安指挥中心值班（指挥）长担任；派出所或其他部门接警的，指挥调度工作应由本部门的值班民警或值班领导担任。负责指挥调度的人员根据领导授权和工作预案可以行使先期处置、直接指挥、装备调用、检查通报、布控堵截等职权。对于重大紧急警情，则应由具有相应指挥权的领导或指挥机构进行指挥调度。

一、指挥调度的内容

（一）警力调配

报警服务系统接警后，指挥调度人员需迅速调集处警民警，调动装备、器材，赶赴警情地点，这种方法就是调度性指挥方式。调度性指挥方式的重点是把握好"度"。这里的"度"包含两个层面的内容：一是要审时度势，即根据警情决定调集什么警种，多少警力，如何快速到达现场，需要何种装备、器械和设施等。二是要适度。既不能小警情大行动，造成不必要的人、财、物浪费和消极的社会负面影响，也不能大警情小行动，贻误战机，造成更大的损失。这就要求指挥调度人员必须有清醒的头脑，科学分析警情，以事实为依据，准确判断，合理组织。同时，在平时必须重视调查研究和业务学习，对各类警情、各种警力分布、器械准备、处置预案等心中有数，成竹在胸。调度性指挥方式是接处警的一种基本指挥方式。

（二）现场指挥

虽然目前公安机关强调基层民警一警多能，但由于公安机关接报的各类警情有着自身不同的特点，而且多是突发性的、复杂多变的，其处置的方法和要求也有着很大的差异。先期到达警情现场的处警民警常常并不具备处置该类警情的专业知识、技能和经验。指挥调度人员要及时对警情现场的处置原则和方法发出指令或提出指导性的意见。根据指挥的权限不同，现场指挥可分为指令性指挥和指导性指挥。指令性指挥，是指指挥调度人员直接行使职权，以命令的形式直接对整个警情处置实施指挥。这种方式的指挥一般是由有具体决策权的领导或业务部门的权威人员作出，有利于全面控制与协调，同时有利于把握全局，从而保证处警意图的贯彻与实施。指导性指挥，是指在实施指挥调度时各有关职能部门根据自身在本次处警行动中的职责，对现场指挥提出指导性意见。指导性指挥一般由110报警服务部门、技术侦查部门等与该警情相关的部门作出，主要起到配合和提供指导的作用。

（三）协调作战

协调作战，包括各警种、各部门之间的协调，调用装备器材的协调，通信联络的协调，参加处警民警之间的协调，现场处警指挥人员之间的协调，与社会有关职能部门之间的协调等。接处警指挥调度工作虽然在大多数情况下都不是大规模的跨地区、多警种的合成作战指挥，但也存在着打破管辖权限，协调警种合作的合成指挥问题。除了一些较为简单的警情由派出所、巡警队或者其他基层组织直接处警之外，重大、复杂警情的处警力量一般都是由各个警种、各个业务部门所组成。因此，指挥调度人员要正确处理处警过程中各警种、各业务部门及处警民警之间的关系，使之形成合力，发挥整体效应。一是要强调整体目标，使各处警民警认识到本警种、本部门在本案（事）件处置中的职责和重要性，以及相互配合的必要性，将部门职能与共同目标联系起来，增强系统凝聚力，减少彼此间不必要的摩擦。二是在处警的具体目标上取得共识。各部门要在行动中相互理解和支持，在冲突中相互调整和适应，在过程中相互鼓励和配合。三是加强思想沟通。克服本位主义，一切从全局出发，在思想观念、思想方法、思维方式上求同存异，缩小认识上的差距，使思想上、行动上步调一致。四是强化信息联系。协调本身也是传达交流情报信息的过程，要打破各部门之间的隔阂和信息壁垒，建立起通畅的信息联系渠道，了解对方的行动，理解对方的动机，赢得对方的信任，争取对方的配合，形成各警种、各部门之间协调作战的良好局面。

二、指挥调度的基本要求

（一）先期处置

公安机关受理的绝大多数警情报警都具有突发、紧急的性质，应迅速控制事态，准确找到症结，迅速果断解决。所以接警后，也应迅速调集警力，调动装备或通知相关社会职能部门进行先期处置。对于重大警情、超越本级指挥权限的紧急警情，可以越级进行先期处置指挥，同时上报上级公安机关，在上级公安机关介入后，迅速移交指挥权，并积极协助其工作。先期处置是接处警指挥调度的根本原则。此外，指挥调度人员应当保持与报警人和先期处警民警的联系和信息互动，跟踪掌握、督促检查处警指令执行情况，视情调配处置力量。

（二）就近处警与分类处警相结合

由于大量警情的出现都具有突发、多变和不可预测性，在发出处警指令时，应根据接警信息的类型和特点选择不同的处警方式。一是就近处警。即根据接警信息，调集附近派出所的民警、在附近巡逻的巡警等距离警情现场较近的警力赶赴现场。对重大紧急警情，110报警服务台必须在最短时间内调派就近警力赶赴现场，并视情在一定区域和范围内同步下达布控堵截，指令做到110接警、指挥调度、警力出动同步开展，最大限度地提高处警效率。二是分类处警。属专业性较强的警情如交通事故、火灾事故、危险品泄漏等，或专业单位（系统）如涉爆单位、金融系统等发生的警情，则应指令专业公安职能部门赶赴现场处置。先期到达的处警民警，应当做好协同配合及交接、衔接工作。

（三）快速反应，先急后缓

时间对所有人都是一视同仁的，对于接处警而言，时间不仅意味着公安机关快速反应的效率，更关系着报警群众的生命财产安全，关系着社会的安定。接处警的指挥调度必须抓紧时间，进行实时指挥。指挥调度人员在接警的同时，应当根据警情的性质、规模、影响等具体情形，实时核实警情、实时分析、实时决断、实时调度出警，全面提高时间的利用率，真正体现出"快"的要求。同时，也要克服盲目求快的倾向，既要注重提高时间的利用率，也要注重提高时间的有效性，做到正确分析、科学决断、果断出警，快速、高效地进行实时、适时的指挥调度。对于同一处警单位辖区同时发生多起警情的，要做到先急后缓。接警指挥调度人员应区分轻重缓急，按照重大警情、一般警情、一般求助的先后顺序，合理调派处警警力和装备。

（四）把握战机，灵活处置

一方面，指挥调度人员应当根据警情的需要和现场的具体情况，抓住稍纵即逝的有利战机，及时、果断予以处置。战机的出现有多种形式，有的是随着事态的发展自然出现的，有的是指挥调度人员或处警民警设法创造出来的，也有的是由于意外情况的出现而显现出来的。对此，指挥调度人员应当迅速作出准确判断，及时下达指令，切不可因优柔寡断而错失良机。另一方面，各种警情及其现场的情况千变万化，指挥调度人员必须要机动灵活地进行指挥，审时度势，因情而动，果断决策，有的放矢，处置迅速。在判断、决策、组织、处置等环节上要处变不惊、头脑冷静、思维敏捷、善用谋略努力实现行动目标。

三、各类报警的指挥调度

（一）警情类报警的指挥调度

接警指挥调度人员在受理警情类报警后，应当立即指令有关处警力量开展处置工作。

1. 对于刑事、治安类警情，应迅速调集相关警种和单位开展抓捕违法犯罪嫌疑人员、封锁现场、调查取证、布控堵截、抢救伤员、处理险情、控制事态发展等工作。对于涉及杀人、强奸、放火、爆炸、抢劫、劫持、绑架、投放危险物质的重大紧急警情，还应立即报告分局领导，通报业务主管部门，按照工作预案和领导指示，实施现场增援、专业处置。

2. 对于规模较小、影响不大的群体性事件，应迅速将情况通报业务主管部门，视情派警力维护现场秩序，协助有关部门开展疏导劝阻工作，防止事态扩大。对规模较大、行为激烈的群体性事件，应根据工作和实际情况，立即调派警力赶赴现场，控制事态，维护秩序，并协助有关部门做好疏导劝解、化解矛盾工作，尽快平息事态。

3. 对于自然灾害、治安灾害事故，应根据灾害种类和程度，在调集警力抢险救灾、减少危害，以及维护交通、治安秩序的同时，通报政府相关职能部门派员处置。

4. 对于火灾事故，应立即向消防处警单位下达首次处警指令，现场灭火及后续处置由消防部门自行负责，或通过三方通话监听方式，直接由消防指挥中心下达处警指令；视情通知事发地派出所维护秩序，指令交巡警部门疏导交通，必要时对火灾周边道路实施交通管制；有放火嫌疑的，应指令事发地刑侦部门出警侦查。农村发生火灾时，在调派消防单位处警的同时，应指令事发地派出所组织社会消防力量先期扑救。发生山林火灾的，应先通报森林防火部门，并视情派警协助开展灭火等工作。

5. 对于交通事故，应立即向交巡警部门下达处警指令，并根据处置需要或交巡警部门请求，视情调派辖区派出所、消防或就近警力协同处置；涉及肇事车辆逃逸的，应详细询问肇事车辆车型、号牌、颜色、特征以及其逃逸方向等情况，及时组织实施布控堵截，视情通报相邻公安机关协助布控协查；涉及交通事故引发的其他纠纷，视情指令事发地派出所协助处置；对适用于自行理赔的事故，应向当事人做好解释引导工作。

6. 对于涉及危化品的火灾、交通事故，可能产生有毒、有害物质或者危险物品已经泄漏的警情，在指令消防、交巡警、治安、特警等部门出警，通知120急救的同时，还应立即通报政府有关部门、社会专业处置力量赶赴现场共同处置。

（二）求助类报警的指挥调度

接警人员接到求助类报警时，先判明是否属于公安机关应出警的范围，然后按实际情况进行指挥调度。

1. 属于公安机关职责范围内的求助类报警的指挥调度。对于属于公安机关职责范围，应当出警处置的，要立即下达处警指令。应处警的警情范围包括：①发生溺水、坠楼、自杀等危及人身安全的情况，需要紧急救助的。②老人、儿童以及智障人员、精神疾病患者等走失，需要在一定范围帮助查找的。③群众遇到危难，处于孤立无援状况，需要立即救助的。④涉及水、电、气、热等公共设施出现险情，威胁公共安全、人身或者财产安全和工作、学习、生活秩序，需要先期紧急处置的。⑤需要公安机关处理的其他紧急求助事项。

2. 属于公安机关职责范围以外可能危及公共安全、人身或者财产安全的紧急求助报警的指挥调度。对于这类报警，接警指挥调度人员应派警力开展先期处置，同时通报政府相关部门或单位派员处置，处警民警予以必要的协助。

3. 属于公安机关职责范围以外的非紧急求助报警的指挥调度。对于这类报警，公安机关接警后，应当根据实际情况视情指令出警，并通知相关部门。

（1）对涉及医疗事故、医患纠纷、疫情、食物中毒和工业中毒事件等的求助事项，接警指挥调度人员应迅速指令出警，同时通知卫生部门。

（2）对涉及流浪乞讨人员中的精神病人、走失儿童、弃婴等人员的接收、救助以及解决遇灾、遇难群众生活问题的求助，接警指挥调度人员应指令出警，并通知民政部门。

（3）对涉及服务、消费纠纷的求助和涉及违反工商、物价、质量技术监督管理等有关法律法规的求助、投诉或举报，接警指挥调度人员应移交给工商、物价、质监等部门处置，视情指令出警。

（4）对涉及环境污染的求助事项，放射性污染源的投诉、举报，需及时控制、减轻或处理污水、烟尘、废气、噪声等有毒有害物质的突发性环境污染及破坏事故，接警指挥调度人员应移交给环保部门处置，视情指令出警。

（5）对涉及安全生产的求助、投诉或举报等事项，接警指挥调度人员应移交给安监部门处置，视情指令出警。

（6）对涉及市容管理和市政公用设施抢修、养护等的求助事项，接警指挥调度人员应移交给城管、市政部门处置，视情指令出警。

（7）对涉及劳动关系、劳动就业、社会保险等的求助事项，接警指挥调度人员应移交给劳动保障部门处置。

（8）对一般性纠纷、突发性纠纷等求助事项，应移交给司法行政调解部门处置，视情指令出警。

（9）对有关道路、桥梁、涵洞损毁、航道堵塞及公路、水上交通运输突发事件等方面的求助；咨询有关交通运输（航运）等方面的问题；群众乘车、乘船时遗失钱物的事件，接警指挥调度人员应移交给交通、建设、海事等部门处置，视情指令出警。

（10）对涉及文化、广播电视、邮政等方面的求助事项，接警指挥调度人员应移交给文化、广电、邮政部门处置。

（11）对违反国土资源、管理法律法规、土地和矿产资源规划等的举报或投诉事项，接警指挥调度人员应移交给国土部门处置。

（12）对因暴雨、洪涝灾害等造成城市积水的清淤排水，供水管道漏水或下水道破裂和堵塞的抢修、供水管道等设施损毁的修复，以及其他有关供水的求助事项，接警指挥调度人员应移交给城建部门处置。

（13）对涉及供电线路、电力设施故障等求助事项的，接警指挥调度人员应移交给电力部门处置，视情指令出警。

（14）对其他政府职能部门职权管辖范围内的求助事项，接警指挥调度人员应根据具体情况，移交给相关职能部门处置，视情指令出警。

（三）投诉类报警的指挥调度

接到投诉类报警后，指挥调度人员应针对投诉的具体内容和投诉人情况视情采取相应措施进行指挥处置。同时，接警指挥调度人员对投诉内容及投诉人情况应当严格保密，严禁将投诉情况泄露给被投诉对象或者其他人员。

1. 对正在发生的民警在依法履行职责、行使职权、遵纪守法等方面存在问题的投诉，应当按预案先期处置，同时指令警务督察部门调查和处理。

2. 对既往发生的民警在依法履行职责、行使职权、遵纪守法等方面存在问题的投诉，应当告知投诉人或当事人向公安机关纪检、监察、信访或其他具有管辖权限的部门投诉，视情受理并移交给本级公安纪检、监察、信访或其他具有管辖权限的部门调查处理。

3. 投诉异地公安机关的民警或其他无隶属关系的公安机关民警的，应当指令警务督察部门前往调查处理。

4. 对已通过其他渠道进行投诉或者信访的问题，告知其到原受理部门处理。

5. 对公安机关职责范围外的投诉，应当告知投诉人或当事人向政府有关职能部门进行投诉，并作出必要的解释。

（四）特定方式报警的指挥调度

1. 对固定目标报警的指挥调度。接到报警后，指挥调度人员应当根据报警地点、方位，迅速指令就近警力赴现场处置，并提醒民警携带必要的防护装备。同时，通知用户单位负责人或工作人员到现场协助处理。处警民警赴现场时不宜开警灯和警报器；对发生在金融和文物单位的报警，以及人工接触式按钮报警，应调度足够警力赴现场处置。嫌疑人逃离现场的，应当及时了解其基本特征，指令治安卡口（查报站）和路面巡逻警力盘查拦截、搜索发现。

2. 对移动目标报警的指挥调度。接到报警后，指挥调度人员应当通过卫星定位系统查询并确定该车辆所处的位置，根据车辆用途初步判断警情性质，立即指令治安卡口（查报站）进行堵截、路面巡逻警力注意发现。有条件的，视情对该车辆实施远程停车（中断供油系统）锁定。移动目标报警有发生抢劫、劫持等重大警情可能的，应提醒处警民警不宜与报警人电话联系。需要追截嫌疑车辆的，应提醒处警民警规范处置，以前方拦截为主，并注意加强自身安全防护。

3. 对互联网报警的指挥调度。接到报警后，应当及时下载、登记，根据报警内容，填写交办单，转递相关部门调查处理，并督促该部门在规定时间内反馈结果，对重大求助或其他重大警情，应及时指令出警。

4. 对短信息报警的指挥调度。接到报警后，指挥调度人员应当仔细查看警情内容，初步判断警情性质，分析是现时还是既往发生的警情。对现时发生的警情，视同电话报警，采取相应的处置措施。对正在运行的交通工具上的报警，在联系到驾驶人后，可通过电话或短信方式，要求其设法停靠指定地点、路段，配合处置。对既往发生的违法犯罪或线索举报等，可根据警情内容，转交有关地区、警种处置。

5. 对旅馆业信息系统报警的指挥调度。接到报警后，指挥调度人员应当迅速指令就近警力出警。有条件的，应将自动报警的旅客信息与在逃人员信息库比对，并将比对情况通报给处警民警。

此外，对人员失踪、绑架、非法拘禁、可能正遭受不法侵害等警情，无法确定方位但有手机或 QQ 号码的，应先受理、立案，由侦查单位上报行动、网监跟踪处理。

表 2

```
_____公安局
指 定 管 辖 决 定 书

                        公（  ）指管字〔  〕  号
  经对_____案件的管辖问题进行审查，
根据《公安机关办理刑事案件程序规定》第十九条之规定，决定由_____
_____管辖。请_____
_____公安（分）局在_____日内将与案件有关的证据
材料移送该公安机关。

                                公安局（印）
                                年　月　日
```

本决定书一式若干份，决定机关留存一份，其余分送被指定的公安机关和其他有关的公安机关。

实训任务

一、简要案情

2014 年 4 月 3 日 16 时许，某市 110 指挥中心接市政府工作人员报警，称在市政府门口有约 30 名群众聚集，要求见市长反映情况，与大门的保安发生激烈的争吵。目前已经造成市政府大门拥堵，接警后，指挥中心指令辖区派出所前往查看。经处警民警了解，这 30 余名群众是因为怀疑村干部在拆迁征用本村土地的过程中，有挪用国家土地补偿款的嫌疑，要求见市长反映相关情况。在企图强行进入市政府的过程中，因受到市政府门卫室工作人员的阻拦，而与工作人员发生激烈的争吵。在此过程中，渐渐有群众开始进行围观，造成市政府门前的市区主干道交通拥堵。随着时间的推移，不仅围观群众越来越多，随着围观群众的起哄，现场反映问题的群众情绪也更加激动起来。其中有两名群众不顾现场处警民警和市政府工作人员的劝阻，冲上市政府旁边的信访办公楼 5 楼，站在 5 楼窗户上扬言见不到市长就要跳楼。处警民警立即将这一情况向 110 指挥中心进行汇报。

二、课堂讨论

1. 指挥中心在接到前期报警后，应做好哪些应急措施准备？
2. 处警民警如何对这三十余名群众进行引导和疏散？
3. 如果这三十余名群众其中有人持有管制刀具，应作何准备？
4. 如果发现这三十余名群众是有计划有目的地聚众闹事，如何找出组织者？

三、课堂作业

根据现场案情，做一份应急处突方案。

任务三

处　警

情景导入

2015年8月8日19时26分，某市某派出所值班调度室接到110推送警情：警务平台信息全文为"某小区1栋304室，家庭纠纷，具体内容不详"。值班调度室值班员拨打该报警电话无人接听，遂将警情派发给辖区1号巡逻车民警A和同车辅警人员。

19时30分，值班调度室接到另一起警情。警情信息为"刚才路过某小区门口，见到一个40岁左右的男子跑到小区里面，赤裸上身，手持一把藏刀"。调度室值班员将警情通知2号巡逻车民警B和同车辅警人员。民警B以前曾处置过该小区张某的警情，从警情信息判断怀疑张某肇事，遂呼叫3号巡逻车民警C和同车辅警人员一同到场处置。

民警A最先到达小区门口，看到现场并无异常情况，遂与协勤下车步行准备进入小区。此时，张某突然从小区大门内迎面窜出，上身赤裸、下身仅穿短裤，手持一把刃长约40厘米的金色工艺品藏刀。张某手舞足蹈情绪激动，在马路中央来回穿梭，并将尖刀指向过往车辆行人高声叫骂。民警A与协勤急忙分至张某两侧并保持一定距离，一边示意车辆、群众绕行，一边密切注视张某动向并呼叫支援。

此时，2号、3号巡逻车由马路两端几乎同时赶到。民警B、C将警车横放于马路当中，留下协勤负责外围清场。两人立即奔至张某附近，协同民警A形成合围态势，随即与张某语言沟通稳定其情绪。三名民警交替与张某对话，借机互相掩护穿戴防割手套、取出催泪喷射器。

由于地处闹市，仅有三名协勤明显不足以控制外围。不断有过往群众不顾安危聚集围观，一些好事者更是趁机起哄。还有部分行人与非机动车甚至见缝插针，从警戒区域中冒险穿越。嘈杂混乱的环境不时导致张某躁动不安，屡屡挥刀恐吓。

考虑到环境过于复杂、不便处置，民警假意询问张某为何闹事。张某立即回答要杀死其姐姐张某某。民警马上哄骗说看到张某某正在路旁停车场的一辆轿车内，可以协助张某将其姐姐杀死。张某听说后信以为真，依民警所指冲到停车场最里面的一辆车前乱砸乱砍，并试图打开车门。三名协勤适时收缩防线，其中两人将停车场出入口有效控制，另一人赶来协助民警。民警B以轿车为掩护，与张某隔车对话吸引其注意。民警A、C和一名协勤逐步移动至张某两侧有利位置。三名民警相互以眼神、手势等方式暗示择机强攻，趁张某不备将其擒获。

课前讨论

一、如果处警现场存在很大不确定性，处警民警如何提前准备？

二、在处警过程中如何有效隔离围观群众？

三、在处警过程中造成公私财物损失怎么办？

理论知识

处警，是指对各类警情的现场处置。处警民警到达现场后，应了解掌握现场情况，迅速开展控制事态、救助伤员、排除险情、保护现场、先期取证、调查走访等处置工作。

一、处警准备

处警准备，是指在开展警情先期处置前，处警单位和处警民警根据具体警情，在思想、警力、车辆和装备等方面所要达到的标准和状态。处警民警接到指令后，应遵循立即响应、核实警情、现场处置、请求支援、追缉堵截、反馈汇报的基本程序迅速开展处置工作，并做好处警记录。对需立即布控或事态重大等需要立即现场反馈的，应及时向110报警服务台反馈。

1. 处警思想上的准备。处警民警接到指令后，应对现场可能产生的各类突发情况做好充分的思想准备，既确保自身安全，又保证警情得到及时、果断的处置。

2. 处警警力上的准备。处警单位在调派警力去处置刑事、治安等各种警情时，要根据警情性质、手段、时间、地点及附近的街道分布情况，嫌疑人数量及特征、是否持械、逃跑方向及使用交通工具等情况，按照实际需要合理安排和调配警力，及时设防布控。

3. 处警车辆的准备。一是要统一标识，统一设备装置。处警车辆必须统一外观制式，车顶安装警灯、移动图传设备，车内装载警笛、350兆移动车载台、GPS卫星定位终端、高音喊话等装置。二是配备必要的警械和工具。处警车辆应随车配备常用警械和工具，包括停车示意牌、警戒带、防暴网枪、约束带、警绳、反光背心、灭火器、救生衣、医药箱、绳索、应急灯等，并注意日常维护保养。三是处警车辆应及时更新、提前检修，保持车况良好、油料充足，工作期间不得挪作他用或搭乘无关人员。

4. 处警装备的准备。出警前应查看防护装备是否完备，清点调查取证装备是否齐全，检查录音录像设备是否运转正常。一是着装的准备。执行处警任务的民警应按规定着装，携带单警装备、取证装备和常用的法律文书。遇有群众举报的赌博、卖淫嫖娼等警情，可采取秘密方式出警，开展查证处置工作。二是防护装备的准备。处警民警要携带必要的个人防护装备，包括防暴头盔（防弹头盔）、防弹背心（防刺服）、防割手套、自卫喷射器、强光手电等，应当掌握基本的救人、救灾及医疗救护常识和技能。三是调查取证及其他装备的准备。其他110民警处警时应携带处警包，处警包内应配备照相机、警戒带、照明工具、物证袋、手套、鞋套、卷尺（皮尺）、询（讯）问笔录、材料纸、现场勘验笔录、110处警现场目击证人登记表、指纹卡、指纹捺印盒以及其他收集证据所需的物品。先期处警部门或单位要配备摄像机、数码相机、数码录音笔等现场取证器材设备。

二、处警的基本要求

1. 公安机关应当根据城市规模、地理环境、治安状况、警力部署、道路交通状况等实际情况，建立健全处警机制，确保处警民警能快速赶到现场。

2. 承担处警任务的相关警种、部门和基层单位，应当建立全天候响应机制，保证通信系统畅通，电台和电话应安排专人值守，确保随时执行处警指令。

3. 处警单位或处警民警接到110处警指令或群众报警后，必须无条件出警，不得以任何借口推诿或拖延出警，影响警情处置；遇警情管辖有异议的，处警民警到达现场后，再报请指挥部门向有管辖权的单位移交，不得拒绝出警或擅自离开现场。

4. 处警单位接到110指令后即被视为该警情现场处置的责任主体，出警力量的调派应能满足警情现场处置需要。处警民警在处置过程中需要帮助的，应首先向本单位求助；需要外单位增援的，应向110报警服务台报告。

5. 处警单位应合理安排处警力量，案件类警情先期处置的民警不得少于两人。出警方式可根据实际情况采取机动车、非机动车或徒步出警。特殊情况下，可依法征用民用交通工具。

6. 对紧急和非紧急报警求助的出警时限，由当地公安机关根据市区或城镇规模、警力资源和道路交通状况等情况决定，法律法规及相关专业技术标准有规定的，按规定执行；出警时遇到道路堵塞等非人为因素的情况影响出警的，处警民警应当立即向110报警服务台报告，并尽快赶到现场。110报警服务台应立即核实情况，向报警人做好解释，给予适当安抚，并就近调度其他警力先期处置。

7. 处警时限。公安机关接到行政案件的报警，应24小时内受理，疑难案件应3日内受理。刑事案件受理案件后应3日内作出是否立案的答复，有线索需要摸排的案件应7日内作出是否立案的答复，疑难案件应在30日内作出是否立案的答复。

三、常见后期处置

（一）现场盘查

现场盘查，是指公安机关人民警察在执行警务过程中，为维护公共安全、预防、发现、控制违法犯罪活动而依法采取的盘问、检查等行为。民警在执行盘查任务时，应当着制式服装；未着制式服装的，应当出示人民警察证。盘查一般由两名以上民警进行，并明确警戒和盘查任务分工。经盘查排除犯罪嫌疑的，民警应当向被盘查人敬礼，礼貌放行。

（二）现场保护

接处警的现场保护及取证，是指在警情的先期处置过程中，处警民警所要开展的现场保护、证据固定、调查访问、物证收集等工作。各处警单位应根据职责分工，认真做好本单位管辖范围内警情的现场取证工作，多警种同时到达警情现场的应以有管辖权的警种为主进行取证。对不属于本单位管辖的警情，到达现场的处警单位应按首接责任制要求，注意保护现场，视情开展先期取证，然后将取证材料及时移交有管辖权的单位或部门。接处警的现场保护及取证一般包含现场保护、收集证据和现场访问等环节。

现场是发生或存在各类警情发生的地点和场所，保护好现场是进行警情处置和现场查证的基础工作。现场取证工作的质量、速度进展如何在很大程度上取决于现场勘查前对现场的保护情况。因此，承担前期接处警任务的公安机关接到报案后，要组织力量及时保护现场，确保证据的可信度和全面性。

1. 现场保护的基本要求

（1）划定警戒范围。现场保护应根据警情的具体情况、现场的位置、地势地形以及范围大小等情况来划定现场保护范围。划定现场保护范围时，必须将主体现场和关联现场都划定在保护范围内，即案发中心现场和遗留有与警情有关的痕迹、物品的外围现场，都要划入其中。对外围现场的列入宁可划大，不可划小，以免部分外围现场划在保护范围外而遭到破坏，给后期的处置工作造成不可弥补的损失。

（2）设置警戒线和告示牌。处警民警应根据现场环境、条件、范围的大小和案件的重要程度等具体情况迅速部署保护力量对现场进行严密警戒。采用警戒带环绕、设置障碍物、告示牌等来标定警戒线。对室内的现场，通常在房门或者在房间周围3~5米处拉警戒带，在条件允许的情况下可以将警戒范围扩大到通往案发房间的通道以及周围的房间等。否则在封锁室内主体现场的同时，必须对通道、周围建筑物进行巡视勘查，若发现可疑的痕迹、物证，必须就地保护起来。对发生在院落或单位内部的警情现场，可采取关闭大门，张贴布告或者警示封条，控制人员出入，对警情现场拉警戒带、撒白灰、立警示牌的方式进行保护，对部分生产、生活活动不能停止的区域可以采取指定通道和圈定保护范围相结合的办法进行保护。对发生在交通要道和繁华公共场所的警情现场，通常采用重点区域保护的方法，不封闭交通，一方面要保证现场的完整性，另一方面要保证交通畅通。需要暂时中断交通的路段，应该派出专人指挥来往的车辆和行人绕道而行。相关部门组织好保护力量，采用拉警戒带与设置障碍物相结合的方法，将围观群众隔离在保护圈外，确保现场取证工作的顺利开展。

（3）设岗看守，阻止无关人员进入。处警民警应根据警情现场实际需要、警戒范围等情况，设岗派专人看守。针对室内现场，可以在门、窗等重点部位设岗看守，阻止无关人员接近。必要时，可在保护好门柄和锁头的情况下，将房门封锁起来，贴上警示封条，并且不能留下前期接处警民警个人的痕迹、物品。对于警戒范围较大的现场，应该在通往现场的各个道口设置岗哨，禁止无关人员进入。现场周围岗哨之间的距离，以互相能照应为度。在现场负责保护的民警未经现场指挥员批准，不得擅离警戒岗位。保护现场时，除抢救伤员、排除险情、保护物证等紧急情况外，现场保护民警不得进入现场，不得触动现场上的痕迹、物品和尸体，更不能擅自跨级进行勘查。

（4）适时采取紧急措施。

①抢救伤员。现场保护民警在保护现场的过程中，若遇到被害人或犯罪嫌疑人身受重伤生命垂危时，应立即采取措施抢救人命，并及时报告指挥中心。不管是被害人，还是犯罪行为人对查明案情真相都有着举足轻重的作用。抢救过程中应该注意以下几个方面的内容：第一，要尽量使现场少受破坏。抢救之前必须用执法仪拍下被抢救人员的具体位置和姿势，以及周围各种痕迹、物品分布的原始状况，详细记录现场的原貌，并拍下整个抢救过程，确保证据的全面性与客观性。同时，还要及时从有生命危险的受害者口中，了解与案件有关的重要情况。第二，在协助120抢救过程当中，应该设计好抢救通道，处理紧急情况时，应当戴手套、鞋套和帽子（头套），以免抢救过程中由于慌乱或者人员多留下过多干扰勘查的痕迹，破坏现场原始状态。第三，注意个人人身安全。有些犯罪嫌疑人身上有匕首、枪支等武器，应该防范他们在接受抢救的时候进行反抗，造成人员伤亡；有些违法犯罪嫌疑人是传染病患者，接处警民警在抢救过程要注意保护自己，在抢救之前要检查他们身上是否有病毒针管，尽量避免与他们有血液接触，确保个人人身安全。

②抓捕在逃人员。发现犯罪人仍在现场实施犯罪的，应根据现场情况和事态发展果断地采取紧急措施予以处置。第一，要上报110指挥中心，报告现场情况和犯罪人的情况。第二，喝令制止犯罪嫌疑人的犯罪活动，如若犯罪嫌疑人逃跑，应根据实际情况一边追缉，一边派专人保护犯罪现场。在追缉的过程中，追缉人员要注意个人安全，沉着应对犯罪嫌疑人的武力反抗。对于在现场和追缉中擒获的犯罪嫌疑人，应立即对其进行人身检查，以防其身带武器或凶器进行行凶或自杀。第三，将逃脱的犯罪嫌疑人及时扭送到公安机关，并要提高警惕，布置专人监视，防止其逃跑、行凶、自杀和毁灭

证据。

2. 现场保护的具体措施

（1）火灾现场的保护。前期接处警民警到达火灾现场后，要充分了解火灾现场火势情况，协助119消防人员进行抢救工作。首先，了解在现场内部有无被围困的人员和有无存放贵重财物、文件资料等情况，并迅速组织人员采取紧急措施，援救被围困的人员，抢救财物，控制火势，扑灭火险，防止造成更大的灾害。其次，及时排查周围是否存在易燃易爆危险物品，立即采取措施，及时清理，切断险源，以免火势蔓延，引起爆炸造成更大的损失。同时，要注意疏散群众，指挥群众有序离开火灾现场，尽量避免由于恐慌、人流拥挤等引发新的伤害事故。如若在排除险情和抢救财物时发现火场中有尸体，应根据火势和建筑物的具体情况，在确保自身安全的情况下灵活处置。

（2）刑事案件现场的保护。因为刑事案件具有复杂性、现场遭破坏后不能再现的特点，因此，各警种必须通力合作，共同做好现场保护工作。第一，最先到达现场的民警要马上采取措施，控制现场，划定保护区域，防止无关人员盲目进入，破坏现场。第二，迅速组织力量对划定的保护区域进行警戒，疏导交通，并进行现场访问。第三，对易流失的现场痕迹、物证采取必要的保护措施。如对露天现场，在天气即将发生变化时，对现场明显、易变的痕迹、物证采取适当的保护措施，保证犯罪痕迹物证不受到破坏。第四，先到达现场的民警要指挥救护人员按照一定路线，进入现场进行救护，并记录救护过程，以及救护中所接触的有关物品。第五，前期到达犯罪现场的民警要与侦查人员办理交接现场的手续，将有关情况向侦查人员详细汇报。第六，现场勘查指挥员负责指挥现场各警种民警，对现场进行保护和勘查。如交警要协助做好疏导人流、车流的工作，派出所民警要做好群众工作，巡警协助堵截犯罪嫌疑人，侦查人员开展现场访问，技术人员按程序进行现场勘查。各警种应密切配合，共同做好现场保护工作。

（3）对治安案件现场的保护。①对流氓滋事、故意殴打伤害他人的案件现场，要注意收集和保护各种痕迹、物证。②对扰乱公共秩序的案件现场，收集和保护其具体行为造成的人员伤亡及其他客体损失的后果。比如，毁坏的公私财物。③对哄抢案件现场，要收集和保护被哄抢物的具体损失程度及哄抢的具体现状。

（4）对自然灾害事故现场的保护。自然灾害事故现场虽然与犯罪无关，但对调查、了解事故的发生原因、规模、损失的程度以及今后的防灾、抗灾、减灾均有积极作用。所以对其现场理应同样认真保护。此外，保护其现场的另一个主要任务是警戒危险区，防止不知情人员随意进入，以免造成更严重的灾害伤亡事故和损失。

（三）收集证据

1. 收集证据的基本要求

（1）根据警情分级取证。现场取证应该根据警情需要、重要程度、危害情况等进行分类分级处理。在实际工作中一般将警情分成四类，即普通警情（指非案件类的求助、纠纷、灾害事故等警情），无可勘现场的一般刑事、行政案件，有可勘现场的一般刑事、治安案件，公安部规定的严重刑事案件及重特大非刑侦管辖案件。对于第一类、第二类警情，按照普通的110接处警程序进行处理；对于第三类警情，由处警民警负责先期处置，派出所兼职技术员负责现场勘查；对于第四类警情，由前期接处警民警执行现场保护任务，由刑侦大队负责统一勘查现场。

（2）明确收集证据的程序。处警民警到达现场后将车载摄像机对准中心现场区域，保证现场处置过程能全程摄录，下车后佩戴好执法仪，完整记录执法过程，登记证人情况、开展现场访问、询问当事人并进行记录，对于现场方位、相关人员、相关物品进行拍照，对谈话过程进行录音。处警结束后，处警民警将处警时收集到的录音、现场照片、处警现场填写的相关信息登记表输入单位办公电脑，一并录入110现场处警证据系统。对现场手工绘制的方位图，经拍照后作为图片录入证据系统。完善网络证据数据库，统一实施网上管理，以便查询使用。同时，将原始资料按要求做好相关的记载、登记、归档工作。需要移交到其他部门的，需要做好相关移交手续。

（3）规范收集证据流程。第一，现场摄像应该选择重点区域、重点人员进行拍摄，并且注意拍摄与之相关的周围环境。第二，在进入现场拍照的时候应该进行递进式的拍照，对主体现场重要痕迹、物证进行拍摄的时候，应该在处理前拍摄一次，处理好再进行拍摄，以便侦查人员多角度了解案情。第三，现场制作的各类笔录均应符合制作规定，当事人审阅无误后，应签名捺印。现场勘验笔录所反映的内容应与现场照片等相关证据相一致，并有见证人的签名，如现场无见证人，民警应记录在案。第四，整合所有录像、录音、图片、笔录、物证材料，填好《110接处警情况登记表》。

表 3

110 接处警情况登记表

编号：

报警时间	年 月 日 时 分		报警形式	
报警人		单位（住址）、电话		
接警人		到达现场时间	年 月 日 时 分	

报警内容（简要案情）：

处警情况：

处警人（签名）：

损失（危害）情况：

死 人，伤 人，直接经济损失总计 元

处警结果：
1. 报立刑事案件；2. 立治安案件；3. 做民事调解纠纷；4. 救助服务；5. 其他

值班领导（签名）： 年 月 日

2. 收集证据的重点

（1）对刑事案件，重点了解案发时间、作案动机、犯罪嫌疑人情况（包括人数、体貌特征、逃跑方向）、损失情况等，保护、固定现场原始痕迹证据。

（2）对治安案件，重点了解案发时间、原因、情节、过程，提取凶器等物证，固定现场状态和违法行为证据。

（3）对群体性事件，重点收集掌握事件起因、有无过激行为，发现重点挑头人员，采取录音、录像等手段固定违法行为证据。

（4）对交通事故，重点了解掌握事故发生时间、经过，固定交通事故原始现场和车辆碰撞痕迹。

（5）对纠纷类警情，重点了解纠纷起因，固定过错方行为证据。

（6）对紧急救助类警情，制作目击证人或当事人笔录，如实记录救助内容、救助过程，对易产生争议的救助事项，应当通过录音录像等方式记录固定救助过程，防止工作被动。

（7）对其他可能引起投诉、信访的警情应当全程录音，对酗酒闹事、精神病人滋事、袭警等重大、复杂警情，尽可能全程录音、录像。

3. 收集证据的具体措施

（1）刑事案件、治安案件、交通事故处置的证据收集。派出所民警、巡逻民警到达现场后除应迅速制止违法犯罪行为，依法控制、查缉违法犯罪嫌疑人外，需按规定开展取证工作。

①核实情况、保全证据，进行初步现场调查。核实现场情况是否与报警情况相符，了解案情的危害程度并给案情定性。对于案情复杂、需要专业侦查手段侦办的刑事案件，应立即报告指挥中心，等待指挥中心指派刑侦人员，并做好现场保护工作。对于那些可能受自然环境或天气影响而遭到破坏的痕迹和物证，应该立即采取应急措施，及时按法定程序和要求提取有效证据。

②收集与案件有关的证据材料。在取证过程中，一旦对案件作出判断后，仅仅收集能够证实该判断的证据和有关事实是远远不够的。毕竟个人知识、判断能力有限，初步调查取证对案情的了解也不够深入，证据的侧重点有待进一步核实。因此，处警民警应该更加全面地收集有关证据，要积极地寻找和发现能够证明与该推断相反的证据和有关事实。例如，在勘查杀人现场时，如果作出了他杀的推断，除了应积极地寻找能够证明他杀的证据外，还应积极地发现和寻找现场是否存在自杀或者意外死亡的各种事实和证据。

此外，在取证的过程中，应将具体的人与现场情况进行比较。如果发现二者情况不吻合，应进一步仔细勘查核验现场，并寻找造成不吻合的原因所在，逐步、全面地发现和收集证据。

③依法暂扣违法、违禁物品。在勘查、搜查中发现法律、法规禁止持有

的物品、文件，应该按照法定程序由公安机关暂时扣押。发现可用以证明犯罪嫌疑人有罪或者无罪的各种物品和文件，应当扣押；与案件无关的物品、文件，不得扣押。

④对案件目击证人要及时取证，并形成询问笔录。案件目击证人的取证工作是破案的重要线索之一。接警民警应及时查找目击证人，了解案件的具体情况，询问目击证人的姓名、现居住址并形成询问笔录；当场不能取证的，应书面登记目击证人，掌握目击证人的基本情况，事后取证。

⑤除当事人因伤或其他原因不能当场询（讯）问的以外，处警民警须对涉案双方当事人进行简要的询（讯）问，并形成询（讯）问笔录。处警民警必须向被询问人出示有关法律文书、工作证件，告知其询问理由、依据以及如实提供证据、配合询问的义务和责任。询（讯）问的主要内容包括：现场可疑人或者作案人数，作案人的性别、年龄、口音、身高、体态、相貌、衣着打扮、携带物品及特征、来去方向、路线、通信情况等。

⑥依法对违法犯罪嫌疑人进行传唤或带至公安机关继续盘问。对现场发现的违法犯罪嫌疑人，处警民警可以口头传唤，并在询问笔录中注明违法嫌疑人的到案经过、到案时间和离开时间。

⑦其他需开展取证的工作。对于刑事案件，以刑侦部门为主开展现场勘验检查工作，先期处警民警应配合相关工作。

（2）群体性事件处置的证据收集。处警民警在处置群体性事件时，应根据事件处置、善后工作等实际需要进行现场取证，制作相关证据材料。

①采用照相、摄像、录音等方法，固定现场情况。

②采用照相、摄像、录音等方法，固定重点人员违法言行。

③开展现场调查，收集掌握证据，对现场证人要及时取证形成询问笔录；当场不能取证的，应登记目击证人，固定相关证人。

④对民警的处置行为，应全程拍摄，固定证据。

⑤取证工作应根据现场情况，把握时机、注意方法，适时采取公开或隐蔽的方式进行。

（3）纠纷类警情处置的证据收集。

①对事实清楚，当事人无异议，现场能调解结束的纠纷，处警民警应书面记录警情内容、处警措施和处警结果，并制作《处警现场处结备案单》，由双方当事人、见证人核对签名后交处警单位统一归档。

②对事实不清或当事人争议较大，现场不能调解结束的纠纷，处警民警应对当事人进行教育疏导，同时做好简要询问，并形成笔录；登记现场目击证人，掌握证人的基本情况。

③必要时，应当对纠纷现场进行拍摄、录音、制作现场勘验笔录等，固定现场证据。

（4）紧急救助和其他需要先期处置警情的证据收集。对紧急救助和其他需要先期处置的警情，处警民警除开展紧急救助和其他先期处置工作外，应视情做好取证工作。

①对当事人进行简要的询问，并形成询问笔录。

②寻找现场目击证人，并做好登记，掌握证人的基本情况和联络方式。

③必要时，对救助过程和现场情况进行全程拍摄、录音，收集、固定现场证据。

4. 警情处置结束后，做好接处警记录，由双方当事人、见证人核对签名后交处警单位统一归档保管。当事人拒绝签名的，应在接处警记录中注明。

（四）现场访问

现场访问，是指处警民警在现场为了解情况、固定证人、收集证据而依法进行的一项工作，主要包括对当事人或犯罪嫌疑人的调查、对报案人的询问以及对目击证人、知情群众的访问。

1. 现场访问的主要内容

现场访问要围绕现场构成的核心要素、非核心要素及其要素间的相互关系进行，主要内容包括：

（1）案件发生和发现的有关情况，包括：案件发生和结束的时间；案发地点；发案经过及后果；犯罪嫌疑人是否逃跑、逃跑的方向、乘用的交通工具以及可能隐匿的地点等。

（2）现场情况，包括：现场的具体位置和原始状况；现场有无变动，变动的原因和具体变动情况；是否采取了保护措施；现场丢失或损坏物品的具体情况；现场是否有犯罪嫌疑人遗留的物品和痕迹，有无其他人员遗留的物品和痕迹等。

（3）犯罪嫌疑人情况，包括犯罪嫌疑人的人数、姓名、年龄、面貌特征、体态特征、语言特征、衣着打扮特征、携带物品的特征及其他有关情况。

（4）被害人的情况，包括被害人的自然情况、思想状况、经济状况、婚恋情况、交往情况等。

（5）案发前后犯罪嫌疑人的情况，包括：案发前后是否有人与被害人利害矛盾较深或关系不正常；案发前后是否有人在现场逗留、徘徊、窥视或出入；案发后是否有人打听有关情况或散布谣言、混淆视听等；案发后是否有人持有或处理现场丢失的财物等。

2. 现场访问应注意的问题

现场访问时，应特别注意以下几点：

（1）实行个别访问。每次访问只能对一个访问对象进行，不能对几个对象同时进行，不能采用开座谈会或集体访问的方式进行访问。

（2）坚持依法访问。现场访问时必须严格遵守相关法律规定，包括：到访问对象单位或住处访问时应当出示公安机关的证明文件；访问前应依法告知被访问人应如实提供证言，有意伪证和隐匿罪证要承担的法律责任；禁止对被访问人采取引诱、威胁、刑讯等非法方法；访问未成年人应当通知其法定代理人到场；保守被访问人的隐私和秘密；依法制作询问笔录。

（3）及时进行访问。到达现场后，一旦发现知情人，应当及时访问，尤其是对那些重要知情人、流动性较强的知情人以及伤病情严重的被害人更应当立即访问。

（4）区别对待访问对象。要根据被访问人与当事人的关系、当时的心理状态、年龄特征、知识层次等方面的差异适当采取不同的方式进行访问。

3. 现场访问的基本要求

在现场访问过程中，对能够反映案（事）件情况的人员，必须制作询问笔录，笔录制作要客观、准确、全面、规范、合法，重点突出。

（1）询问笔录要客观准确。笔录只能是被询问人客观陈述的反映，尽量做到言辞准确，记录全面，不能带有笔录人的推测臆断，不能夸大或漏记主要情节，不能篡改原意，在关键问题上一定要笔录陈述人的原话，如果所说的是方言土话，也应如实记录，不要改为普通话。

（2）现场访问要重点突出。就案（事）件本身，先将何时、何地、何人、何事、何因、何果询问清楚。然后，再全面、细致地弄清全部事实或其中某一个具体问题的前因后果、来龙去脉，让询问对象循序渐进地讲述，对讲述中有不清楚或矛盾的地方简洁地向被询问人提出问题。

（3）认真核对询问笔录。当被询问人讲述完毕后，要将笔录稿交其阅读核对，也可向其宣读。对错误、疏漏的问题，可以进行修改、补充（修改、补充的地方应要求被询问人捺手印确认）。经核对无误，询问人和被询问人签字或盖章后才能结束本次访问。为了今后联系方便，对关键的被询问人，要记录联系方式，如住址、电话号码等。

（4）要使用公安机关统一格式的询问笔录纸，按其篇目要求顺序填写内容后，再笔录证言或陈述。每名被询问人都要单独形成笔录，不得将两人以上的证言记录在一份笔录里。

实训任务

一、简要案情

2015年8月21日23时许，110指挥中心接到一名男子的报警电话，称其本人在本市一家酒店门口被人持刀抢劫。指挥中心指派辖区派出所值班民警出警，处警民警赶到现场后，见到报案人陈某，陈某称其刚才在单位宿舍里面，突然有一男一女两人进入到宿舍内，其中那名女子持刀对其进行威胁，由那名男子实施抢劫，被抢走了一部手机和一个钱包，手机价值人民币5000余元，包里有现金10 000余元。陈某称自己在被抢劫的过程中进行了反抗，在反抗的过程中，该女性嫌疑人还用刀划伤了他背部。同时，陈某向处警民警提供了嫌疑人驾驶的汽车车牌号。处警民警在指挥中心的协助下，对该车牌号进行查询，查询后发现该车车主为陈某本人。在感到事有蹊跷的情况下，民警将陈某带回派出所作进一步的询问。后经询问，陈某告知公安机关，这一男一女两名嫌疑人其实是其儿子和妻子，因妻子怀疑其在外面有情人，当日和儿子一起到陈某居住的宿舍来"抓奸"，因宿舍内并无其他人员在场，陈某与妻子和儿子发生争吵，双方随即发生打斗，后妻子拿走他的包和手机，因陈某气愤难平，想报复其妻子，便打110报警称被抢劫。

二、课堂讨论

1. 如何分辨报假警？

2. 如果发现报假警应如何处理？

3. 如果报警人不承认报假警，并且现场撒泼吵闹、污蔑警方应如何处理？

三、课堂作业

陈某通过 110 报警，虚构不存在的抢劫警情，作为处警民警应如何处置？依据以下法律条款，进行讨论，各说出理由。

提示一：《治安管理处罚法》第 25 条第 1 项：散布谣言，谎报险情、疫情、警情或者以其他方法故意扰乱公共秩序的，处五日以上十日以下拘留，可以并处五百元以下罚款；情节较轻的，处五日以下拘留或者五百元以下罚款。

提示二：《治安管理处罚法》第 60 条第 2 项：提供虚假证言、谎报案情，影响行政执法机关依法办案的，处五日以上十日以下拘留，并处二百元以上五百元以下罚款。

任务四
反馈与回访

情景导入

瓮安县，地处贵州省中部，面积约 1974 平方公里，总人口 48 万人，其中少数民族人口占 4.3%。2008 年 6 月 22 日，瓮安县三中初二女生李某某在县城西门河跳河身亡。当地公安机关接到群众报警后，出警人员赶往现场，并通知法医到场。法医对死者进行尸检后作出溺水身亡的结论，当地派出所据此作出不予立案的决定，并书面通知了死者家属。但死者家属认为死者有被奸杀的嫌疑，坚持将尸体停放在事发地点大堰桥头的玉米地边，不予安葬并不断上访。当地公安机关多次劝说未果。6 月 26 日，经向上级公安机关请示，黔南州公安局法医再次对死者进行尸检，鉴定系溺水死亡，且并无被强奸的尸体征象。但家属对此结论仍然不服，拒不安埋尸体并且四处散布不利于公安机关的言论。瓮安县城谣言四起，许多群众对李某某的死因和公安机关执法的公正性产生怀疑。

6 月 28 日 10 时 42 分，瓮安县公安局向死者家属送达了《尸体处理催办通知书》，限死者家属必须于当天 17 时前把尸体抬走处理。为防止公安局强制处理，死者亲属、同学和当地群众约 300 余人从停尸地点出发，进城"喊冤"，为李某某的死因"讨说法"。当日正值周六，街上人较多，部分群众尾随队伍前行，人越来越多，但是辖区所在地派出所仅有值班人员到场，未能有效控制该事件事态发展。游行队伍抵达县政府时，已达上千人规模，但县政府没有人出来作出回应。游行人员在砸坏县政府公示牌后，又转到距县政府 100 米左右的公安局大楼聚集。

当地公安机关组织警力在政府周边设置警戒线，建立由警察组成的人墙对群众进行控制，当日 16 时 30 分，游行人群开始向警方投掷矿泉水瓶和泥块，一些人开始打砸焚烧停靠在公安局门口的警车，随后又有人冲进附近的县政府、县财政局、县委办公楼打砸。当晚 20 时至 23 时，公安局办公楼、县政府办公楼、财政局办公楼、县委办公楼相继被点燃。整个打砸抢烧事件持续近 7 小时。

事发当天，贵州省公安厅协调周边县市区警务人员前往处置支援，对聚集群众进行疏散。6 月 29 日凌晨 3 时许，聚集的近万名群众散去，事态暂时平息。6 月 30 日，县城基本恢复正常秩序。

课前讨论

一、处警民警到达现场后发现现场情况不能独立处置，应向指挥中心反馈哪些信息？

二、如果派出所作出不予立案的决定，是否应咨询报警人或当事人的意见？

三、如果报警人或当事人（家属）对处理结果不满意应该怎么办？

理论知识

接处警的反馈与回访，是公安机关对接处警的执法程序规范性和执法质量的监督、检查，同时也是提高群众满意度、促进警民关系和谐的重要手段。公安机关开展接警情回访工作以来，对规范接处警处理程序，提高案事件办理效率等方面起到了良好的促进作用，回访工作也成了人民群众反映问题的有效桥梁。

一、反馈的概念及基本要求

（一）反馈的概念

反馈又称回馈，是指处警民警在处警过程中，把能反映出接处警各个环节的相关信息，通过各种方式流转回到 110 报警服务台和警务综合平台的过程。

（二）反馈的基本要求

1. 民警在处警过程中，应严格执行反馈和报告制度，反馈处警情况及结果。

2. 民警在处置重大警情过程中，应在不同的处置阶段进行及时反馈和报告。出警途中，应向110报警服务台反馈出动时间、警力数量、民警姓名及预计到达现场的时间等；民警到达现场后，应立即向110报警服务台报告现场情况；处警结束后，应按规定通过警务综合平台反馈处警情况。

3. 对警情可能造成较严重后果的处警民警应随时向110报警服务台报告情况，110报警服务台应根据现场情况，及时跟进指挥。

二、反馈的内容

（一）民警到达现场后的现场情况反馈

1. 刑事类警情的反馈

（1）初步判断警情的具体类型，目前所处状态，发案时间、发案场所及地址、场所、受伤害人员及涉案财物等基本情况。

（2）若为现行案件，犯罪嫌疑人及嫌疑车辆的基本特征、逃跑方向等基本情况。

（3）其他需要110增援或协助开展的工作。

2. 治安类警情的反馈

（1）初步判断警情的具体类型，发案时间、地址、场所及涉案人员等基本情况。

（2）若为现行案件，违法嫌疑人及嫌疑车辆基本特征、逃跑方向等基本情况。

（3）其他需要110增援或协助开展的工作。

3. 交通事故类警情的反馈

（1）事故双方主体特征，事故发生路段，事故车辆类型、数量，当事人的基本情况，事故伤亡及车辆损失的大概情况。

（2）若系肇事逃逸，肇事车辆特征，驾乘人员情况，逃跑方向等情况。

（3）其他需要110增援或协助开展的工作。

4. 群体性事件类警情的反馈

（1）群体性事件规模，参与人数、事件起因、发展态势等基本情况。

（2）发生的具体位置，双方情绪是否可控。

（3）其他需要110增援或协助开展的工作。

5. 灾害事故类警情的反馈

（1）发生的具体位置，事态发展情况，目前造成的损失及人员伤亡情况，事故周围的环境。

（2）是否涉及易燃易爆危险物品、公共场所、油电气管线等，事故责任人、当事人基本情况。

（3）其他需要110增援或协助开展的工作。

（二）处警结束后的处警结果反馈

1. 抢劫案件的反馈

（1）入户抢劫类警情的处警结果反馈。入户抢劫，是指以各种方式进入人们的居住空间内实施的抢劫。主要反馈出入现场方式，作案的基本特点，作案工具，交通工具，作案的大概人数，作案过程中有无性侵犯行为，可能的作案路线、逃跑路线等。

（2）入店抢劫警情的处警结果反馈。入店抢劫，是指采用各种方式进入营业性店铺实施的抢劫。主要反馈店铺所在方位，经营内容，作息时间，店内值班情况，侵入店内方式，制服店内人员及抢劫财物的顺序，有无性侵犯行为及过程，作案工具、交通工具，作案的大概人数，可能的作案路线、逃跑路线等。

（3）拦路抢劫警情的处警结果反馈。拦路抢劫，是指发生在街道、公路、田野等各种室外环境（包括小区道路及楼道）的抢劫。主要反馈作案工具、交通工具，拦截的地点，有无跟踪尾随，逃跑的方向，有无性侵犯行为及过程等。

（4）拉人上车抢劫警情的处警反馈。拉人上车抢劫专指犯罪分子驾驶汽车选择作案目标，将受害人拉上车内实施的抢劫。主要反馈案发地点的环境，作案人数与衣着、语言及相貌特征，作案车辆、作案工具的特征，车上实施抢劫的整个过程，有无性侵犯行为及过程，受害人被扔下的地点，拉人上车的方式等。

（5）上车抢劫车主警情的处警结果反馈。上车抢劫车主，是指犯罪分子针对非营运汽车车主启动或停下车辆时，上车威逼车主实施的抢劫。主要反馈案发地点的环境，作案人的衣着、语言及相貌特征，作案人逃跑的方向，作案工具特征，对劫走车辆行为的描述。

（6）抢劫出租车及司机警情的处警结果反馈。抢劫出租车及司机，是指专门针对营运司机及车辆（包括黑车及摩的、残的）实施的抢劫。主要反馈出租车辆的劳动性质，作案人上下车的地点、车内就座情况、对目的地的熟悉程度，对驾驶员的伤害动作，作案人可能的作案路线，重点说明针对驾驶员抢劫还是针对车辆抢劫。

（7）麻醉抢劫警情的处警结果反馈。麻醉抢劫，是指利用麻醉药品使人失去意识或抵抗能力，借机劫走财物的抢劫。主要反馈怀疑被注麻醉药品的名称、来源、类型，双方的行为过程，联系方式，作案地点等。

（8）色情引诱抢劫警情的处警结果反馈。色情引诱抢劫，是指利用提供色情服务的方式趁机（盗窃）抢劫财物。主要反馈色情引诱的地点及作案地点、行走线路，同伙特征情况及作案者离开时所找的借口等。

（9）网络聊天见面抢劫警情的处警结果反馈。网络聊天见面抢劫，是指利用网聊的方式搭识，利用网友见面形式实施的抢劫。主要反馈网上 QQ 号等虚拟身份信息，聊天截屏信息，网上搭识过程，聊天的网站、工具及网络身份，双方见面的过程，抢劫的过程，是否有性侵犯行为及过程。

（10）冒充军警抢劫警情的处警结果反馈。冒充军警抢劫，是指冒充军人、警察、联防队员等执法部门人员身份，假借公务名义实施的抢劫，主要反馈作案人冒充的身份，衣着特征，证件的特征，使用票据的特征，作案工具、交通工具，假借公务的理由，实施抢劫的过程等。

（11）持枪抢劫警情的处警结果反馈。持枪抢劫，是指利用仿真、自制或者制式枪支进行威胁的方法实施的抢劫。主要反馈枪支的类型、形状、颜色等特征，枪弹的包装物，案发地点，威胁的语言，作案人的基本特征等。

2. 抢夺案件的反馈

（1）飞车抢夺警情的处警结果反馈。飞车抢夺，是指驾驶汽车、摩托车、电瓶车（自行车）等机动车或非机动车实施的抢夺。主要反馈作案车辆的名称、牌号、颜色、细节特征，号码不能记全也应采集录入，作案车辆有无前挡风玻璃、有无摩托车后备厢、车辆的新旧程度、车辆的伪装情况，可能的作案线路、逃跑路线等。

（2）拉车门抢夺警情的处警结果反馈。拉车门抢夺，是指在汽车因为人因素或交通规则驻停时，强拉车门抢夺车内财物。注意与飞车抢夺的区别。主要反馈作案地点，作案人制造事端拉开车门的部位与方式，作案工具的制作方法、材质、大小等，可能的作案线路、逃跑路线等。

（3）徒步抢夺警情的处警结果反馈。徒步抢夺，是指犯罪分子采用步行方式抢夺行人财物。主要反馈是否有尾随、路边潜伏等行为，作案人逃跑的方式，是否有同伙接应等情况。

（4）入店抢夺警情的处警结果反馈。入店抢夺，是指以购物、挣钱为名趁店主不备抢夺财物。主要反馈进入店内借口及购买物品的名称，作案人数及相互间配合的情况，作案人的特征，门外是否有车接应，车辆特征等情况。

3. 盗窃案件的反馈

（1）盗窃汽车警情的处警结果反馈。盗窃汽车，是指犯罪分子以非法占有为目的盗窃汽车（不包括摩托车、家用车、拖拉机以盗窃车内财物、驾车人财物、汽车零部件等警情）。主要反馈现场有无破碎玻璃，残留钥匙等物证，车主对车窗门锁的描述，以及车钥匙被盗或出借情况，被盗车辆的品牌、型号、颜色、车牌号及车辆具有的明显外表特征，通过小区监控、治安监控、道路监控记录车辆被盗时间、通行情况、逃跑方向，有无同行车辆，使用假牌、作案者的人数及体貌特征等。

（2）盗窃车内物品警情的处警结果反馈。盗窃车内物品，是指利用各种手段盗窃汽车、摩托车厢体（包括驾驶室、后座及后备厢）内钱财的警情。主要反馈车辆的具体品牌及型号，通过调查走访，了解物品被盗时的异常情况，车钥匙的被出借历史或案发时电子锁门情况，车辆被破坏的具体部位，空心钉等工具的材质、大小等，物品拆卸的具体方式及特定物品的产品特征，通过周边监控发现的可疑人员或可疑车辆。

（3）撬防盗门入户盗窃警情的处警结果反馈。撬防盗门入户盗窃，是指以破坏或技术性方法开防盗门锁的方式进入居民住宅实施的盗窃。主要反馈住宅小区类型，防盗门种类，破坏防盗门锁的具体行为、作案工具，室内翻动情况，撬盗的具体部位与方式等。

（4）夜盗攀楼警情的处警结果反馈。夜盗攀楼，是指夜间利用攀高方式进入居民住宅实施的盗窃。主要反馈作案人进入室内的方式，破坏防盗窗的手段及部位，作案地点等。

（5）盗窃保险箱警情的处警结果反馈。盗窃保险箱，是指犯罪分子进入机关、学校、公司、企事业单位（不包括家庭）进行撬盗保险箱。主要反馈犯罪分子入室的方式，保险箱的规格、大小、特征以及放置位置、是否加固等情况，保险箱被撬盗的具体部位，还是整个搬走，有无撬盗其他办公室或其他物品，有无交通工具等。

（6）盗窃电脑零件警情的处警结果反馈。盗窃电脑零件，是指犯罪分子进入学校、网吧、宾馆等地拆开电脑盗窃电脑零件或整件，不包括盗窃电脑销售、维修商店警情。主要反馈犯罪分子进入室内的方式，拆开电脑的方式，盗窃零件有无选择性，犯罪分子的人数、特征及现场反映的身份信息，被盗零件是否涉密，被盗单位的基本情况等。

（7）盗窃商店警情的处警结果反馈。盗窃商店，是指采用各种手段进入非营业期间商业场所盗窃物品，包括商场、超市、小店、市场等。主要反馈犯罪分子进入室内的方式，在中心现场活动的先后顺序，有无破坏报警设施，作案工具及交通工具情况，商店的类型、位置及发生时间等。

（8）盗窃（抢劫）工业原材料警情的处警结果反馈。盗窃工业原材料，是指盗窃堆放在仓库、车间用于行业加工的各类原材料及零部件，主要反馈案发地所处地理位置及周边环境，作案地点特殊性地理位置，盗窃物品特征，作案车辆，可能的作案及逃跑路线。注意诱发抢劫原因及对受害人侵害的描述。

（9）盗窃三电设施警情的处警结果反馈。盗窃三电设施，是指盗窃正在使用或已安装待开通（不包括仓库内）的电信、电力、广电设备及电缆。主要反馈发案地的具体处所及周边环境，作案工具及作案车辆车型、车牌、颜色、来去方向，涉案物品特征及用途等。

4. 诈骗案件的反馈

（1）抛物诈骗警情的处警结果反馈。抛物诈骗，是指犯罪分子利用"丢物捡物"方式诈骗钱财，包括发生在自驾车或出租车上的类似警情。主要反馈作案全过程，从搭识到行骗到手的地点、路线及假借的名义等，作案道具的名称、形状、大小、颜色、特征，交通工具的类型、牌号、颜色，作案人的基本特征、钱财数量等。

（2）假药行骗警情的处警结果反馈。假药行骗，是指以假药、劣药冒充成品药、特效药、高档药进行行骗，包括利用抗癌药、蛇毒等具有一定药用价值的物品行骗。主要反馈作案过程的描述，特别是搭识地点，行骗假借的名义，假药的名称、形状、分量、效用，交通工具的类型、牌号、颜色等。

（3）迷信诈骗警情的处警结果反馈。迷信诈骗，是指假借治病、驱鬼、消灾的名义，利用迷信手段实施诈骗。主要反馈作案过程的描述，特别是搭识的理由、地点，迷信实施的过程等。

（4）虚假信息诈骗警情的处警结果反馈。虚假信息诈骗，是指利用网络、电话、短信等发布虚假信息诱骗他人支付钱财。主要反馈作案过程的描述，短信的号码、联系人、联系号码，信息的具体内容，汇款账号的开户人、号码、银行等。

（5）钱币诈骗警情的处警结果反馈。钱币诈骗，是指通过各种钱币掺假、兑换、调换等方式诈骗钱财，主要反馈注意作案过程的详细描述，特别是钱币的币种、号码、图案，换币、变钱的方式，受害人的年龄特征等。

（6）宝物诈骗警情的处警结果反馈。宝物诈骗，是指假借祖传、盗掘名义将各类假金器、假文物冒充具有一定历史价值的物品行骗。主要反馈注意作案过程的详细描述，特别是作案道具的名称、形状、大小、数量、内容，搭识的理由、地点，受害人的年龄特征等。

（7）信用卡（盗窃）诈骗警情的处警结果反馈。信用卡（盗窃）诈骗是指利用伪造、复制、调换信用卡及转账方式进行（盗窃）诈骗，包括安装读卡器、设置出钱障碍、温馨提示转账、转移视线换卡等在自动取款机前的信用卡（盗窃）诈骗的警情。主要反馈注意作案过程的详细描述，特别是作案工具的名称、形状、大小、安装的位置，转账信用卡的号码、开户人、开户银行、开户时间，取钱时间、地点与银行，涉案人员基本情况，受害人的年龄特征等。

5. 敲诈案件的反馈

（1）投毒敲诈警情的处警结果反馈。投毒敲诈，是指以投放或撰文投放载体、号码、来源地，信件与信封的大小、颜色、特征、字体等，汇款方式（包括开户银行、开户人、账号）等信息，敲诈人的声音等个体特征。

（2）隐私敲诈警情的处警结果反馈。隐私敲诈，是指以公开或扬言公开个人隐私、商业机密的形式敲诈钱财。主要反馈敲诈的内容、属名、敲诈金额，传递敲诈信息的载体、号码、来源地，信件与信封的大小、颜色、特征、字体等，汇款方式（包括开户银行、开户人、账号）等信息，敲诈人的声音等个体特征。

（3）爆炸敲诈警情的处警结果反馈。爆炸敲诈，是指以投放或扬言投放爆炸物品的方式进行敲诈。主要反馈传递敲诈信息的载体、号码、来源地及具体内容，选择爆炸投放的地点、场所，投放的方式，爆炸物品的名称、数量、制作工艺，汇款方式（包括开户银行、开户人、账号）、敲诈金额等信息，敲诈人的声音等个体特征。

（4）暴力敲诈警情的处警结果反馈。暴力敲诈，是指以伤害家中宠物、损害物品或扬言伤害家庭成员的方式进行敲诈。主要反馈传递敲诈信息的载体、号码、来源地及具体内容，选择暴力损害或伤害的地点、场所、形式，汇款方式（包括开户银行、开户人、账号）、敲诈金额等信息，敲诈人的声音等个体特征。

表4

受 案 回 执

_____：

　　你（单位）于_____年_____月_____日报称的_____一案我单位已受理（受案登记表文号为　　公（　　）受案字〔　　〕　　号）。

　　你（单位）可通过_____查询案件进展情况。

　　联系人、联系方式：_____。

受案单位（印）
年　月　日

报案人、控告人、
举报人、扭送人：

年　　月　　日

　　一式两份，一份附卷，一份交报案人、控告人、举报人、扭送人。

表5

不予调查处理告知书

_____：

　　你于_____年_____月_____日向_____报称的_____一案，不属于公安机关管辖范围。公安机关依法不予调查处理，请向其他有关主管机关报案、投诉或投案。

　　特此告知。

公安机关（印）
年　月　日

报案人、控告人、举报人、
扭送人、投案人：

年　　月　　日

　　一式两份，一份交报案人、控告人、举报人、扭送人、投案人，一份留存。

三、回访的概念及基本要求

（一）回访的概念

回访，是指接处警结束后，公安机关以一定的方式征询报警人对接处警工作的满意度及建议意见。

（二）回访的基本要求

1. 回访应本着公平、公正、自愿的原则，主体为公安民警，对象为报警求助人，以电话回访为主，也可采用短信、走访、信函、座谈等形式开展。

2. 刑事、治安类警情必须在接报后 72 小时内全部回访，其他类型警情求助应随机抽访，回访情况应全部记录在册或采集录入警务综合平台。

3. 对刑事、治安警情的回访，应与警务综合平台处警反馈结果进行对照，重点检验警情定性是否准确、信息采集是否到位、涉案物品估价是否合理以及是否存在违规改变警情类型等。

4. 回访人员应规范用语，主动表明身份，说明回访意图，征得对方同意后方可开展回访。

四、回访的内容

对接处警的回访，重点是回访接警和处警两个环节。

（一）接警环节主要回访内容

1. 对接警员态度是否满意。

2. 对 110 电话接通速度是否满意。

3. 报警渠道是否畅通。

（二）处警环节主要回访内容

1. 核实警情基本情况。

2. 对出警速度是否满意。

3. 现场处置是否规范。

4. 对处警民警态度是否满意。

5. 有何建议或意见。

五、回访结果的处理

（一）报警人对接警环节不满意情况的处理

1. 调取报警当事人报警的录音、录像，判明接警态度、用语、询问等是否规范、到位，是否存在报警人不满意的情况。

2. 对接警环节存在问题的，应立即落实整改，按规定对接警人员开展教育培训或作出相应处罚，并将有关调查情况通报给当事人，争取理解和支持。

3. 对接警电话接通速度不满意的，应设法改变现状，提高电话接通率，增强群众满意度。

4. 对报警人反映报警渠道不畅的，应立即落实整改措施。

（二）报警人对处警环节不满意情况的处理

1. 通过警务综合平台查阅处警反馈结果，指挥中心视情会同督察部门开展调查，判断是否存在报警人不满意的情况。

2. 对出警速度不满意的，应调查出警单位当日出警量、值班力量、街面巡逻安排等情况，判断是否存在出警迟缓问题。对确实存在推诿、拖延出警的，按有关规定处理。

3. 对民警现场处置及态度不满意的，应调查现场取证录音、录像资料，走访围观证人，根据警情性质判明现场处置是否规范。对确实处置不当、态度不好的，按有关规定处理。

4. 尽快把调查结果反馈给当事人，若当事人对调查结果不满意，应上门走访，当面做好解释工作。

（三）其他情况的处理

1. 对当事人不接或拒接回访电话，导致回访无法正常进行的，应记录在案。

2. 对经电话联系并调查核实，报警当事人不满意的原因与接处警无关的，应记录在案。

3. 对一个警情由多个单位处警的，处警回访结果应记录在管辖单位名下。对重复报警的警情，原则上只回访一次。

4. 对投诉举报110接处警工作的，应按规定先开展回访，表明警方态度，再开展调查核实，并在接到投诉举报后7日内向当事人反馈调查情况。

六、群众投诉的处理

（一）群众投诉及其特征

群众投诉，是指人民群众以来信、来访、来电等形式，向各级公安机关监督部门检举、控告、反映公安机关及民警正在发生或已经发生了的，涉嫌违反党纪政纪、公正执法、警务纪律、工作作风或侵害其合法权益等的行为。投诉的对象是公安机关及民警，包括辅警、保安以及文职人员等警务活动的参与人员。

当前群众投诉的主要特征表现为以下几个方面：

1. 随着群众维权意识的不断增强，群众对民警执勤、执法活动的投诉也日益增多。由于电话投诉不受时空等因素限制，在所有形式的投诉中占有很大比例。有效解决群众电话投诉难题，是提高人民群众对公安工作的满意度，构建和谐警民关系，规范民警执法行为，最大限度减少群众重复投诉、越级上访的重要途径。

2. 群众投诉反映出公安机关社会面管理面临的问题增多。群众的投诉由单一集中在个别民警、个别案件的意见投诉，逐步转移到对公安机关外来人口管理、交通管理、消防管理等专门工作的意见、建议上。

3. 群众投诉的重点以执法办案中的问题居多。由于公安机关承担着繁重的刑事执法和行政管理的工作职责，基层单位和民警的执法素质差异明显存在，针对公安机关执法办案的群众投诉仍占据较大比例。少数基层所队对群众报案、求助见惯不惊、敷衍推诿，有的虽然及时赶到现场，但处理方法过于简单，小事拖大，易事拖难。一些基层单位在执法活动中对行政执法重视不够，尤其是对伤害案件的处理草草了事，造成群众投诉公安机关执法不严、执法不公的问题相对突出。

4. 群众投诉反映民警态度生硬和形象不良居多。经对群众投诉举报的调查核实，绝大多数为不实投诉。但细究下来不难发现，民警与老百姓打交道，给人最直观的感受是警察形象和态度，一旦警容不整、态度生硬、作风散漫，即使依法办事、严格管理，也会成为群众投诉的重点。

5. 投诉反映的内容经查证失实的居多、随意性较大。主要体现在以下几个方面：一是部分群众诉求意识增强，但对如何通过法律途径来解决纠纷、维护权益等方面还存在认识误区。对一些理应由诉讼程序解决的问题，过分依赖公安机关来调解，一旦不能如愿，往往选择投诉的做法。二是案件受害方情绪急躁或经济困难，缺乏对公安机关依法办案办事程序的了解，期望通过投诉引起民警的重视，或借助纪检监察部门促使办案民警加快处理速度，加重对对方的处罚力度，能够早一点获得经济上的赔偿，遂以公安机关不作为、效率低下、执法不公等为由进行投诉。三是有些案件事实已经查清，当事人为了能够减轻、逃避处罚，或者为了达到自身的利益要求而采取投诉的方式。也有个别当事人反映问题的动机不纯，投诉举报随意性大，造成恶意投诉的存在。

6. 投诉人员以外来人口居多。公安机关审批事项和权限的减少以及群众维权意识的增强，案件当事人以及外来人口等弱势人群越来越多地成为投诉主体。侵犯外来人口人身权利、对外来人口执法态度粗暴、乱罚款以及执法中亲疏不一、富贫不一、官民不一成为投诉的主要问题。

（二）接警和指挥调度

1. 接警人员接受人民群众电话投诉，并如实填写《110 报警服务台受理人民群众电话投诉登记表》。

2. 根据人民群众电话投诉问题的类型，及时指令警务督察部门进行现场督察和巡逻警察先期处置，或转交纪检监察、政工、法制等部门及下级公安机关办理。

（1）对正在发生的问题的投诉，指令巡逻警察、警务督察部门立即赶赴现场处置。

（2）对既往发生的问题的投诉，根据实际情况转交有关部门查处。

（3）对人民群众以往已来信或者投诉的，转交原受理部门办理。

（4）对现场情况不明晰的，指令巡警前往处置，并由巡警视情况移交有关部门查处。

3. 督促有关职能部门对人民群众电话投诉的问题及时办理，并反馈调查情况及处理结果。

4. 对不属于公安机关管辖的各类电话投诉，应对投诉人说明情况或提供与有关部门联系的方法并视情况通知有关部门。

（三）现场处置

1. 接到下列群众投诉，指令就近警力先期到达现场控制事态发展，并指令督察部门调查处理，及时反馈处理结果。

（1）公安民警违反公安部"五条禁令"规定的。

（2）公安民警对正在发生的社会治安问题和刑事犯罪不作为。

（3）公安民警正在与群众发生殴斗、纠纷及其他具有现实危险行为的。

（4）公安民警正在从事违法、违纪活动，现场情况不明的。

2. 接到下列群众投诉，指令督察部门调查处理，并及时反馈处理结果。

（1）公安民警欺压群众、违法违纪的。

（2）公安民警以权谋私、要特权、酒后滋事等造成群众不满，影响较坏的。

（3）公安民警因处理治安案件、交通事故等引起群众不满的。

（4）公安民警从事公安机关禁止的其他行为的。

3. 对有关单位已受理，群众再次投诉的，指令原受理单位调查处理。

4. 对群众投诉民警违纪行为情节显著轻微的，通知被投诉民警所在单位处理，并及时反馈处理结果。

5. 对群众投诉民警违法违纪行为，情节恶劣，影响较大的，同时向局领导报告。

6. 接到110出警指令后，执行督察任务的公安民警应立即向领导报告，迅速赶赴现场；到达现场后，应先采取措施，控制局面，维护现场秩序，并区别情况进行处置：

（1）经现场初步调查，群众投诉有误、不属于公安民警违法、违纪的，通知辖区派出所或有管辖权的单位前往处理。

（2）属于公安民警违法、违纪，但情节显著轻微的，进行批评教育，消除不良影响，并通知其所在单位带回。

（3）对问题较为复杂或违纪民警不听劝阻的，可将其带离现场，作进一步调查处理。

（4）对已经构成治安案件或影响较大、需作进一步查处的，应及时通知辖区派出所或有管辖权的单位前往调查、取证，并按各自职责分工进行处理。

（5）已经构成刑事案件或造成严重影响、需作进一步查处的，应迅速弄清事情概要，及时报告上级领导，并按领导指示通知有关部门前往处置，同时应做好现场保护工作，待有关人员到达后移交处理。

（6）警务督察民警处警完毕后，要及时填写《警务督察部门接受110指令出警处警登记表》，报送有关领导和110报警服务台，并及时向投诉人反馈调查处理情况。

7. 警务督察部门执行督察任务时，不得少于两人。

8. 上级公安机关警务督察部门负责对下级公安机关警务督察部门受理人民群众电话投诉工作的检查、指导。

（四）注意事项

1. 110 报警服务台 24 小时受理人民群众的电话投诉；在受理投诉时，应做到态度和蔼，语言文明，热情耐心，不得推诿、训斥、刁难；对投诉内容不属于本行政区域的，应认真做好记录，并转交有关地区处理，同时向投诉人说明情况。

2. 警务督察部门实行 24 小时值班或备勤制度，在接到 110 出警指令后，应及时出警；警务督察民警在处理人民群众投诉时，应做到热情服务，文明执勤，措施得当，依法处理。

3. 警务督察、纪检监察、政工、法制等部门，对人民群众电话投诉的内容，应当迅速开展调查、处理工作，并在 3 日内将查处结果告知投诉人，同时抄送 110 报警服务台备查；3 日内难以办结的，应告知投诉人进展情况。警务督察部门转交其他部门办理的投诉，各承办部门要在规定时限内报送备查，并将结果抄送 110 报警服务台。

4. 已经办结的投诉，要做到事实清楚，证据确凿，定性准确，处理适当，程序合法，手续完备，并立卷归档。

5. 下级公安机关对上级公安机关交办的人民群众投诉，要认真组织查处，并及时上报查处情况；上级公安机关对下级公安机关上报的处理情况要认真审查，如发现在事实认定、办理程序等方面确有错误的，应限期予以纠正。

6. 公安机关 110 报警服务台及警务督察、纪检监察、政工、法制等部门及其民警对投诉内容及投诉人的情况应严格保密，严禁将投诉情况泄露给被投诉人，严禁对投诉人打击报复。违者要依照法律和有关规定追究法律和纪律责任。

实训任务

一、简要案情

2013 年 8 月 20 日 9 时 30 分许，吴某某与丈夫朱某某到河某花园 1 栋 17 楼 11 号讨要房主张某拖欠的装修费用，因张某对朱某某的装修质量有异议而产生分歧，张某明确表示不会支付拖欠的装修费用。朱某某为达到讨要装修费用的目的而滞留在张某的家中。至 21 日凌晨，因吴某某故意将小便拉在张某家地板上而与张某发生争执，双方进而发生抓扯。在抓扯的过程中，吴某某倒地，擦伤右肘。于是吴某某报警。处警民警赶到现场后，对事情经过做了了解后，对双方进行法律宣传并建议双方关于欠款问题进行法律诉讼。而吴某某认为自己不仅没有要到装修费用，还受了伤，处警民警却没有帮自己出气。因此打电话投诉处警民警。

二、课堂讨论

1. 该事件性质是什么？是否属于公安机关管辖范围？
2. 如果遇到不属于公安机关管辖的事件应如何处置？
3. 如何向报案人或当事人说明事件不属于公安机关管辖？
4. 在受到投诉后，处警民警应当如何处置？

三、课堂作业

针对上述警情，进行模拟电话回访，填写电话回访单。

表 6
110 警情电话回访单

电话回访时间	年　　月　　日　　时　　分		
处警单位			
回访电话			
回访警情			
被回访人评估	满意	较满意	不满意
不满意环节			
是否取得被回访人理解			
回访情况、被回访人意见和建议：			
回访内容：处警民警的到场速度、工作态度、处理方式与结果等方面			

任务五

现场媒体应对

情景导入

2012 年 7 月×日晚 22 时许，某市××区××街道发生一起因居民操作不当造成的火灾事故，事故发生后，引起大量群众聚集围观。某市××报社记者前往现场采访，在现场拍照时被火灾抢救现场指挥员责令禁止拍照、离开现场。

第二天，某市××日报刊载评论员文章"是谁把媒体视作洪水猛兽？"

是谁把媒体视作洪水猛兽？

在不断遭遇网上通缉、跨省追捕直至锒铛入狱之后，中国的媒体从业人员不由得发出"我们也是弱势群体"的浩叹。

平心而论，跟那些用身体维权的农民工、那些舍身护家的被拆迁户、那些跪倒在学者和记者面前的乐清市寨桥村村民比起来，作为媒体从业人员的记者其实完全称得上"强势群体"——他们有供职的"单位"，这些"单位"在我们这个社会体制中被赋予了或大或小的权力。重要的是，媒体是什么？在党和政府那里，媒体是喉舌，是宣传方针政策的舆论工具；在普通公众眼里，媒体是信息提供者，是社会公平的守护者，有的时候，还是他们的代言人。所以，不管从哪方面讲，记录和言说都是天赋职责。在当下中国，一个可以发出声音并让人听到的群体，哪里轮得上自称"弱势"。

本月 11 日，国家新闻出版总署署长柳斌杰在接受央视采访时表示：我们坚决保护记者的合法权益，一定让他们正确地行使自己的职权，这个要保障。如果社会连这一点都不保障了，那么社会的公平正义就值得怀疑了。

这位中国新闻机构的最高行政管理者还说：我们的要求是，公众机构、公职人员任何时候都不得拒绝记者的合法采访。要求各级公务员，特别是领导干部，要善待媒体、善用媒体、善管媒体。

然而，在媒体的真实生存状态里，不管是喉舌身份、天赋职责，还是最高行政长官的打气撑腰或奔走呼告，都无改媒体及其从业人员的无力和弱势。那是因为，在媒体的强势面前，还有许多比它更强势的存在，在媒体的权力面前，还有那些肆无忌惮的权力。

在去年轰动一时的渭南"书案"中，面对《火花》杂志社原执行社长魏丕植对渭南警察干预北京出版事务的质疑，渭南市公安局临渭分局警员王鹏的回答是一声怒吼："我是警察，中华人民共和国每一寸土地上的事，我都可以管！"这是多么谬误的职业认知，又是多么蛮横的心理投射。

处理和媒体的关系，其实是考量公权机构自信心、承受能力、透明程度和接受社会公众监督勇气的一项重要指标。部门或官员对媒体的宽容度与其自信心成正比，而这自信心与其成绩大小和工作好坏成正比。干得好的，或想干好的部门或官员通常都会把媒体当作舆论阵地和喉舌耳目，而干得不好的，甚至有问题的官员则通常把媒体视为洪水猛兽。

如果渭南太远，去年太久，那么看某市的昨天，本报记者关于一次普通火灾的普通采访，竟然成了现场某些警察的刁难、辱骂和搜查的对象。我们清楚知道的是，警察是代表国家意志行使公权力的机构和个人，他们的任务是维护国家安全，维护社会治安秩序，保护公民的人身安全、人身自由和合法财产，保护公共财产，预防、制止和惩治违法犯罪。我们不清楚的是，在昨天的火灾现场，记者的采访触犯了我国法律法规的哪条哪款，以至于警察必须制止？我们还不清楚的是，如果记者拂了一名警察的意而报道了一场普通火灾，那位自称"老子"的警察会怎样对待那位记者？我们更不清楚的是，当作为法律执行者的警察在践踏其应该保护的其他公民的工作权或人身安全和自由时，他那些凌人盛气是哪来的？

正是这样的凌驾于公权和私权之上的盛气警醒我们，不管是作为媒体还是个人，也不管是警察还是平民，他们身上的强势或弱势色彩都会使我们这个社会蒙羞，平等、尊重才是建设法制社会、和谐社会的必不可少的那块砖，也是我们做人和职业的底线。

该新闻报道刊出之后，某市公安局新闻发言人立刻联系到报社记者，表明发生的警察阻挠记者正常采访的事情引起了市公安局的高度重视，已连夜开会处理此事并责成区公安分局向××日报社、××晚报和当事记者当面赔礼道歉。该新闻发言人称，公安机关欢迎媒体对公安工作进行监督，并要求全市各级公安机关及民警充分尊重媒体，对媒体的正常采访给予最大限度的配合。

课前讨论

一、在处警现场，面对媒体超越"警戒线"如何管理？

二、处警民警在处警过程中，如果媒体采访影响到了自己的处警应怎么办？

三、如果在一些涉及敏感问题的群体性事件中，发现了不怀好意的国外媒体怎么办？

理论知识

接处警的现场媒体应对，是指处警民警在处警过程中实施的对现场媒体人员的管理以及应对措施。通常是媒体的采访报道在先，警方根据媒体的相关报道，经过分析研判或主动出击或暂且引而不发，伺机而动，对不同的事件、不同的舆情，采取不同的谋略对策、不同的方式方法来区别对待。

一、现场媒体应对的作用

（一）澄清事实，维护社会稳定

一旦有警情发生，社会上就会谣言满天飞，某些小道消息不胫而走，以讹传讹，搞得人心惶惶，从而导致社会不稳定因素的增加。在这种情况下，人们易对公安机关警情的处置能力乃至政府的应对能力产生怀疑。如果处警民警把真实、准确的信息及时通过媒体发布出去，所有的谣言便会不攻自破，媒体也就失去了炒作的兴趣，舆论中一些针对政府和公安机关的杂音也会应声而止，从而使人心趋于稳定，社会重归平安和谐。

（二）满足大众的知情权，服务社会

由于社会上对危机事件等各种较为敏感的警情往往有多种传言和猜测，人们在思考和议论该事件的同时，迫切希望了解事件的真相。尤其是一些涉及公共安全的事件，人们期待政府部门能够发布公众应该如何保障安全，避免重蹈覆辙的有效信息。为此，处警民警要积极进行媒体应对，有针对性地对社会舆论和公众进行引导，不仅满足媒体对信息的需要，也满足人们知情的愿望。这样既可以平息人们躁动不安的情绪还可以通过媒体发出政府的相关指引，提醒社会公众提高自己的防范意识。

（三）树立形象，减少负面影响

处警民警通过主动进行媒体应对，在条件允许的情况下公布事件真相，并把公安机关采取的措施和结果告知公众有利于公安机关在危机时刻树立一个接受监督、理性反省、整改措施得力、群众意识强的良好形象。与此同时，还可以向媒体透露公安机关和其他政府相关部门全力以赴、废寝忘食地投入处理警情处置的相关事例，使媒体和公众充分了解公安机关为处理各类警情所做出的不懈努力，从而减少因为警情的危害后果给政府和公安机关带来的负面影响。

二、现场媒体应对的基本原则

（一）重视媒体，善待媒体

媒体应对并非是要与媒体作对，把媒体放在自己的对立面，与之针锋相对。美国《财富》杂志主编斯特拉特福·谢尔曼说："向媒体宣战，虽然听上去很诱人，但实际上是一场无法打赢的战争。"由于媒体所处的位置决定其拥有话语权，我们必须重视媒体的地位和作用，与媒体合作共赢。因此，公安机关和警务人员对媒体记者的采访应根据实际情况给予协助和配合，使记者在采访中不生气、不反感，争取媒体记者对警方的理解和支持，使舆论的天平向警方倾斜。另外，警方的声音也要借助媒体进行传播，要做到"借船出海""借鸡生蛋"，充分利用媒体为公安工作宣传造势，鼓舞士气，弘扬正气，扬我警威，促进公安工作的进一步开展。

（二）严格遵守宣传纪律

善待媒体不等于把大门完全都向媒体敞开，不等于对记者必须有问必答，不等于把所有的情况都毫无保留地向记者全盘托出。媒体应对，实际上是警方新闻发布的一个方面，对于新闻宣传工作，公安部、省公安厅和市公安局都有明确的纪律和规定。

公安部制定的新时期公安新闻宣传纪律包括了政治纪律、保密纪律、组织纪律、工作纪律四个方面（《公安宣传思想工作基础训练手册》第63页）。其中，工作纪律中规定了"四个严禁"："严禁擅自联系新闻媒体对外宣传报道"；"严禁私自接受媒体采访"；"严禁公安民警随意接受新闻媒体的聘用"；"严禁传播或向非警务人员提供公安机关内部资料"。此外，各省公安厅和市公安局对公安新闻宣传工作也都有明文规定。公安宣传纪律是铁的纪律，所有的公安民警都必须严格遵守。

（三）把握时机，讲求时效

由于新闻报道是有时效性的，舆论的传播与形成也有很强的时效性，因此，媒体应对也必须讲时效性。一般情况下，现场媒体应对得越及时，取得的效果就越好。传播界有句俗语："谣言都是飞毛腿，当真理还在穿鞋时，谣言已经走遍了天下的每个角落。"在现场媒体应对中，警方发布的都是来自政府部门的权威信息，是事实真相，应该在那些不实的谣言、传言、小道消息等"路边社"新闻弥漫开来之前，及时发出符合事实的信息，以正视听。因而及时、迅速、高效是媒体应对成功与否的一个重要因素。媒体应对不能拖，更不能等，要做到未雨绸缪，事先通过舆情分析和研判，及时发现舆情危机的苗头，及早采取措施，把握好应对的时机，争取舆论引导的主动权，从而为处置危机事件创造一个有利的舆论环境。

三、现场媒体应对的基本要求

舆情危机一旦来临，而我们事前又没做好相关准备工作，就会措手不及，在媒体应对中陷入十分被动的局面。

在当今信息传播日益迅猛发展的时代，媒体所传播的舆情信息对公安工作来说显得更为重要。媒体每天涉及社会治安和警务工作的报道很多，面对复杂多变的媒体舆情，究竟哪些需要去应对，如何进行成功的应对呢？以下是进行成功现场媒体应对的基本要求。

（一）面对记者要有信心

突发事件发生以后，面对记者和公众，处警民警一般会存在各种各样的顾虑，此时采取消极逃避或者粗暴应对的态度都是不可取的。处警民警发现现场有媒体记者时，应及时向指挥部门和领导汇报，并密切关注现场媒体人员动向。要在不违反原则的基础上巧妙地"回答"记者的问题，让现场记者看到我们正确积极的态度。我们要知道，直接粗暴地回绝记者采访的后果是记者听不到官方的声音，必然使记者选择随机性的群众采访，群众将听到更多的杂音，舆论引导将可能失控，切不要等到媒体炒作之后才出来辟谣和解释。因此，我们一定要消除顾虑，增强信心，从容面对记者，善待善用媒体。要尽量向上级请示，来满足记者的采访要求。处警民警只有相信自己、相信组织，才有信心面对记者的镜头，临场不乱。同时，还要让记者了解到我们在处置事件时的坚定态度和科学举措，要让民众感觉到人民警察是广大人民群众切身利益最忠实的维护者。

（二）面对媒体要讲诚信

诚信是做人的根本，更是各级公安机关赢得群众信任的重要基础。因此，突发事件发生后，处警民警和相关部门一定要向媒体和公众说真话。不清楚的信息要实事求是说不清楚，不要含含糊糊地说或是说得含含糊糊，一定要向上级请示，待调查核实后再回复，决不能信口开河，随意编造来糊弄记者。面对记者，作为处警民警只有"是""不是""不清楚"的回答，切忌"可能是""大概是""也许是吧"等模棱两可的表态。

（三）正确应对现场记者

处警民警在现场接受采访时要讲究一定的艺术。如果确实涉及敏感问题，在回答记者采访时，既不能简单地回避，也不能盲目地应对，要及时向指挥部门和领导部门汇报，以免引起记者的反感，要在处置的同时，拟好对外发布的材料，并迅速报上级部门审查核实后用统一口径答访，用书面材料代替随口答访，将记者的思路引导到正面关注上来。让记者不局限于纠缠事件的原因或者仅仅关注事件的某个细节。对现场，如果需要隔离的要立即进行隔离封锁，并向记者做好解释工作。对个别不配合的记者，切不可简单粗暴，更不可随便扣人、扣器材，甚至驱逐打骂记者。要知道侮辱记者就是损害媒体威信，会遭到媒体的强烈反击，引起更大的舆论风暴。

（四）正确应对记者的问责

处警民警在面对现场记者采访时，应严格遵守新闻工作纪律，未经批准不得接受媒体记者采访。不接受采访，不是要我们漠视记者。面对记者的问题，我们要尊重事实，否则会让媒体和公众产生公安民警心虚的错觉。我们必须有勇气承认我们的工作没有做到尽善尽美，即使是国外也没有哪个国家能够做到尽善尽美。要特别清醒地认识到，一个敢于承认错误的队伍才有勇气改正错误，才能赢得公众的理解、信任和支持。因此，面对媒体的问题，处警民警不能回避、逃避问题，而是要态度诚恳，认识到自己的不足，这样才能让记者和民众相信你会积极地处理。

四、现场媒体应对的措施

在一些重大的突发案（事）件现场，总会看到不少忙碌的记者，他们会留意在现场处警民警的一举一动，会时刻把镜头和话筒伸向民警，他们甚至会避开民警的视线，混进现场的中心地带，以获取现场第一手资料。面对现场的这些记者，处警民警应当积极应对。

（一）诚恳大方，不卑不亢

这是接待记者采访的基本态度。警务人员要避免两个"极端"的做法：一种是见到记者绕着走，就像老鼠见到猫，怕与记者接触，怕上记者的镜头，怕回答记者的问题；另一种则正好相反，在记者面前显得过分热情，有求必应，且自以为是，口无遮拦，在没有请示上级或得到上级领导授权的情况下，擅自接受媒体记者的采访。以上两种做法都是错误的。第一种见到记者就躲是一种"触媒恐慌症"，显得不够大方，容易遭到记者的鄙视和在场群众的笑话，有损警察的形象；第二种则是无组织、无纪律的个人主义行为，所造成的危害比第一种更严重。处警民警应严格遵守新闻工作纪律，未经批准不得接受媒体记者采访。

因为个人了解的信息毕竟有限，再加上未经上级的把关，对事件的定性以及相关部门在事件中所采取的对策措施都不了解，个人擅自向媒体发布的那些信息本身就缺乏完整性和权威性，容易以偏概全、混淆是非、误导舆论，使得危机事件处置工作雪上加霜。

（二）查验证件，核实身份

凡是记者来访，都会先介绍自己是某某媒体的记者，以引起对方的重视。有的还会主动递名片，但这些都不足以完全证实来访者的记者身份，能证明记者身份的是记者证。目前，最权威的记者证明是由国家新闻出版总署统一印制、统一编号并核发的新闻记者证，这是记者最可靠的证明，一般只发给媒体的正式在编记者。有的记者领的是所在媒体发给的记者证，他的记者身份及采访活动可视为获得其所在媒体的承认。在核实记者身份时，可以让其出示记者证，对无法出示证件的，可婉言谢绝采访。

（三）弄清来意，及时上报

记者来了，来了多少人，都来自哪些媒体，准备采访哪些内容，打算如何采访（录音、录像、摄影等）？以上问题在接待记者采访时都必须弄清楚，并将有关情况及时报告上级。正确的做法是处警民警发现现场有媒体记者时，应及时向指挥部门和领导汇报，并密切关注现场媒体人员的动向，随机应变。在报告时也要注意方式、方法，切忌当着记者的面用对讲机或电话与上级对话，这样既不能保密，也容易引起记者的反感。

（四）按照上级的要求应对

将情况报告上级后，可告知记者稍候，有条件的可为记者提供茶水。待上级研究决策后，将上级的有关决定向记者反馈。

（1）同意采访。在这种情况下，上级会作出专门的安排，也会派出专人来协助记者的采访，此时，一线民警只要做好相关交接工作就可以了。

（2）暂不同意采访。在这种情况下，上级经过研判，一般都会研究出谢绝此次采访的口径，或派专人答复，或直接由在场的民警按有关口径回复。此刻，在场民警必须按照上级的意图，按照回复口径耐心地做好解释工作，并将记者劝离。

（五）现场记者管理

为不影响警方的现场勘查及救助工作，维持好现场的秩序，有必要限制记者的活动范围，而在现场设置警戒线是最为妥当的一种方法。有了警戒线，未经许可，严禁媒体记者在警戒线内进行采访，对违规媒体记者应视情况采取劝告或警告措施。当现场媒体记者强行进入警戒区已严重影响警方工作时，警方可以强制将媒体记者带离警戒线外。同时，有权制止可能造成媒体记者伤亡的冒险行为以保护媒体记者的安全。

1. 记者违规的主要情形

（1）不服从现场管理，企图强行进入中心现场的。

（2）歪曲事实，进行煽动性采访的。

（3）违反规定，进入中心现场同期报道、转播，直接影响现场处置活动的。

（4）其他影响现场处置工作的情形。

对以上情形要尽量避免与媒体记者发生肢体冲突。对媒体记者在警戒线以外的录像、拍照、采访目击者或围观群众等正常合法的职业行为，处警民警不能随意禁止，但应注意掌握情况。

2. 现场应对记者采访的注意事项

（1）不能当众训斥记者。

（2）不要直接拒绝回答记者的提问，要以遵守公安新闻管理规定为理由，讲明不能回答的原因，对记者的询问不能直接用"无可奉告"等词语。

（3）不能公开表达对媒体或记者不满的意见。

（4）不能用手遮挡记者的相机、摄像机镜头，更不能收缴摄影、摄像器材。

（5）心平气和地婉言谢绝采访，并为记者指明正确的采访途径和详细的联系人、联系方式。

（6）要遵守保密规定和公安宣传纪律，现场各单位和民警个人未经上级授权，不得随意发布或透露公安机关信息，擅自接受记者采访。

（六）记者电话采访规范用语

打电话问情况是记者常用的一种采访方式，这样既方便又省时、省力。由于无法证实对方的记者身份，或者接电话的被采访一方可能会在自己毫无察觉的情况下被对方录音，所以，对记者的来电采访一般都予以婉拒。为防止对方电话录音，在电话中必须做到语气和蔼，有礼有节，相关规范语句如下：

（1）起始语：您好，这里是××公安厅××公安局××处（支队）或××分局派出所，请问您有什么事？

（2）对方准确表达身份和需求后：请您将采访的需求、联系方式以采访函的形式通过传真发给我们，我们的传真电话是×××-×××××××。

（3）如需采访，请与我局指挥中心宣传处（分局指挥中心）联系。

（4）此案件（事件）正在调查中，有关信息宣传部门将及时统一对外发布。

（5）对不起，由于无法证实你的记者身份，我不便在电话中回答你的任何问题。

（6）有关信息我方已于×月×日通过媒体对外发布，请你参考我方的发布内容。

（7）对不起，由于你所提到的问题涉及保密的内容，我不便回答你的问题。

媒体报道如同一把"双刃剑"，对被报道涉及的相关单位和部门，既可以是雪中送炭、锦上添花，也可以是雪上加霜、落井下石。因此，我们不能掉以轻心，由于媒体应对是一项政治性、法律性、纪律性和策略性都很强的工作，所以，参与应对的人员必须有高度的政治责任感和政治敏感性，有较强的法律意识；在应对工作中要从党和国家的利益出发，从维护社会稳定和公安机关形象的大局出发，牢固树立"五大意识"（大局意识、政治意识、忧患意识、群众意识和法治意识），以求真务实的态度，扎扎实实地开展工作。在发生舆情危机时，要充分准备、沉着应战，努力克服"触媒恐慌症"，做到熟悉媒体、了解记者，善于与媒体打交道，合理有效地做好现场媒体应对。

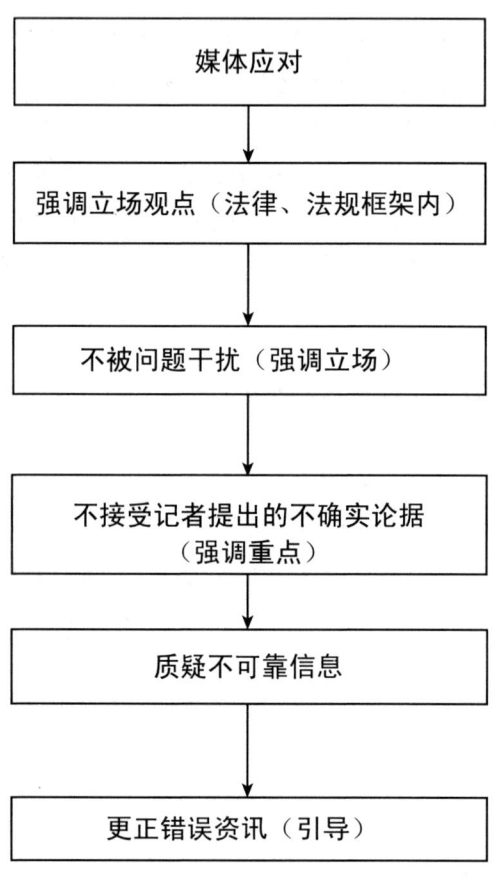

实训任务

一、简要案情

2016 年 4 月 17 日晚 22 时许，某市××派出所值班室接群众报警，称在辖区内的酒吧一条街的××酒吧内有人斗殴。接警后，值班民警前往现场进行处置，到达现场后发现系在酒吧饮酒的两名醉酒女性在追打酒吧的一名男性服务员，称该服务员服务态度不好。民警随即上前对该两名女子进行制止。经了解，系该两名女子在酒吧消费，因大量饮酒导致情绪失控，提出很多无理要求，因酒吧的这名服务员无法满足其要求，该两名女子便以服务员态度不好为由对服务员进行谩骂，并出手追打这名服务员。处警民警正在了解事情经过的过程中，其中一名女子抓住处警民警的手臂一口咬住，民警手臂鲜血淋漓。随即，两名处警民警对该女子进行制服并强制带离。在制服过程中，多名在酒吧内消费的群众对现场拍照，上传至网络。一些不明真相的群众更是声称拿到警察殴打无辜群众的照片，一时间谣言四起。某市公安局组织市主流媒体到派出所进行采访，还原事件真相。

二、课堂讨论

1. 如何应对网络谣言对处警过程的"断章取义"？

2. 当可能遇见媒体或群众自媒体报道的情况下，处警民警可以采取什么处置措施？

3. 处警民警能否自行对媒体表达自己对案（事）件的态度？

4. 如果媒体的采访影响到处警行为怎么办？

三、课堂作业

分组进行现场模拟，如何应对媒体采访？

附：主要法律依据

一、《刑法》

第二百九十二条 【聚众斗殴罪】聚众斗殴的，对首要分子和其他积极参加的，处三年以下有期徒刑、拘役或者管制；有下列情形之一的，对首要分子和其他积极参加的，处三年以上十年以下有期徒刑：

（一）多次聚众斗殴的；

（二）聚众斗殴人数多，规模大，社会影响恶劣的；

（三）在公共场所或者交通要道聚众斗殴，造成社会秩序严重混乱的；

（四）持械聚众斗殴的。

聚众斗殴，致人重伤、死亡的，依照本法第二百三十四条、第二百三十二条的规定定罪处罚。

二、《中华人民共和国刑事诉讼法》

第一百零八条 任何单位和个人发现有犯罪实施或犯罪嫌疑人，有权利也有义务向公安机关、人民检察院或者人民法院报案或举报。

被害人对侵犯其人身、财产权利的犯罪事实或者犯罪嫌疑人，有权向公安机关、人民检察院或者人民法院报案或者控告。

公安机关、人民检察院或者人民法院对于报案、控告、举报，都应当接受。对于不属于自己管辖的，应当移送主管机关处理，并且通知报案人、控告人、举报人；对于不属于自己管辖而又必须采取紧急措施的，应当先采取紧急措施，然后移送主管机关。

第一百零九条 报案、控告、举报可以用书面或者口头提出。接受口头报案、控告举报的工作人员，应当写成笔录，经宣读无误后，由报案人、控告人、举报人签名或盖章。

接受控告、举报的工作人员，应当向控告人、举报人说明诬告应负的法律责任。但是，只要不是捏造事实，伪造证据，及时控告、举报的事实有出入，甚至是错告的，也要和诬告严格加以区别。

公安机关、人民检察院或者人民法院应当保障报案人、控告人、举报人及其近亲属的安全。报案人、控告人、举报人如果不愿公开自己的姓名和报案、控告、举报的行为，应当为他保守秘密。

三、《公安机关办理行政案件程序规定》

第四十七条 公安机关对报案、控告、举报、群众扭送或者违法嫌疑人投案，以及其他行政主管部门、司法机关移送的案件，应当及时受理，制作受案登记表，并分别作出以下处理：

（一）对属于本单位管辖范围内的事项，应当及时调查处理；

（二）对属于公安机关职责范围，但不属于本单位管辖的，应当在受理后的二十四小时内移送有管辖权的单位处理，并告知报案人、控告人、举报人、扭送人、投案人；

（三）对不属于公安机关职责范围内的事项，书面告知报案人、控告人、举报人、扭送人、投案人向其他有关主管机关报案或投案。

公安机关接受案件时，应当制作受案回执单一式二份，一份交报案人、控告人、举报人、扭送人，一份附卷。

公安机关及其人民警察在日常执法执勤中发现的违法行为，使用第一款的规定。

第四十八条　属于公安机关职责范围内但不属于本单位管辖的案件，具有下列情形之一的，受理案件或者发现案件的公安机关及其人民警察应当依法先行采取必要的强制措施或者其他处置措施，再移送有管辖权的单位处理：

（一）违法嫌疑人正在实施危害行为的；

（二）正在实施违法行为或者违法后即时被发现的现行犯被扭送公安机关的；

（三）在逃的违法嫌疑人已被抓获或者被发现的；

（四）有人员伤亡，需要立即采取救治措施的；

（五）其他应当采取紧急措施的情形。

行政案件移送管辖的，询问查证时间和扣押等措施的期限重新计算。

第四十九条　报案人不愿意公开自己的姓名和报案行为的，公安机关应当在受案登记时注明，并为其保密。

第五十条　对报案人、控告人、举报人、扭送人、投案人提供的有关证据材料、物品等应当登记，出具接受证据清单，并拖上保管。必要时，应当拍照、录音、录像。移送案件时，应当将有关证据材料和物品一并移交。

四、《中华人民共和国治安管理处罚法》

第四十三条　殴打他人的，或者故意伤害他人身体的，处五日以上十日以下拘留，并处二百元以上五百元以下罚款；情节较轻的，处五日以下拘留或者五百元以下罚款。

有下列情形之一的，处十日以上十五日以下拘留，并处五百元以上一千元以下罚款：

（一）结伙殴打、伤害他人的；

（二）殴打、伤害残疾人、孕妇、不满14周岁的人或者60周岁以上的人的；

（三）多次殴打、伤害他人或者一次殴打、伤害多人的。

第七十七条　公安机关对报案、控告、举报或者违反治安管理行为人主动投案，以及其他行政主管部门、司法机关移送的违反治安管理案件，应当及时受理，并进行登记。

五、《公安派出所执法执勤工作规范》

第十二条　公安派出所民警对报案、控告、举报、群众扭送和投案自首等事项应当受理，不得拒绝、推诿，并分别情况处理：

（一）对于管辖范围内的事项，应当依法受理，及时处理；

（二）对不属于管辖范围内事项或者管辖范围不明的，应当先行受理，然后移送有管辖权的公安机关或者有关部门处理；

（三）对不属于管辖范围的事项，但情况紧急，应当依法采取紧急措施后，再进行移交并记录在案；

（四）跨辖区执行任务时，除紧急情况外，应当事先通知当地公安机关，请求协助。

第四十七条　公安派出所值班民警在接到 110 指挥中心出警指令后，应当做到：

（一）立即向公安派出所所长报告并通知距离案（事）件发生地最近的民警赶赴现场，需备勤民警出警的，应当立即告知其发案地点及基本情况；

（二）接到案（事）件现场民警回报后，立即向公安派出所所长、110 指挥中心报告，并做好相关记录。

第四十八条　公安派出所值班民警接受报案、控告、举报及扭送违法犯罪嫌疑人和投案自首人员，应当做到：

（一）询问基本情况，制作询问笔录，填写《接受案件回执单》，并根据公安派出所所长意见交有关民警处理；

（二）对紧急案（事）件，应当立即依法采取紧急处理措施，并向公安派出所所长报告。

六、公安部《110 接处警工作规则》

第二条　城市和县（旗）公安局指挥中心应当设立 110 报警服务台，负责全天 24 小时受理公众紧急电话报警、求助和对公安机关及其人民警察现时发生的违法违纪或者失职行为的投诉。

第三条　110 接处警工作坚持全心全意为人民服务的宗旨，依法打击违法犯罪活动，维护社会治安，提供安全服务。

第四条　110 报警服务台在接到紧急报警时，应当进行先期处置，对公安机关各单位和担负处警任务的民警直接指挥，并可调用装备，对处警情况进行监督指导。

公安机关各警种和各实战单位应当建立与 110 接处警工作相衔接的工作机制，确保及时执行指令。

第五条　110 报警服务台应当建立健全工作程序、内部管理、考核考评、通报检查、奖惩等各项制度。

第六条 110报警服务台应当建立监督制约机制，接受上级公安机关和社会各界的检查监督，及时改进工作。

公安部指挥中心负责对全国公安机关110接处警工作进行业务指导、协调和监督。

各省、自治区、直辖市公安厅、局指挥中心负责对本行政区划内的公安机关110接处警工作进行业务指导、协调和监督。

第七条 110报警服务台工作人员应当掌握和使用普通话，在受理报警、求助、投诉时应当做到：

（一）警容严整，行为规范，态度热情；

（二）接听电话时主动说："您好，××（市、县）110，××号接警员"；

（三）向当事人问明案（事）件的主要情况及当事人的基本情况；

（四）按照统一的表格认真登记、存储，做好接报、指挥、处警工作记录，并立卷备查。

第八条 在外国人来往较多的城市，110报警服务台应当积极创造条件，开通外语接警服务。在少数民族聚居较多的城市，开通当地通用的少数民族语言接警服务。

第九条 公安机关应当根据当地实际情况，合理布置警力，确保案（事）件发生时，处警民警能够及时赶到现场。

第十条 110报警服务台应当及时下达处警指令，公安机关各业务部门、基层单位和人员必须服从110报警服务台发出的处警指令，不得推诿、拖延出警，影响警情的处置。

第十一条 对危及公共安全、人身或者财产安全迫切需要处置的紧急报警、求助和对正在发生的民警严重违法违纪行为的投诉，处警民警接到110报警服务台处警指令后，应当迅速前往现场开展处置工作。对其他非紧急报警、求助和投诉，处警民警应当视情尽快处理。

第十二条 对紧急和非紧急报警、求助的出警时限，由城市和县级公安机关根据市区或者城镇规模、警力资源和道路交通状况等情况决定并予公布，接受公众监督。

第十三条 110接警工作实行"一级接警"，即统一由城市或者县（旗）公安局110报警服务台接警。

第十四条 110报警服务台受理报警的范围：

（一）刑事案件；

（二）治安案（事）件；

（三）危及人身、财产安全或者社会治安秩序的群体性事件；

（四）自然灾害、治安灾害事故；

（五）其他需要公安机关处置的与违法犯罪有关的报警。

第十五条 110报警服务台接到报警后，根据警情调派警力进行处置。对危及公共安全、人身或者财产安全的紧急案（事）件，应当在派警处置的同时，立即向分管负责人报告，并向业务主管部门通报。

第十六条 对接的符合本规则第十四条规定范围中的重大案（事）件，应当根据警情的性质、事态规模、紧急程度，及时报告分管负责人，并按照工作预案和分管负责人的指示，迅速派警处置。

第十七条 对接报的规模较小、影响不大的一般性群体性事件，应当迅速将情况通报业务主管部门，同时酌情派警维持现场秩序，协助有关部门进行疏导劝阻，防止事态扩大。

第十八条 对接报的规模较大、行为方式激烈的群体性事件，应当立即报告分管负责人，并按照工作预案和分管负责人的指示，派警赶赴现场，控制事态，协助有关部门做好缓解、化解矛盾的工作，尽快平息事态。

第十九条 对接报的自然灾害事故，应当根据灾害的种类、程度派警处置，同时报告分管负责人。

第二十条 对接报的管辖暂不明确的地区发生的案（事）件，应当先指定处警民警进行先期处置，必要时再移交属地公安机关有关部门进行处理。

第二十一条 对谎报警情或者拨打骚扰电话的，应当根据有关法律法规予以查处。

第二十二条 110处警工作实行"一级处警"和"就近处警"、"分类处警"相结合的处警原则；特大城市可以根据实际情况采取适当的处警机制。

第二十三条 处警民警应当按规定着装，警容严整，携带必要的警械、通讯工具等处警装备；专职处警民警应当掌握基本的救人、救灾及医疗救护技能。

第二十四条 处警民警到达现场后，应当根据有关规定对警情妥善处置。处警结束后，应当及时将处警情况向110报警服务台反馈，并做好处警记录。处警结果需要制作法律文书的，按有关规定办理。

第二十五条 对正在发生的案（事）件，最先到达现场的处警民警不足以制止或者控制局面的，应当立即将案（事）件情况报告110报警服务台。110报警服务台应当按照工作预案，迅速调集、指挥有关警种、部门赶赴现场增援或者进行布控查缉。

第二十六条 对接报的跨区域的重大案件，需要进行布控查缉的，110报警服务台在指挥本地警力处置的同时，可视情将情况报告上级公安机关或者通报有关地区公安机关。

有关地区公安机关在接到上级公安机关指令或者案发地公安机关的通报后，应当迅速按照工作预案，落实有关查缉措施，提供必要的协助，并随时与案发地公安机关或者本地公安机关110报警服务台保持联系。

第二十七条 对涉及外籍人员的警情，处警民警除按规定进行处置外，应当及时报告110报警服务台，由110报警服务台及时通知当地公安机关外国人管理部门派人协助开展处置工作。

第二十八条　处警民警使用武器、警械时，应当遵守《中华人民共和国人民警察使用警械和武器条例》等有关规定。

第二十九条　110报警服务台受理求助的范围：

（一）发生溺水、坠楼、自杀等状况，需要公安机关紧急救助的；

（二）老人、儿童以及智障人员、精神疾病患者等人员走失，需要公安机关在一定范围内帮助查找的；

（三）公众遇到危难，处于孤立无援状况，需要立即救助的；

（四）涉及水、电、气、热等公共设施出现险情，威胁公共安全、人身或者财产安全和工作、学习、生活秩序，需要公安机关先期紧急处置的；

（五）需要公安机关处理的其他紧急求助事项。

第三十条　公安机关应当积极参加政府统一领导的城市应急处置工作，并配合有关部门充分履行职责，为社会提供服务。

第三十一条　对于公安机关职责范围以外的可能危及公共安全、人身或者财产安全的紧急求助，110报警服务台应当派警进行先期处置，同时通报相关部门或者单位派员到现场处置。在相关部门或者单位进行处置时，公安机关处警民警可以予以必要的协助。

第三十二条　对于公安机关职责范围以外的非紧急求助，110报警服务台接警工作人员应当告知求助人向所求助事项的主管部门或者单位求助，并视情予以必要的解释。

第三十三条　承担城市应急处置主叫号码任务的110报警服务台接警工作人员，应当及时将公安机关职责范围以外的报警求助电话转到相关单位处置。

第三十四条　110报警服务台受理投诉的范围：公安机关及其人民警察正在发生的违反《中华人民共和国人民警察法》、《公安机关督察条例》等法律、法规和人民警察各项纪律规定，违法行使职权，不履行法定职责，不遵守各项执法、服务、组织、管理制度和职业道德的各种行为。

第三十五条　公安机关警务督察部门也可设立110接诉台，直接负责接受和处理投诉。

第三十六条　110报警服务台受理投诉应当如实登记，秉公查处，及时反馈。

第三十七条　110报警服务台在受理投诉时，应当向投诉人问明被投诉对象的基本情况、投诉的具体内容和投诉人姓名、工作单位或者家庭住址、联系方式等主要情况。

第三十八条　110报警服务台对投诉内容及投诉人情况应当严格保密，严禁将投诉情况泄露给被投诉对象或者其他人员。

第三十九条　110报警服务台对投诉应当视情采取相应措施，进行处理。

（一）对正在发生的公安机关和民警在依法履行职责、行使职权、遵纪守法等方面存在问题的投诉，应当指令就近警力先期处置，同时通知警务督察部门进行现场调查和处理。

（二）对既往发生的公安机关和民警在依法履行职责、行使职权、遵纪守法等方面存在问题的投诉，应当告知投诉人向公安机关纪检、监察、信访、法制或者其他有管辖权的部门投诉，同时视具体情况移交本级纪检、监察、信访、法制或者其他有管辖权的部门进行调查处理。对110报警服务台移交的投诉，有关部门应当及时查处。

（三）对已通过其他渠道进行投诉或者信访问题，交由原受理部门处理。

（四）外地公安机关的民警或者其他无隶属关系的公安机关的民警在当地被投诉的，应当指令就近警力先期处置，再移送被投诉人的所属单位处理。

（五）对公安机关职责范围以外的投诉，可以告知投诉人向有关职能部门进行投诉，并作出必要的解释。

第四十条　具体承办投诉的有关部门和单位，应当迅速开展调查工作，及时做出处理，并在受理投诉的3日内将查处情况告知投诉人，同时抄送110报警服务台备查；如3日内未能办结的，应当及时告知投诉人办理情况。投诉人姓名、工作单位或者家庭住址、联系方式不实，致使无法告知的除外。

第四十一条　110报警服务台及具体承办投诉的有关部门应当严格依照法律法规的规定，客观公正地进行调查处理，防止利用投诉对民警进行诬告陷害。

第四十二条　对已办结的投诉，应当做到事实清楚，证据确凿，定性准确，程序合法，处理适当，并立卷备查。对上级公安机关交办的投诉，应当及时上报查处结果。

第四十三条　上级公安机关应当对下级公安机关上报的对投诉的处理情况进行审查。如发现在事实认定、办理程序、处理结果等方面存在错误的，应当限期予以纠正。

第四十四条　公安机关应当加强对110报警服务工作人员的宗旨教育、职业道德教育和法制教育，努力做到政治坚定、业务精通、作风优良、执法公正。

第四十五条　公安机关应当对110报警服务台接处警工作正常运转所需编制及人员、装备、经费给予必要的保障。

第四十六条　110报警服务台应当会同有关部门制定本级公安机关各类紧急突发案（事）件和群体性事件的处置工作预案，并报上级公安机关备案。

第四十七条　公安机关应当组织有关警种、部门开展处置各种案（事）件的预案演习，增强各警种之间的协调配合能力，提高公安机关快速反应能力和整体协同作战能力。

第四十八条　110报警服务台工作人员必须具备较强的政治、业务素质，身体健康，熟悉公安工作基本法律法规和公安业务常识，有较强的分析判断、综合归纳和指挥协调能力，熟悉处警区域自然情况和警力分布情况，熟悉各类案（事）件的处置工作预案，能够熟练操作110报警服务台相关设备。

第四十九条　公安机关应当加强110报警服务台工作人员的政治、法律学习和业务技能培训，经常开展岗位练兵和业务考核，提高接处警民警的政治素质、业务素质和服务水平。

第五十条　110 报警服务台工作人员属于在编民警的，应当在公安机关内部定期轮岗。

第五十一条　110 报警服务台应当装备接警、录音系统，有线、无线指挥调动系统，公安地理信息系统（电子地图），相应的信息查询终端和必要的办公设备、交通工具，并配备专业技术人员，保证设备处于良好运行状态。

第五十二条　110 处警单位应当按照规定配备交通、通讯工具、枪支、警械、防弹背心及绳索、急救包等警用装备和救援器材。110 专用警车应当统一喷涂标志，并配备必要的急救设备。

第五十三条　110 报警服务台、处警单位和接处警民警在工作中表现突出，有显著成绩的，根据有关规定按程序予以奖励。

第五十四条　110 接处警民警违反本规则情节轻微的，应当给予批评教育；造成工作重大失误或者产生严重后果的，应当依照有关规定给予行政处分；触犯法律的，依法追究其法律责任。

七、《中华人民共和国人民警察使用警械和武器条例》

第七条　人民警察遇有下列情形之一，经警告无效的，可以使用警棍、催泪弹、高压水枪、特种防暴枪等驱逐性、制服性警械：

…………

（五）以暴力方法抗拒或阻碍人民警察依法履行职责的；

（六）袭击人民警察的；

（七）危害公共安全、社会秩序和公民人身安全的其他行为，需要当场制止的。

…………

第九条　人民警察判明有下列暴力犯罪行为的紧急情况之一，经警告无效的，可以使用武器：

（一）放火、决水、爆炸等严重危害公共安全的；

…………

（四）使用枪支、爆炸、剧毒等危险物品实施犯罪或者以使用枪支、爆炸、剧毒等危险物品相威胁实施犯罪的；

…………

（六）实施凶杀、劫持人质等暴力行为，危机公民生命安全的；

…………

（十）以暴力方法抗拒或者阻碍人民警察依法履行职责或者暴力袭击人民警察，危及人民警察生命安全的；

…………

（十三）实施放火、决水、爆炸、凶杀、抢劫或者其他严重暴力犯罪行为后拒捕、逃跑的。

…………

人民警察依照前款规定使用武器，来不及警告或警告后可能导致更为严重危害后果的，可以直接使用武器。

经典案例

1994 年前美式橄榄球运动员辛普森（O. J. Simpson）杀妻一案成为当时美国最为轰动的事件。此案的审理一波三折，辛普森在用刀杀死前妻妮克·布朗·辛普森及餐馆的侍生郎·高曼两项一级谋杀罪的指控中以无罪获释，仅被民事判定为对两人的死亡负有责任。本案也成为美国历史上疑罪从无的最大案件。

1994 年 6 月 12 日深夜，洛杉矶西部一豪华住宅区里，一只小狗在不停地狂吠，引起了邻居家的注意。人们在推开大门前发现两具血淋淋的尸体。女死者后来证实是妮克·布朗·辛普森，而她身后是餐馆的侍生郎·高曼。两人浑身血痕，而且被利器割断喉咙而死。死亡时间是晚上 22 点多。

案发当晚黄昏，妮克同孩子到高曼所在的餐馆吃饭。离开后曾打电话说遗留下了一副太阳镜，高曼找到后对同事说下班送还给妮克。

案发后凌晨，四名警察部侦探来到死者前夫即著名的黑人美式足球（橄榄球）明星辛普森住所，在门外发现其白色的布朗哥型号汽车染有血迹，车道上也发现血迹。按铃无人回应，侦探爬墙而入，其中一个侦探福尔曼在后园找到一只染有血迹的手套和其它证据。

案件主要证人是当时住在客房的朋友基图，他作供说客房墙外有像地震一样的响声。此外一个被电话预约的接辛普森去机场的司机说：22 时左右他到辛普森家按门铃无人回应，接近 23 点时，发现一高大黑人（与辛普森体型相似）匆匆从街外跑回屋，再按门铃后辛普森回应了，出来说他睡着了，然后坐车到机场去芝加哥。

案发后凌晨，辛普森在芝加哥酒店接到警方通知前妻死讯，清早赶回加州。回来辛普森在律师极力反对下单独接受了警察 1 小时的问话。当时警察发现辛普森手部受伤。他解释说，由于接到前妻死讯过于激动打破镜子而受伤的。警察经过几天调查后，决定将辛普森列为主要疑犯准备逮捕。

6 月 17 日，辛普森的律师准备陪同辛普森回警察局时，发现本来在楼上休息的辛普森已不知去向。随后全国观众在电视上看见了难忘的镜头：天上直升机队、地上巡逻车队全面出动，几小时终于发现辛普森的白色小车。几十辆警车在洛杉矶公路上展开追逐。最后辛普森被逮捕。

正式审判开始后，在开庭陈词时检方指控辛普森预谋杀妻，作案动机是嫉妒心和占有欲。离婚之后，辛普森对前妻妮克与年轻英俊的男人约会非常吃醋，一直希望破镜重圆，但希望日益渺茫。案发当天，在女儿的舞蹈表演会上妮克对辛普森非常冷淡，使他萌动了杀机。高曼则属于误闯现场，偶然被杀。法医鉴定表明，被害人死亡时间大约在晚上 22 点到 22 点 15 分之间。辛普森声称，当晚 21 点 40 到 22 点 50 之间他在家中独自睡觉，无法提供证人。

在整个审判过程中，根据律师的建议，辛普森依法要求保持沉默，拒绝出庭作证。

但是，检方关于预谋杀人的指控似乎不合情理，主要原因是：辛普森当晚要赶飞机，他已预约了豪华出租车送自己去机场。这一安排实际上堵死了他本人作案的后路，因为他必须在短短 1 小时 10 分钟之内驱车前往现场，选择作案时机，执刀连杀两人，逃离凶案现场，藏匿血衣凶器，洗净残留血迹，启程前往机场，整个环节稍有差错闪失就会耽误飞机起飞的钟点，这时，出

租车司机便会成为重要证人。另外，对辛普森这种缺乏训练和经验的"业余杀手"来说，使用枪支是最佳选择，根本没必要用利刃割喉杀人。这种作案方式不仅弄得自己满身血迹，而且会在凶杀案现场、白色野马车和自己住宅中留下难以抵赖的"血证"。

在美国的司法体制中，仅仅依赖间接证据就把被告定罪判刑绝非易事。这是因为，仅凭个别的间接证据通常不能准确无误地推断被告人有罪，必须要有一系列间接证据相互证明，构成严密的逻辑体系，排除被告不可能涉嫌犯罪的一切可能，才能准确地证实案情。此外，间接证据的搜集以及间接证据和案情事实之间的关系应当合情合理、协调一致，如果出现矛盾或漏洞，则表明间接证据不够可靠，不能作为定罪的确凿根据。比如，在辛普森案中，检方呈庭的间接证据之一是在杀人现场发现了被告人的血迹，可是，由于温纳特警长身携辛普森的血样在凶杀案现场溜达了三个小时之久，致使这一间接证据的可信度大打折扣。还有，侦探福尔曼找到的染血手套（图中辛普森手上所带）是福尔曼一人单独提取的，没有其他警察在场，也没有见证人，不符合证据提取程序，因此证据效力也大打折扣。而且辩护律师团提出充分证据证明福尔曼（白人）具有严重的种族歧视倾向，十分仇视有钱的黑人。辛普森在法庭上试戴该手套时，为了防止感染，里面加戴了一层薄手套，戴上后明显手套小了，不合手。该项证据即被否定。

在辛普森案中，由于检方证据全都是间接证据，因此，辩方律师对这些"旁证"进行严格鉴别和审核，是这场官司中极为重要的一环。令人失望的是，检方呈庭的证据破绽百出，难以自圆其说，使辩方能够以比较充足的证据向陪审团证明辛普森未必就是杀人凶手。

1995年10月3日，美国西部时间上午10点，当辛普森案裁决即将宣布之时，整个美国一时陷入停顿。时任总统克林顿推开了军机国务；前国务卿贝克推迟了演讲；华尔街股市交易清淡；长途电话线路寂静无声。数千名警察全副武装，如临大敌，遍布洛杉矶市街头巷尾。CNN统计数字表明，大约有1.4亿美国人收看或收听了"世纪审判"的最后裁决。

陪审团裁决结果：辛普森无罪。

问题导入

一、如何划定现场保护范围？

二、哪些人可以参加现场保护？

三、现场保护不力对侦查和诉讼有什么影响？

模块概述

接处警的现场保护及取证，是指在警情的先期处置过程中，处警民警所要开展的现场保护、证据固定、调查访问、物证收集等工作。各处警单位应根据职责分工，认真做好本单位管辖范围内警情的现场取证工作，多警种同时到达警情现场的应以有管辖权的警种为主进行取证。对不属于本单位管辖的警情，到达现场的处警单位应按首接责任制的要求，注意保护现场，视情开展先期取证，然后将取证材料及时移交有管辖权的单位或部门。

接处警的现场保护及取证一般包含现场保护、收集证据和现场访问等环节。事件在现场发生，作用于特定对象，形成特定的现场。现场呈现出的现象、态势以及各类活动引起的变化或遗留的痕迹、物品等，都是证明事件性质、过程的证据。现场取证工作的质量、速度进展如何在很大程度上取决于现场勘查前对现场的保护情况。因此，承担前期接处警任务的公安机关接到报案后，要组织力量及时保护现场，确保证据的可信度和全面性。

任务一
现场保护

情景导入

2011 年 2 月 4 日 22 时 40 分许，××市公安局指挥中心接群众报警称在市区××路某网吧门口有人在抓小偷时被小偷刺伤。接警后，民警立即赶到现场，一男子倒在路边，身下有大量血迹，旁边站了一名男子。该男子称自己是报案人，在拨打 110 的同时已经联系了 120。民警到达倒地男子身边询问该男子时，该男子没有任何反应。此时，120 医护人员到达现场，马上对该男子实施抢救。民警向报案人了解到，报案人系该网吧的法人孙某，受伤的男子是其妹妹的男朋友曹某，晚上骑摩托车到其网吧处等其妹妹下班。在网吧等候过程中，曹某通过网吧安装在楼下的视频监控发现有两名男子正在盗窃其停放在楼下的摩托车，曹某马上携带了一个网吧的板凳到楼下去追赶两名盗窃嫌疑人。但该两名嫌疑人没有逃离，在发现只有曹某一人下楼后，用随身携带的刀具将曹某刺伤后逃离现场。之后，民警在现场划定警戒范围，并设置警戒线，通知现场勘查人员到场勘查，并通知刑警中队到场处置。经过 40 分钟的抢救，曹某仍因失血过多死亡。

课前讨论

一、在现场保护的同时如何发现险情？

二、抢救人命时应注意哪些问题，如何确保现场最大化保持原状？

三、在现场勘查人员到达现场后，现场保护人员应交接哪些情况？

理论知识

许多国家都把保护现场工作视为初步侦查工作的一个方面，认为它是侦查工作的初始阶段。中国认为保护现场还没有进入侦查阶段，但近来出于将犯罪活动遏制于始发阶段的理念，现在国内对犯罪现场的保护已越来越重视。从侦查的角度而言，现场保护被赋予了新的内涵，因此现场保护过程也可看作是案件的前期处置的过程。

现场是发生或存在各类警情的地点和场所，保护好现场是进行警情处置和现场查证的基础工作。现场形成以后容易受到人为或自然因素的影响而发生变化，其原因主要有三：一是被害人或其他群众无意中对现场造成的变动、破坏；二是现场保护措施失当，风、霜、雨、雪等自然力或者动物、昆虫对现场的破坏；三是由于采取紧急措施、抢救人命、排除险情等原因，也会引起现场的变动。

一、现场保护的概念

保护现场是犯罪事件发生后，首先到达现场的警察或其他有关人员运用各种有效措施和方法，确保现场的痕迹、物证不遭破坏和变动的一种法律行为。

（一）犯罪现场保护的主体是广泛的

我国法律规定现场勘查人员必须是侦查人员，而且是具有一定专业技术的侦查人员。但是现场保护的人员在法律上没有严格规定，首先到达现场的处警民警、单位保卫人员、社区干部、治保积极分子等，都可以承担现场保护的任务。

（二）犯罪现场保护要贯穿于现场勘查的始终

现场保护不仅存在于现场勘查之前，也应在现场勘查的过程中进行。在整个现场勘查过程中，我们都要防范围观群众、犯罪分子和新闻媒体进入现场，无意或者有意破坏现场。

（三）犯罪现场保护具有保护现场和保护自身的双重性

在进行现场保护的过程中，我们不仅要保护现场，维持现场原状，不让无关人员进入；也要保护好自身的安全，特别是只有自己一个人在现场执勤的情况。在很多案件中，犯罪分子都会返回现场，一是查看自己有无遗漏痕迹、物证在现场，对现场进行破坏或伪装；二是了解侦查人员对案件的定性，了解侦查进度，以便自己做出防范措施；三是如果现场保护人员已经发现了自己的身份或者提取了不利于自己的痕迹、物证，而现场保护人员又是单独一个人，可能对现场保护人员进行加害。

二、现场保护的意义

现场保护工作在现场勘查中具有非常重要的地位。现场保护的好坏直接影响到现场勘查的质量，可以说现场保护是现场勘查的前提和基础。

（一）保护现场有利于查明事件过程和案件情况

通常情况下，现场是处警民警最早也是最直观接触事（案）件的地方，对判断事件性质起着至关重要的作用。现场上任何一点小小的破坏性变动，都可能使侦查人员对现场的分析造成严重的失误。因此，保护好现场，对于勘查的顺利进行，正确判断事件和案件性质，有着极为重要的意义。多数现场能客观地反映犯罪行为人进行犯罪的整个过程，例如，从什么地点侵入，对什么进行了侵害，又从什么地点逃离现场。通过勘查后，侦查人员就能对犯罪行为人在现场的活动情况有全面的了解。

（二）保护现场有利于收集与犯罪行为有关的痕迹、物证

在刑事案件侦查过程中，许多重要的犯罪证据和线索都是在犯罪现场收集到的，如果现场保护得不好，犯罪的痕迹、物证（如犯罪行为人的足迹、手印、工具痕迹、交通工具痕迹等）就会遭到不同程度的破坏，无疑就会影响到对现场上犯罪证据的收集。

（三）保护现场有利于保守勘查工作的秘密

由于现场勘查是一项重要的侦查措施，现场的情况和现场勘查的情况需要严格加以保密。一旦被犯罪行为人了解，其就会立即采取相应的反侦查伎俩，对案件的侦破是极为不利的。并且，对在审讯过程中甄别犯罪嫌疑人的口供极为不利。因此，保护好现场，禁止无关人员进入以及将现场与围观群众隔离开，注意保守犯罪现场和勘查工作的秘密，是极其必要的。

三、现场保护的任务

由于大多数犯罪现场的情况比较复杂，围观群众较多。因此，保护工作必须严格按照一定的步骤，有条不紊地进行。保护现场主要有以下任务：

（一）核实情况，迅速上报

处警民警在接到报案后，应立即对报案群众进行初步询问，制作受理案件登记或记录。报案记录一般有统一的表格，其具体内容应包括：何时、何地发生何事；发生、发现事件的简要经过；事主、被害人的个人情况及受到何种侵害，受侵害的程度；犯罪嫌疑人的情况；报案人的情况及与事主、被害人的关系。执勤民警在接报后应立即赶赴现场，对报案人所述情况进行核实。如情况属实应立即向上级公安机关刑侦部门报告，请求派员勘查现场。刑事侦查部门本身接受报案的，核实后认为是刑事案件，应立即进行现场勘查。

在赶赴现场后，首先到达现场的民警应注意以下两个问题：一是在现场核实情况时，切不可随便进入现场中心。现场勘查是一项技术性很强的工作。接报案的基层民警一般不具备此专业技术。因此，盲目进入现场中心，可能无意中导致现场的破坏，造成无法挽回的损失。核实报案人所述情况，一般在现场的外围进行观察即可，不需要救护、抢险的不要进入现场的中心部位。二是对严重暴力犯罪，应在初步询问后立即上报。严重暴力案件突发性强，危害蔓延迅速，所以处置的时间性要求极强。因此，就不能按部就班地进行核实后再上报，应当在问明基本情况后立即上报，以便上级部门抓住有利战机，进行及时的处置。

（二）划定保护范围，布置警戒

保护现场最主要的措施是将现场封锁起来，划定一定的警戒范围，加以保护。在现场上担负保护任务的民警要根据现场内部状态和周围环境，划定保护区的范围。然后组织相应的力量，如基层民警、企事业单位的保卫保安人员、街道治保人员等在保护区周围设岗警戒，把犯罪现场封锁起来，禁止无关人员进入或滞留于现场。

（三）适时采取紧急措施

如现场上有紧急情况发生，保护现场的民警就应立即组织力量，采取相应的紧急措施，进行正确的处置。例如，抢救现场上的受伤人员，排除险情、排除交通障碍，控制、监视仍在现场的犯罪嫌疑人等。

（四）进行初步调查访问

担负保护现场任务的民警在做好警戒工作的同时，要抓紧时间，充分利用案件知情群众、报案人、现场发现人对案件情况记忆犹新的有利条件，进行调查访问，收集发案前后的各种情况、犯罪嫌疑人的情况，并及时登记在场的有关证人。

（五）向侦查人员提供发现案件及保护现场的情况

当侦查人员到达现场后，担任犯罪现场保护任务的民警应当将前期了解到的有关案件现场的情况及对现场进行保护的情况，向侦查人员作详细汇报。汇报的内容应包括：案件发生、受理报案、保护现场的时间；案件发生、发现的经过及与案件有关人员的情况；现场保护前的情况及采取的保护措施；现场发生变动、变化的情况。

四、现场保护的具体要求

（一）划定警戒范围

现场保护应根据警情的具体情况、现场的位置、地势地形以及范围大小等情况来划定现场保护范围。划定现场保护范围时，必须将主体现场和关联现场都划定在保护范围内，以及案发中心现场和遗留有与警情有关的痕迹、物品的外围现场，都要划入其中。对外围现场的列入宁可划大，不可划小，以免部分外围现场划在保护范围外而遭到破坏，给后期的处置工作造成不可弥补的损失。

（二）设置警戒线和告示牌

处警民警应根据现场环境、条件、范围的大小和案件的重要程度等具体情况迅速部署保护力量对现场进行严密警戒。

采用警戒带环绕、设置障碍物、告示牌等来标定警戒线。对室内的现场，通常在房门或者在房间周围3~5米处拉警戒线，条件允许的情况下可以将警戒范围扩大到通往案发房间的通道以及周围的房间等。在封锁室内主体现场的同时，必须对通道、周围建筑物进行巡视勘查，若发现可疑的痕迹、物证，必须就地保护起来。对发生在院落或单位内部的警情现场，可采取关闭大门，张贴布告或者警示封条，控制人员出入，对警情现场拉警戒带、撒白灰、立警示牌的方式进行保护，对部分生产、生活活动不能停止的区域可以采取指定通道和圈定保护范围相结合的办法进行保护。对发生在交通要道和繁华公共场所的警情现场，通常采用重点区域保护的方法，不予封闭交通，一方面要保证现场的完整性，另一方面要保证交通畅通。需要暂时中断交通的路段，应该派出专人指挥来往的车辆和行人绕道而行。相关部门组织好保护力量，采用拉警戒线与设置障碍物相结合的方法，将围观群众隔离在保护圈外，确保现场取证工作的顺利开展。

（三）设岗看守，阻止无关人员进入

处警民警应根据警情现场实际需要、警戒范围等情况，设岗派专人看守。针对室内现场，可以在门、窗等重点部位设岗看守，阻止无关人员接近。必要时，可在保护好门柄和锁头的情况下，将房门封锁起来，贴上警示封条，并且不能留下前期接处警民警个人的痕迹、物品。对于警戒范围较大的现场，应该在通往现场的各个道口设置岗哨，禁止无关人员进入。现场周围岗哨之间的距离，以互相能照应为度。在现场负责保护的民警未经现场指挥员批准，不得擅离警戒岗位。保护现场时，除抢救伤员、排除险情、保护物证等紧急情况外，现场保护民警不得进入现场，不得触动现场上的痕迹、物品和尸体，更不能擅自跨级进行勘查。

（四）适时采取紧急措施

1. 抢救伤员。现场保护民警在保护现场的过程中，若遇到被害人或犯罪嫌疑人身受重伤或生命垂危时，应立即采取措施抢救人命，并及时报告指挥中心。不管是被害人，还是犯罪行为人对查明案情真相都有着举足轻重的作用。抢救过程中应该注意以下几个方面的内容：第一，要尽量使现场少受破坏。抢救之前必须用执法仪拍下被抢救人员的具体位置和姿势，以及周围各种痕迹、物品分布的原始状况，详细记录现场的原貌，并拍下整个抢救过程，确保证据的全面性与客观性。同时，还要及时从有生命危险的受害者口中，了解与案件有关的重要情况。第二，在协助120抢救过程当中，应该设计好抢救通道，处理紧急情况时，应当戴手套、鞋套和帽子（头套），以免抢救过程中由于慌乱或者人员多留下过多干扰勘查的痕迹，破坏现场原始状态。第三，注意个人人身安全。有些犯罪嫌疑人身上有匕首、枪支等武器，应该防范他们在接受抢救的时候进行反抗，造成人员伤亡；有些违法犯罪嫌疑人是传染病患者，接处警民警在抢救过程要注意保护自己，在抢救之前要检查他们身上是否有病毒针管，尽量避免与他们有血液接触，确保个人人身安全。

2. 抓捕在逃人员。发现犯罪人仍在现场实施犯罪的，应根据情况和事态果断地采取紧急措施予以处置。第一，要上报110指挥中心，报告现场情况和犯罪人的情况。第二，喝令制止犯罪嫌疑人的犯罪活动，如若犯罪嫌疑人逃跑，应根据实际情况一边追缉，一边派专人保护犯罪现场。在追缉的过程中，追缉人员要注意个人安全，沉着应对犯罪嫌疑人的武力反抗。对于在现场和追缉中擒获的犯罪嫌疑人，应立即对其进行人身检查，以防其身带武器或凶器进行行凶或自杀。第三，将逃脱的犯罪嫌疑人及时扭送到公安机关，并要提高警惕，布置专人监视，防止其逃跑、行凶、自杀和毁灭证据。

五、现场保护的具体措施

（一）火灾现场的保护

前期接处警民警到达火灾现场后，要充分了解火灾现场火势情况，协助119消防人员进行抢救工作。首先，了解在现场内部有无被围困的人员和有无存放贵重财物、文件资料等情况，并迅速组织人员采取紧急措施，援救被围困的人员，抢救财物，控制火势，扑灭火险，防止造成更大的灾害。其次，及时排查周围是否存在易燃易爆危险物品，立即采取措施，及时清理，切断险源，以免火势蔓延，引起爆炸造成更大的损失。同时，要注意疏散群众，指挥群众有序离开火灾现场，尽量避免由于恐慌、人流拥挤等引发新的伤害事故。如若在排除险情和抢救财物时发现火场中有尸体，应根据火势和建筑物的具体情况，在确保自身安全的情况下灵活处置。

（二）刑事案件现场的保护

因为刑事案件具有复杂性、现场遭破坏后不能再现的特点，因此，各警种必须通力合作，共同做好现场保护工作。第一，最先到达现场的民警要马上采取措施，控制现场，划定保护区域，防止无关人员盲目进入，破坏现场。第二，迅速组织力量对划定的保护区域进行警戒，疏导交通，并进行现场访问。第三，对易流失的现场痕迹、物证采取必要的保护措施。如对露天现场，在天气即将发生变化时，对现场明显、易变的痕迹、物证采取适当的保护措施，保证犯罪痕迹、物证不受到破坏。第四，先到达现场的民警要指挥救护人员按照一定路线，进入现场进行救护，并记录救护过程，以及救护中所接触的有关物品。第五，前期到达犯罪现场的民警要与侦查人员办理交接现场的手续，将有关情况向侦查人员详细汇报。第六，现场勘查指挥员负责指挥现场各警种民警，对现场进行保护和勘查。如交警要协助做好疏导人流、车流的工作，派出所民警要做好群众工作，巡警协助堵截犯罪嫌疑人，侦查人员开展现场访问，技术人员按程序进行现场勘查。各警种应密切配合，共同做好现场保护工作。

1. 一般案件现场的保护方法

一般案件现场的保护方法主要包括对室内现场的保护方法和对室外现场的保护方法。室内现场与室外现场存在着明显不同的特点：一般情况下，室内现场相对范围较小，有出入口，属于封闭型的空间；而室外现场相对范围较大，多数无出入口，属于开放型的空间。由于上述特点，对这两类现场的保护方法就有所不同。

（1）室外现场的保护方法

第一，划出保护范围，设岗警戒。对于室外现场，民警首先应根据现场情况，划出一定的禁入区。禁入区应用醒目的警示标记加以圈定，如警戒线、绳索等。然后，安排力量，设立岗哨进行警戒，严禁无关人员进入警戒范围。对于范围较小的室外现场，可以使用固定岗哨，而对一些范围较大的室外现场则可以使用流动岗哨的方法加以警戒。

第二，气候条件变化时，应对痕迹、物证采取适当保护措施。室外现场易受到气候条件的影响，因此在气候条件发生变化时，如遇到将要下雨、下雪等情况，保护现场的民警应对现场上的痕迹、物证，如足迹、犯罪遗留物等采取适当的保护措施，加以妥善保护，以免遭到破坏。

（2）室内现场的保护方法

第一，封锁出入口。进入室内现场的通道是固定而明显的，如门、窗等，因此，室内现场的保护首先是在现场出入口布置一定的民警进行警戒，禁止无关人员进入现场。

第二，根据现场的具体环境，在现场外围划出一定的警戒范围，设立岗哨，禁止围观群众靠近现场。室内现场外围的保护方法，与室外现场一致。

2. 重大案件现场的保护方法

发生重大案件后，到达现场的各级领导和民警较多，还有新闻媒体人员，现场秩序的维护显得非常重要。因此，可以将现场分为三层进行保护：

第一层是一般性保护区。在该区域设立检查点，限制通过车辆和阻止无关群众进入现场。并且设立新闻中心，以接待众多的媒体记者。

第二层是外围保护区。只有到达现场的相关领导、公安民警、参加现场急救的人员和警用车辆才允许进入。在该区域可以设立现场指挥部，负责协调指挥现场勘查的各项工作。

第三层是核心保护区。该区域必须严格控制，只允许现场勘验人员进入，即使是现场指挥人员和侦查人员都不允许进入。

（三）对治安案件现场的保护

1. 对流氓滋事、故意殴打伤害他人的案件现场，要注意收集和保护各种痕迹、物证。

2. 对扰乱公共秩序的案件现场，收集和保护其具体行为造成的人员伤亡及其他客体损失的后果。比如，毁坏的公私财物。

3. 对哄抢案件现场，要收集和保护被哄抢物的具体损失程度及哄抢的具体现状。

（四）对自然灾害事故现场的保护

自然灾害事故现场虽然与犯罪无关，但对调查、了解事故的发生原因、规模、损失的程度以及今后的防灾、抗灾、减灾均有积极作用。所以对其现场理应同样认真保护。此外，保护其现场的另一个主要任务是警戒危险区，防止不知情人员随意进入，以免造成更严重的灾害伤亡事故和损失。

（五）尸体的保护方法

尸体是现场取证的重要内容，必须注意保护尸体。根据现场环境的差异，可采不同的办法对尸体进行保护。

1. 暴露在空气中的室外尸体。对暴露在室外的尸体应该根据天气情况进行特殊保护。进行特殊处理之前应该用执法仪拍摄尸体的原始状态，并在尸体周围画下尸体的周边图。遇到烈日暴晒的天气，要用苇席等物遮盖，降低尸体腐化的速度。如遇下雨、下雪等气候变化时，应用塑料布等不透风雨的材料遮盖，避免尸体或者尸体上的血迹、毛发、化学物等有效证据被吹散、污染和破坏。但要注意不要使用散发异味的遮盖物去盖痕迹物品，以免破坏嗅源，妨碍使用警犬跟踪。

2. 水中尸体。由于尸体暴露在空气中较之浸泡在水中更容易腐败，因此在专业的刑侦人员到达之前不必打捞上岸，并且在打捞过程中稍有不慎，极易损伤尸体和尸体上的附着物。但如水流过急，尸体有被冲走的危险时，应设法加以固定。无法固定的，仍应打捞上岸。打捞过程不要造成新的伤痕。

3. 火场中的尸体。当火势在不断蔓延或者建筑物即将倒塌，尸体有被破坏的危险时，应设法将尸体移出火场保存，但要用执法仪拍摄、记录尸体的原始状态。搬动的过程中要戴好手套，并要确保尸体的完整性，尽量避免因搬动不当而造成新的伤痕、沾染上新的物质或使原来的附着物脱落。如果火势已经被控制，建筑物不会倒塌，周围没有即将坠落的物品时，则可就地保存，不要移动。

4. 吊挂着的尸体。如果是刚上吊不久的人员，需要急救时，可用剪刀将颈部未打结处的绳索剪断，并将绳索完整地保存起来，进行及时抢救。如果确已死亡，应照原样保护起来，不应急于将尸体卸下来。对于由于坠落悬挂在建筑物上或者大树上等的悬挂尸体，应注意在周围拉好警戒线，禁止人员进入，并根据悬挂物的承受力采取紧急措施，如果短时间内不会被尸体压垮，导致尸体落地，可保持原样，等待侦查人员或者消防人员通过专业程序将尸体保存下来。否则，应及时考虑将尸体放到地面，并用执法仪拍摄整个过程，注意尸体的变化。

（六）物证的保护方法

1. 对室内的痕迹、物证的保护。保护人员只要在现场出入口外派人警戒看守，室内的痕迹、物证即可得到保护。遇有特殊情况，如急救人命、抢救财物、排除险情等，必须进入现场或者必须移动现场的物品时，保护人员应当尽量避免踩踏现场的足迹和触摸现场的物品。

2. 对室外的痕迹、物证的保护。保护人员已经发现而且有被他人破坏可能的，可用粉笔、白灰等画圈标示，以便引起注意。没有发现的，或者虽已发现但无破坏可能的不必进入现场搜寻和做标记，以免因此使现场受到破坏。如遇气候发生变化，痕迹、物证有可能被风吹、雨淋、雪掩、雹打破坏时，则要想办法用盆、塑料布等遮盖。雨水较大，还要在痕迹周围挖一道排水沟，让积水顺沟流走。但要忌用带有浓烈气味的旧物遮盖，以免破坏嗅源，妨碍使用警犬追踪鉴别。注意禁用麻袋、塑料布、席子等平面物品遮盖现场上的手印、足迹、毛发、灰尘等痕迹、物证，防止其被破坏。

3. 在行走路线上发现的痕迹、物证，可用粉笔等画圈标出来，以免后来的人不注意而破坏掉。

4. 对必须移动的物品，在移动时应当选择适当的部位，实施反常规动作，以免破坏原有的痕迹，或者留下保护人员的痕迹。要注意必须先记录或标明有关物品的原始状态。

实训任务

一、简要案情

2000 年 9 月 24 日 11 时 45 分，×市 110 指挥中心接到群众报警，称行驶到某处的 12 路公交车在行驶途中发生爆炸。110 指挥中心指派处警民警赶赴现场。民警到达现场后找到发生爆炸的公交车，并在公交车外找到自称为公交车驾驶员的男子。司机称其驾驶该 12 路公交车前往某目的地，当行驶到某处的时候，公交车内突然发生剧烈的爆炸声，随即车内乘客开始呼救。其通过后视镜发现车内产生烟雾，场面十分混乱。该司机称自己当时也惊魂未定，驾驶该公交车前行了一段距离后才靠边停车。经处警民警目测，该公交车在发生爆炸后继续前行，最终在驶离爆炸现场 200 米的路边停靠。同时，当民警赶到时，公交车上只有三名受重伤的乘客还停留在车上，司机和剩下的部分乘客停留在现场周围。该公交车已经爆炸严重变形。

二、课堂讨论

1. 现场保护的范围如何设置？
2. 现场保护人员应该在现场的什么位置？
3. 对已破坏的现场如何处置，应记录哪些情况？
4. 现场受伤乘客应该如何处置？

三、课堂作业

处警民警应作出哪些初步处置？

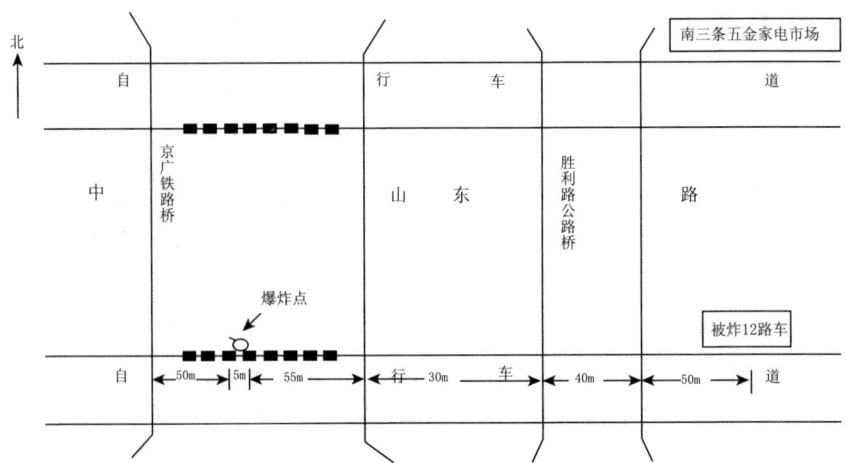

2000 年 9 月 24 日中山东路地道桥下 12 路车爆炸案现场平面示意图

任务二
收集证据

情景导入

王某（17 岁）与受害人何某江（78 岁）是出租屋邻居。2010 年 11 月 11 日上午，王某听到何某江对另一邻居何某周讲述他偷东西的事，于是怀恨在心，伺机报复。当天 13 时许，王某从家里拿了一条绳子并打好活结，走到何某江家门口，见何单独在院子里泵水，趁其不备用绳索从身后将其脖子套住，勒倒在地，然后拖进卧室殴打。王某边实施殴打边勒紧绳索，致使何某江死亡。事后王某离开现场。此时另一出租屋的租客张某从家中起床，正准备出门，在打开门时看到王某从外面返回，张某同王某打过招呼后从租房处离开。王某看到张某离开后又从受害人的手上摘下手表，将受害人尸体拖到阁楼上隐藏，用拖把将地上的血迹擦干净，并在受害人家中偷走现金、手机等物品。为了转移视线，逃避侦查，王某写了一张勒索 15 万元的字条扔到受害人家的院子里。为引起受害人家属注意，接着又写一张勒索 17 万的字条，用受害人的手表夹住从受害人家大门扔进去，制造受害人被绑架的假象。11 月 3 日，何某江的家属向派出所报案。

课前讨论

一、出警人员应首先了解哪些情况以此来确定案件性质？

二、在刑事案件中哪些人员属于应固定的证人？

三、在刑事案件中应固定收集哪些证据？

理论知识

一、收集证据的基本要求

（一）根据警情分级取证

现场取证应该根据警情需要、重要程度、危害情况等进行分类分级处理。在实际工作中一般将警情分成四类，即普通警情（指非案件类的求助、纠纷、灾害事故等警情），无可勘现场的一般刑事、行政案件，有可勘现场的一般刑事、治安案件，公安部规定的严重刑事案件及重特大非刑侦管辖案件。对于第一类、第二类警情，按照普通的 110 接处警程序进行处理；对于第三类警情，由处警民警负责先期处置，派出所兼职技术员负责现场勘查；对于第四类警情，由前期处警民警执行现场保护任务，由刑侦大队负责统一勘查现场。

（二）明确收集证据的程序

处警民警到达现场后将车载摄像机对准中心现场区域，保证现场处置过程能全程摄录，下车后佩带好执法仪，完整记录执法过程、登记证人情况、开展现场访问、询问当事人并进行记录，对于现场方位、相关人员、相关物品进行拍照，对谈话过程进行录音。处警结束后，处警民警将处警时收集到的录音、现场照片、处警现场填写的相关信息登记表输入单位办公电脑，一并录入 110 现场处警证据系统。对现场手工绘制的方位图，经拍照后作为图片录入证据系统。完善网络证据数据库，统一实施网上管理，以便查询使用。同时，将原始资料按要求做好相关的记载、登记、归档工作。需要移交到其他部门的，需要做好相关移交手续。

（三）规范收集证据流程

第一，现场摄像应该选择重点区域、重点人员进行拍摄，并且注意拍摄与之相关的周围环境。第二，在进入现场拍照的时候应该进行递进式的拍照，对主体现场重要痕迹、物证进行拍摄的时候，应该在处理前拍摄一次，处理好再进行拍摄，以便侦查人员多角度了解案情。第三，现场制作的各类笔录均应符合制作规定，当事人审阅无误后，应签名捺印。现场勘验笔录所反映的内容应与现场照片等相关证据相一致，并有见证人的签名，如现场无见证人，民警应记录在案。第四，整合所有录像、录音、图片、笔录、物证材料，填好《110 接处警情况登记表》。

二、收集证据的重点

1. 对刑事案件，重点了解案发时间、作案动机、犯罪嫌疑人情况（包括人数、体貌特征、逃跑方向）、损失情况等，保护、固定现场原始痕迹证据。

2. 对治安案件，重点了解案发时间、原因、情节、过程，提取凶器等物证，固定现场状态和违法行为证据。

3. 对群体性事件，重点收集掌握事件起因、有无过激行为，发现重点挑头人员，采取录音、录像等手段固定违法行为证据。

4. 对交通事故，重点了解掌握事故发生时间、经过，固定交通事故原始现场和车辆碰撞痕迹。

5. 对纠纷类警情，重点了解纠纷起因，固定过错方行为证据。

6. 对紧急救助类警情，制作目击证人或当事人笔录，如实记录救助内容、救助过程，对易产生争议的救助事项，应当通过录音、录像等方式记录固定救助过程，防止工作被动。

7. 对其他可能引起投诉、信访的警情应当全程录音，对酗酒闹事、精神病人滋事、袭警等重大复杂警情，尽可能全程录音、录像。

三、收集证据的具体措施

（一）刑事案件、治安案件、交通事故处置的证据收集

派出所民警、巡逻民警到达现场后除应迅速制止违法犯罪行为，依法控制、查缉违法犯罪嫌疑人外，需按规定开展取证工作。

1. 核实情况、保全证据，进行初步现场调查。核实现场情况是否与报警情况相符，了解案情的危害程度并给案情定性。对于案情复杂、需要专业侦查手段侦办的刑事案件，应立即报告指挥中心，等待指挥中心指派刑侦人员，并做好现场保护工作。对于那些可能受自然环境或天气影响而遭到破坏的痕迹和物证，应该立即采取应急措施，及时按法定程序和要求提取有效证据。

2. 收集与案件有关的证据材料。在取证过程中，一旦对案件作出判断后，仅仅收集能够证实该判断的证据和有关事实是远远不够的。毕竟个人知识、判断能力有限，初步调查取证对案情的了解也不够深入，证据的侧重点有待进一步核实。因此，处警民警应该更加全面地收集有关证据，要积极地寻找和发现能够证明与该推断相反的证据和有关事实。例如，在勘查杀人现场时，

如果作出了他杀的推断，除了应积极地寻找能够证明他杀的证据外，还应积极地发现和寻找现场是否存在自杀或者意外死亡的各种事实和证据。

此外，在取证的过程中，应将具体的人与现场情况进行比较。如果发现二者情况不吻合，应进一步仔细勘查核验现场，并寻找造成不吻合的原因所在，逐步、全面地发现和收集证据。

3. 依法暂扣违法、违禁物品。在勘查、搜查中发现法律、法规禁止持有的物品、文件，应该按照法定程序由公安机关暂时扣押。发现可用以证明犯罪嫌疑人有罪或者无罪的各种物品和文件，应当扣押；与案件无关的物品、文件，不得扣押。

4. 对案件目击证人要及时取证，并形成询问笔录。案件中目击证人的取证工作是破案的重要线索之一。处警民警应及时查找目击证人，了解案件的具体情况，询问目击证人的姓名、现居住地址并形成询问笔录；当场不能取证的，应书面登记目击证人，掌握目击证人的基本情况，事后取证。

5. 除当事人因伤或其他原因不能当场询（讯）问的以外，处警民警须对涉案双方当事人进行简要的询（讯）问，并形成询（讯）问笔录。处警民警必须向被询问人出示有关法律文书、工作证件，告知其询问理由、依据以及如实提供证据、配合询问的义务和责任。询（讯）问的主要内容包括：现场可疑人或者作案人数，作案人的性别、年龄、口音、身高、体态、相貌、衣着打扮、携带物品及特征、来去方向、路线、通信情况等。

6. 依法对违法犯罪嫌疑人进行传唤或带至公安机关继续盘问。对现场发现的违法犯罪嫌疑人，处警民警可以口头传唤，并在询问笔录中注明违法嫌疑人的到案经过、到案时间和离开时间。

7. 其他需开展取证的工作。对于刑事案件，以刑侦部门为主开展现场勘验检查工作，先期处警民警应配合相关工作。

（二）群体性事件处置的证据收集

处警民警在处置群体性事件时，应根据事件处置、善后工作等实际需要进行现场取证，制作相关证据材料。

1. 采用照相、摄像、录音等方法，固定现场情况。

2. 采用照相、摄像、录音等方法，固定重点人员违法言行。

3. 开展现场调查，收集掌握证据，对现场证人要及时取证形成询问笔录；当场不能取证的，应登记目击证人，固定相关证人。

4. 对民警的处置行为，应全程拍摄，固定证据。

5. 取证工作应根据现场情况，把握时机、注意方法，适时采取公开或隐蔽的方式进行。

（三）纠纷类警情处置的证据收集

1. 对事实清楚，当事人无异议，现场能调解结束的纠纷，处警民警应书面记录警情内容、处警措施和处警结果，并制作《处警现场处结备案单》，由双方当事人、见证人核对签名后交处警单位统一归档。

2. 对事实不清或当事人争议较大，现场不能调解结束的纠纷，处警民警应对当事人进行教育疏导，同时做好简要询问，并形成笔录；登记现场目击证人，掌握证人的基本情况。

3. 必要时，应当对纠纷现场进行拍摄、录音、制作现场勘验笔录等，固定现场证据。

（四）紧急救助和其他需要先期处置警情的证据收集

对紧急救助和其他需要先期处置的警情，处警民警除开展紧急救助和其他先期处置工作外，应视情做好取证工作。

1. 对当事人进行简要的询问，并形成询问笔录。

2. 寻找现场目击证人，并做好登记，掌握证人的基本情况和联络方式。

3. 必要时，对救助过程和现场情况进行全程拍摄、录音，收集固定现场证据。

4. 警情处置结束后，做好接处警记录，由双方当事人、见证人核对签名后交处警单位统一归档保管。当事人拒绝签名的，应在接处警记录中注明。

表 7

_____公安局
扣押决定书
（存　根）

公（　）扣字〔　　〕　　号

案件名称_____

案件编号_____

犯罪嫌疑人_____男/女

出生日期_____

被扣押单位_____

扣押原因_____

批　准　人_____

批准时间_____

办　案　人_____

办案单位_____

填发时间_____

填　发　人_____

表 8

_____公安局
扣押清单

编　　号	名　　称	数　　量	特　　征	备　　注

持有人：　　　见证人：　　　　保管人：　　　　办案单位（盖章）

办案人：

年　月　日　年　月　日　　年　月　日　　年　月　日

本清单一式三份，一份附卷，一份交持有人，一份交公安机关保管人员。

表9

公安局
登记保存清单

（公安机关名称和印章）

案　由			办案单位		
持有人			性别		出生日期
现住址					
工作单位			联系电话		

　　根据《公安机关办理刑事案件程序规定》第二百二十六条的规定，决定对下列财物、文件进行登记保存。在登记保存期间内未经本机关批准，不得转移、变卖、毁损。

编号	名称	保存地点	数量	特征	备注

证据持有人：　　　　　　见证人：　　　　　　　办案人：

　　年　月　日　　　　　　年　月　日　　　　　　年　月　日

本清单一式两份，一份附卷，一份交证据持有人。

表 10

调取证据通知书

公（ ）调证字〔 〕 号

_____：

根据《公安机关办理行政案件程序规定》第二十五条之规定，现调取与 _____

_____一案有关的下列证据： _____

_____。

伪造证据、隐匿证据或者毁灭证据的，将受法律追究。

公安机关（印）

年 月 日

本通知书已收到。

证据持有人

年 月 日

一式两份，一份交证据持有人，一份附卷。

表 11

调取证据清单

编号	名　称	数量	特　征	备注

提交人	保管人	受案民警
		受案单位（印）
年　月　日	年　月　日	年　月　日

一式三份，一份交提交人，一份交保管员，一份附卷。

表 12

_____公安局
证据保全决定书

公（　）证保决字〔　　〕　　号

当事人姓名及其身份证件种类、号码，或者单位名称及其法定代表人姓名_____

_____现住址及联系方式_____

_____。

因调查_____一案，

□根据《_____》第___条第___款第___项之规定，

  ○决定对证据保全清单中的物品进行扣押、扣留/延长扣押、扣留___日（自

  ___年___月___日至___年___月___日）。

  ○决定对证据保全清单中的场所、设施、财物予以查封/延长查封___日（自

  ___年___月___日至___年___月___日）。

□根据《中华人民共和国行政处罚法》第三十七条第二款之规定，

  ○决定对证据保全清单中的物品予以先行登记保存___日（自___年___月

  ___日至___年___月___日），保存地点为_____，在此期间，当

  事人或者有关人员不得销毁或者转移证据。

  ○决定对下列物品进行抽样取证。

□根据《中华人民共和国治安管理处罚法》第八十九条第一款之规定，决定对证

据保全清单中的物品予以登记。

如不服本决定，可以在收到本决定书之日起六十日内向_____

_____申请行政复议或者在三个月内依法向_____人民法

院提起行政诉讼。

  附：证据保全清单

公安机关（印）

年　月　日

当事人

  年　月　日

一式两份，一份交当事人，一份附卷。

表 13

证据保全清单

编号	名　　称	数量	物品特征或者场所地址	备注

当事人或者见证人 　　年　月　日	保管人 　　年　月　日	受案民警 受案单位（印） 　年　月　日

一式三份，一份交当事人，一份交保管人，一份附卷。

实训任务

一、简要案情

2012 年 4 月 25 日 10 时 35 分，××市公安局刑警大队接派出所值班人员电话，称在其辖区某小区 3 栋 1 单元 204 室发生一起故意杀人案，被害人已经死亡。刑警大队随即指派侦查员和技术人员前往现场。经侦查员了解，当天居住在 204 室的业主听见客厅外的平台有物体坠落的声音，遂到平台上进行查看，后发现系一名血肉模糊的男子从楼上坠落，身体上有大量血迹。经查看，该男子身体多处疑似刀伤，后该业主报警。辖区派出所民警于 2012 年 4 月 25 日 10 时 35 分以划定警戒范围，设置警戒线，禁止无关人员进入的形式加以保护。经现场查看，初步怀疑该死亡的男子系从该小区 3 栋 1 单元 404 室的家中坠落。侦查员随后在死者身上找到一部手机，经与死者妻子联系后，其妻子在半小时后赶到该小区。后经了解，死者系 3 栋 1 单元 404 室的业主，因房屋空置，准备将该房屋出租。当天上午系有租房意向的男子与其联系后，相约在上午前去该房屋实地看房。当天上午有两名男子与 404 室业主见面，后在 404 室内，两名租客对 404 室业主实施抢劫，因该业主激烈反抗，并与该两名男子发生激烈打斗。在打斗的过程中，该两名男子使用刀具刺伤该业主，该业主为逃跑，从客厅窗户跳至 2 楼平台。经初步勘查，发现 404 室房间内以及门口有大量血迹以及指纹和鞋印。

二、课堂讨论

1. 该案的警戒线设置范围如何划分？
2. 如何禁止无关人员进入现场？如何保护现场不被破坏？
3. 该案会有哪些证人？如何找到这些证人？
4. 对于该案件，会有哪些和案件有关的证据，又如何收集这些证据？

三、课堂作业

列出可能知情人清单和证据清单。

任务三
现场访问

情景导入

2013 年 11 月 27 日 20 时 11 分，××市公安局指挥中心接到群众报警，在市区××河边发现有漂浮物，可能是个人浮在水面。接警后，指挥中心指令周边巡逻民警立即前往现场，到达现场时，周围已经有大量散步群众围观。在民警对河边漂浮物进行确认的同时，市消防官兵也赶到现场，在确认是一名女性漂浮时，消防官兵马上对该人员进行打捞，派出所民警一边对现场设置警戒线，一边通知 120 到现场进行抢救，但是当打捞上来之后，经现场医生检查，该人员已死亡。此时，部分周边围观群众称警察不作为，在报警半个小时后才到达现场，导致跳河人员死亡。但是实际情况是，当时距离 110 指挥中心接报警时间都没有到半个小时。

课前讨论

一、假如你是当时处警民警，在听到周边群众的言论时如何处置？

二、如果你找到了报案人，如何打消证人询问前的紧张情绪？

二、如何打消证人事不关己的心理，说服其说明案件情况？

理论知识

现场访问，是指处警民警在现场为了解情况、固定证人、收集证据而依法进行的一项工作，主要包括对当事人或犯罪嫌疑人的调查、对报案人的询问以及对目击证人、知情群众的访问。

现场访问与案件侦查过程中的调查访问虽然都是向当事人或证人进行的

询问工作，但现场访问也有其自身的一些特点：第一，现场访问是在现场勘查阶段进行的一项调查工作；第二，现场访问的地域范围比较固定，一般是在犯罪现场周围地域进行；第三，犯罪现场访问时间性较强，要求必须尽快获取对采取紧急侦查措施有利的线索；第四，犯罪现场访问的形式一般采取公开调查的方式进行。

一、现场访问的意义

（一）现场访问能为采取紧急侦查措施提供有利条件

有些案件由于报案及时，当现场勘查人员到达现场后，犯罪行为人还没有远逃，具备进行追缉堵截等紧急侦查措施的条件。通过现场访问，能迅速获取犯罪行为人的体貌特征、携带物品、逃跑方向、交通工具等重要情况，为追缉堵截工作的实施提供依据。

（二）现场访问能促进现场勘查工作的顺利进行

现场实地勘验、检查与现场访问虽然是现场勘查中的两项截然不同的工作，但它们之间存在着紧密的联系。现场勘查在现场实地勘验、检查的开始阶段，能为划定勘验范围和重点奠定基础。在现场勘验过程中，不仅能为甄别和印证现场实地勘验、检查发现的痕迹、物证提供条件和依据，而且能弥补现场实地勘验、检查过程中的疏漏和不足，引导现场实地勘验、检查工作得以全面深入地实施。

（三）现场访问是现场分析工作的重要基础

通过现场访问，可以获取案件发生、发现的经过，事主、被害人的家庭背景情况、社会交往情况、发案前后的活动情况及生活工作等重要情况，周围邻居等知情人掌握与案件有关的情况等。这些都是现场分析中的重要依据。

（四）现场访问可及时获取侦查线索

通过现场访问，事主、被害人以及其他访问对象可以提供案件发生前后发现的可疑人和可疑事，其中就可能蕴涵着有价值的侦查线索。

二、现场访问的对象与内容

凡是可能了解与现场有关情况的自然人都应列为现场访问的对象，并依法对其进行详细询问。从法律角度来讲，可将现场访问对象分为两大类，即被害人和证人。根据现场访问实际工作的需要，侦查机关通常将现场访问对象细分为三类：犯罪现场的发现人和报案人；事主、被害人及其家属、亲友；犯罪现场周围和犯罪嫌疑人来去现场沿途可能知情的人员。不同的访问对象由于其掌握的情况不同，在现场访问时询问内容也有所不同。

（一）询问犯罪现场发现人、报案人的主要内容

犯罪现场发现人和报案人往往对犯罪现场的原始状态、发现经过等情况了解比较准确。因此，其询问内容应主要包括：第一，发现犯罪现场的具体时间、地点、经过，发现犯罪现场时在场人员及其基本情况；第二，发现犯罪现场时现场的状况，有无对现场进行变动、变动的原因和变动后的状态；第三，发现犯罪现场后是否采取了保护措施，采取了何种保护措施。

（二）询问事主、被害人及其家属、亲友的主要内容

事主是指案件中遭受侵害财物的所有者或保管者，而被害人是指案件中人身直接遭受侵害的人员。在一起刑事案件中，事主、被害人及其家属、亲友与案件的关系最为密切，对他们的询问应以获取各类案件线索和案件情况为重要目的。因此，其询问内容应主要包括：第一，案件发生的时间、地点及详细经过；第二，案件发生前现场的变化，案发前现场人员往来以及其他可疑情况；第三，犯罪行为人的个人情况，包括体貌特征、口音、人数、携带的物品等情况；第四，案件中受侵害财物的情况，包括人身及财物遭受侵害的情况，受侵害财物的种类、数量、特征和保管情况；第五，犯罪行为人在犯罪过程中使用的犯罪工具的数量、特征情况，犯罪行为人使用的交通工具的型号、颜色、牌照号码及来去方向；第六，事主、被害人及其家庭成员的背景情况，以及生活、工作、社会交往、经济往来等情况；第七，怀疑的对象及根据。

表 14

被害人诉讼权利义务告知书

据《中华人民共和国刑事诉讼法》的规定，在公安机关对案件进行侦查期间，被害人有如下权利和义务：

1. 不通晓当地通用的语言文字时有权要求配备翻译人员，有权用本民族语言文字进行诉讼。

2. 对于公安机关及其侦查人员侵犯其诉讼权利或者进行人身侮辱的行为，有权提出申诉或者控告。

3. 因在诉讼中作证，人身安全面临危险的，可以向公安机关请求对本人或其近亲属予以保护。

4. 对于侦查人员、鉴定人、记录人、翻译人员有下列情形之一的，被害人及其法定代理人有权申请回避：（一）是本案的当事人或者当事人的近亲属的；（二）本人或者他的近亲属和本案有利害关系的；（三）担任过本案的证人、鉴定人、辩护人、诉讼代理人的；（四）与本案当事人有其他关系，可能影响公正处理案件的。对驳回申请回避的决定，可以申请复议一次。

5. 有权核对询问笔录。如果记载有遗漏或者差错，有权提出补充或者改正，经核对无误后，应在询问笔录上逐页签字、捺指印。有权自行书写亲笔证词。

6. 未满 18 周岁的被害人在接受询问时有权要求通知其法定代理人到场。

7. 由于被告人的行为造成物质损失的，有权提起附带民事诉讼。

8. 公安机关对被害人的报案做出不予立案决定的，被害人如果不服，可以申请复议。被害人认为公安机关对应当立案侦查的案件而不立案侦查的，有权向人民检察院提出。

9. 有权知道用作证据的鉴定意见的内容，可以申请补充鉴定或重新鉴定。

10. 知道案件情况的有作证的义务。

11. 应当如实地提出证据、证言，有意作伪证或者隐匿罪证应负相应的法律责任。

本告知书在第一次询问时交被害人，并在第一次询问笔录中记明情况。

（三）询问犯罪现场周围和犯罪嫌疑人来去现场沿途可能知情人员的主要内容

犯罪现场周围可能知情的人员主要指在犯罪现场周围居住、工作或在案发时曾途经犯罪现场或在犯罪现场附近滞留的人员。其询问内容应主要包括：第一，案件发生时及案件发生前后发现的可疑人、事、物等情况；第二，事主、被害人及其家庭的有关情况；第三，案发前事主、被害人家庭的有关情况，包括案发前事主、被害人家庭的动向和人员来往情况；第四，群众对案件的看法。

三、现场访问的基本步骤

（一）现场访问的准备

1. 确定现场访问的范围和重点

由于现场访问时间性很强，必须要在一定的时间内完成，所以在现场访问全面开始之前应确定一定的范围。现场访问的范围主要包括三个方面的内容：第一，现场访问的地域范围，即现场访问需要在多大的地域范围内进行。第二，现场访问的对象范围，即需要向哪些具体的人员进行询问。现场访问的对象有的非常明确，如犯罪现场发现人、报案人、事主、被害人、犯罪现场周围的居住人员等；而有的访问对象则较为隐蔽、范围模糊，如犯罪嫌疑人来去现场沿途可能知情的人员。第三，现场访问的内容范围，即针对某一类对象或者某一个对象，应当询问哪些情况，负责现场访问的侦查人员必须对需要询问的内容在访问前做到心中有数。

在侦查人员有限、时间紧迫的情况下，现场访问必须有重点地进行。确定访问重点就是要确定负责现场访问的主要力量应放在哪些地段、哪些对象，重点要获取哪个时间段的哪些情况。确定现场访问重点一定要根据每起案件的具体情况，从案件发生的时间、犯罪现场所处的具体位置和地理环境、犯罪现场的状态、案件的性质和基本情况、作案人作案的手段方法等出发，由现场勘查指挥员予以确定。

2. 了解重点访问对象的有关情况

所谓重点访问对象通常是指对侦查工作有密切关系，能提供重要线索的人员。对这些人员，侦查人员有必要在现场访问开始前通过各种渠道，了解其有关情况，以便确定访问的正确方式、方法。重点访问对象的有关情况主要包括以下几个方面：身份、职业、职务、籍贯、年龄、成长经历、政治观点；健康水平、生理状况、气质特点、兴趣爱好、生活习惯、性格特征；同被害人、事主及其所提供的犯罪嫌疑对象的关系。

3. 拟定访问计划

在一些重大案件中，对一些重要证人的现场访问，进行前应拟定访问计划。这也是现场访问能够有秩序、有步骤进行的保证。访问计划一般包括以下内容：访问的目的和要求；访问对象的简况；访问的时间、地点；向访问对象询问的问题；访问的方式、方法。

（二）与访问对象初步接触

在正式询问开始之前，侦查人员往往会与访问对象有一段时间的初步接触。首先，负责现场访问的侦查人员应当向访问对象明确身份，出示证件，说明来意。

侦查人员与访问对象的初步接触是现场访问过程中非常重要的一个阶段。通过与访问对象的初步接触，侦查人员可以与访问对象之间建立起一种良好的关系，解除访问对象的顾虑，为后续的访问工作做好铺垫。在与访问对象初步接触阶段应做好以下几项工作：

1. 稳定访问对象的情绪，解除访问对象的顾虑

如果访问对象是犯罪案件的事主、被害人或者其家属，应当设法使他们的情绪稳定下来，以缓解他们愤怒、恐惧或担忧的情绪，尽量将他们的注意力转移到为侦查机关提供线索和证据上来。

2. 拉近心理距离，营造良好气氛

对于抵触心理较强或不配合现场访问工作的访问对象，就应当充分运用各种方法和手段去拉近与访问对象的心理距离，营造出良好的访问气氛。例如，侦查人员可以充分运用语言艺术使访问对象注意力集中，情绪处于良好状态，从而产生与现场调查者相互配合的良好心理，促进现场调查的顺利进行。也可以投其所好，引发一些访问对象感兴趣的话题，进而达到活跃气氛、联络感情，从心理上迅速接近被调查对象的目的。

对于不掌握其背景材料的访问对象，侦查人员也应该随机应变，灵活处置。例如，有些被访问对象初次接触公安民警，显得较为拘谨。这时，侦查人员就可以与他谈论一些跟现场访问无关的问题，如访问对象家庭房间的摆设、道听途说的趣闻等，等良好的气氛营造出来后，再把现场访问引入正题。

（三）询问访问对象

正式的现场访问应当依法个别进行，并告知访问对象必须如实提供证据和陈述证言，有意作伪证或隐匿罪证应负的法律责任。

在询问开始后，首先应向访问对象提出调查的事项。提出调查事项时应注意两点：提出的问题，主题要清晰明确；问题的覆盖面要适当宽一些，一般要提出应回答问题的轮廓。例如，"关于……你知道些什么？"以便访问对象能较为自由地陈述自己知道的所有事实。提出调查事项后，由访问对象自由陈述。在访问对象自由陈述时，侦查人员一般不要对他进行过多地干预或

者提出问题，以免打乱他的思路，影响陈述的连贯性。在访问对象自由陈述结束后，侦查人员应对以下问题进行具体询问：访问对象在陈述中没有提到或陈述得不够充分的事实，陈述中的事实与案情相矛盾的情况，需要进一步调查的某些事实细节。

（四）询问结束

对访问对象的询问应制作询问笔录。询问结束后，侦查人员应将询问笔录交给访问对象核对或向其宣读，同时告知"对于所陈述的事实，如果认为笔录记载的有遗漏或者不准确的地方，可以提出或者直接在笔录上进行补充、修改、更正；如果又回忆起没有谈到而又认为是对揭发犯罪有意义的材料，还可以找侦查人员作补充陈述"。如访问对象在核对后没有异议，侦查人员应请访问对象在笔录上签名或捺印指纹。

最后，侦查人员应对访问对象的合作表示感谢，并强调其提供情况的重要性，告知访问对象，以后若再有新的情况可主动与侦查人员联系，同时告知其联系方式。

（五）现场访问笔录应记录的核心内容

1. 案件发生和发现的有关情况，包括：案件发生和结束的时间；案发地点；发案经过及后果；犯罪嫌疑人是否逃跑、逃跑的方向、乘用的交通工具以及可能隐匿的地点等。

2. 现场情况，包括：现场的具体位置和原始状况；现场有无变动，变动的原因和具体变动情况；是否采取了保护措施；现场丢失或损坏物品的具体情况；现场是否有犯罪嫌疑人遗留的物品和痕迹，有无其他人员遗留的物品和痕迹等。

3. 犯罪嫌疑人情况，包括犯罪嫌疑人的人数、姓名、年龄、面貌特征、体态特征、语言特征、衣着打扮特征、携带物品的特征及其他有关情况。

4. 被害人的情况，包括被害人的自然情况、思想状况、经济状况、婚恋情况、交往情况等。

5. 案发前后犯罪嫌疑人的情况，包括：案发前后是否有人与被害人利害矛盾较深或关系不正常；案发前后是否有人在现场逗留、徘徊、窥视或出入；案发后是否有人打听有关情况或散布谣言、混淆视听等；案发后是否有人持有或处理现场丢失的财物等。

四、现场访问应注意的问题

现场访问时，应特别注意以下几点：

1. 实行个别访问。每次访问只能对一个访问对象进行，不能对几个对象同时进行，不能采用开座谈会或集体访问的方式进行访问。

2. 坚持依法访问。现场访问时必须严格遵守相关法律规定，包括：到访问对象单位或住处访问时应当出示公安机关的证明文件；访问前应依法告知被访问人应如实提供证言，有意伪证和隐匿罪证要承担的法律责任；禁止对被访问人采取引诱、威胁、刑讯等非法方法；访问未成年人应当通知其法定代理人到场；保守被访问人的隐私和秘密；依法制作询问笔录。

3. 及时进行访问。到达现场后，一旦发现知情人，应当及时访问，尤其是对那些重要的知情人、流动性较强的知情人以及伤病情严重的被害人更应当立即访问。

4. 区别对待访问对象。要根据被访问人与当事人的关系、当时的心理状态、年龄特征、知识层次等方面的差异适当采取不同的方式进行访问。

五、现场访问的基本要求

在现场访问过程中，对能够反映案（事）件情况的人员，必须制作询问笔录，笔录制作要客观、准确、全面、规范、合法，重点突出。

1. 询问笔录要客观准确。笔录只能是被询问人客观陈述的反映，尽量做到言辞准确，记录全面，不能带有笔录人的推测臆断，不能夸大或漏记主要情节，不能篡改原意，在关键问题上一定要笔录陈述人的原话，如果所说的是方言土话，也应如实记录，不要改为普通话。

2. 现场访问要重点突出。就案（事）件本身，先将何时、何地、何人、何事、何因、何果询问清楚。然后，再全面、细致地弄清全部事实或其中某一个具体问题的前因后果，来龙去脉，让询问对象循序渐进地讲述，对讲述中有不清楚或矛盾的地方简洁地向被询问人提出问题。

3. 认真核对询问笔录。当被询问人讲述完毕后，要将笔录稿交其阅读核对，也可向其宣读。对错误、疏漏的问题，可以进行修改、补充（修改、补充的地方应要求被询问人捺印确认）。经核对无误，询问人和被询问人签字或盖章后才能结束本次访问。为了今后联系方便，对关键的被询问人，要记录联系方式，如住址、电话号码等。

4. 要使用公安机关统一格式的询问笔录纸，按其篇目要求顺序填写内容后，再笔录证言或陈述。每名被询问人都要单独形成笔录，不得将二人以上的证言记录在一份笔录里。

表 15

第_____次

询问/讯问笔录

时间___年___月___日___时___分至___年___月___日___时___分

地点_____

询问/讯问人（签名）_____、_____工作单位_____

记录人（签名）_____工作单位_____

被询问/讯问人_____性别_____年龄_____出生日期_____

身份证件种类及号码_____

现住址_____联系方式_____

户籍所在地_____

(口头传唤/被扭送/自动投案的被询问/讯问人于___月___日___时___分到达，___月___日___时___分离开，本人签名：_____)。

问：_____

答：_____

问：_____

答：_____

问：_____

答：_____

问：_____

答：_____

问：_____

答：_____

实训任务

一、简要案情

2012 年 12 月 6 日 4 时 44 分，110 指挥中心接群众报警，有一名男子在辖区内的××路某电玩城外被人刺伤。110指挥中心指派辖区派出所值班民警前往现场进行处置。处警民警到达某电玩城外面时，发现一名男子受伤倒地，经初步查看系被锐器刺伤，该男子身下有大量血迹，已昏迷，无法询问相关情况。民警马上联系120请求救援。该案件发生地点为电玩城门口，而电玩城经营项目可能含有涉嫌赌博的项目，电玩城内的客人可能涉嫌参与赌博，目前该电玩城内的客人和工作人员已经在民警赶到前全部离开。因当时已经是凌晨4点48分，周围群众较少，处警民警未能找到目击群众。

二、课堂讨论

1. 假如你是处警民警，怎么在现场查找报案人？
2. 现场可能会有哪些证人？如何对现场群众进行走访并确定证人？
3. 现场还能不能找到其他证据？现场注意保护哪些证据？

三、课堂作业

拟定现场访问计划。

附：主要法律依据

一、《中华人民共和国刑事诉讼法》

第一百零七条　公安机关或者人民检察院发现犯罪事实或者犯罪嫌疑人，应当按照管辖范围，立案侦查。

第一百零八条　任何单位和个人发现有犯罪事实或者犯罪嫌疑人，有权利也有义务向公安机关、人民检察院或者人民法院报案或者举报。

被害人对侵犯其人身、财产权利的犯罪事实或者犯罪嫌疑人，有权向公安机关、人民检察院或者人民法院报案或者控告。

公安机关、人民检察院或者人民法院对于报案、控告、举报，都应当接受。对于不属于自己管辖的，应当移送主管机关处理，并且通知报案人、控告人、举报人；对于不属于自己管辖而又必须采取紧急措施的，应当先采取紧急措施，然后移送主管机关。

犯罪人向公安机关、人民检察院或者人民法院自首的，适用第三款规定。

第一百零九条　报案、控告、举报可以用书面或者口头提出。接受口头报案、控告、举报的工作人员，应当写成笔录，经宣读无误后，由报案人、控告人、举报人签名或者盖章。

接受控告、举报的工作人员，应当向控告人、举报人说明诬告应负的法律责任。但是，只要不是捏造事实，伪造证据，即使控告、举报的事实有出入，甚至是错告的，也要和诬告严格加以区别。

公安机关、人民检察院或者人民法院应当保障报案人、控告人、举报人及其近亲属的安全。报案人、控告人、举报人如果不愿公开自己的姓名和报案、控告、举报的行为，应当为他保守秘密。

第一百二十二条　侦查人员询问证人，可以在现场进行，也可以到证人所在单位、住处或者证人提出的地点进行，在必要的时候，可以通知证人到人民检察院或者公安机关提供证言。在现场询问证人，应当出示工作证件，到证人所在单位、住处或者证人提出的地点询问证人，应当出示人民检察院或者公安机关的证明文件。

询问证人应当个别进行。

第一百二十三条　询问证人，应当告知他应当如实地提供证据、证言和有意作伪证或者隐匿罪证要负的法律责任。

第一百二十六条　侦查人员对于与犯罪有关的场所、物品、人身、尸体应当进行勘验或者检查。在必要的时候，可以指派或者聘请具有专门知识的人，在侦查人员的主持下进行勘验、检查。

第一百二十七条　任何单位和个人，都有义务保护犯罪现场，并且立即通知公安机关派员勘验。

　　第一百二十八条　侦查人员执行勘验、检查，必须持有人民检察院或者公安机关的证明文件。

　　第一百二十九条　对于死因不明的尸体，公安机关有权决定解剖，并且通知死者家属到场。

　　第一百三十条　为了确定被害人、犯罪嫌疑人的某些特征、伤害情况或者生理状态，可以对人身进行检查，可以提取指纹信息，采集血液、尿液等生物样本。

　　犯罪嫌疑人如果拒绝检查，侦查人员认为必要的时候，可以强制检查。

　　检查妇女的身体，应当由女工作人员或者医师进行。

　　第一百三十四条　为了收集犯罪证据、查获犯罪人，侦查人员可以对犯罪嫌疑人以及可能隐藏罪犯或者犯罪证据的人的身体、物品、住处和其他有关的地方进行搜查。

　　第一百三十五条　任何单位和个人，有义务按照人民检察院和公安机关的要求，交出可以证明犯罪嫌疑人有罪或者无罪的物证、书证、视听资料等证据。

　　第一百三十六条　进行搜查，必须向被搜查人出示搜查证。

　　在执行逮捕、拘留的时候，遇有紧急情况，不另用搜查证也可以进行搜查。

　　第一百三十七条　在搜查的时候，应当有被搜查人或者他的家属，邻居或者其他见证人在场。

　　搜查妇女的身体，应当由女工作人员进行。

　　第一百三十八条　搜查的情况应当写成笔录，由侦查人员和被搜查人或者他的家属，邻居或者其他见证人签名或者盖章。如果被搜查人或者他的家属在逃或者拒绝签名、盖章，应当在笔录上注明。

　　第一百三十九条　在侦查活动中发现的可用以证明犯罪嫌疑人有罪或者无罪的各种财物、文件，应当查封、扣押；与案件无关的财物、文件，不得查封、扣押。

　　对查封、扣押的财物、文件，要妥善保管或者封存，不得使用、调换或者损毁。

　　第一百四十条　对查封、扣押的财物、文件，应当会同在场见证人和被查封、扣押财物、文件持有人查点清楚，当场开列清单一式二份，由侦查人员、见证人和持有人签名或者盖章，一份交给持有人，另一份附卷备查。

　　第一百四十一条　侦查人员认为需要扣押犯罪嫌疑人的邮件、电报的时候，经公安机关或者人民检察院批准，即可通知邮电机关将有关的邮件、电报检交扣押。

　　不需要继续扣押的时候，应即通知邮电机关。

　　第一百四十二条　人民检察院、公安机关根据侦查犯罪的需要，可以依照规定查询、冻结犯罪嫌疑人的存款、汇款、债券、股票、基金份额等财产。有关单位和个人应当配合。

　　犯罪嫌疑人的存款、汇款、债券、股票、基金份额等财产已被冻结的，不得重复冻结。

第一百四十三条 对查封、扣押的财物、文件、邮件、电报或者冻结的存款、汇款、债券、股票、基金份额等财产，经查明确实与案件无关的，应当在三日以内解除查封、扣押、冻结，予以退还。

二、《公安机关办理刑事案件程序规定》

第二十二条 公安机关内部对刑事案件的管辖，按照刑事侦查机构的设置及其职责分工确定。

第二十三条 铁路公安机关管辖铁路系统的机关、厂、段、院、校、所、队、工区等单位发生的刑事案件，车站工作区域内、列车内发生的刑事案件，铁路沿线发生的盗窃或者破坏铁路、通信、电力线路和其他重要设施的刑事案件，以及内部职工在铁路线上工作时发生的刑事案件。

铁路系统的计算机信息系统延伸到地方涉及铁路业务的网点，其计算机信息系统发生的刑事案件由铁路公安机关管辖。

对倒卖、伪造、变造火车票的案件，由最初受理案件的铁路公安机关或者地方公安机关管辖。必要时，可以移送主要犯罪地的铁路公安机关或者地方公安机关管辖。

铁路建设施工工地发生的刑事案件由地方公安机关管辖。

第二十四条 交通公安机关管辖交通系统的机关、厂、段、院、校、所、队、工区等单位发生的刑事案件，港口、码头工作区域内、轮船内发生的刑事案件，水运航线发生的盗窃或者破坏水运、通信、电力线路和其他重要设施的刑事案件，以及内部职工在交通线上工作时发生的刑事案件。

第二十五条 民航公安机关管辖民航系统的机关、厂、段、院、校、所、队、工区等单位、机场工作区域内、民航飞机内发生的刑事案件。

重大飞行事故刑事案件由犯罪结果发生地机场公安机关管辖。犯罪结果发生地未设机场公安机关或者不在机场公安机关管辖范围内的，由地方公安机关管辖，有关机场公安机关予以协助。

第二十六条 森林公安机关管辖破坏森林和野生动植物资源等刑事案件，大面积林区的森林公安机关还负责辖区内其他刑事案件的侦查。未建立专门森林公安机关的，由所在地公安机关管辖。

第二十七条 海关走私犯罪侦查机构管辖中华人民共和国海关关境内发生的涉税走私犯罪案件和发生在海关监管区内的非涉税走私犯罪案件。

第二十八条 公安机关侦查的刑事案件涉及人民检察院管辖的案件时，应当将属于人民检察院管辖的刑事案件移送人民检察院。涉嫌主罪属于公安机关管辖的，由公安机关为主侦查；涉嫌主罪属于人民检察院管辖的，公安机关予以配合。

公安机关侦查的刑事案件涉及其他侦查机关管辖的案件时，参照前款规定办理。

第二十九条　公安机关和军队互涉刑事案件的管辖分工按照有关规定办理。

公安机关和武装警察部队互涉刑事案件的管辖分工依照公安机关和军队互涉刑事案件的管辖分工的原则办理。列入武装警察部队序列的公安边防、消防、警卫部门人员的犯罪案件，由公安机关管辖。

第五十九条　公安机关向有关单位和个人调取证据，应当经办案部门负责人批准，开具调取证据通知书。被调取单位、个人应当在通知书上盖章或者签名，拒绝盖章或者签名的，公安机关应当注明。必要时，应当采用录音或者录像等方式固定证据内容及取证过程。

第六十条　公安机关接受或者依法调取的行政机关在行政执法和查办案件过程中收集的物证、书证、视听资料、电子数据、检验报告、鉴定意见、勘验笔录、检查笔录等证据材料，可以作为证据使用。

第六十一条　收集、调取的物证应当是原物。只有在原物不便搬运、不易保存或者依法应当由有关部门保管、处理或者依法应当返还时，才可以拍摄或者制作足以反映原物外形或者内容的照片、录像或者复制品。

物证的照片、录像或者复制品经与原物核实无误或者经鉴定证明为真实的，或者以其他方式确能证明其真实的，可以作为证据使用。原物的照片、录像或者复制品，不能反映原物的外形和特征的，不能作为证据使用。

第六十二条　收集、调取的书证应当是原件。只有在取得原件确有困难时，才可以使用副本或者复制件。

书证的副本、复制件，经与原件核实无误或者经鉴定证明为真实的，或者以其他方式确能证明其真实的，可以作为证据使用。书证有更改或者更改迹象不能作出合理解释的，或者书证的副本、复制件不能反映书证原件及其内容的，不能作为证据使用。

第六十三条　物证的照片、录像或者复制品，书证的副本、复制件，视听资料、电子数据的复制件，应当附有关制作过程及原件、原物存放处的文字说明，并由制作人和物品持有人或者物品持有单位有关人员签名。

第六十四条　公安机关提请批准逮捕书、起诉意见书必须忠实于事实真象。故意隐瞒事实真象的，应当依法追究责任。

第六十五条　需要查明的案件事实包括：

（一）犯罪行为是否存在；

（二）实施犯罪行为的时间、地点、手段、后果以及其他情节；

（三）犯罪行为是否为犯罪嫌疑人实施；

（四）犯罪嫌疑人的身份；

（五）犯罪嫌疑人实施犯罪行为的动机、目的；

（六）犯罪嫌疑人的责任以及与其他同案人的关系；

（七）犯罪嫌疑人有无法定从重、从轻、减轻处罚以及免除处罚的情节；

（八）其他与案件有关的事实。

第六十六条 公安机关移送审查起诉的案件，应当做到犯罪事实清楚，证据确实、充分。

证据确实、充分，应当符合以下条件：

（一）认定的案件事实都有证据证明；

（二）认定案件事实的证据均经法定程序查证属实；

（三）综合全案证据，对所认定事实已排除合理怀疑。

对证据的审查，应当结合案件的具体情况，从各证据与待证事实的关联程度、各证据之间的联系等方面进行审查判断。

只有犯罪嫌疑人供述，没有其他证据的，不能认定案件事实；没有犯罪嫌疑人供述，证据确实、充分的，可以认定案件事实。

第六十七条 采用刑讯逼供等非法方法收集的犯罪嫌疑人供述和采用暴力、威胁等非法方法收集的证人证言、被害人陈述，应当予以排除。

收集物证、书证违反法定程序，可能严重影响司法公正的，应当予以补正或者作出合理解释；不能补正或者作出合理解释的，对该证据应当予以排除。

在侦查阶段发现有应当排除的证据的，经县级以上公安机关负责人批准，应当依法予以排除，不得作为提请批准逮捕、移送审查起诉的依据。

人民检察院认为可能存在以非法方法收集证据情形，要求公安机关进行说明的，公安机关应当及时进行调查，并向人民检察院作出书面说明。

第六十八条 人民法院认为现有证据材料不能证明证据收集的合法性，通知有关侦查人员或者其他人员出庭说明情况的，有关侦查人员或者其他人员应当出庭。必要时，有关侦查人员或者其他人员也可以要求出庭说明情况。

经人民法院通知，人民警察应当就其执行职务时目击的犯罪情况出庭作证。

第六十九条 凡是知道案件情况的人，都有作证的义务。

生理上、精神上有缺陷或者年幼，不能辨别是非，不能正确表达的人，不能作证人。

对于证人能否辨别是非，能否正确表达，必要时可以进行审查或者鉴别。

第一百六十六条 公安机关对于公民扭送、报案、控告、举报或者犯罪嫌疑人自动投案的，都应当立即接受，问明情况，并制作笔录，经核对无误后，由扭送人、报案人、控告人、举报人、自动投案人签名、捺指印。必要时，应当录音或者录像。

第一百八十七条 公安机关对已经立案的刑事案件，应当及时进行侦查，全面、客观地收集、调取犯罪嫌疑人有罪或者无罪、罪轻或者罪重的证据材料。

第一百九十三条 公安机关对于不需要拘留、逮捕的犯罪嫌疑人，经办案部门负责人批准，可以传唤到犯罪嫌疑人所在市、县内的指定地点或者到他的住处进行讯问。

第二百零五条　询问证人、被害人，可以在现场进行，也可以到证人、被害人所在单位、住处或者证人、被害人提出的地点进行。在必要的时候，可以通知证人、被害人到公安机关提供证言。

询问证人、被害人应当个别进行。

在现场询问证人、被害人，侦查人员应当出示工作证件。到证人、被害人所在单位、住处或者证人、被害人提出的地点询问证人、被害人，应当经办案部门负责人批准，制作询问通知书。询问前，侦查人员应当出示询问通知书和工作证件。

第二百零八条　侦查人员对于与犯罪有关的场所、物品、人身、尸体应当进行勘验或者检查，及时提取、采集与案件有关的痕迹、物证、生物样本等。在必要的时候，可以指派或者聘请具有专门知识的人，在侦查人员的主持下进行勘验、检查。

第二百一十七条　为了收集犯罪证据、查获犯罪人，经县级以上公安机关负责人批准，侦查人员可以对犯罪嫌疑人以及可能隐藏罪犯或者犯罪证据的人的身体、物品、住处和其他有关的地方进行搜查。

第二百二十二条　在侦查活动中发现的可用以证明犯罪嫌疑人有罪或者无罪的各种财物、文件，应当查封、扣押；但与案件无关的财物、文件，不得查封、扣押。

持有人拒绝交出应当查封、扣押的财物、文件的，公安机关可以强制查封、扣押。

第二百三十一条　公安机关根据侦查犯罪的需要，可以依照规定查询、冻结犯罪嫌疑人的存款、汇款、债券、股票、基金份额等财产，并可以要求有关单位和个人配合。

第二百三十九条　为了查明案情，解决案件中某些专门性问题，应当指派、聘请有专门知识的人进行鉴定。

需要聘请有专门知识的人进行鉴定，应当经县级以上公安机关负责人批准后，制作鉴定聘请书。

第二百四十九条　为了查明案情，在必要的时候，侦查人员可以让被害人、证人或者犯罪嫌疑人对与犯罪有关的物品、文件、尸体、场所或者犯罪嫌疑人进行辨认。

第二百五十四条　公安机关在立案后，根据侦查犯罪的需要，可以对下列严重危害社会的犯罪案件采取技术侦查措施：

（一）危害国家安全犯罪、恐怖活动犯罪、黑社会性质的组织犯罪、重大毒品犯罪案件；

（二）故意杀人、故意伤害致人重伤或者死亡、强奸、抢劫、绑架、放火、爆炸、投放危险物质等严重暴力犯罪案件；

（三）集团性、系列性、跨区域性重大犯罪案件；

（四）利用电信、计算机网络、寄递渠道等实施的重大犯罪案件，以及针对计算机网络实施的重大犯罪案件；

（五）其他严重危害社会的犯罪案件，依法可能判处七年以上有期徒刑的。

公安机关追捕被通缉或者批准、决定逮捕的在逃的犯罪嫌疑人、被告人，可以采取追捕所必需的技术侦查措施。

三、《公安派出所执法执勤工作规范》

第十二条　公安派出所民警对报案、控告、举报、群众扭送和投案自首等事项应当受理，不得拒绝、推诿，并区分情况处理：

（一）对于管辖范围内的事项，应当依法受理，及时处理；

（二）对不属于管辖范围内的事项或者管辖范围不明的，应当先行受理，然后移送有管辖权的公安机关或者有关部门处理；

（三）对不属于管辖范围的事项，但情况紧急，应当依法采取紧急措施后，再进行移交并记录在案；

（四）跨辖区执行任务时，除紧急情况外，应当事先通知当地公安机关，请求协助。

第四十七条　公安派出所值班民警在接到110指挥中心出警指令后，应当做到：

（一）立即向公安派出所所长报告并通知距离案（事）件发生地最近的民警赶赴现场，需备勤民警出警的，应当立即告知其发案地点及基本情况；

（二）接到案（事）件现场民警回报后，立即向公安派出所所长、110指挥中心报告，并做好相关记录。

第四十八条　公安派出所值班民警接受报案、控告、举报及扭送违法犯罪嫌疑人和投案自首人员，应当做到：

（一）询问基本情况，制作询问笔录，填写《接受案件回执单》，并根据公安派出所所长意见交有关民警处理；

（二）对紧急案（事）件，应当立即依法采取紧急处理措施，并向公安派出所所长报告。

经典案例

　　2012年7月28日，由于担心日本王子纸业集团准备在当地修建的排污设施会对当时民众生活产生影响，启东市数千名民于清晨在市政府门前广场及附近道路集结示威，散发《告全市人民书》，并冲进市政府大楼，并从市政府中搜出了许多名贵烟酒等物品，并在警察到来之前将这些物证陈列在政府办公楼前。武警于上午9时许抵达现场，但只是维持现场秩序，并未采取以往群体性事件中发生的强制驱散等强制性措施。在民众示威过程中，出现了民众掀翻汽车、捣毁市政府办公电脑等暴力行为，而警方保持了相当程度的克制。

在冲突过程中，启东市市委书记孙建华遭到民众扒光上衣，市长徐峰被强行套上抵制王子造纸的宣传衣，但启东市领导并未下令警方采取进一步强制措施。

中午过后，警方的处理态度开始有一定的变化，开始抓捕一些过激分子，在此过程中，有少量民众受伤。日本媒体《朝日新闻》称，该报上海分局局长奥寺淳28日赴启东采访拍照时"遭十几名警察的暴行，头部被踢，并被没收了照相机和记者证"，并向中国提出抗议。

当天下午，冲进政府大院的上千民众全员撤出，之后当地警方封锁周边道路，抗议活动基本平息。有维权网站报道，来自无锡、苏州、常州、扬州的特警和武警部队也于当天午后陆续抵达启东封锁道路。下午有一段时间，整个网络都被屏蔽，市民无法上网。

问题导入

一、常见的处理措施有哪些？

二、针对大型群体性事件，如何强制驱散人群？

三、如何在群体性事件中迅速找到组织者？

模块概述

目前，随着改革的深入，开放的扩大，社会主义市场经济体制的建立和发展，社会治安形势日益复杂多变，公安工作任务更加艰巨、繁重，公安队伍建设面临着许多新情况、新问题。如何适应新形势的要求，全面加强公安队伍建设，有效提高队伍的整体素质和战斗力，规范公安机关各类处理措施的规范使用，是我们的当务之急。公安机关在处理各类警情的时候，一般会采取各类处理措施。这些措施可以运用于治安案件，也可以用于刑事案件，也可以用于民事纠纷调解。这些措施是法律明确赋予公安机关处理各类案（事）件的措施。但是公安机关在使用这些措施时也受到了法律的严格限制。

当前我国的群体性事件的发生是各种复杂因素综合作用的结果，因而其解决也应该依靠党政机关各个部门的通力合作。最重要的是公安机关在处理群体性暴力事件中的作用，主要体现在如下几个方面：

首先，公安机关是维持事发现场秩序的重要力量。作为维护社会治安秩序、打击违法犯罪的专职机构，群体性事件发生时，公安机关是维护社会秩序的重要力量。"群体性事件一旦爆发，公安机关必须在党委、政府统一领导下，认真履行职责，维护群体性事件现场治安秩序、交通秩序，协助有关部门、单位维护正常的信访秩序，保护党政机关等重点部位及现场工作人员的人身安全。"事件发生时，公安机关应根据当地党委、政府的决定，立即布置警力赶赴现场并采取相关措施迅速平息事件、恢复秩序。在处置事件时，公安机关应当依法行使职权。根据《人民警察法》第17条，公安机关可以依法行使对现场的处置权，该条规定：县级以上人民政府公安机关，经上级公安机关和同级人民政府批准，对严重危害社会治安秩序的突发事件，可以根据情况实行现场管制。根据《人民警察法》第15条的规定，公安机关还可以行使交通管制权。

其次，作为执法部门的公安机关是查处违法犯罪行为的重要力量。群体性事件虽然在政治上属于人民内部矛盾，但是在法律性质上属于违法犯罪行为，尤其是发生大规模打、砸、抢、烧行为的群体性暴力事件。作为我国重要的治安力量和刑事力量的公安部门是处置群体性事件的重要力量。当群体性事件中出现违法犯罪行为时，公安机关应在现场搜集并固定群体性事件主体实施违法犯罪行为的证据，并及时制止群体性事件中的进一步违法犯罪行为，对于犯罪行为的组织者以及积极分子，公安机关应当依法进行严厉打击。

再次，公安机关是化解群体性事件矛盾的重要力量。群体性事件虽属于人民内部矛盾，但近几年随着社会矛盾的加剧，群体性事件的对抗性与暴力性愈演愈烈，矛盾的对抗性不断加强。但是"人民内部矛盾的对抗性增强并不意味着这些矛盾不再是非对抗性矛盾而变成了对抗性矛盾"。因此在事件发生之初，公安机关应当避免使用武力，尽量采取说服教育的方式来减缓群众的对抗情绪，力求在矛盾激化之前将其化解。

任务一
常用强制措施

情景导入

2016 年 8 月 24 日 10 时 42 分，××市公安局某派出所两名巡逻民警在辖区巡逻时，发现×××路中段一男子正在撬一辆停放在路边的私家轿车，该两名巡逻民警上前制止，其中一名民警负责警戒，一名民警先用语言要求嫌疑人配合警察进行盘查。期间，该男子将撬锁工具丢在车辆下方，在对嫌疑人进行语言控制的民警要求嫌疑人趴在车辆边，正在对嫌疑人上手铐的时候，从旁边冲出另外三名手持砍刀的男子对民警进行威胁，民警在没有人员优势的情况下，放弃对该嫌疑人的控制，该四名嫌疑人逃离现场。两名巡逻民警一边对该四名嫌疑人进行尾随，一边利用对讲机请求增援，最终周边增援警力在距离案发现场 1.6 公里的××路附近将该四名嫌疑人拦截，并传唤回派出所做进一步处理。

课前讨论

一、在发现警情时，现场评估中，出警安全应考虑哪些因素？

二、对于警情现场制止，由轻到重的制止方式是指哪些？

三、在以上案例中，民警使用了哪些控制措施？

理论知识

一、训诫

训诫：教导和劝诫。是指处警民警对违反法律规定的行为人指出其错误，进行批评教育，并责令其改正，不得再犯。

（一）操作规程

1. 训诫对象：具有治安违法行为，情节轻微，不需要进行治安处罚的未成年人或成年人。

2. 训诫实施地点：公安机关或被训诫人所在居所。

3. 训诫内容：处警民警应指出被训诫人违法的法律、法规，违法行为造成的社会影响及损害，如果再犯将会受到的法律制裁。同时，责令被训诫人悔过认错，保证不得再犯。

4. 训诫程序要求：训诫活动应该记录在工作日志中。

（二）注意事项

1. 对未成年人（未满 16 周岁）的训诫必须在其监护人或学校教师的陪同下进行。

2. 训诫必须有被训诫人悔过认错的过程。

3. 对未成年人的家长、监护人应同时进行责令监管，明确其法定监管义务。

4. 训诫工作必须记录在案。

（三）常见问题

1. 训诫过程中没有指出被训诫人错误行为的违法性和严重后果，对其监护人没有进行责令监管，从而没有达到训诫的教育、劝诫效果。

2. 训诫未成年人没有家长、监护人或学校教师在场，没有严格执行未成年人保护法。

3. 训诫没有记录在案，造成工作档案内容缺失。

二、制止

制止：通过劝阻、控制或限制等措施，迫使行为人停止危险行为或违法行为。

（一）操作规程

1. 表明警察身份，明确处警民警的执法地位。

2. 劝阻行为人放弃危险行为或违法行为。

3. 若劝阻无效，处警民警可采取强制力迫使行为人丧失实施危险行为或违法行为的能力。

4. 制止后，应及时恢复社会秩序。

（二）注意事项

1. 制止的对象可以是违法行为，也可以是危险行为。

2. 制止行为的强制力必须与危险行为或违法行为的危害程序基本对等，不能超过危险行为或违法行为可能造成的社会危害。

3. 在制止行为完成后，根据适用强制力（是否适用武器、警械），应及时上报，并做相应记录。

4. 实施制止过程中，及时固定必要的相关人证、物证。

（三）常见问题

1. 没有及时制止或制止不力，造成危险行为或违法行为的发生，容易导致处警民警行政不作为而招致行政诉讼。

2. 在制止过程中，因实施制止而导致行为人的人身伤害，也容易招致行政诉讼。

三、当场盘问检查

当场盘问检查是指公安机关的人民警察为维护社会治安秩序，依法对有违法犯罪嫌疑的人员当场进行盘问、检查的活动。

（一）盘查对象

盘查是公安派出所民警一项重要的执法权，根据法律法规的规定，公安派出所民警确定的具体盘查对象应当包括：

1. 被指控有犯罪行为的。巡逻中，根据公民的举报，指控某人具有犯罪行为，包括盗窃、抢劫、杀人、伤害、绑架、敲诈勒索等各种刑事犯罪行为，公安民警应当对被指控对象进行盘查；必要时，采取强制措施。

2. 有现场作案嫌疑的。民警在巡逻中，对发现的在重点要害单位、部位或者居民区等地点徘徊，具备现场作案条件，可能实施违法犯罪行为的人，应当重点进行盘查。

3. 身份可疑的。所持身份证与本人不相符或持假身份证的人；与身份证相貌、年龄、籍贯等有明显差别或不相符的人；持几个身份证或几种工作证的人；行为举止与着装打扮不相符，且神色慌张的人等。对上述人员一经发现，就应当进行盘查。

4. 行为可疑的。主要指行为举止违反常人的行为模式，且又符合或者相似于一些违法犯罪活动行为特征，存在进行违法犯罪活动可疑迹象的行为，如神色慌张，行为怪异，在居民区、商场、仓库、银行等地张望窥视、行为鬼祟等。

5. 体貌与面部表情可疑的。体貌与面部表情可疑，是指具有与已知的违法犯罪嫌疑人或者通缉、协查通报对象相似的体貌特征且年龄相一致，衣着和随身所携带物品相似，或者面带疲倦、惊恐之状，或者故意遮掩、改变容貌，企图蒙混过关等。

6. 携带物品可疑的。携带物品可疑，是指携带的物品可能与违法犯罪有关的情形，包括携带物品以及作案工具；携带物品可能是毒品、枪支等违禁品；携带包裹数量较多、体积较大、包装无规则，遮遮掩掩，神情慌张；携带物品与通报在逃犯罪嫌疑人携带物品相似；携带物品的方式和时间与常规情形不相符；等等。

7. 带有犯罪痕迹可疑的。带有犯罪痕迹可疑的情形包括：身负枪伤或可疑外伤，浑身血迹和污痕；衣服被撕扯或破损严重；所推着的自行车、摩托车的车锁有明显撬痕等。这些情形都可以视为带有犯罪痕迹可疑。

8. 有其他异常情况的。如遇到男女通行时年龄不符，表情异常，纠缠不清；大人小孩同行，不允许小孩说话或小孩有泪痕、表情恐惧、欲求搭救；穿着与随身携带物品不协调；等等。

以上以列举的方式对常见的重点盘查对象的犯罪可疑迹象进行了阐述，需要注意的一个核心问题是，所有可疑的迹象都是一种偏离正常现象的形态，只要巡逻民警注意观察，细心识别，就能发现可疑迹象，进而进行重点盘查。

（二）盘查的一般要求

1. 盘查的原则要求。民警执行盘查任务时，应当始终坚持理性、平和、文明、规范、因情施策，确保安全。

2. 盘查的人员要求。盘查一般由两名以上民警进行，并明确警戒和盘查任务分工。

3. 盘查的文明要求。应当向被盘问人敬礼并告知："我是×××（单位）民警，现依法对你进行检查，请你配合。"盘查排除违法犯罪嫌疑的，民警应当对被盘查人敬礼，并说"谢谢你的合作"，礼貌让其离去。

4. 盘查的安全要求。民警应当选择光线较好、场地开阔、有依托或者容易得到支援的场地或者道路等作为盘查地点，盘查过程中应当保持高度警惕，注意被盘查人的身份、体貌、衣着、行为、携带物品等可疑之处，随时做好应对突发情况的准备。

5. 盘查的装备要求。民警执行盘查任务时，应当着制式服装；未着制式服装的，应当出示人民警察证。根据《公安机关人民警察盘查规范》的规定，执行盘查任务的民警应当携带单警装备，每个盘查组应当携带手持电台及手持身份证识别仪器。各地可根据实际情况，为盘查民警配备现场执法录音、录像设备。民警执行设卡检查任务时，应当穿着防弹背心，戴防弹头盔；夜间视情穿着反光背心。盘查民警驾驶车辆上应当配备轻型冲锋枪、防弹衣、反光背心、防弹头盔、防毒面具、车载电台、停车示意牌、救生器材、救急药物、搜索灯、强光手电、阻车路障、警戒带等装备。盘查卡点应当配置机动车辆、通讯工具、阻车路障、强光手电、警戒带、停车示意牌等装备器材，并视勤务需要配置防弹盾牌。

（三）操作规程

1. 处警民警表明警察身份，出示工作证件。

2. 查验被盘查人的身份证件，核对被盘查人的基本情况。

3. 查验、核对身份无法消除怀疑的，应查验其随身携带的物品及所乘坐驾驶的车辆。

4. 经盘查仍无法消除怀疑的，带回公安机关，实施继续盘问检查。

5. 经盘查消除怀疑，及时放行，并对被盘查人的配合表示感谢。

（四）注意事项

1. 盘查对象的确定必须是确有理由怀疑，不得在没有任何根据的情况下随意扩大盘查对象范围。

2. 盘查的时机应该选择在最有利于盘查的实施时，避免盘查时机过早而打草惊蛇，也要防止时机过晚，贻误战机。

3. 盘查的地点应选择在既有利于实施盘查，又便于避免周围群众围观，也有利于执勤民警对周围事态观察的地方。

4. 盘查时限。执勤民警实施当场盘问检查的时间长短取决于是否能够消除合理怀疑。为避免当场盘问检查时间过长，引起被盘查人的不满或抵触，以及盘问检查导致的围观，当场盘问检查的时间不应过长。通过查验身份和对携带物品的检查，无法消除怀疑的，应及时带回公安机关继续盘问检查；如果能够消除怀疑的，必须及时放行。

6. 特殊情况下的盘查程序。当存在重大安全隐患或情况紧急时，执勤民警可以不按照常规程序进行盘查，可以先控制被盘查对象，消除安全隐患或怀疑，然后再进行常规盘查程序。

（五）常见问题

1. 抵触、抗拒、逃避当场盘问检查，并煽动周围群众。对这种情况，首先表明警察的职责和盘问检查权，同时，做好周围群众的工作，及时劝离周围围观群众，必要时及时带回公安机关进行盘问检查。

2. 袭警。执勤民警通过同事之间的协调分工、占位，保持高度警惕，同时密切注意周围事态以及被盘查人的情绪变化。为保证盘查工作的顺利实施，执勤民警认为存在安全隐患时，应首先对被盘查人进行人身安全检查，消除安全隐患后，再进行当场盘查。

3. 礼遇问题。执行盘查检查的执勤民警应针对怀疑事项进行盘问检查，提问仅限于怀疑事项的范围，不要涉及其他无关问题，体现对被盘查人的人格尊重；同时注意礼貌礼节和行为规范。对于消除怀疑的，应及时放行，并表示感谢。

4. 对女性被盘查人的人身搜查。一般情况下由女性工作人员进行人身搜查，存在重大安全隐患或情况紧急时，也可以由男性警察进行人身搜查，但是搜查时应以排除安全隐患为目的。

5. 对物品的检查，应保持人、物分离，由执勤民警对包裹进行检查，按照由表及里，看、听、摸、开的顺序依次打开包裹，检查完成后，应尽量地恢复原状。

四、强制带离现场

强制带离现场，是指处警民警强行将严重危害社会治安秩序或可能威胁公共安全的人员带离现场，并做进一步处理或审查。

（一）操作规程

1. 强制带离现场主要是带离秩序或安全受到影响的公共场所。

2. 带离现场的对象主要是影响公共场所社会治安秩序或危害公共安全的人员。

3. 执勤民警在执行强制带离现场措施前，一般应给予劝阻、批评、制止或警告，经劝阻、批评、制止、警告无效，即可强制带离现场。

4. 强制带离现场，执勤民警可以使用警械。

5. 强制带离现场后，执勤民警根据行为人的行为，可以批评教育，责令改正后放行。如果存在违反治安管理处罚法的行为，则应带回公安机关进行治安处罚，如果存在刑事违法犯罪行为，则应移交相关部门处理。

（二）注意事项

1. 强制带离现场，应及时果断，在出现现场局势有失控苗头之时，及时迅速地强制带离现场，避免强制带离现场不及时而导致现场局势难以控制。

2. 强制带离现场，应及时收集现场证据，为以后处理被带离人提供依据。

3. 强制带离现场，执勤民警应采取人数（多人）、手段（强制力）上的优势，保证强制带离现场顺利实施，防止强制带离现场受阻，或诱发新的冲突。

（三）常见问题

1. 缺乏证据意识，导致强制带离现场后对被带离人的治安处罚或刑事立案缺乏证据。

2. 采取强制措施不力，造成强制带离现场受阻，导致进一步激化现场局势。

五、收缴

收缴分为两种，一种是对办理治安案件所查获的毒品、淫秽物品等违禁品，赌具、赌资、吸食、注射毒品的用具以及直接用于实施违反治安管理行为的行为人所有的工具，按照规定进行收缴，并依法处理；另一种是执勤民警对当场处罚的罚款在特殊情况下进行的收缴。

表 16

| _____公安局 |
| 收缴/追缴物品清单 |

公（　）缴字〔　〕　号

根据

☐《中华人民共和国治安管理处罚法》第十一条第一款

☐《中华人民共和国治安管理处罚法》第十一条第二款

☐《公安机关办理行政案件程序规定》第一百六十八条第一款

☐《公安机关办理行政案件程序规定》第一百六十八条第三款之规定，对物品持有人_____的下列物品予以收缴/追缴。

　　如不服本决定，可以在收到本清单之日起六十日内向_____申请行政复议或者在三个月内依法向_____人民法院提起行政诉讼。

编号	名称	数量	特征	物品处理情况 （发还的，由接受人签名）

物品持有人、见证人	保管人	办案民警
		公安机关（印）
年　月　日	年　月　日	年　月　日

一式三份，一份交物品持有人，一份交保管人，一份附卷。

（一）操作规程

1. 对于涉案物品的收缴

（1）列出收缴物品清单。

（2）填写呈批表，写明拟收缴物品的事实、理由、依据。

（3）报县级公安机关决定。违禁品、吸食、注射毒品的器具以及非法财物价值在 500 元以下且当事人对财物价值无异议的，公安派出所可以收缴。

（4）开具收缴物品清单。

2. 当场收缴罚款

（1）当场收缴罚款的情形主要是：一是被处 50 元以下罚款，被处罚人对罚款无异议的；二是在边远、水上、交通不便地区，公安机关及其人民警察依照规定作出罚款决定后，被处罚人向指定的银行缴纳罚款确有困难，经被处罚人提出的；三是被处罚人在当地没有固定住所，不当场收缴事后难以执行的。

（2）人民警察当场收缴罚款的，应当向被处罚人出具省、自治区、直辖市人民政府财政部门统一制发的罚款收据。

（3）办案人民警察应当自收缴罚款之日起 2 日内，将当场收缴的罚款交至其所属公安机关；在水上当场收缴的罚款，应当自抵岸之日起 2 日内将当场收缴的罚款交至其所属公安机关；在旅客列车上当场收缴的罚款，应当自返回之日起 2 日内将当场收缴的罚款交至其所属公安机关。

（二）注意事项

1. 对于涉案物品的收缴

（1）收缴物品清单应该与被收缴物品明细相一致，并且根据收缴物品清单核对被收缴物品。

（2）对被收缴物品应妥善保管，并及时移交处理，防止被收缴物品的丢失、损坏、挪用。

（3）对涉案物品中的违法人所使用工具，应查清是否属于违法行为人所有，对于无证据表明属于他人合法所有的，可以直接认定为违法行为人本人所有进行收缴。对于善意第三人的财物，则应及时归还。

2. 当场收缴罚款

（1）应当向被处罚人出具省、自治区、直辖市人民政府财政部门统一制发的罚款收据。

（2）把握当场收缴罚款的额度限制。

（3）及时将当场收缴的罚款上交所属公安机关。

（三）常见问题

1. 涉案物品收缴中，不能及时将善意第三人的所有物品及时归还。

2. 收缴物品不能妥善保管和上交，造成收缴物品的遗失、损坏和挪用。

3. 收缴物品没有及时让被收缴人核对、签字，导致出现清单与被收缴物品不一致。

4. 当场收缴罚款出具罚款收据不规范。

5. 不愿意进行当场收缴，造成被罚款人缴纳罚款困难。

六、约束

约束，是指执勤民警对醉酒或精神病人，在危害公共安全或自身、他人的人身、财产安全时，采取保护性限制或管束的措施。

（一）操作规程

1. 对于精神病人的保护性约束

（1）对实施危害公共安全或他人人身安全的精神病人，制止其危险行为。对难以控制其行为的精神病人，应采用约束衣、约束带或者警绳等进行约束。

（2）及时通知其家属或监护人领回看管。

（3）对于不能及时通知家属或监护人领回的，应报请当地县级公安机关批准，送往指定单位、场所加以监护。

2. 对于醉酒的违反治安管理行为人的约束

（1）违法嫌疑人在醉酒状态中，对行为人有危险或者对他人的人身、财产或者公共安全有威胁的，可以使用约束带或者警绳等进行约束，但是不得使用手铐、脚镣等警械。

（2）可以通知其所属单位或者家属将其领回看管。

（3）酒醒后，及时解除约束。

（二）注意事项

1. 约束过程中，应注意对被约束人进行监护，对发生心脏病、中风等突发疾病进行救治，同时预防被约束人的自残等意外情况。

2. 危险行为结束，应及时解除约束。

3. 对被约束人进行约束时，应尽可能及时通知其家属或监护人落实监管或看护。

（三）常见问题

1. 对醉酒人员的约束，应尽到监护的义务，不得对醉酒人员打骂、侮辱。

2. 对精神病人、醉酒人员的约束，应避免与其他犯罪嫌疑人关押在一起，防止发生意外。

3. 在约束过程中发生紧急情况或疾病的，应及时救治。

七、警械使用

警械，是指人民警察按照规定装备的警棍、催泪弹、高压水枪、特种防暴枪、手铐、脚镣、警绳等警用器械。

（一）操作规程

1. 驱逐性、制服性警械（警棍、催泪弹、高压水枪、特种防暴枪等）的使用

（1）针对违法犯罪行为，经警告无效后，可使用驱逐性、制服性警械。

（2）使用驱逐性、制服性警械以制止违法犯罪行为限度，违法犯罪行为为得到制止时，应立即停止使用警械。

2. 约束性警械（手铐、脚镣、警绳等）的使用

（1）违法犯罪分子可能逃脱、行凶、自杀、自伤或者有其他危险行为的，使用约束性警械。

（2）使用警械，不得故意造成人身伤害。

（二）注意事项

1. 警械的使用根据需要原则，对于不使用警械即可达到目的的，不得使用警械。

2. 警械的使用应及时报告主管领导，并在相关工作记录中记录。

3. 制服性警械的使用达到制止犯罪的目的后，应及时停止。

4. 约束性警械的使用不得故意造成犯罪嫌疑人的人身伤害。

（三）常见问题

1. 违法犯罪行为受到制止而停止时，制服性警械停止不及时。

2. 违法犯罪嫌疑人没有危险行为时，随意使用约束性警械。

3. 针对未成年违法犯罪嫌疑人，没有照顾未成年人身心发展特点，随意使用约束性警械。

4. 违反法律规定，对醉酒人员使用手铐。

八、武器使用

武器，是指人民警察按照规定装备的枪支、弹药等致命性警用武器。

（一）操作规程

1. 执勤民警使用武器，应当命令在场无关人员躲避；在场无关人员应当服从人民警察的命令，避免受到伤害或者造成其他损失。

2. 执勤民警判明有暴力犯罪行为的紧急情形，经警告无效的，可以使用武器。

3. 执勤民警依照规定使用武器，来不及警告或者警告后可能导致更为严重的危害后果的，可以直接使用武器。

4. 执勤民警使用武器造成犯罪分子或者无辜人员伤亡的，应当及时抢救受伤人员，保护现场，并立即向当地公安机关或者该人民警察所属机关报告。

5. 执勤民警使用武器的，应当将使用武器的情况如实向所属机关书面报告。

（二）注意事项

1. 人民警察使用武器的对象应当是暴力犯罪行为，并且情况紧急、经警告无效。

2. 执勤民警按照规定使用武器，来不及警告或者警告后可能导致更为严重的危害后果的，可以直接使用武器。

3. 人民警察遇有下列情形之一的，不得使用武器：（1）发现实施犯罪的为怀孕妇女、儿童的，但是使用枪支、爆炸、剧毒等危险物品实施暴力犯罪的除外；（2）犯罪分子处于群众聚集的场所或者存放大量易燃、易爆、剧毒、放射性等危险物品的场所的，但是不使用武器予以制止，将发生更为严重危害后果的除外。

4. 人民警察遇有下列情形之一的，应当立即停止使用武器：（1）犯罪分子停止实施犯罪，服从人民警察命令的；（2）犯罪分子失去继续实施犯罪能力的。

5. 使用武器后，应及时保护现场，救治受伤人员，并立即向当地公安机关或所属机关报告。

6. 使用武器后，应如实制作书面报告。

（三）常见问题

1. 对暴力犯罪的紧急情况判断不清，不及时果断地使用武器。

2. 针对非暴力犯罪，且情况缺乏紧迫性，违法使用武器，造成无辜人员伤亡。

3. 使用武器后，不能有效保护现场，为事后调查增加难度。

4. 执勤民警在执行职务过程中，造成无辜人员伤亡，由当地公安机关按照国家赔偿法进行补偿。

5. 在携带枪支执勤中，违规操作（枪支保险不到位、手指长时间放置在扳机上等），导致枪支走火、产生误伤。

九、征用

执勤民警在执行职务过程中因履行职责的紧急需要，经出示相应证件，可以对非警用物品、交通工具进行优先使用。

（一）操作规程

1. 在执行警务工作过程中，情况紧急，非警用物品、交通工具对执行警察职责具有迫切需要性。

2. 出示相应的工作证件，并简要说明理由和联系方式。

3. 妥善使用被征用物品，并及时归还。

（二）注意事项

1. 征用必须是在执行警察职责过程中，且被征用物品对完成警察职责具有迫切需要性。

2. 警察必须出示工作证件，简要说明征用理由，并留下联系方式，便于事后及时归还。

3. 对被征用物品，应根据执行职责的需要妥善使用，并尽到保管义务。

（三）常见问题

1. 对被征用人物品没有尽到善意使用的目的，造成被征用物品的损坏、报废，应给予补偿。

2. 对被征用物品没有及时归还，造成被征用人难以获取被征用物品的使用权的，应给予赔偿。

3. 对于抗拒执勤民警因执勤职责而征用非警用物品的，公安机关根据《治安管理处罚法》第 50 条的规定给予治安处罚。

实训任务

一、简要案情

2014 年 4 月 12 日 15 时许，某派出所接到辖区某商场保卫科的电话，称抓到一名小偷。接警后，值班民警到达现场。超市的工作人员称平时超市经常被盗物品，金额不大，但是基本上每天都会有物品被盗的情况发生，便在平时加强了超市内的巡逻。当天下午，保卫科工作人员在超市内巡逻时，在超市的角落里发现有一名大概 10 岁左右的男孩正在吃一个烤鸡腿。经辨认，该烤鸡腿正是超市售卖的烤鸡腿。工作人员随即电话报警。民警对该男孩进行了解，该男孩儿自称孙某，今年 10 岁，其父母离异，平时和自己的爷爷奶奶一起生活。今天孙某独自一人前往超市玩耍，发现超市内有很多好吃的，就趁没人注意的时候盗窃了烤鸡腿。

二、课堂讨论

1. 假如孙某反映情况属实，民警应如何处置该警情？

2. 假如你是该处警民警，请模拟对该孙某进行批评教育。

3. 假如孙某反映情况不属实，超市反应孙某 1 个月内已经连续盗窃超市内物品十余次，该警情如何处置？

三、课堂作业

如果孙某是由一名成年男性张某带来偷盗物品的，我们应对张某如何处置。请写出具体处置措施。

任务二

行政处罚

情景导入

2016年6月2日9时许，××市公安局110指挥中心接市政府门卫报警，称在市政府门口有一女性躺在大门口，导致单位车辆无法通行。接警后，指挥中心指令辖区派出所前往处置，处警民警到达现场后，发现一中年女性在市政府大门口正中间躺在地上。经上前询问，该女性无应答，但该女性四肢可自由活动，处警民警拨打120请求医生对该女性进行救治，但该女性在医生到达现场后表示拒绝接受救治，仍然躺在市政府大门口。此时距离该女性最初躺在该处已经过去半个多小时，造成市政府内外车辆拥堵。处警民警强行将该女性带离现场，期间，该女性趁民警没注意，再次跑到市政府门口躺倒在地上。民警再次返回，将该名女性传唤至派出所。经了解，该女性为黄某，因征地拆迁问题多次到各级政府上访，在得到不满意答复后，采取堵政府大门的方式要求见市长反映问题，之后，当地派出所以干扰单位办公秩序为由，将黄某行政拘留5日。

课前讨论

一、在对现场的处置时，处置措施有哪些？

二、行政处罚有哪些种类？

理论知识

行政处罚是指行政机关或其他行政主体依法定职权和程序对违反行政法规尚未构成犯罪的相对人给予行政制裁的具体行政行为。行政处罚是一种由行政机关或法律、法规授权的组织实施的对违反行政管理程序的公民、法人或者其他组织采取惩罚性制裁措施的一种具体行政行为。行政处罚，是指行政主体为达到对违法者予以惩戒，促使其以后不再犯，有效实施行政管理，维护公共利益和社会秩序，保护公民、法人或其他组织的合法权益的目的，依法对行政相对人违反行政法律规范尚未构成犯罪的行为，给予人身的、财产的、名誉的及其他形式的法律制裁的行政行为。

一、行政处罚原则

（一）处罚法定

处罚法定原则是行政合法性原则在行政处罚行为中的集中体现。主要内容是：

（1）处罚依据是法定的；

（2）实施处罚的主体是法定的；

（3）实施处罚的职权是法定的；

（4）处罚程序是法定的。

（二）三公原则——公开、公正、公平原则

处罚公开原则是指行政处罚的依据及处罚中的有关内容必须公开。

处罚公正原则要求不能违反公正的程序。

处罚公平原则要求行政主体在行政处罚中必须依法裁判，公平地处罚违法行为人。既不能同等情况给予不同处罚，也不能不同情况给予相同处罚。

（三）适应违法行为原则

实施的行政处罚，必须与受罚人的违法行为的事实、性质、情节及社会危害程度相适应，亦即行政处罚的种类、轻重程度及其减免均应与违法行为相适应。

（四）一事不再罚原则

一行为不再罚原则应在四个层面上运作。

1. 一行为不再理。行政主体对行为人的第一个处理尚未失去效力时，不能基于同一事实和理由给予第二次处理，除非第二个处理是对第一个处理的补充、更正或者补正。如果第一个处理违法不当，行政主体应当先撤销，再重新处理。如果第一个处理合法正确但未达行政目标，行政主体应充分考虑信赖保护原则，必须撤销的，应依法给受损失的相对人一定的补偿。

2. 一行为不再罚。除了法律有明确规定或者依据基本法理和法律规则合理推定，如合并处罚、一事多层罚、一事罚多人、一事多行为等情形以外，行政主体应严格遵循一个行为一次处罚的原则。

3. 一行为不再同种罚。对于行为人的同一个违法行为，行政主体不能给予两个以上相同种类的处罚。这主要指一个违法行为触犯几个法律条文的情形，即法理上所称法条竞合或者规范竞合。一旦出现规范竞合，应当允许各个法律条文对应的相关行政主体依据不同理由分别作出处罚。但为体现相对公平和公正，各行政主体不能对行为人采取相同种类的处罚。

4. 一行为不得两次以上罚款。对于行为人的同一个违法行为，无论触犯几个法律条文，构成几个处罚理由，以及由几个行政主体实施处罚，只能给予一次罚款。如果几个行政主体对涉案违法行为都有权罚款，根据效力优先原则，应该是谁先罚款谁有效。

5. 例外情况。当然，一行为不再罚也不是一个恒定的法律原则，它有以下几个例外：

（1）合并处罚。在法定并处的情况下，因可以并处的处罚种类极有可能在程序尤其是时限上不一致，故并处的几种处罚可以在时间上有先有后，并可以采用几个不同的处罚决定书。

（2）一事多层罚。对于法人或者其他组织违法的，如果法律有明确规定，行政主体可以采用不同的处罚决定书，分别对法人或者其他组织、法定代表人或者主要负责人以及直接责任人进行处罚。

（3）一事罚多人。几个违法行为人共同违法的，行政主体可以以不同处罚决定书，对各该违法行为人分别处罚。

（4）一事多行为。某一个违法事件涵盖多个违法行为时，如果各该违法行为性质不同，在法律上应构成不同处罚理由，行政主体可以以违法行为为单位分别作出处罚；如果各该违法行为性质相同，则构成法律上的连续行为，行政主体只能以一个违法行为作出一个处罚。

（五）结合教育原则

行政处罚是法律制裁的一种形式，但又不仅仅是一种制裁，它兼有惩戒与教育的双重功能。处罚不是目的，而是手段，通过处罚达到教育的目的。行政机关在行政处罚的适用中应当始终坚持教育与处罚相结合。

（六）民事刑事责任适用原则

民事刑事适用原则是指不免除民事责任、不取代刑事责任的原则。行政相对方因违法受到行政处罚，其违法行为对他人造成损害的，应当依法承担民事责任。违法行为严重构成犯罪的，应当依法追究刑事责任。不得以已给予行政处罚而免于追究其民事责任或刑事责任。因为行政制裁与民事制裁、刑事制裁的性质及对象等都是不同的。

（七）申诉和赔偿原则

相对方对行政主体给予的行政处罚依法享有陈述权、申辩权；对行政处罚决定不服的，有权申请复议或者提起行政诉讼。相对方因违法行政处罚受到损害的，有权提出赔偿要求。在行政处罚中必须提供充分的救济，才能真正保障相对方的权利。

（八）处罚追究时效原则

自违法行为终止之日算起，二年内未追究责任的不再处罚。单行条例中另有规定的依规定。

二、处罚种类

行政处罚的种类，主要是指行政处罚机关对违法行为的具体惩戒制裁手段。根据《行政处罚法》和其他法律、法规的规定，中国的行政处罚可以分为以下几种：

（一）人身罚

人身罚也称自由罚，是指特定行政主体限制和剥夺违法行为人的人身自由的行政处罚。这是最严厉的行政处罚。人身罚主要是指行政拘留和劳动教养。

1. 行政拘留。也称治安拘留，是特定的行政主体依法对违反行政法律规范的公民，在短期内剥夺或限制其人身自由的行政处罚。

2. 劳动教养。是指行政机关对违法或有轻微犯罪行为，尚不够刑事处罚且又具有劳动能力的人所实施的一种处罚改造措施。

2013 年 11 月 15 日公布的《中共中央关于全面深化改革若干重大问题的决定》提出，废止劳动教养制度。2013 年 12 月 28 日全国人大常委会通过了关于废止有关劳动教养法律规定的决定，这意味着已实施 50 多年的劳教制度被依法废止。该决定规定，劳教废止前依法作出的劳教决定有效；劳教废止后，对正在被依法执行劳动教养的人员，解除劳动教养，剩余期限不再执行。

（二）行为罚

行为罚又称能力罚，是指行政主体限制或剥夺违法行为人特定的行为能力的制裁形式。它是仅次于人身罚的一种较为严厉的行政处罚措施。

1. 责令停产、停业。这是行政主体对从事生产经营者所实施的违法行为而给予的行政处罚措施。它直接剥夺生产经营者进行生产经营活动的权利。只适用于违法行为严重的行政相对方。

2. 暂扣或者吊销许可证和营业执照。这是指行政主体依法收回或暂时扣留违法者已经获得的从事某种活动的权利或资格的证书。目的在于取消或暂时中止被处罚人的一定资格、剥夺或限制某种特许的权利。

（三）财产罚

财产罚是指行政主体依法对违法行为人给予的剥夺财产权的处罚形式。它是运用最广泛的一种行政处罚。

1. 罚款。指行政主体强制违法者承担一定金钱给付义务，要求违法者在一定期限内交纳一定数量货币的处罚。

2. 没收财物（没收违法所得、没收非法财物等）。是指行政主体依法将违法行为人的部分或全部违法所得、非法财物包括违禁品或实施违法行为的工具收归国有的处罚方式。

（四）申诫罚

申诫罚又称精神罚、声誉罚，是指行政主体对违反行政法律规范的公民、法人或其他组织的谴责和警戒。它是对违法者的名誉、荣誉、信誉或精神上的利益造成一定损害的处罚方式。

1. 警告。指行政主体对违法者提出告诫或谴责。

2. 通报批评。是对违法者在荣誉上或信誉上的惩戒措施。通报批评必须以书面形式作出，并在一定范围内公开。

总的来说，行政处罚有：①警告：指行政机关对有违法行为的公民、法人或者其他组织提出告诫，使其认识所应负责任的一种处罚。警告一般适用于那些违反行政管理法规较轻微、对社会危害程度不大的行为。一般可当场作出。②罚款：指行政机关依法强制违反行政管理法规的行为人（包括法人及其他组织）在一定期限内缴纳一定数量货币的处罚行为。罚款是一种财产罚。罚款是一种适用范围比较广泛的行政罚。为了避免罚款的随意性，《行政处罚法》对罚款进行了一些限定性的规定。对已经制定的法律、行政法规规定的行政处罚的种类中没有罚款的，地方性法规和规章不能增加规定罚款的处罚。为了避免罚款执行人徇私舞弊，法律规定作出罚款决定的机关与收缴罚款的机构分离，罚款必须全部上缴国库，任何行政机关或者个人不得以任何形式截留、私分。罚款的设定与执行要运用适当，罚与过相当。③没收违法所得、没收非法财物：指国家行政机关根据行政管理法规，将行为人的违法行为所获得的财物或非法财物强制无偿收归国有的一项行政处罚措施。没收是一种较为严厉的财产罚，其执行领域具有一定程度的限定性，只有对那些为谋取非法收入而违反法律法规的公民、法人及组织才可以实行这种财产罚。④责令停产停业：指国家行政机关对违反行政管理法规的工商企业或个体经营户，依法在一定期限内剥夺其从事某项生产或经营活动权利的行政处罚，属于行为罚的一种。由于责令停产停业的处罚将直接影响企业的生产与经营利益，因此对比较严重的行政违法行为才适用。⑤暂扣或者吊销许可证、暂扣或者吊销执照：许可证与执照指行政主管机关应公民、法人或其他组织的申请依法颁发的准许申请人从事某种活动的书面文件，是公民、法人或者其他组织享有的某种权利的凭证。暂扣或者吊销许可证、执照是指国家行政机关，对违反行政管理法规的公民、法人或者其他组织依法实行暂时扣留其许可证或执照，剥夺其从事某项生产或经营活动权利的行政处罚。这是一种比责令停产停业更为严厉的一种行为能力罚。因此，只有法律和行政法规能够设定这一处罚。⑥行政拘留：指公安机关对于违反治安管理处罚条例的公民，在短期内限制其人身自由的一种处罚措施，也是治安管理处罚措施中最严厉的一种。行政拘留是限制公民人身自由的一种人身自由罚，也是行政处罚中最严厉的处罚之一。由于其严厉性，因此行政处罚法对于此种处罚的限制规定也是最严格的，只有法律能够规定涉及公民人身自由的行政拘留罚，其他如行政法规、地方性法规、规章等都不能设定此种处罚。⑦法律、行政法规规定的其他行政处罚。前面所列六种处罚只是行政处罚的基本种类，也是运用得最多的种类。为了防止现有法律和行政法规规定的处罚的遗漏和今后立法中可能出现了新的处罚措施而设定此项。

三、行政处罚的实施机关

（一）行政机关实施行政处罚

行政处罚由具有行政处罚权的行政机关在法定职权范围内实施，没有行政处罚权的行政机关或其他组织一般不能实施行政处罚。国务院或者经国务院授权的省、自治区、直辖市人民政府可以决定一个行政机关行使有关的行政处罚权，但限制人身自由的行政处罚权只能由公安机关行使。

享有行政处罚权、能够实施行政处罚的机关应具备以下条件：

第一，必须是行政机关。

第二，必须具有外部管理职能。

第三，必须取得特定的行政处罚权。

第四，必须在法定的职权范围内实施。

（二）授权实施行政处罚

法律、法规授权的具有管理公共事务职能的组织，可以在法定授权范围内实施行政处罚。法律、法规授权的组织若不具有管理公共事务的职能，则不能实施行政处罚。

（三）委托实施行政处罚

1. 根据《行政处罚法》规定，受委托的组织必须在授权范围内，以委托行政机关名义实施行政处罚，不能再委托其他任何组织或个人实施行政处罚。

2. 委托行政机关对受委托的组织实施行政处罚的行为负责监督，并对该组织实施行政处罚行为的后果承担法律责任。

3. 根据《行政处罚法》第19条的规定，能够接受行政委托、依法行使行政处罚的组织必须符合以下条件：一是依法成立的管理公共事务的事业组织；二是具有熟悉有关法律、法规、规章和业务的工作人员；三是对违法行为需要进行技术检查或技术鉴定的，应当由有条件的组织进行相应技术检查或者技术鉴定。

表 17

行政处罚决定书

公（　　）行罚决字〔　　〕　　号

违法行为人（姓名、性别、年龄、出生日期、身份证件种类及号码、户籍所在地、现住址、工作单位、违法经历以及被处罚单位的名称、地址和法定代表人）＿＿＿＿＿＿＿

＿＿

＿＿＿＿＿＿＿＿＿＿＿＿＿＿＿＿＿＿＿＿＿。

现查明＿＿＿＿＿＿＿＿＿＿＿＿＿＿＿＿＿＿＿＿＿＿＿＿＿＿＿＿＿＿＿＿＿＿＿＿

＿＿＿＿＿＿＿＿＿＿＿＿＿＿＿，以上事实有＿＿＿＿＿＿＿＿＿＿＿＿＿＿＿＿＿＿＿＿

＿＿＿＿＿＿＿＿＿＿＿＿＿＿＿＿＿＿＿＿＿＿＿等证据证实。

根据＿＿＿＿＿＿＿＿＿＿＿＿＿＿＿＿＿＿＿＿＿＿＿＿＿＿＿＿＿＿＿＿＿＿＿＿＿＿

＿＿＿＿＿＿＿＿＿＿＿之规定，现决定＿＿＿＿＿＿＿＿＿＿＿＿＿＿＿＿＿＿＿＿＿＿＿

＿＿＿＿＿＿＿＿＿＿＿。

执行方式和期限＿＿＿＿＿＿＿＿＿＿＿＿＿＿＿＿＿＿＿＿＿＿＿＿＿。

逾期不交纳罚款的，每日按罚款数额的百分之三加处罚款，加处罚款的数额不超过罚款本数。

如不服本决定可以在收到本决定书之日起六十日内向＿＿＿＿＿＿＿＿＿＿＿＿＿＿

＿＿＿＿＿＿＿＿＿＿＿＿＿＿＿＿＿＿＿申请行政复议或者在三个月内依法向＿＿＿＿＿＿＿＿＿＿

＿＿＿＿＿＿＿＿＿＿人民法院提起行政诉讼。

附：＿＿＿＿＿＿＿＿＿＿＿＿＿＿＿＿＿＿＿＿＿清单共＿＿＿＿＿＿份

公安机关（印）
年　月　日

行政处罚决定书已向我宣告并送达。

被处罚人：

年　月　日

一式三份，被处罚人和执行单位各一份，一份附卷。治安案件有被侵害人的，复印送达被侵害人。

表 18

_____公安局

不予行政处罚决定书

公（ ）不罚决字〔 〕 号

违法行为人（姓名、性别、年龄、出生日期、身份证件种类及号码、户籍所在地、现住址、工作单位以及违法单位的名称、地址和法定代表人）_____

_____

_____。

现查明_____

_____，以上事实有_____

_____等证据证实。

根据_____之规定，现决定不予行政处罚，并对_____予以收缴，对_____予以追缴。

如不服本决定，可以在收到本决定书之日起六十日内向_____

_____申请行政复议或者在三个月内依法向_____人民法院提起行政诉讼。

□附：收缴/追缴物品清单

公安机关（印）

年 月 日

不予行政处罚决定书已向我宣告并送达。

违法行为人：   年 月 日

一式两份，一份交违法行为人，一份附卷。治安案件有被侵害人的，复印送达被侵害人。

四、行政处罚的管辖和适用

（一）行政处罚的管辖

1. 根据规定，行政处罚除法律、行政法规另有规定外，由违法行为发生地的县级以上地方人民政府具有行政处罚权的行政机关管辖。

2. 县级以下（不包括县级）的行政机关如果没有法律、行政法规的另行规定或根据县级以上地方人民政府具有行政处罚权的行政机关的依法委托，不得享有、行使行政处罚管辖权。

3. 两个以上依法享有行政处罚权的实施机关如对同一行政违法案件都有管辖权，在案件管辖上发生争议，双方又协商不成的，应报请共同的上一级行政机关指定管辖。

4. 对行政违法案件有管辖权的行政机关若发现相应违法行为构成犯罪的，行政机关必须依法及时将案件移送司法机关，依法追究刑事责任。违法行为经人民法院依法审判认定构成犯罪判处拘役或有期徒刑时，行政机关已经给予当事人行政拘留的，应当依法折抵相应刑期。违法行为构成犯罪，人民法院判处罚金时，行政机关已经处以罚款的，应当折抵相应罚金。

（二）行政处罚的适用

行政处罚适用的条件：一是必须已经实施了违法行为，且该违法行为违反了行政法规范；二是行政相对人具有责任能力；三是行政相对人的行为依法应当受到处罚；四是违法行为未超过追究时效。

行政处罚的适用方式：

1. 不予处罚

（1）不满 14 周岁的人有违法行为的，不予行政处罚；

（2）精神病人在不能辨认或控制自己行为时有违法行为的，不予行政处罚；

（3）违法行为轻微并及时纠正，没有造成危害后果的，不予行政处罚；

（4）违法行为在两年内未被发现的，除法律另有规定外，不再给予行政处罚。

2. 从轻或减轻处罚

从轻处罚，是指在行政处罚的法定种类和法定幅度内，适用较轻的种类或者依照处罚的下限或者略高于处罚的下限给予处罚，但不能低于法定处罚幅度的最低限度。减轻处罚，是指在法定处罚幅度的最低限以下给予处罚。如，税务机关责令限期改正，处 2000 元以上 2 万元以下的罚款，从轻处罚 2000 元，减轻处罚 1000 元。根据规定，依法应当从轻或减轻行政处罚的情况有：一是已满 14 周岁不满 18 周岁的人有违法行为的；二是主动消除或减轻违法行为危害后果的；三是受他人胁迫有违法行为的；四是配合行政机关查处违法行为有立功表现的；五是其他依法应从轻或减轻行政处罚的情形。

关于从重处罚问题，《行政处罚法》未作明确规定。有的特别法律、法规，如《海关行政处罚实施条例》，对应当从重处罚的情形作了明确规定。该条例第 53 条规定，有下列情形之一的，应当从重处罚：

（1）因走私被判处刑罚或者被海关行政处罚后在 2 年内又实施走私行为的；

（2）因违反海关监管规定被海关行政处罚后在 1 年内又实施同一违反海关监管规定的行为的；

（3）有其他依法应当从重处罚的情形的。

又如，《治安管理处罚法》第 20 条规定，违反治安管理有下列情形之一的，从重处罚：

（1）有较严重后果的；

（2）教唆、胁迫、诱骗他人违反治安管理的；

（3）对报案人、控告人、举报人、证人打击报复的；

（4）6个月内曾受过治安管理处罚的。

（三）行政处罚的追究时效

根据《行政处罚法》规定，行政处罚的追究时效为2年，在违法行为发生后2年内未被行政机关发现的，不再给予行政处罚；法律另有规定的除外。如修订后的《税收征管法》规定，违反税收法律、行政法规应当给予行政处罚的行为，在5年内未被发现的，不再给予行政处罚。根据《治安管理处罚法》规定，违反治安管理行为在6个月内没有被公安机关发现的，不再处罚。

行政处罚的追究时效，从违法行为发生之日起计算；违法行为有连续或者继续状态的，从行为终了之日起计算。连续状态，是指行为人连续实施数个同一种类的违法行为；继续状态，是指一个违法行为在时间上的延续。

五、行政处罚的程序

行政处罚是对违法行为人的权利和利益的限制甚至剥夺，是一种较严厉的制裁行为，因此，行政处罚的适用必须遵守严格的程序。

（一）简易程序

行政处罚的简易程序又称当场处罚程序，指行政处罚主体对于事实清楚、情节简单、后果轻微的行政违法行为，当场作出行政处罚决定的程序。

1. 适用简易程序的行政处罚必须符合以下条件：

（1）违法事实确凿；

（2）对该违法行为处以行政处罚有明确、具体的法定依据；

（3）处罚较为轻微，即对个人处以50元以下的罚款或者警告，对组织处以1000元以下的罚款或者警告。

2. 行政执法人员当场作出行政处罚决定的，应遵守以下程序：

（1）出示执法证件，表明执法人员身份；

（2）告知作出行政处罚决定的事实、理由和根据；

（3）听取当事人的陈述和申辩；

（4）填写预定格式、编有号码的行政处罚决定书；

（5）将行政处罚决定书当场交付当事人。

（二）一般程序

一般程序是行政机关进行行政处罚的基本程序。一般程序适用于处罚较重或情节复杂的案件以及当事人对执法人员给予当场处罚的事实认定有分歧而无法作出行政处罚决定的案件。

一般程序的具体内容有：

1. 调查取证；

2. 告知处罚事实、理由、依据和有关权利；

3. 听取陈述、申辩或者举行听证会；

4. 作出行政处罚决定；

5. 作出行政处罚决定书。

根据《行政处罚法》的规定，行政机关作出责令停产停业、吊销许可证或者执照、较大数额罚款等行政处罚决定之前，应当告知当事人有要求举行听证的权利。当事人要求听证的，行政机关应当组织听证。

（三）紧急听证程序

紧急状态之下，出于公共利益的需要及效率的考虑，行政机关在作出正常状态下应举行听证的三类行政处罚决定（责令停产停业、吊销许可证或者执照、较大数额罚款）之前，是否可以不经相应的听证程序就作出处罚决定，应当由法律预先规定，授权行政机关根据紧急状态的程度并遵循比例原则予以确定，在强调保障公共目的实现的同时，应兼顾公民基本权利的保护。处于高度紧急状态中的地区，行政权力作为紧急权力的主要承担者其表现形式应为行政强制；而处于低度紧急状态中的地区，行政机关在进行行政处罚时，应遵循行政程序，在涉及需要听证的行政处罚时，必须进行听证。

实训任务

一、简要案情

2016 年 7 月 20 日，某派出所社区民警在对辖区的公共娱乐场所进行例行检查时，发现辖区的某网吧内有两名未成年学生在上网。经了解，该两名学生家住在附近，因目前系学校放暑假期间，家中父母工作无人看管，两名学生便相互邀约到家附近的网吧上网打游戏。因两名学生没有身份证，网吧工作人员叶某未对该两名上网人员进行登记，并且在明知两名学生系未成年人的情况下，让两名学生上网。

二、课堂讨论

1. 该案事件中，违法行为人有哪些？
2. 在该案中，违法行为人违反了哪些条款？
3. 在该案中，违法行为人应作出哪些处置？

三、课堂作业

填写制作当场处罚决定书。

表 19

_____公安局

当场处罚决定书

编号：

违法行为人姓名或者单位名称_____性别_____年龄_____出生日期_____身份证件种类及号码_____法定代表人_____现住址或者单位地址_____。

现查明_____，以上事实有_____等证据证实。

根据《_____》第_____条第_____款第_____项之规定，决定给予_____的处罚。

执行方式： □当场训诫 □当场收缴罚款 □被处罚人持本决定书在十五日内到_____银行缴纳罚款。逾期不缴纳的，每日按罚款数额的百分之三加处罚款，加处罚款的数额不超过罚款本数。

如不服本决定，可以在收到本决定书之日起六十日内向_____申请行政复议或者在三个月内依法向_____人民法院提起行政诉讼。

处罚地点_____

办案人民警察_____

□附：收缴物品清单

公安机关（印）

年 月 日

处罚前已口头告知违法行为人拟作出处罚的事实、理由和依据，并告知违法行为人依法享有陈述权和申辩权。

被处罚人：

年 月 日

一式两份，一份交被处罚人，一份交所属公安机关备案。治安案件有被侵害人的，复印送达被侵害人。

任务三
刑事强制措施

情景导入

2012 年 6 月 17 日 23 时 20 分许，××市公安局 110 指挥中心接群众报警称，在市区某小区门口发生打架，门卫被打伤。指挥中心指令辖区派出所出警。处警民警到达现场时发现，一名中年男子和一名老年男子在小区门口互相拉扯在一起，两名年轻女性在旁边劝解，周边有数名围观群众。经了解报案人系小区围观群众，老年男子系小区门卫赵某，两名年轻女性系在小区租房的王某和叶某，另一名年轻男子系叶某的男友李某。王某、叶某、李某在外面喝完酒之后，李某送王某、叶某回家。到小区门口时，门卫已经将小区大门上锁。在李某叫门时，李某认为赵某开门速度较慢，遂对赵某进行辱骂，赵某不服，之后双方相互扭打。在民警要求当事人双方到派出所进一步处理时，赵某称身上多处受伤，要求先去医院治疗。民警一组人联系 120 将赵某送往医院，另一组人将王某、叶某、李某带回派出所制作询问笔录，同时登记了在场证人信息。因赵某的伤情需要进一步治疗，目前无法确定损伤程度，民警在对王某、叶某、李某制作完询问笔录告知其可以先回家，待处理该案件时再通知当事人到场，并且将该案件受理为行政案件。之后经鉴定，赵某锁骨骨折，所受损伤为轻伤二级，该案件已达到刑事立案标准。公安机关将该案件转换为李某故意伤害案立案侦查。民警立即将该情况通过电话通知李某，并且要求李某到派出所处理该案件，但李某在听到该消息后将电话挂断，并将民警的电话设置为黑名单，拒绝处理该案件。民警又多次到其家中查找李某，李某父母称也多日未见到李某，之后民警将李某列为网上逃犯进行追逃。7 月 20 日，李某在入住宾馆时被公安机关抓获，民警依法将李某刑事拘留。

课前讨论

一、刑事案件立案有哪些前置条件？

二、刑事强制措施的对象有哪些限制？

三、上述案件中公安机关使用了哪些强制措施？

理论知识

刑事强制措施是国家为了保障侦查、起诉、审判活动的顺利进行，而授权刑事司法机关对犯罪嫌疑人、被告人采取的限制其一定程度人身自由的方法。很显然，为了保障刑事诉讼活动的顺利进行，刑事司法机关必须享有对犯罪嫌疑人、被告人采取强制措施的权利。但是，由于刑事强制措施关乎公民的人身自由权，所以它又是一柄"双刃剑"，正确实施，就能准确、及时地完成惩罚犯罪的任务；而错误实施，则会侵犯公民的人身自由权。因此，各国对刑事强制措施的采用均规定了较为严格的条件和程序。

刑事诉讼中的强制措施，是指公安机关、人民检察院和人民法院为保证刑事诉讼的顺利进行，依法对刑事案件的犯罪嫌疑人、被告人的人身自由进行限制或者剥夺的各种强制性方法。

一、传唤

传唤是司法机关通知诉讼当事人于指定的时间、地点到案所采取的一种措施。

根据《刑事诉讼法》第 117 条之第 1 款规定："对不需要逮捕、拘留的犯罪嫌疑人，可以传唤到犯罪嫌疑人所在市县内的指定地点或者到他的住处进行讯问，但是应当出示人民检察院或者公安机关的证明文件……"传唤的目的是保证刑事诉讼活动有计划进行，及时处理案件，传唤必须使用法定的诉讼文书——传唤证。传票应先期送达被传唤人。受传唤人应按传唤要求准时到案。无正当理由而拒绝到案的，要承担法律规定的责任。经依法传唤而拒绝到案的，司法机关可根据侦查或审判活动的需要，依法采取拘传的强制措施，强制犯罪嫌疑人到案。需要对犯罪嫌疑人拘留或逮捕的，也可以在拘传后变更强制措施，执行逮捕或进行拘留。同时，拒绝接受传唤，也可作为对构成犯罪需要追究刑事责任的犯罪嫌疑人认罪态度的一个表现，在量刑时予以考虑。

关于传唤的时效问题，需要注意区分刑事传唤和治安传唤两种情况：

《刑事诉讼法》第 117 条第 2 款规定：传唤、拘传持续的时间不得超过 12 小时；案情特别重大、复杂，需要采取拘留、逮捕措施的，传唤、拘传持续的时间不得超过 24 小时。

《治安管理处罚法》第 83 条第 1 款规定：对违反治安管理行为人，公安机关传唤后应当及时询问查证，询问查证的时间不得超过 8 小时；情况复杂，依照本法规定可能适用行政拘留处罚的，询问查证的时间不得超过 24 小时。

传唤的程序：

1. 在执法过程中，需要传唤的，承办执法人员应当填写《呈请传唤报告书》，报领导批准后，出具《传唤证》。

2. 承办执法人员依法将《传唤证》送达被传唤人；被传唤人应当在《传唤证》回执上签名或盖章，并注明收到日期。

3. 对被传唤人无正当理由拒不接受传唤或逃避传唤的，经领导批准，依法实施强制传唤。

4. 被传唤人传唤到案后，应及时进行讯问查证，制作讯问笔录，每次讯问时间不得超过 24 小时。

5. 对当场发现违反法律、法规的行为，承办人员可以口头传唤有关人员。宣布口头传唤时，承办人员应当说明传唤的理由，并在讯问时将口头传唤的情况记入笔录。

需要传唤违法嫌疑人接受调查的，经公安派出所或者县级以上公安机关办案部门负责人批准，使用传唤证（传票）传唤。

对现场发现的违法嫌疑人，人民警察经出示工作证件，可以口头传唤，并在询问笔录中注明违法嫌疑人到案经过、到案时间和离开时间。

公安机关应当将传唤的原因和依据告知被传唤人。对无正当理由不接受传唤或者逃避传唤的违反治安管理行为人以及法律规定可以强制传唤的其他违法行为人，可以强制传唤。强制传唤时，可以依法使用手铐、警绳等约束性警械。公安机关应当及时将传唤原因和处所通过电话、手机短信、传真等方式通知被传唤人家属。公安机关传唤违法嫌疑人时，其家属在场的，应当当场将传唤原因和处所口头告知其家属，并在询问笔录中注明。被传唤人拒不提供家属联系方式或者有其他无法通知的情形的，可以不予通知，但应当在询问笔录中注明。

使用传唤证传唤的，违法嫌疑人被传唤到案后和询问查证结束后，应当让其在传唤证上填写到案时间和询问查证结束时间并签名。拒绝填写或者签名的，办案人民警察应当在传唤证上注明。

对被传唤的违法嫌疑人，公安机关应当及时询问查证，询问查证的时间不得超过 8 小时；案情复杂，违法行为依法可能适用行政拘留处罚的，询问查证的时间不得超过 24 小时。不得以连续传唤的形式变相拘禁违法嫌疑人。

表 20

_____公安局

传唤证

（存　根）

公（　）传唤字〔　　〕　　号

案件名称_____

案件编号_____

犯罪嫌疑人_____男/女

出生日期_____

住　　址_____

单位及职业_____

传唤原因_____

指定时间_____

指定地点_____

批　准　人_____

批准时间_____

办　案　人_____

办案单位_____

填发时间_____

填　发　人_____

二、拘传

拘传是指公安机关、人民检察院和人民法院对未被羁押的犯罪嫌疑人、被告人，依法强制其到案接受讯问的一种强制措施。拘传是我国刑事诉讼强制措施体系中强制力最轻的一种，公安机关、人民检察院和人民法院在刑事诉讼过程中，均有权决定适用。

根据《民事诉讼法》第109条的规定，人民法院对必须到庭的被告，经两次传票传唤，无正当理由拒不到庭的，可以拘传。这包含了三层意思：（1）适用对象是必须到庭的被告。一般来说，离婚案件的当事人须出庭参加诉讼。（2）已经两次传票传唤。（3）无正当理由拒不到庭。

《关于人民法院执行工作若干问题的规定（试行）》第97条明确规定，执行过程中可以适用拘传措施。但为了防止操作的随意性，对拘传的具体执行方式作了限制性规定："经两次传票传唤，无正当理由拒不到场的，人民法院可以对其进行拘传。"

适用拘传措施，应当由本案合议庭或执行员提出意见。《民事诉讼法若干问题的意见》规定报经院长批准后，填写拘传票，交由司法警察。拘传时，必须向被拘传人出示拘传票，强制被传唤人到指定的地点接受询问。对抗拒拘传的被拘传人，执行拘传的人可以采取适当的强制方法，包括可以使用戒具，迫使其到案。但讯问结束后，如无需采用其他强制措施，应恢复被执行人的人身自由。

根据法律规定，人民法院、人民检察院和公安机关都有权对犯罪嫌疑人、被告人实施拘传。

（一）拘传的主要程序是：

1. 填写《呈请拘传报告书》，并报负责人审批。办案人员根据办案情况，认为需要采用拘传措施的，应首先填写《呈请拘传报告书》，然后报人民法院、人民检察院、公安机关的负责人审批，再填写《拘传证》。

2. 拘传的执行。拘传应当由两人以上的执行人员执行。拘传时，应当向被拘传人出示拘传证，对抗拒拘传的，可以使用戒具，强制到案。

3. 拘传的次数与时间。《刑事诉讼法》第117条第2款和第3款规定："传唤、拘传持续的时间不得超过十二小时；案情特别重大、复杂，需要采取拘留、逮捕措施的，传唤、拘传持续的时间不得超过二十四小时。不得以连续传唤、拘传的形式变相拘禁犯罪嫌疑人。传唤、拘传犯罪嫌疑人，应当保证犯罪嫌疑人的饮食和必要的休息时间。"

4. 拘传的地点。根据公安部《公安机关办理刑事案件程序规定》第60条和最高人民检察院《人民检察院刑事诉讼规则（试行）》第81条规定，拘传的地点，应在犯罪嫌疑人、被告人所在的市、县以内。如果犯罪嫌疑人的工作单位、户籍地与居住地不在同一市、县的，拘传应当在犯罪嫌疑人的工作单位所在地的市、县进行；特殊情况下，也可以在犯罪嫌疑人户籍地或者居住地所在的市、县内进行。

5. 拘传的结果。公、检、法机关将犯罪嫌疑人、被告人拘传到案后，应当立即讯问。讯问结束后，应根据案件的情况作出不同的处理：认为依法应当限制或剥夺其人身自由的，可以采用其他相应的强制措施；认为不宜适用其他强制措施的，应立即释放，不得变相扣押。

6. 拘传的特点：（1）拘传的对象是未被羁押的犯罪嫌疑人、被告人，对于已经拘留、逮捕的犯罪嫌疑人，可以直接进行讯问，不需要经过拘传程序；（2）拘传的目的是强制就讯，而不是强制待侦、待诉、待审，因此拘传没有羁押的效力，在讯问后，应当将被拘传人立即放回。

（二）拘传与拘留的区别

所谓拘传，是人民法院强制必须到庭的人到庭的措施。1998年6月11日最高人民法院《关于人民法院执行工作若干问题的规定（试行）》第97条的规定，对必须到人民法院接受询问的被执行人或被执行人的法定代表人、负责人，经两次传票传唤，无正当理由拒不到场的，人民法院可以对其进行拘传。

执行过程中的拘留，是指人民法院依照《民事诉讼法》的规定，对拒不履行人民法院已经发生法律效力的判决、裁定的被执行人依法采取限制其人身自由的民事制裁措施。拘传作为一种强制执行手段，从一定程度上限制了被执行人的人身自由，同拘留相比，是一种最轻微的强制措施。

强制执行拘传和拘留都是妨害民事诉讼的强制措施，都须报经本院院长批准，但两者又存在很多不同。

1. 文书不同。拘留需作出拘留决定书，拘传需发拘传票。

2. 方式不同。拘留由司法警察将被拘留人送交当地公安机关看管；拘传由执行员直接送达被拘传人；在拘传前，应向被拘传人说明拒不到庭的后果，经批评教育仍拒不到庭的，由司法警察拘传其到庭。

3. 适用的次数不同。对同一妨害民事诉讼行为的拘留不得连续适用。但发生了新的妨害民事诉讼的行为，人民法院可以重新予以拘留。但是，拘传没有次数的限制，只要符合拘传的条件可以多次适用。

4. 适用的条件不同。执行过程中的拘留只要具备拒不履行人民法院已经发生法律效力的判决、裁定的情形，就可以适用。而拘传适用于经两次传票传唤，无正当理由拒不到场的情况。

5. 申请复议的权利不同。被拘留人根据《民事诉讼法》第 105 条的规定，对决定不服的，可以向上一级人民法院申请复议。而被拘传人没有申请复议的权利。

6. 期间不同。拘留的期限为 1 天～15 天，而拘传则以被执行人到达指定地点接受审查或者询问为期间。

7. 程序不同。司法拘留作为限制人身自由的一项强制措施，属于执行工作中的重大事项，应当经过三名以上执行员讨论，在配备裁决庭的地方，需要裁决庭组成合议庭评议决定，并报院长批准。拘传属于执行实施权，可以由执行员报院长批准后径行适用。

如果仅仅从强制措施的强制程度上看，拘留要严厉得多，其威慑力也大得多。但是作为强制执行的一种手段，从适用效果上看，拘传有更多优势。由于拘留的严厉性，对被执行人来讲，一旦采取拘留，除非符合了拒不执行判决、裁定罪的要件，就不能再进一步采取其他措施，可以说是穷尽了最后的手段，作为执行威慑力的作用荡然无存。很多被执行人在被拘留后，如果没有在被拘留期间履行债务，就不再畏惧强制执行，强制措施的威慑力就无法发挥作用。而拘传看似力度不大，但是由于拘传可以反复适用，对被执行人在内心造成的影响更大，而且拘传的威慑力始终存在。对被执行人而言，这种反复的强制措施的适用，要比一次严厉的拘留，更让人难以承受。如果只有一次拘留，知道的人很少，被执行人可以做很多遮掩，对其无视法律尊严，不讲信用的行为，很难形成有效的舆论压力。但如果反复适用拘传这一强制措施，司法警察在其社区或者单位反复出现，就容易形成舆论力量，对被执行人无疑形成多次的心理强制，更容易促成其履行债务。

在司法实践中，拘传的效果明显地好于拘留。由于司法理念的转变，很少适用拘留，大力提倡实践拘传的做法，执结率为 83%（不包括中止案件），被执行人谈"拘传"而色变，执行难得以破解，司法的权威得以实现。

（三）拘传中应注意问题

1. 强化对被执行人为单位的法定代表人、负责人的拘传。在执行工作中，表面上无财产可执行的单位、组织的法定代表人或者负责人常以躲避执行人员作为逃债手段，其他人也借口不了解情况，不配合调查，致使法院无法执行。对此，拘传无疑是很有效的强制手段，让其法定代表人或者负责人亲身感受法律的强制措施，并通过这一措施的多次适用，威慑其嚣张气焰，震慑其蔑视法律的心态，并通过降低其形象，使其无所遁其行，必将取得良好的执行效果。但是此种情况下的拘传不是刑事强制措施，因为刑事强制措施仅适用于犯罪嫌疑人和被告人，而对被执行人为单位的法定代表人、负责人的拘传在性质上属于对妨碍诉讼秩序行为的处理方式，除非构成拒不执行裁判判决罪。

2. 多用拘传，慎用拘留。由于拘传的效果要好于拘留，因此在执行中，要把握这样一个原则，就是不到万不得已不轻易适用拘留。只有在反复适用拘传失效后，才能适用拘留。

3. 充分发挥拘传作用。拘传时可以通知新闻媒体参加，将其蔑视法庭、拒不履行判决裁定的行为予以曝光，增强拘传的效果。在将被执行人拘传到庭后，要让其如实陈述其财产情况和履行能力、作出履行计划，可以通过开庭，让申请人对被执行人进行询问，如果申请人能够提供被执行人拥有财产的线索，可以让被执行人质证，如果被执行人不予质证，或者其反驳不能成立，就可以根据证据规则认定被执行人有财产而不履行，从而依法追究被执行人的刑事责任。

表21

呈请　　报告书

第一部分：犯罪嫌疑人的基本情况〔姓名、性别、出生日期、出生地、身份证件号码、民族、文化程度、职业或工作单位及职务、政治面貌（如是人大代表、政协委员，一并写明具体级、届代表、委员）、采取强制措施情况、简历等〕。尚未确定犯罪嫌疑人的，写明案件基本情况。如果涉及其他人员的，写明该人基本情况。

第二部分：呈请事项（立案，采取或解除强制措施、侦查措施，破案，侦查终结，撤销案件等需要领导批示的事项）。

第三部分：事实依据（详细叙述有关案件事实，并对有关证据进行分析）。

第四部分：法律依据（写明依据的具体法律规定）。

第五部分：结语和落款。

领导 批示	年　月　日
审核 意见	年　月　日
办案 单位 意见	年　月　日

表22

＿＿＿＿公安局
拘　传　证
（存　根）

公（　）拘传字〔　　〕　　号

案件名称＿＿＿＿＿＿＿＿＿＿＿＿＿＿＿＿＿＿＿＿＿＿＿＿

案件编号＿＿＿＿＿＿＿＿＿＿＿＿＿＿＿＿＿＿＿＿＿＿＿＿

犯罪嫌疑人＿＿＿＿＿＿＿＿＿＿＿＿＿＿＿＿＿＿＿＿男/女

出生日期＿＿＿＿＿＿＿＿＿＿＿＿＿＿＿＿＿＿＿＿＿＿＿＿

住　　址＿＿＿＿＿＿＿＿＿＿＿＿＿＿＿＿＿＿＿＿＿＿＿＿

单位及职业＿＿＿＿＿＿＿＿＿＿＿＿＿＿＿＿＿＿＿＿＿＿＿

拘传原因＿＿＿＿＿＿＿＿＿＿＿＿＿＿＿＿＿＿＿＿＿＿＿＿

批　准　人＿＿＿＿＿＿＿＿＿＿＿＿＿＿＿＿＿＿＿＿＿＿＿

批准时间＿＿＿＿＿＿＿＿＿＿＿＿＿＿＿＿＿＿＿＿＿＿＿＿

执　行　人＿＿＿＿＿＿＿＿＿＿＿＿＿＿＿＿＿＿＿＿＿＿＿

办案单位＿＿＿＿＿＿＿＿＿＿＿＿＿＿＿＿＿＿＿＿＿＿＿＿

填发时间＿＿＿＿＿＿＿＿＿＿＿＿＿＿＿＿＿＿＿＿＿＿＿＿

填　发　人＿＿＿＿＿＿＿＿＿＿＿＿＿＿＿＿＿＿＿＿＿＿＿

_____公安局

拘　传　证

公（　）拘传字〔　〕　　号

根据《中华人民共和国刑事诉讼法》第六十四条之规定，兹决定对犯罪嫌疑人__

_____（性别_____，出生日期_____，住址_____

_____）执行拘传。

公安机关（印）

年　月　日

本证已于_____年_____月_____日_____时向我宣布。

被拘传人：　　　　　　　（捺指印）

拘传到案时间_____年_____月_____日_____时。

被拘传人：　　　　　　　（捺指印）

拘传结束时间_____年_____月_____日_____时。

被拘传人：　　　　　　　（捺指印）

此联附卷

三、监视居住

监视居住是指人民法院、人民检察院、公安机关在刑事诉讼中限令犯罪嫌疑人、被告人在规定的期限内不得离开住处或者指定的居所，并对其行为加以监视、限制其人身自由的一种强制措施。

依《刑事诉讼法》第72条规定："人民法院、人民检察院和公安机关对符合逮捕条件，有下列情形之一的犯罪嫌疑人、被告人，可以监视居住：

（一）患有严重疾病、生活不能自理的；

（二）怀孕或者正在哺乳自己婴儿的妇女；

（三）系生活不能自理的人的唯一扶养人；

（四）因为案件的特殊情况或者办理案件的需要，采取监视居住措施更为适宜的；

（五）羁押期限届满，案件尚未办结，需要采取监视居住措施的。

对符合取保候审条件，但犯罪嫌疑人、被告人不能提出保证人，也不交纳保证金的，可以监视居住。

监视居住由公安机关执行。"

根据《刑事诉讼法》的相关规定，监视居住，是指人民检察院为了保证侦查、起诉工作的顺利进行，责令犯罪嫌疑人不得离开指定区域，并对其活动进行监视的一种强制措施。具体可以对以下情形的犯罪嫌疑人采取监视居住的强制措施。

根据《刑事诉讼法》第 75 条："被监视居住的犯罪嫌疑人、被告人应当遵守以下规定：

（一）未经执行机关批准不得离开执行监视居住的处所；

（二）未经执行机关批准不得会见他人或者通信；

（三）在传讯的时候及时到案；

（四）不得以任何形式干扰证人作证；

（五）不得毁灭、伪造证据或者串供；

（六）将护照等出入境证件、身份证件、驾驶证件交执行机关保存。

被监视居住的犯罪嫌疑人、被告人违反前款规定，情节严重的，可以予以逮捕；需要予以逮捕的，可以对犯罪嫌疑人、被告人先行拘留。"

《刑事诉讼法》第 74 条规定："指定居所监视居住的期限应当折抵刑期。被判处管制的，监视居住一日折抵刑期一日；被判处拘役、有期徒刑的，监视居住二日折抵刑期一日。"

监视居住由公安机关执行。人民检察院对指定居所监视居住的决定和执行是否合法实行监督。

监视居住应当在犯罪嫌疑人、被告人的住处执行；无固定住处的，可以在指定的居所执行。对于涉嫌危害国家安全犯罪、恐怖活动犯罪、特别重大贿赂犯罪，在住处执行可能有碍侦查的，经上一级人民检察院或者公安机关批准，也可以在指定的居所执行。但是，不得指定在羁押场所、专门的办案场所执行。指定居所监视居住的，除无法通知的以外，应当在执行监视居住后 24 小时以内，通知被监视居住人的家属。

执行机关对被监视居住的犯罪嫌疑人、被告人，可以采取电子监控、不定期检查等监视方法对其遵守监视居住规定的情况进行监督；在侦查期间，可以对被监视居住的犯罪嫌疑人的通信进行监控。

人民法院、人民检察院和公安机关对犯罪嫌疑人、被告人监视居住最长不得超过六个月。

在取保候审、监视居住期间，不得中断对案件的侦查、起诉和审理。对于发现不应当追究刑事责任或者取保候审、监视居住期限届满的，应当及时解除取保候审、监视居住。解除取保候审、监视居住，应当及时通知被取保候审、监视居住人和有关单位。

表 23

_____公安局

监视居住 　决　　定　　书
　　　　 执行通知

（存　根）

公（　）监居字〔　　〕　　号

案件名称_____

案件编号_____

被监视居住人_____男/女

出生日期_____

住　　址_____

监视居住原因_____

监视居住地点_____

指定居所_____是/否

起算时间_____

执行机关_____

批　准　人_____

批准时间_____

办　案　人_____

办案单位_____

填发时间_____

填　发　人_____

_____公安局

监视居住决定书

（副本）

公（ ）监居字〔 〕 号

犯罪嫌疑人_____，性别_____，出生日期_____，住址__

_____。

我局正在侦查_____案，因_____，根据《中华人民共和国刑事诉讼法》第_____条之规定，决定在_____对犯罪嫌疑人监视居住/指定居所监视居住，由_____负责执行，监视居住期限从_____年_____月_____日起算。

在监视居住期间，被监视居住人应当遵守下列规定：

一、未经执行机关批准不得离开执行监视居住的处所；

二、未经执行机关批准不得会见他人或者通信；

三、在传讯的时候及时到案；

四、不得以任何形式干扰证人作证；

五、不得毁灭、伪造证据或者串供；

六、将护照等出入境证件、身份证件、驾驶证件交执行机关保存。

如果被监视居住人违反以上规定，情节严重的，可以予以逮捕；需要予以逮捕的，可以先行拘留。

公安局（印）
年 月 日

本决定书已收到。

被监视居住人： （捺指印）

年 月 日

此联附卷

四、取保候审

取保候审，是《刑事诉讼法》规定的一种刑事强制措施。是指在刑事诉讼中公安机关、人民检察院和人民法院等司法机关对未被逮捕或逮捕后需要变更强制措施的犯罪嫌疑人、被告人，为防止其逃避侦查、起诉和审判，责令其提出保证人或者交纳保证金，并出具保证书，保证随传随到，对其不予羁押或暂时解除其羁押的一种强制措施。由公安机关执行。

在我国，指人民法院、人民检察院或公安机关责令某些犯罪嫌疑人、刑事被告人提出保证人或者交纳保证金，保证随传随到的强制措施。由公安机关执行。

取保候审的适用对象：

1. 可能判处管制、拘役或者独立适用附加刑的。

2. 可能判处有期徒刑以上刑罚，采取取保候审不致发生社会危险性的。

3. 依法应当逮捕，但因患有严重疾病，或是正在怀孕、哺乳自己婴儿的妇女，不宜逮捕的。

4. 对已被依法拘留的犯罪嫌疑人，经过讯问、审查，认为需要逮捕但证据不足的。

5. 已被逮捕羁押的犯罪嫌疑人、被告人，在法定的侦查羁押、审查起诉、一审、二审期限内不能结案，采取取保候审方法没有社会危害性的。

6. 对持有有效护照或者其它有效出境证件，可能出境逃避侦查，但不需要逮捕的犯罪嫌疑人。

人民法院、人民检察院和公安机关对犯罪嫌疑人、被告人取保候审最长不得超过 12 个月。

在人民法院二审期间，犯罪嫌疑人羁押期已经超过一审法院所判处的有期徒刑的，也适用取保候审。犯罪嫌疑人、其法定代理人、近亲属也可以为其申请取保候审。

最高人民检察院、公安部《关于适用刑事强制措施有关问题的规定》：人民检察院决定对犯罪嫌疑人采取取保候审措施的，应当在向犯罪嫌疑人宣布后交由公安机关执行。对犯罪嫌疑人采取保证人担保形式的，人民检察院应当将有关法律文书和有关案由、犯罪嫌疑人基本情况、保证人基本情况的材料，送交犯罪嫌疑人居住地的同级公安机关；对犯罪嫌疑人采取保证金担保形式的，人民检察院应当在核实保证金已经交纳到公安机关指定的银行后，将有关法律文书、有关案由、犯罪嫌疑人基本情况的材料和银行出具的收款凭证，送交犯罪嫌疑人居住地的同级公安机关。

公安机关收到有关法律文书和材料后，应当立即交由犯罪嫌疑人居住地的县级公安机关执行。负责执行的县级公安机关应当在 24 小时以内核实被取保候审人、保证人的身份以及相关材料，并报告县级公安机关负责人后，通知犯罪嫌疑人居住地派出所执行。

与国外的保释制度相比，中国的取保候审制度有其自身的特点。根据《刑事诉讼法》的规定，取保候审是指公检法三机关在刑事诉讼中，依法责令犯罪嫌疑人、被告人提出保证人或交纳保证金，担保犯罪嫌疑人、被告人不逃避侦查和审判，随传随到的一种强制方法。这种强制措施既可以不羁押犯罪嫌疑人、被告人，使其照顾家庭或者从事原来的工作和劳动，为社会做一些有益的事情，又可以使他们感到国家和社会对他们的关怀，还可以减少国家用于在押人犯的生活、管理费用等项开支，从而减轻羁押场所的工作压力。

《公安机关办理刑事案件程序规定》第 78 条规定：对累犯，犯罪集团的主犯，以自伤、自残办法逃避侦查的犯罪嫌疑人，严重暴力犯罪以及其他严重犯罪的犯罪嫌疑人不得取保候审，但犯罪嫌疑人具有本规定第 77 条第 1 款第 3 项、第 4 项规定情形的除外。第 77 条第（三）项患有严重疾病、生活不能自理，怀孕或者正在哺乳自己婴儿的妇女，采取取保候审不致发生社会危险性的；第 77 条第（四）项羁押期限届满，案件尚未办结，需要继续侦查的。

《人民检察院刑事诉讼规则（试行）》第 84 条规定：人民检察院对于严重危害社会治安的犯罪嫌疑人，以及其他犯罪性质恶劣、情节严重的犯罪嫌疑人不得取保候审。

取保候审的申请主体，对于取保候审的申请主体即申请取保候审的主体资格问题，《刑事诉讼法》第 95 条明文规定：犯罪嫌疑人、被告人及其法定代理人、近亲属或者辩护人有权申请变更强制措施。人民法院、人民检察院和公安机关收到申请后，应当在 3 日以内作出决定；不同意变更强制措施的，应当告知申请人，并说明不同意的理由。这是一项授权性规定，也是一项排他性规定，这一规定即将申请取保候审的主体资格授予给了已被羁押的犯罪嫌疑人、被告人本人和他们的法定代理人、近亲属以及辩护人。"法定代理人"就是指依法代理被代理人从事某种行为的人。根据《刑事诉讼法》第 106 条的规定，法定代理人是指被代理人的父母、养父母、监护人和负有保护责任的机关、团体的代表；"近亲属"则是指夫、妻、父、母、子、女、同胞兄弟姊妹。

《刑事诉讼法》赋予了辩护人在刑事案件的三个阶段（侦查阶段、审查起诉阶段、审判阶段）都可以以辩护人的名义提起取保候审的申请，并要求取保候审决定机关在3日内作出决定，如果不同意变更，应该告知申请人不同意的理由。

《刑事诉讼法》第94条规定："人民法院、人民检察院和公安机关如果发现对犯罪嫌疑人、被告人采取强制措施不当的，应当及时撤销或者变更……"这一规定即意味着，法院、检察院和公安机关都有对已经采取的强制措施的决定进行变更或者撤销的权力。我们认为，这是适应案件的不同进展情况而作出的变通规定。应当说，这一规定是比较合适的。取保候审撤销或者变更的表述方式及其理由主要有以下几种：

1. 不应当被追究刑事责任的。

2. 取保候审期限届满的。

3. 发现采取取保候审决定不当的。

4. 已被逮捕的被告人患有严重疾病、生活不能自理，采取取保候审不致发生社会危险性的。

5. 已被逮捕的被告人，案件不能在法律规定的期限内审结的。

6. 已被逮捕的被告人正在怀孕或者哺乳自己婴儿的妇女，采取取保候审不致发生社会危险性的。

7. 已被逮捕的被告人，第一审人民法院判处管制或者宣告缓刑以及单独适用附加刑，判决尚未发生法律效力的。

8. 已被逮捕的被告人，第二审人民法院审理期间，被告人被羁押的时间已到第一审人民法院对其判处的刑期期限的。

9. 已被逮捕的被告人，因进行司法鉴定而尚未审结的案件，法律规定的期限届满的。

10. 犯罪嫌疑人、被告人死亡的。犯罪嫌疑人、被告人是取保候审的被保证人或者说是保证对象，既然保证对象都不存在了，取保候审也就失去了存在的前提和意义，当然也应当予以撤销。

11. 保证人死亡、重伤或者出现其他丧失保证能力情形的。保证人是取保候审的义务主体，保证人资格的存在以其具有保证能力为前提条件，如果没有或者丧失了保证能力，保证义务的履行就成为事实上的不可能，取保候审也就随之应当予以变更。

12. 公安机关提请逮捕以后，检察机关不批准逮捕，案件需要复议、复核的，或者移送起诉后，检察机关决定不起诉，需要复议、复核的。

执行取保候审的派出所应当指定专人负责对被取保候审人进行监督考察，并将取保候审的执行情况报告所属县级公安机关通知决定取保候审的人民检察院。

人民检察院决定对犯罪嫌疑人取保候审的案件，在执行期间，被取保候审人有正当理由需要离开所居住的市、县的，负责执行的派出所应当及时报告所属县级公安机关，由该县级公安机关征得决定取保候审的人民检察院同意后批准。

人民检察院决定对犯罪嫌疑人采取保证人担保形式取保候审的，如果保证人在取保候审期间不愿继续担保或者丧失担保条件，人民检察院应当在收到保证人不愿继续担保的申请或者发现其丧失担保条件后的 3 日以内，责令犯罪嫌疑人重新提出保证人或者交纳保证金，或者变更为其他强制措施，并通知公安机关执行。

公安机关在执行期间收到保证人不愿继续担保的申请或者发现其丧失担保条件的，应当在 3 日以内通知作出决定的人民检察院。

人民检察院决定对犯罪嫌疑人取保候审的案件，被取保候审人、保证人违反应当遵守的规定的，由县级以上公安机关决定没收保证金、对保证人罚款，并在执行后 3 日以内将执行情况通知人民检察院。人民检察院应当在接到通知后 5 日以内，区别情形，责令犯罪嫌疑人具结悔过、重新交纳保证金、提出保证人或者监视居住、予以逮捕。

人民检察院决定对犯罪嫌疑人取保候审的案件，取保候审期限届满 15 日前，负责执行的公安机关应当通知作出决定的人民检察院。人民检察院应当在取保候审期限届满前，作出解除取保候审或者变更强制措施的决定，并通知公安机关执行。

人民检察院决定对犯罪嫌疑人采取保证金担保方式取保候审的，犯罪嫌疑人在取保候审期间没有违反《刑事诉讼法》第 69 条规定，也没有故意重新犯罪的，人民检察院解除取保候审时，应当通知公安机关退还保证金。

公安机关决定对犯罪嫌疑人取保候审的案件，犯罪嫌疑人违反应当遵守的规定，情节严重的，公安机关应当依法提请批准逮捕。人民检察院应当根据《刑事诉讼法》第 69 条的规定审查批准逮捕。

表24

_____公安局
取保候审执行通知书

公 （ ）取保字〔 〕 号

_____：

因_____，我局正在侦查_____案

决定对犯罪嫌疑人_____（性别_____，出生日期_____，住址_____

_____，单位及职业_____，

联系方式_____）取保候审，交由你单位执行，取保候审期限从

_____年_____月_____日起算。

被取保候审人接受保证人_____的监督/交纳保证金

（大写）_____元。

公安局（印）
年 月 日

此联交执行单位

表25

被取保候审人义务告知书

根据《中华人民共和国刑事诉讼法》第六十九条第一款的规定，被取保候审人在取保候审期间应当遵守以下规定：

（一）未经执行机关批准不得离开所居住的市、县；

（二）住址、工作单位和联系方式发生变动的，在二十四小时以内向执行机关报告；

（三）在传讯的时候及时到案；

（四）不得以任何形式干扰证人作证；

（五）不得毁灭、伪造证据或者串供。

根据《中华人民共和国刑事诉讼法》第六十九条第二款的规定，被取保候审人还应遵守以下规定：

（一）不得进入_____等场所；

（二）不得与_____会见或者通信；

（三）不得从事_____等活动；

（四）将_____证件交执行机关保存。

被取保候审人在取保候审期间违反上述规定，已交纳保证金的，由公安机关没收部分或者全部保证金，并且区别情形，责令被取保候审人具结悔过，重新交纳保证金、提出保证人，或者监视居住、予以逮捕。

本告知书已收到。
被取保候审人：
年 月 日

一式三份，一份附卷，一份交被取保候审人，一份交执行机关。

表 26

取保候审保证书

　　我叫＿＿＿＿＿＿＿＿，性别＿＿＿＿＿＿，出生日期＿＿＿＿＿＿＿＿＿＿＿＿，现住＿＿＿＿＿＿＿＿＿＿＿＿＿＿＿＿，身份证件名称＿＿＿＿＿＿＿＿＿＿＿＿＿，号码＿＿＿＿＿＿＿＿＿＿＿＿，单位及职业＿＿＿＿＿＿＿＿＿＿＿＿＿＿＿，联系方式＿＿＿＿＿＿＿＿＿，与犯罪嫌疑人＿＿＿＿＿＿＿＿＿是＿＿＿＿＿＿＿关系。

　　我自愿作如下保证：

　　监督犯罪嫌疑人在取保候审期间遵守下列规定：

　　（一）未经执行机关批准不得离开所居住的市、县；

　　（二）住址、工作单位和联系方式发生变动的，在二十四小时以内向执行机关报告；

　　（三）在传讯的时候及时到案；

　　（四）不得以任何形式干扰证人作证；

　　（五）不得毁灭、伪造证据或者串供。

　　监督犯罪嫌疑人遵守以下规定：

　　（一）不得进入＿＿＿＿＿＿＿＿＿＿＿等场所；

　　（二）不得与＿＿＿＿＿＿＿＿＿＿＿＿＿会见或者通信；

　　（三）不得从事＿＿＿＿＿＿＿＿＿＿＿＿等活动；

　　（四）将＿＿＿＿＿＿＿＿＿＿＿＿＿证件交执行机关保存。

　　本人未履行保证义务的，愿承担法律责任。

　　此致

＿＿＿＿＿＿公安局

保证人：

年　月　日

一式两份，一份附卷，一份交保证人。

五、刑事拘留

　　刑事诉讼中的拘留是公安机关、人民检察院对直接受理的案件，在侦查过程中，遇到法定的紧急情况时，对于现行犯或者重大嫌疑分子所采取的临时剥夺其人身自由的强制方法。刑事拘留必须同时具备两个条件：其一，拘留的对象是现行犯或者是重大嫌疑分子。现行犯是指正在实施犯罪的人，重大嫌疑分子是指有证据证明具有重大犯罪嫌疑的人。其二，具有法定的紧急情形之一。对于何谓紧急情形，《刑事诉讼法》第 80 条和第 163 条对于公安机关的拘留和人民检察院的拘留作出了不同的规定。

（一）刑事拘留的特点

1. 有权决定采用拘留的机关一般是公安机关。人民检察院在自侦案件中，对于犯罪后企图自杀、逃跑或者在逃的以及有毁灭、伪造证据或者串供可能的犯罪嫌疑人也有权决定拘留。

2. 刑事拘留只有在紧急情况下才能采用。只有在紧急情况下，来不及办理逮捕手续而又需要马上剥夺现行犯或者重大嫌疑分子的人身自由的，才能采取拘留。如果没有紧急情况，公安机关、人民检察院有时间办理逮捕手续，就不能先行拘留。

3. 刑事拘留是一种剥夺公民自由的强制措施。与拘传、取保候审、监视居住相比较，拘留的特点在于完全剥夺公民人身自由，而非限制公民人身自由。就剥夺公民自由而言，拘留与逮捕具有相似性，都属于羁押的一种，因而也只有在确有必要时才能采用。

4. 刑事拘留是一种临时性措施。拘留的期限较短，随着诉讼的推进，拘留要及时予以变更，或者转为逮捕，或者变更为取保候审或监视居住，或者释放被拘留的人。

5. 刑事拘留的对象具有特定性。只能适用于法律严格规定的情形。

刑事拘留必须同时具备两个条件：其一，拘留的对象是现行犯或者是重大嫌疑分子。现行犯是指正在实施犯罪的人，重大嫌疑分子是指有证据证明具有重大犯罪嫌疑的人。其二，具有法定的紧急情形之一。对于何谓紧急情形，《刑事诉讼法》第80条和第163条对于公安机关的拘留和人民检察院的拘留作出了不同的规定。

《刑事诉讼法》第80条采用列举的方式，规定对于有下列情形之一现行犯或者重大嫌疑分子。公安机关可以先行拘留：（1）正在预备犯罪、实行犯罪或者在犯罪后即时被发觉的。（2）被害人或者在场亲眼看见的人指认他犯罪的。（3）在身边或者住处发现有犯罪证据的。（4）犯罪后企图自杀、逃跑或者在逃的。（5）有毁灭、伪造证据或者串供可能的。（6）不讲真实姓名、住址，身份不明的。（7）有流窜作案、多次作案、结伙作案重大嫌疑的。

在刑事诉讼中，除公安机关依法拥有决定拘留和执行拘留的权限以外，根据《刑事诉讼法》第163条的规定："人民检察院直接受理的案件中符合本法第79条、第80条第四项、第五项规定情形，需要逮捕、拘留犯罪嫌疑人的，由人民检察院作出决定，由公安机关执行。"

检察院决定拘留的情形：由检察院自侦的案件，犯罪分子犯罪后企图自杀、逃跑或者在逃的；有毁灭证据、伪造证据或者串供的，以上两种情形检察院可以决定拘留。

公安机关依法需要拘留犯罪嫌疑人，由承办单位填写《呈请拘留报告书》，由县级以上公安机关负责人批准签发《拘留证》，然后由提请批准拘留的单位负责执行。

人民检察院决定拘留案件，应当由办案人员提出意见，部门负责人审核，检察长决定。决定拘留的案件，人民检察院应当将拘留决定书送交公安机关，由公安机关负责执行。公安机关应当立即执行，人民检察院可以协助公安机关执行。

根据全国人民代表大会组织法和地方各级人民代表大会和地方各级人民政府组织法以及有关司法解释的规定，公安机关、人民检察院在决定拘留下列有特殊身份的人员时，需要报请有关部门批准或者备案：

（1）县级以上各级人民代表大会的代表如果是因现行犯被拘留，决定拘留的机关应当立即向其所在的人民代表大会主席团或者常务委员会报告；因为其他原因需要拘留的，决定拘留的机关应当报请该代表所属的人民代表大会主席团或者常务委员会许可。

（2）决定对不享有外交特权和豁免权的外国人、无国籍人采用刑事拘留时，要报有关部门审批。西藏、云南及其他边远地区来不及报告的，可以边执行边报告，同时要征求省、自治区、直辖市外事办公室和外国人主管部门的意见。

（3）对外国留学生采用刑事拘留时，在征求地方外事办公室和高教厅、局的意见后，报公安部或国家安全部审批。

公安机关执行拘留时，必须出示《拘留证》，并责令被拘留人在拘留证上签名（盖章）、按指印。拒绝签名（盖章）或者按指印的，执行拘留的人员应当予以注明。被拘留人如抗拒拘留，执行人员有权使用强制的方法，包括使用戒具；拘留后，除有碍侦查或者无法通知情形以外，决定拘留的机关应当把拘留的原因和羁押的处所，在 24 小时以内，通知被拘留人的家属或者他的所在单位。所谓有碍侦查的情形是指：同案的犯罪嫌疑人可能逃跑、隐匿、毁灭或者伪造证据；有可能互相串供、订立攻守同盟；或者其他同案犯有待查证的。所谓无法通知的情形是指：被拘留人不讲真实姓名、住址，身份不明的；被拘留人无家属或者工作单位的。影响通知的原因消失后，办案人员应当立即通知被拘留人的家属或者他的所在单位。对没有在 24 小时内通知的，应当在拘留通知书中注明原因。

决定拘留的机关对于被拘留的人，应当在拘留后的 24 小时以内进行讯问。讯问的目的是查清事实，防止错拘。同时也可以及时收集证据，查明其他同案犯，不贻误战机。在发现不应当拘留时，必须立即释放，发给释放证明。所谓不应当拘留，主要是指以下情形：犯罪行为没有发生或者被拘留的人的行为不构成犯罪的；虽然有犯罪行为，但依法不应追究刑事责任的；虽有犯罪行为，但不是被拘留人所为的；犯罪行为虽然是被拘留人所为，但该人并不具备法定的适用拘留的情形，不需要拘留的。遇有上述情况的，应当立即将被拘留人予以释放，并发给释放证明。

对需要逮捕而证据还不充足的，可以取保候审或者监视居住。即经过讯问，认为被拘留人犯有罪行，依法需要逮捕，但在拘留期限内没能收集到足够的证据证明其犯罪事实的，如果出于办案的需要，应采取一定的强制措施以限制其人身自由的，可以对其依法改用取保候审或者监视居住。

对被拘留的犯罪嫌疑人需要逮捕的，应当办理逮捕手续。

依照《刑事诉讼法》第 81 条的规定公安机关在异地执行拘留、逮捕的时候，应当通知被拘留、逮捕人所在地的公安机关，被拘留、逮捕人所在地的公安机关应当予以配合。依照《刑事诉讼法》第 83 条第 2 款的规定：拘留后，应当立即将被拘留人送看守所羁押，至迟不得超过 24 小时。除无法通知或者涉嫌危害国家安全犯罪、恐怖活动犯罪通知可能有碍侦查的情形以外，应当在拘留后 24 小时以内，通知被拘留人的家属。有碍侦查的情形消失以后，应当立即通知被拘留人的家属。有碍侦查的情况包括：其他共同犯罪嫌疑人闻讯后有可能逃匿、毁弃或者伪造证据的；可能互相串通，订立攻守同盟的；其他犯罪有待查证及还未采取相应措施的，等等。但在上述情形消除后，应当立即通知被拘留人的家属或者他所在的单位。对没有在 24 小时内通知的，应当在拘留通知书中注明原因。无法通知的情况包括：被拘留人不讲真实姓名、住址的；被拘留人无家属或工作单位的；等等。

公安机关在异地执行拘留时候，应当通知被拘留人所在地公安机关，被拘留人所在地公安机关应当予以配合。

如果发现公安机关或检察机关对犯罪嫌疑人采取强制措施超过法定期限的，犯罪嫌疑人、被告人及其法定代理人、近亲属或者犯罪嫌疑人、被告人委托的律师及其他辩护人有权要求解除强制措施。人民法院、人民检察院或者公安机关对于被采取强制措施超过法定期限的犯罪嫌疑人、被告人应当予以释放、解除取保候审、监视居住或者依法变更强制措施。

根据《公安机关办理刑事案件程序规定》第127条规定，公安机关对被拘留的犯罪嫌疑人审查后，根据案件情况报经县级以上公安机关负责人批准，分别作出处理。一是对需要逮捕的，在拘留期限内依法办理提请批准逮捕手续；二是应当追究刑事责任，但不需要逮捕的，依法直接向人民检察院移送审查起诉，或者依法办理取保候审或者监视居住手续后，向人民检察院移送审查起诉；三是拘留期限届满，案件尚未办结，需要继续侦查的，依法办理取保候审或者监视居住手续；四是具有本规定第一百八十三条规定情形之一的，释放被拘留人，发给释放证明书；需要行政处理的，依法予以处理或者移送有关部门。以上四种情况均需办案机关对刑事拘留予以解除。但在解除刑事拘留时必须注意以下几点：（1）应当给被拘留人《释放证明书》，并在该文书中写明释放原因。（2）对具有《刑事诉讼法》第15条规定情形之一的除释放被拘留人外，还应撤销案件，而不能以放代撤。（3）对机关不批准逮捕的被拘留人应立即释放，发给释放证明书。公安机关为需要补充侦查、要求复议复核的应变更强制措施。

对于公安机关依法决定和执行的刑事拘留，拘留的期限是法律分别规定的公安机关提请人民检察院批准逮捕的时间和人民检察院审查批准逮捕的时间的总和。

公安机关对被拘留的人认为需要逮捕的，应当在拘留后的3日以内，提请人民检察院审查批准。在特殊情况下，经县级以上公安机关负责人批准，提请审查批准的时间可以延长1日至4日。对于流窜作案、多次作案、结伙作案的重大嫌疑分子，经县级以上公安机关负责人批准，提请审查批准的时间可以延长至30日。

人民检察院应当自接到公安机关提请批准逮捕书后的7日以内，作出批准逮捕或者不批准逮捕的决定。人民检察院不批准逮捕的，公安机关应当在接到通知后立即释放犯罪嫌疑人，并且将执行情况及时通知人民检察院。对于需要继续侦查，并且符合取保候审、监视居住条件的，依法取保候审或者监视居住。

人民检察院对直接受理的案件中被拘留的人，认为需要逮捕的，应当在14日内作出决定。在特殊情况下，决定逮捕的时间可以延长1日至3日。对于不需要逮捕的，应当立即释放。对于需要继续侦查，并且符合取保候审监视居住条件的，依法取保候审或者监视居住。

综上所述，一般情况下，刑事诉讼拘留的期限最长为 14 日。流窜作案、多次作案、结伙作案的重大嫌疑分子，拘留期限最长为 37 日。

根据公安部《公安机关办理刑事案件程序规定》第 125 条规定，流窜作案，是指跨市、县范围连续作案，或者在居住地作案后逃跑到外市、县继续作案；多次作案，是指 3 次以上作案；结伙作案，是指 2 人以上共同作案。

犯罪嫌疑人及其法定代理人、近亲属或者犯罪嫌疑人委托的律师及其他辩护人认为拘留超过法定期限的，有权向公安机关、人民检察院提出申诉，要求解除拘留。经审查情况属实的，应对犯罪嫌疑人、被告人解除拘留。经审查未超过法定期限的，应当书面答复申请人。

依据《刑事诉讼法》第 89 条规定：公安机关对被拘留的人，认为需要逮捕的，应当在拘留后的 3 日以内，提请人民检察院审查批准。在特殊情况下，提请审查批准的时间可以延长 1 日至 4 日。对于流窜作案、多次作案、结伙作案的重大嫌疑分子，提请审查批准的时间可以延长至 30 日。人民检察院应当自接到公安机关提请批准逮捕书后的 7 日以内，作出批准逮捕或者不批准逮捕的决定。人民检察院不批准逮捕的，公安机关应当在接到通知后立即释放，并且将执行情况及时通知人民检察院。对于需要继续侦查，并且符合取保候审、监视居住条件的，依法取保候审或者监视居住。

根据以上规定，一般而言，公安机关对涉嫌刑事拘留的人的拘留期限是 14 天，对流窜作案、多次作案、结伙作案的重大嫌疑分子的最长拘留期限是 37 天。

表 27

_____公安局

拘　留　证

（存　根）

公（　）拘字〔　　〕　　号

案件名称_____

案件编号_____

犯罪嫌疑人_____男/女

出生日期_____

住　　址_____

拘留原因_____

批　准　人_____

批准时间_____

执　行　人_____

办案单位_____

填发时间_____

填　发　人_____

_____公安局

拘　留　证

公（　）拘字〔　　〕　　号

根据《中华人民共和国刑事诉讼法》第_____条之规定，兹决定对犯罪嫌疑人_____（性别_____，出生日期_____，住址_____）执行拘留，送_____看守所羁押。

公安局（印）

年　月　日

本证已于_____年_____月_____日_____时向我宣布。

被拘留人：　　　　　　　　　（捺指印）

本证副本已收到，被拘留人_____于_____年_____月_____日_____时送至我所。

接收民警：　　　　　　　　看守所（印）

此联附卷

_____公安局

拘 留 证

（副本）

公 （ ）拘字〔 〕 号

　　根据《中华人民共和国刑事诉讼法》第_____条之规定，兹决定对犯罪嫌疑人____

_____（性别_____，出生日期_____，住址_____）

执行拘留，送_____看守所羁押。

　　执行拘留时间：_____年_____月_____日_____时

　　涉嫌罪名_____

　　属于律师会见需经许可的案件：__是/否__

公安局（印）

年 月 日

此联交看守所

表 28

_____公安局

拘 留 通 知 书

（存 根）

公 （ ）拘通字〔 〕 号

案件名称_____

案件编号_____

被拘留人_____男/女

出生日期_____

拘留原因_____

拘留时间_____

羁押处所_____

家属姓名_____

地　　址_____

办 案 人_____

办案单位_____

填发时间_____

填 发 人_____

<u>　　　　　　　</u>公安局

拘　留　通　知　书

（副本）

公（　）拘通字〔　　〕　　号

<u>　　　　　　　　　</u>：

　　根据《中华人民共和国刑事诉讼法》第<u>　　　　</u>条之规定，我局已于<u>　　　</u>年<u>　　</u>月<u>　　　</u>日<u>　　　</u>时对涉嫌<u>　　　</u>罪的<u>　　　</u>刑事拘留，现羁押在<u>　　　</u>看守所。

公安局（印）

年　月　日

　　本通知书已收到。

　　　被拘留人家属：

年　月　日　时

　　如未在拘留后 24 小时内通知被拘留人家属，注明原因：<u>　　　　　　　</u><u>　　　　　　　　　　　　　　　　　　　　　　　　　　　　　　</u>。

　　办案人：

年　月　日　时

此联附卷

<u>　　　　　　　</u>公安局

拘　留　通　知　书

公（　）拘通字〔　　〕　　号

<u>　　　　　　　　　</u>：

　　根据《中华人民共和国刑事诉讼法》第<u>　　　　</u>条之规定，我局已于<u>　　　</u>年<u>　　　</u>月<u>　　　</u>日<u>　　　</u>时对涉嫌<u>　　</u>罪的<u>　　　</u>刑事拘留，现羁押在<u>　　　</u>看守所。

公安局（印）

年　月　日　时

　　注：看守所地址<u>　　　　　　　　　　　　　　　　　　　　　</u>。

此联交被拘留人家属

六、逮捕

　　逮捕，是指公安机关、人民检察院和人民法院，为了防止犯罪嫌疑人或者被告人实施妨碍刑事诉讼的行为，逃避侦查、起诉、审判或者发生社会危险性，而依法暂时剥夺其人身自由的一种强制措施。

逮捕是国家司法机关所采取的、在一定时间内完全剥夺犯罪嫌疑人或被告人人身自由的强制措施。依修订后的《刑事诉讼法》第79条规定："对有证据证明有犯罪事实，可能判处徒刑以上刑罚的犯罪嫌疑人、被告人，采取取保候审尚不足以防止发生下列社会危险性的，应当予以逮捕：

（一）可能实施新的犯罪的；

（二）有危害国家安全、公共安全或者社会秩序的现实危险的；

（三）可能毁灭、伪造证据，干扰证人作证或者串供的；

（四）可能对被害人、举报人、控告人实施打击报复的；

（五）可能自杀或者逃跑的。

对有证据证明有犯罪事实，可能判处十年有期徒刑以上刑罚的，或者有证据证明有犯罪事实，可能判处徒刑以上刑罚，曾经故意犯罪或者身份不明的，应当予以逮捕。

被取保候审、监视居住的犯罪嫌疑人、被告人违反取保候审、监视居住规定，情节严重的，可以予以逮捕。"

逮捕的实施程序：

1. 在我国只有检察院享有批捕权，对于任何公民的逮捕，除法院决定逮捕或者检察院对自侦案件的决定逮捕的以外，必须经检察院批准。

根据《刑事诉讼法》第86条的规定："人民检察院审查批准逮捕，可以讯问犯罪嫌疑人；有下列情形之一的，应当讯问犯罪嫌疑人：

（一）对是否符合逮捕条件有疑问的；

（二）犯罪嫌疑人要求向检察人员当面陈述的；

（三）侦查活动可能有重大违法行为的。

人民检察院审查批准逮捕，可以询问证人等诉讼参与人，听取辩护律师的意见；辩护律师提出要求的，应当听取辩护律师的意见。"

2. 逮捕犯罪嫌疑人、被告人，一律由公安机关执行。执行逮捕的人员不得少于2人，执行逮捕时，必须向被逮捕人出示逮捕证，并责令被逮捕人在逮捕证上签名（盖章）或按手印。公安机关（国家安全机关）对被拘留的人，认为需要逮捕的，应当在拘留后的3日以内，提请检察院审查批准。在特殊情况下，提请审查批准的时间可以延长1日至4日。对于流窜作案、多次作案、结伙作案的重大嫌疑分子，提请审查批准的时间可以延长至 30 日。检察院应当自接到公安机关（国家安全机关）提请批准逮捕书后的 7 日以内，做出批准逮捕或者不批准逮捕的决定。检察院不批准逮捕的，公安机关（国家安全机关）应当在接到通知后立即释放。

3. 逮捕犯罪嫌疑人、被告人后，提请批准逮捕的公安机关、批准或决定逮捕的人民检察院或者人民法院，应当在 24 小时之内进行讯问。对于发现不应当逮捕的，应当变更强制措施或者立即释放。立即释放的，应当发给释放证明。除有碍侦查或者无法通知的情形外，应在 24 小时以内将逮捕的原因和羁押的处所，通知被逮捕人的家属或所在单位。不便通知的，应将不通知的原因在案卷中注明。

4. 公安机关在异地执行逮捕时，应当通知被逮捕人所在地的公安机关，被逮捕人所在地的公安机关应当予以配合，从而保证逮捕任务的顺利完成。

5. 最高人民检察院《关于省级以下人民检察院立案侦查的案件由上一级人民检察院审查决定逮捕的规定（试行）》的补充规定：上一级人民检察院侦查监督部门经审查不同意下级人民检察院报请逮捕意见的，分管侦查监督工作的副检察长应当征求分管侦查工作的副检察长的意见，意见一致的，作出不予逮捕决定；意见不一致的，提请检察长作出决定。

（一）提请、批准逮捕

1. 公安机关提请逮捕。

《刑事诉讼法》第 85 条规定："公安机关要求逮捕犯罪嫌疑人的时候，应当写出提请批准逮捕书；连同案卷材料、证据，一并移送同级人民检察院审查批准。必要的时候，人民检察院可以派人参加公安机关对于重大案件的讨论。"可见，公安机关需要逮捕时，应当向同级人民检察院报批逮捕，并移送提请批准逮捕书和案卷材料、证据。提请批准逮捕书应当写明犯罪嫌疑人的姓名、性别、年龄、籍贯、职业、民族、住址、简历、所犯罪行和主要证据，认定的罪名、逮捕的法律依据。人民检察院在必要的时候，可以派人参加公安机关对重大案件的讨论。这样可以提前了解案情，为审查批捕作一定准备。

2. 人民检察院审查、批准逮捕

人民检察院对公安机关提请批准逮捕的，由审查批捕部门办理。审查批捕部门应当指定办案人员审查。办案人员审查后，提出审查意见，审查批部门负责人审核后，报请检察长批准或决定。重大案件应当经检察委员会讨论决定。

根据《刑事诉讼法》第 88 条规定，人民检察院对于公安机关提请批准逮捕的案件进行审查后，应当根据情况分别作出批准逮捕或者不批准逮捕的决定。对于批准逮捕的决定，公安机关应当立即执行，并且将执行情况及时通知人民检察院。对于不批准逮捕的，人民检察院应当说明理由，需要补充侦查的，应当同时通知公安机关。

根据《刑事诉讼法》第 90 条规定，公安机关对人民检察院不批准逮捕的决定，认为有错误的时候，可以要求复议，但是必须将被拘留的人立即释放。如果意见不被接受，可以向上一级人民检察院提请复核。上级人民检察院应当立即复核，作出是否变更的决定，通知下级人民检察院和公安机关执行。

审查批准逮捕的过程，也是人民检察院履行侦查监督职能的过程。《刑事诉讼法》第 98 条规定："人民检察院在审查批准逮捕工作中，如果发现公安机关的侦查活动有违法情况，应当通知公安机关予以纠正，公安机关应当将纠正情况通知人民检察院。"

（二）决定逮捕

人民检察院和人民法院在办理案件的过程中，对符合法定逮捕条件的犯罪嫌疑人、被告人都有权作出逮捕决定。人民检察院办理直接受理的案件时，需要逮捕犯罪嫌疑人的，由侦查部门填写逮捕犯罪嫌疑人意见书，连同案卷材料一并送交检察院审查批捕部门审查。审查批捕部门在接到逮捕犯罪嫌疑人意见书后，应当在法定期限内提出意见，经检察长或检察委员会决定逮捕或者不予逮捕。决定逮捕的，应当制作逮捕决定书，由公安机关执行，必要时人民检察院可以协助执行。决定不逮捕的，应当制作不予逮捕决定书，并将已被拘留的犯罪嫌疑人立即释放，需要继续侦查的，可以采取其他强制措施。

人民法院在办案过程中，对自诉案件的被告人和公诉案件的被告人，只要符合逮捕条件，认为应当逮捕时，都有权决定逮捕。决定逮捕应制作决定逮捕书，并送交公安机关执行。

（三）逮捕的特别程序

根据《全国人民代表大会和地方各级人民代表大会代表法》的规定，如果被逮捕的犯罪嫌疑人、被告人是县级以上人大代表，无论是批准逮捕，还是决定逮捕，都应办理相关手续，即应当报请该人大代表所在的人民代表大会主席团或者常务委员会许可。被逮捕的犯罪嫌疑人、被告人是乡、镇一级人大代表时，应当向乡、镇人民代表大会报告。

（四）逮捕的执行

根据《刑事诉讼法》第78条规定，逮捕犯罪嫌疑人、被告人，必须经过人民检察院批准或者人民法院决定，由公安机关执行。《刑事诉讼法》第91条第1款规定，公安机关逮捕人的时候，必须出示逮捕证。逮捕证必须由县级以上公安机关负责人签发。执行逮捕必须由两名以上的公安民警进行。在执行逮捕时，必须向被逮捕人出示逮捕证，并宣布对其依法逮捕。然后责令被逮捕人在逮捕证上签名或盖章。被逮捕人拒绝签名或盖章的，执行逮捕的人员应当予以说明。被逮捕人如果拒捕，执行人员必要时可以使用械具、武器。公安机关执行逮捕，如果因被逮捕人死亡、逃跑或其他原因，不能执行逮捕或逮捕未获的，应当立即通知原批准逮捕的人民检察院或决定逮捕的人民检察院或人民法院，以便采取相应的处置措施。

《刑事诉讼法》第92条规定："人民法院、人民检察院对于各自决定逮捕的人，公安机关对于经人民检察院批准逮捕的人，都必须在逮捕后的24小时以内进行讯问。在发现不应当逮捕的时候，必须立即释放，发给释放证明。"如犯罪行为没有发生或者被逮捕的人不构成犯罪的；虽有犯罪行为，但罪行轻微，不可能判处有期徒刑以上刑罚、依法不予追究刑事责任的；犯罪行为虽然是被逮捕人所为，但采取取保候审、监视居住方法足以防止社会危害性，因而没有逮捕必要的，等等。

此外，《刑事诉讼法》第94条规定："人民法院、人民检察院和公安机关，如果发现对犯罪嫌疑人、被告人采取强制措施不当的，应当及时撤销或变更。"根据刑事诉讼法的规定和相关司法解释，在下列情况下，应当撤销或变更逮捕：被逮捕人患有严重疾病的；被逮捕人是正在怀孕、哺乳自己不满1周岁婴儿的妇女的；案件不能在法定期限内办结，采取取保候审、监视居住方法对社会没有危害性的；第一审人民法院判处管制或者宣告缓刑以及单独适用附加刑，判决尚未发生法律效力的；第二审人民法院审理上诉案件期间，被告人被羁押的时间已到第一审人民法院对他判处的刑期的，等等。对上述情形需要继续查证或审判的，可变更为取保候审或监视居住。公安机关解除或变更逮捕措施的，应当通知原批准的人民检察院；人民检察院、人民法院对自己决定逮捕的，决定撤销或变更的，也应当通知公安机关执行。

表 29

_____公安局
逮 捕 证
（存 根）

公 （ ） 拘通字 〔 〕 号

案件名称_____
案件编号_____
犯罪嫌疑人_____男/女
出生日期_____
住　　址_____
逮捕原因_____
批准或决定逮捕时间_____
批准或决定机关_____
执 行 人_____
办案单位_____
填发时间_____
填 发 人_____

_____公安局
逮 捕 证

公 （ ） 捕字 〔 〕 号

根据《中华人民共和国刑事诉讼法》第七十八条之规定，经_____
_____批准/决定_____，兹由我局对涉嫌_____罪的（性别____
____，出生日期_____，住址_____）执行逮捕，送
_____看守所羁押。

公安局（印）
年 月 日

本证已于_____年_____月_____日_____时向我宣布。
被逮捕人：　　　　　　　　　　　　　（捺指印）
本证副本已收到，被逮捕人_____已于_____年_____月_____日送
至我所（如先行拘留的，填写拘留后羁押时间）。
接收民警：

看定所（印）
年 月 日

此联附卷

_____公安局

逮　捕　证

（副本）

公（　）捕字〔　〕　号

根据《中华人民共和国刑事诉讼法》第七十八条之规定，经_____

_____批准/决定_____，兹由我局对涉嫌_____罪的_____

_____（性别_____，出生日期_____，住址_____

_____）执行逮捕，送_____看守所羁押。

执行逮捕时间：_____年_____月_____日

属于律师会见需经许可的条件：_____是/否_____

公安局（印）

此联交看守所

表 30

_____公安局

逮　捕　通　知　书

（存　根）

公（　）拘通字〔　〕　号

案件名称_____

案件编号_____

被逮捕人_____男/女

出生日期_____

逮捕原因_____

逮捕时间_____

羁押处所_____

家属姓名_____

地　　址_____

办　案　人_____

办案单位_____

填发时间_____

填　发　人_____

_____公安局
逮 捕 通 知 书
（副本）

公（ ）捕通字〔 〕 号

_____：

经_____批准，我局于_____年___月___日___

时对涉嫌_____罪的_____

执行逮捕，现羁押在_____看守所。

公安局（印）
年 月 日

本通知书已收到。

被逮捕人家属：

年 月 日 时

如在逮捕后 24 小时内无法通知的，注明原因_____

_____。

办案人：

年 月 日 时

此联附卷

_____公安局
逮 捕 通 知 书

公（ ）捕通字〔 〕 号

_____：

经_____批准，我局于_____年___月___日___

时对涉嫌_____罪的_____

执行逮捕，现羁押在_____看守所。

公安局（印）
年 月 日

注：看守所地址：_____。

此联附卷

表 31

犯罪嫌疑人诉讼权利义务告知书

　　根据《中华人民共和国刑事诉讼法》的规定，在公安机关对案件进行侦查期间，犯罪嫌疑人有如下诉讼权利和义务：

　　1. 不通晓当地通用的语言文字时有权要求配备翻译人员，有权用本民族语言文字进行诉讼。

　　2. 对于公安机关及其侦查人员侵犯其诉讼权利和人身侮辱的行为，有权提出申诉或者控告。

　　3. 对于侦查人员、鉴定人、记录人、翻译人员有下列情况之一的，有权申请他们回避：（一）是本案的当事人或者是当事人的近亲属的；（二）本人或者他的近亲属与本案有利害关系的；（三）担任过本案的证人、鉴定人、辩护人、诉讼代理人的；（四）与本案当事人有其他关系，可能影响公正处理案件的。对于驳回申请回避的决定，可以申请复议一次。

　　4. 自接受第一次讯问或者被采取强制措施之日起，有权委托律师作为辩护人。经济困难或者有其他原因没有委托辩护人的，可以向法律援助机构提出申请。

　　5. 在接受传唤、拘传、讯问时，有权饮食和必要的休息时间。

　　6. 对于采取强制措施超过法定期限的，有权要求解除强制措施。

　　7. 对于侦查人员的提问，应当如实回答。但是对与本案无关的问题，有拒绝回答的权利。在接受讯问时有权为自己辩解。如实供述自己的罪行的，可以从轻处罚；因如实供述自己的罪行，避免特别严重后果发生的，可以减轻处罚。

　　8. 核对询问笔录的权利，笔录记载有遗漏或者差错，可以提出补充或者改正。

　　9. 未满 18 周岁的犯罪嫌疑人在接受讯问时有要求通知其法定代理人到场的权利。

　　10. 聋、哑的犯罪嫌疑人在讯问时有要求通晓聋、哑手势的人参加的权利。

　　11. 依法接受拘传、取保候审、监视居住、拘留、逮捕等强制措施和人身检查、搜查、扣押、鉴定等侦查措施。

　　12. 公安机关送达的各种法律文书经确认无误后，应当签名、捺指印。

　　13. 有权知道用作证据的鉴定意见的内容，可以申请补充鉴定或重新鉴定。

此告知书在第一次讯问犯罪嫌疑人或者对其采取强制措施之日交犯罪嫌疑人，并在第一次询问笔录中记明或责令犯罪嫌疑人在强制措施文书附卷联中签注。

实训任务

一、简要案情

　　2012 年 6 月，李某因口角和邻居王某发生打斗，在打斗的过程中，李某使用武器将王某打伤。因李某对王某的受伤不闻不问，且拒绝支付医疗费用，后王某报警。经鉴定，王某身体所受损伤为轻伤二级。2012 年 7 月，李某因涉嫌故意伤害罪被公安机关依法刑事拘留。在李某被拘留期间，其家属积极同被害人王某协商，对受害人因受伤造成的损失进行赔偿，并且取得受害人王某的谅解。后公安机关依法向检察院报请逮捕李某。经审查，检察院以李某的行为涉嫌故意伤害罪，但无逮捕必要为由，作出了不予逮捕的决定。同日，公安机关对李某予以释放，并作出取保候审的决定，责令李某的父亲作为其担保人。

二、课堂讨论

1. 什么情形下的犯罪嫌疑人可以采取取保候审？
2. 作为被取保候审人，有哪些义务？
3. 担保人需要具备什么条件？
4. 作为担保人，有哪些义务？

三、课堂作业

根据以上案情，制作取保候审执行通知书、被取保候审人义务告知书、取保候审保证书。

附：主要法律依据

一、《中华人民共和国治安管理处罚法》

第十一条　办理治安案件所查获的毒品、淫秽物品等违禁品，赌具、赌资，吸食、注射毒品的用具以及直接用于实施违反治安管理行为的本人所有的工具，应当收缴，按照规定处理。

违反治安管理所得的财物，追缴退还被侵害人；没有被侵害人的，登记造册，公开拍卖或者按照国家有关规定处理，所得款项上缴国库。

第十二条　已满十四周岁不满十八周岁的人违反治安管理的，从轻或者减轻处罚；不满十四周岁的人违反治安管理的，不予处罚，但是应当责令其监护人严加管教。

第十五条　醉酒的人违反治安管理的，应当给予处罚。

醉酒的人在醉酒状态中，对本人有危险或者对他人的人身、财产或者公共安全有威胁的，应当对其采取保护性措施约束至酒醒。

第二十四条第二款　因扰乱体育比赛秩序被处以拘留处罚的，可以同时责令其十二个月内不得进入体育场馆观看同类比赛；违反规定进入体育场馆的，强制带离现场。

第五十条　有下列行为之一的，处警告或者二百元以下罚款；情节严重的，处五日以上十日以下拘留，可以并处五百元以下罚款：

……

（二）阻碍国家机关工作人员依法执行职务；

……

第一百零四条　受到罚款处罚的人应当收到处罚决定书之日起十五日内，到指定的银行缴纳罚款。但是，有下列情形之一的，人民警察可以当场收缴罚款：

（一）被处五十元以下罚款，被处罚人对罚款无异议的；

（二）在边远、水上、交通不便地区，公安机关及其人民警察依照规定作出罚款决定后，被处罚人向指定的银行缴纳罚款确有困难，经被处罚人提出的；

（三）被处罚人在当地没有固定住所，不当场收缴事后难以执行的。

第一百零五条　人民警察当场收缴的罚款，应当自收缴罚款之日起二日内，交至其所属公安机关；在水上、旅客列车上当场收缴的罚款，应当自抵岸或者到站之日起二日内，交至其所属公安机关；公安机关应当自收到罚款之日起二日内将罚款缴付指定的银行。

第一百零六条　人民警察当场收缴罚款的，应当向被处罚人出具省、自治区、直辖市人民政府财政部门统一制发的罚款收据；不出具统一制发的罚款收据的，被处罚人有权拒绝缴纳罚款。

第一百一十六条　人民警察办理治安案件，有下列行为之一的，依法给予行政处分；

构成犯罪的，依法追究刑事责任：

　　…………

　　（九）接到要求制止违反治安管理行为的报警后，不及时出警的；

　　…………

二、《公安机关办理行政案件程序规定》

　　第三十四条　违法事实确凿，且具有下列情形之一的，人民警察可以当场作出处罚决定，有违禁品的，可以当场收缴：

　　（一）对违反治安管理行为人或者道路交通违法行为人处二百元以下罚款或者警告的；

　　（二）出入境边防检查机关对违反出境入境管理行为人处五百元以下罚款或者警告的；

　　（三）对有其他违法行为的个人处五十元以下罚款或者警告、对单位处一千元以下罚款或者警告的；

　　（四）法律规定可以当场处罚的其他情形。

　　涉及卖淫、嫖娼、赌博、毒品的案件，不适用当场处罚。

　　第三十五条　当场处罚，应当按照下列程序实施：

　　（一）向违法行为人表明执法身份；

　　（二）收集证据；

　　（三）口头告知违法行为人拟作出行政处罚决定的事实、理由和依据，并告知违法行为人依法享有的陈述权和申辩权；

　　（四）充分听取违法行为人的陈述和申辩。违法行为人提出的事实、理由或者证据成立的，应当采纳；

　　（五）填写当场处罚决定书并当场交付被处罚人；

　　（六）当场收缴罚款的，同时填写罚款收据，交付被处罚人；未当场收缴罚款的，应当告知被处罚人在规定期限内到指定的银行缴纳罚款。

　　第三十六条　适用简易程序处罚的，可以由人民警察一人作出行政处罚决定。

　　人民警察当场作出行政处罚决定的，应当于作出决定后的二十四小时内将当场处罚决定书报所属公安机关备案，交通警察应当于作出决定后的二日内报所属公安机关交通管理部门备案。在旅客列车、民航飞机、水上作出行政处罚决定的，应当在返回后的二十四小时内报所属公安机关备案。

　　第四十六条　违法嫌疑人在醉酒状态中，对本人有危险或者对他人的人身、财产或者公共安全有威胁的，可以对其采取保护性措施约束至酒醒，也可以通知其家属、亲友或者所属单位将其领回看管，必要时，应当送医院醒酒。对行为举止失控的醉酒人，可以使用约束带或者警绳等进行约束，但是不得使用手铐、脚镣等警械。

　　约束过程中，应当指定专人严加看护。确认醉酒人酒醒后，应当立即解除约束，并进行询问。约束时间不计算在询问查证时间内。

第一百三十三条　不满十四周岁的人有违法行为的，不予行政处罚，但是应当责令其监护人严加管教，并在不予行政处罚决定书中载明。已满十四周岁不满十八周岁的人有违法行为的，从轻或者减轻行政处罚。

第一百四十七条　公安机关根据行政案件的不同情况分别作出下列处理决定：

（一）确有违法行为，应当给予行政处罚的，根据其情节和危害后果的轻重，作出行政处罚决定；

（二）确有违法行为，但有依法不予行政处罚情形的，作出不予行政处罚决定；有违法所得和非法财物、违禁品、管制器具的，应当予以追缴或者收缴；

（三）违法事实不能成立的，作出不予行政处罚决定；

（四）对需要给予社区戒毒、强制隔离戒毒、收容教育、收容教养等处理的，依法作出决定；

（五）对符合劳动教养条件的，依法呈报劳动教养；

（六）违法行为涉嫌构成犯罪的，转为刑事案件办理或者移送有权处理的主管机关、部门办理，无需撤销行政案件。公安机关已经作出行政处理决定的，应当附卷；

（七）发现违法行为人有其他违法行为的，在依法作出行政处理决定的同时，通知有关行政主管部门处理。

治安案件有被侵害人的，公安机关应当在作出处罚决定之日起二日内将决定书复印件送达被侵害人。无法送达的，应当注明。

第一百六十八条　对在办理行政案件中查获的下列物品应当依法收缴：

（一）毒品、淫秽物品等违禁品；

（二）赌具和赌资；

（三）吸食、注射毒品的用具；

（四）伪造、变造的公文、证件、证明文件、票证、印章等；

（五）倒卖的车船票、文艺演出票、体育比赛入场券等有价票证；

（六）主要用于实施违法行为的本人所有的工具以及直接用于实施毒品违法行为的资金；

（七）法律、法规规定可以收缴的其他非法财物。

前款第六项所列的工具，除非有证据表明属于他人合法所有，可以直接认定为违法行为人本人所有。

违法所得应当依法予以追缴或者没收。

多名违法行为人共同实施违法行为，违法所得或者非法财物无法分清所有人的，作为共同违法所得或者非法财物予以处理。

第一百六十九条　收缴由县级以上公安机关决定。但是，违禁品，管制器具，吸食、注射毒品的用具以及非法财物价值在五百元以下且当事人对财物价值无异议的，公安派出所可以收缴。

追缴由县级以上公安机关决定。但是，追缴的财物应当退还被侵害人的，公安派出所可以追缴。

第一百七十条　对收缴和追缴的财物，经原决定机关负责人批准，按照下列规定分别处理：

（一）属于被侵害人或者善意第三人的合法财物，应当及时返还；

（二）没有被侵害人的，登记造册，按照规定上缴国库或者依法变卖、拍卖后，将所得款项上缴国库；

（三）违禁品、没有价值的物品，或者价值轻微，无法变卖、拍卖的物品，统一登记造册后销毁；

（四）对无法变卖或者拍卖的危险物品，由县级以上公安机关主管部门组织销毁或者交有关厂家回收。

第一百八十七条　除依法应当销毁的物品外，公安机关依法没收或者收缴、追缴的违法所得和非法财物，必须按照国家有关规定处理或者上缴国库。

罚款、没收或者收缴的违法所得和非法财物拍卖或者变卖的款项和没收的保证金，必须全部上缴国库，不得以任何形式截留、私分或者变相私分。

第一百八十八条　公安机关作出罚款决定，被处罚人应当自收到行政处罚决定书之日起十五日内，到指定的银行缴纳罚款。具有下列情形之一的，公安机关及其办案人民警察可以当场收缴罚款，法律另有规定的，从其规定：

（一）对违反治安管理行为人处五十元以下罚款和对违反交通管理的行人、乘车人和非机动车驾驶人处罚款，被处罚人没有异议的；

（二）对违反治安管理、交通管理以外的违法行为人当场处二十元以下罚款的；

（三）在边远、水上、交通不便地区、旅客列车上或者口岸，被处罚人向指定银行缴纳罚款确有困难，经被处罚人提出的；

（四）被处罚人在当地没有固定住所，不当场收缴事后难以执行的。

对具有前款第一项和第三项情形之一的，办案人民警察应当要求被处罚人签名确认。

第一百八十九条　公安机关及其人民警察当场收缴罚款的，应当出具省级或者国家财政部门统一制发的罚款收据。对不出具省级或者国家财政部门统一制发的罚款收据的，被处罚人有权拒绝缴纳罚款。

第一百九十条　人民警察应当自收缴罚款之日起二日内，将当场收缴的罚款交至其所属公安机关；在水上当场收缴的罚款，应当自抵岸之日起二日内将当场收缴的罚款交至其所属公安机关；在旅客列车上当场收缴的罚款，应当自返回之日起二日内将当场收缴的罚款交至其所属公安机关。

公安机关应当自收到罚款之日起二日内将罚款缴付指定的银行。

第二百零八条 作出吊销公安机关发放的许可证或者执照处罚的，应当在被吊销的许可证或者执照上加盖吊销印章后收缴。被处罚人拒不缴销证件的，公安机关可以公告宣布作废。吊销许可证或者执照的机关不是发证机关的，作出决定的机关应当在处罚决定生效后及时通知发证机关。

第二百零九条 作出取缔决定的，可以采取在经营场所张贴公告等方式予以公告，责令被取缔者立即停止经营活动；有违法所得的，依法予以没收或者追缴。拒不停止经营活动的，公安机关可以依法没收或者收缴其专门用于从事非法经营活动的工具、设备。已经取得营业执照的，公安机关应当通知工商行政管理部门依法撤销其营业执照。

三、《关于预防和制止家庭暴力的若干意见》

第八条第三款 （一）对情节轻微的家庭暴力案件，应当遵循既要维护受害人的合法权益，又要维护家庭团结，坚持调解的原则，对施暴者予以批评、训诫，告知其应承担的法律责任及相应的后果，防范和制止事态扩大。

四、《城市人民警察巡逻规定》

第四条 人民警察在巡逻执勤中履行以下职责：

（二）预防和制止违反治安管理的行为；

（三）预防和制止犯罪行为；

（八）制止妨碍国家工作人员依法执行职务的行为；

（十）劝解、制止在公众场所所发生的民间纠纷；

（十一）制止精神病人、醉酒人的肇事行为；

五、《中华人民共和国集会游行示威法》

第二十七条 举行集会、游行、示威，有下列情形之一的，人民警察应当予以制止：

（一）未依照本法规定申请或申请未获许可的；

（二）未按照主管机关许可的目的、方式、标语、口号、起止时间、地点、路线进行的；

（三）在进行中出现危害公共安全或者严重破坏社会秩序情况的。

有前款所列情形之一，不听制止的，人民警察现场负责人有权命令解散；拒不解散的，人民警察现场负责人有权依照国家有关规定决定采取必要措施强行驱散，并对拒不服从的人员强行带离现场或者立即予以拘留。

参加集会、游行、示威的人员越过依照本法第二十二条规定设置的临时警戒线、进入本法第二十三条所列不得举行集会、游行、示威的特定场所周边一定范围或者有其他违法犯罪行为的，人民警察可以将其强制带离现场或者立即予以拘留。

六、《公安派出所执法执勤工作规范》

第七十条 巡逻中发现可疑人员时，应当出示工作证件，表明身份，并在告知法律依据后，依法对其进行盘问、检查。

经盘问、检查排除违法犯罪嫌疑的，应当感谢其配合，并礼貌地让其离去。

第七十一条 盘问可疑人员时，应当做到：

（一）与被盘问人保持1米以上的距离，尽量让其背对开阔街面；

（二）对有一定危险性的违法犯罪嫌疑人，先将其控制并进行检查，确认无危险后方可实施盘问；

（三）盘问时由一人主问，另一人负责警戒，防止被盘问人或者同伙的袭击；

（四）对符合继续盘问条件的，将其带至公安派出所继续盘问。

公安派出所民警解送违法犯罪嫌疑人按照第五十三条规定执行。

第七十二条 查验身份证件时，应当做到：

（一）查验防伪暗记与标识，判定证件的真伪；

（二）查验证件内容，进行人、证对照；

（三）注意持证人的反应，视具体情况让持证人自述证件内容，边问边查。

第七十三条 对可疑人员进行人身检查时，应当做到：

（一）有效控制被检查的嫌疑对象，防止自身受到攻击和伤害。

（二）对携带或者可能携带凶器、武器的违法犯罪嫌疑人检查时，应当先检查其有无凶器和武器，然后依法扣押。必要时，可以先依法适用戒具，然后进行检查。

（三）责令被检查人伸开双臂高举过头面向墙、车等，扶墙或者车等站立，双脚分开尽量后移，民警站于其身后并将一只脚置于其双脚中间，迅速从被检查人的双手开始向下对衣领及身体各部位进行检查，特别注意腋下、腰部、裆部及双腿内侧。

第七十四条 对可疑物品进行检查时，应当做到：

（一）责令被检查人将物品放在适当位置，不得让其自行翻拿；

（二）由一名民警负责检查物品，另一人负责监控被检查人；

（三）开启箱包时应当先仔细观察，防止有爆炸、放射性等危险物品；

（四）自上而下按顺序拿取物品，不得掏底取物或者将物品直接倒出；

（五）对有声、有味的物品，应当谨慎拿取；

（六）避免损坏或者遗失财物。

第七十五条 对可疑车辆进行检查时，应当做到：

（一）检查前，责令驾驶员将车辆熄火，拉紧手制动后下车，必要时应当暂时收存车钥匙。如车上有其他人员，应当责令其下车等候；

（二）对人员进行检查并予以控制；

（三）查验车辆行驶证件和牌照；

（四）观察车辆外观和锁具；

（五）检查车载货物和车内物品；

（六）若驾驶员拒检逃逸，应当立即报告，请求部署堵截、追缉。

第七十六条　巡逻中发现未成年人有下列行为的，应当立即予以制止、劝导，并采取相应措施：

（一）在公共场所寻衅滋事的；

（二）离家出走、逃学的；

（三）深夜在公共场所逗留或者游荡街头的；

（四）进入禁止未成年人入内的公共娱乐服务场所的；

（五）有其他不良行为的。

七、《中华人民共和国人民警察法》

第八条　公安机关的人民警察对严重危害社会治安秩序或者威胁公共安全的人员，可以强制带离现场、依法予以拘留或者采取法律规定的其他措施。

第九条第一款　为维护社会治安秩序，公安机关的人民警察对有违法犯罪嫌疑的人员，经出示相应证件，可以当场盘问、检查；经盘问、检查，有下列情形之一的，可以将其带至公安机关，经该公安机关批准，对其继续盘问：

（一）被指控有犯罪行为的；

（二）有现场作案嫌疑的；

（三）有作案嫌疑身份不明的；

（四）携带的物品有可能是赃物的。

第十条　遇有拒捕、暴乱、越狱、抢夺枪支或者其他暴力行为的紧急情况，公安机关的人民警察依照国家有关规定可以使用武器。

第十一条　为制止严重违法犯罪活动的需要，公安机关的人民警察依照国家有关规定可以使用警械。

第十三条　公安机关的人民警察因履行职责的紧急需要，经出示相应证件，可以优先乘坐公共交通工具，遇交通阻碍时，优先通行。

公安机关因侦查犯罪的需要，必要时，按照国家有关规定，可以优先使用机关、团体、企事业组织和个人的交通工具、通信工具、场所和建筑物，用后应当及时归还，并支付适当费用；造成损失的，应当赔偿。

第十四条　公安机关的人民警察对严重危害公安安全或者他人人身安全的精神病人，可以采取保护性约束措施。需要送往指定的单位、场所加以监护的，应当报请县级以上人民政府公安机关批准，并及时通知其监护人。

八、《公安机关适用继续盘问规定》

第七条 为维护社会治安秩序，公安机关的人民警察对有违法犯罪嫌疑的人员，经表明执法身份后，可以当场盘问、检查。

未穿着制式服装的人民警察在当场盘问、检查前，必须出示执法证件表明人民警察身份。

第八条 对有违法犯罪嫌疑的人员当场盘问、检查后，不能排除其违法犯罪嫌疑，且具有下列情形之一的，人民警察可以将其带至公安机关继续盘问：

（一）被害人、证人控告或者指认其有犯罪行为的；

（二）有正在实施违反治安管理或者犯罪行为嫌疑的；

（三）有违反治安管理或者犯罪嫌疑且身份不明的；

（四）携带的物品可能是违反治安管理或者犯罪的赃物的；

九、《中华人民共和国集会游行示威法实施条例》

第二十三条 依照《集会游行示威法》第二十七条的规定，对非法举行集会、游行、示威或者在集会、游行、示威进行中出现危害公共安全或者严重破坏社会秩序情况的，人民警察有权立即予以制止。对不听制止，需要命令解散的，应当通过广播、喊话等明确方式告知在场人员在限定时间内按照指定通道离开现场。对在限定时间内拒不离去的，人民警察现场负责人有权依照国家有关规定，命令使用警械或者采用其他警用手段强行驱散；对继续滞留现场的人员，可以强行带离现场或者立即予以拘留。

十、《大型群众性活动安全管理条例》

第二十三条 参加大型群众性活动的人员有违反本条例第九条规定行为的，由公安机关给予批评教育；有危害社会治安秩序、威胁公共安全行为的，公安机关可以将其强制带离现场，依法给予治安管理处罚；构成犯罪的，依法追究刑事责任。

十一、《中华人民共和国人民警察使用警械和武器条例》

第二条 人民警察制止违法犯罪行为，可以采取强制手段；根据需要，可以依照本条例的规定使用警械；使用警械不能制止，或者不适用武器制止，可能发生严重危害后果的，可以依照本条例的规定使用武器。

第三条 本条例所称警械，是指人民警察按照规定装备的警棍、催泪弹、高压水枪、特种防暴枪、手铐、脚镣、警绳等警用器械；所称武器，是指人民警察按照规定装备的枪支、弹药等致命性警用武器。

第四条 人民警察使用警械和武器，应当以制止违法犯罪行为，尽量减少人员伤亡、财产损失为原则。

第五条　人民警察依法使用警械和武器的行为，受法律保护。

人民警察不得违反本条例的规定使用警械和武器。

第六条　人民警察使用警械和武器前，应当命令在场无关人员躲避；在场无关人员应当服从人民警察的命令，避免受到伤害或者其他损失。

第七条　人民警察遇有下列情形之一，经警告无效的，可以使用警棍、催泪弹、高压水枪、特种防暴枪等驱逐性、制服性警械：

（一）结伙斗殴、殴打他人、寻衅滋事、侮辱妇女或者进行其他流氓活动的；

（二）聚众扰乱车站、码头、民用航空站、运动场等公共场所秩序的；

（三）非法举行集会、游行、示威的；

（四）强行冲越人民警察为履行职责设置的警戒线的；

（五）以暴力方式抗拒或者阻碍人民警察依法履行职责的；

（六）袭击人民警察的；

（八）法律、行政法规规定可以使用警械的其他情形。

人民警察依照前款规定使用警械，应当以制止违法犯罪行为为限度；当违法犯罪行为得到制止时，应当立即停止使用。

第八条　人民警察依法执行下列任务，遇有违法犯罪分子可能脱逃、行凶、自杀、自伤或者有其他危险行为的，可以使用手铐、脚镣、警绳等约束性警械：

（一）抓获违法犯罪分子或者犯罪重大嫌疑人的；

（二）执行逮捕、拘留、看押、押解、审讯、拘传、强制传唤的；

（三）法律、行政法规规定可以使用警械的其他情形。

人民警察依照前款规定使用警械，不得故意造成人身伤害。

第九条　人民警察判明有下列暴力犯罪行为的紧急情形之一，经警告无效的，可以使用武器：

（一）放火、决水、爆炸等严重危害公共安全的；

（二）劫持航空器、船舰、火车、机动车或者驾驶车、船等机动交通工具，故意危害公共安全的；

（三）抢夺、抢劫枪支、弹药、爆炸、剧毒等危险物品，严重危害公共安全的；

（四）使用枪支、爆炸、剧毒等危险物品实施犯罪或者以使用枪支、爆炸、剧毒等危险物品相威胁实施犯罪的；

（五）破坏军事、通讯、交通、能源、防险等重要设施，足以对公共安全造成严重、紧迫危险的；

（六）实施凶杀、劫持人质等暴力行为，危及公民生命安全的；

（七）国家规定的警卫、守卫、警戒的对象和目标受到暴力袭击、破坏或者有受到暴力袭击、破坏的紧迫危险的；

（八）结伙抢劫或者持械抢劫公私财物的；

（九）聚众械斗、暴乱等严重破坏社会治安秩序，用其他方法不能制止的；

（十）以暴力方法抗拒或者阻碍人民警察依法履行职责或者暴力袭击人民警察，危及人民警察生命安全的；

（十一）在押人犯、罪犯聚众骚乱、暴乱、行凶或者逃脱的；

（十二）劫夺在押人犯、罪犯的；

（十三）实施放火、决水、爆炸、凶杀、抢劫或者其他严重暴力犯罪行为后拒捕、逃跑的；

（十四）犯罪分子携带枪支、爆炸、剧毒等危险物品拒捕、逃跑的；

（十五）法律、行政法规规定可以使用武器的其他情形。

人民警察依照前款规定使用武器，来不及警告或者警告后可能导致更为严重危害后果的，可以直接使用武器。

第十条　人民警察遇有下列情形之一的，不得使用武器：

（一）发现实施犯罪的人为怀孕妇女、儿童的，但是使用枪支、爆炸、剧毒等危险物品实施暴力犯罪的除外；

（二）犯罪分子处于群众聚集的场所或者存放大量易燃、易爆、剧毒、放射性等危险物品的场所的，但是不使用武器予以制止，将发生更为严重危害后果的除外。

第十一条　人民警察遇有下列情形之一的，应当立即停止使用武器：

（一）犯罪分子停止实施犯罪，服从人民警察命令的；

（二）犯罪分子失去继续实施犯罪能力的。

第十二条　人民警察使用武器造成犯罪分子或者无辜人员伤亡的，应当及时抢救受伤人员，保护现场，并立即向当地公安机关或者该人民警察所属机关报告。

当地公安机关或者该人民警察所属机关接到报告后，应及时进行勘验、调查，并及时通知当地人民检察院。

当地公安机关或者该人民警察所属机关应当将犯罪分子或者无辜人员的伤亡情况，及时通知其家属或者其所在单位。

第十三条　人民警察使用武器的，应当将使用武器的情况如实向所属机关书面报告。

第十四条　人民警察违法使用警械、武器，造成不应有的人员伤亡、财产损失，构成犯罪的，依法追究刑事责任；尚不构成犯罪的，依法给予行政处分；对受到伤亡或者财产损失的人员，由该人民警察所属机关依照《中华人民共和国国家赔偿法》的有关规定给予赔偿。

第十五条　人民警察依法使用警械、武器，造成无辜人员伤亡或者财产损失的，由该人民警察所属机关参照《中华人民共和国国家赔偿法》的有关规定给予补偿。

十二、《中华人民共和国未成年人保护法》

第五十五条 公安机关、人民检察院、人民法院办理未成年人犯罪案件和涉及未成年人权益保护案件，应当照顾未成年人身心发展特点，尊重他们的人格尊严，保障他们的合法权益，并根据需要设立专门机构或者指定专人办理。

十三、《中华人民共和国行政处罚法》

第三条 公民、法人或者其他组织违反行政管理秩序的行为，应当给予行政处罚的，依照本法由法律、法规或者规章规定，并由行政机关依照本法规定的程序实施。

没有法定依据或者不遵守法定程序的，行政处罚无效。

第六条 公民、法人或者其他组织对行政机关所给予的行政处罚，享有陈述权、申辩权；对行政处罚不服的，有权依法申请行政复议或者提起行政诉讼。

公民、法人或者其他组织因行政机关违法给予行政处罚受到损害的，有权依法提出赔偿要求。

第七条 公民、法人或者其他组织因违法受到行政处罚，其违法行为对他人造成损害的，应当依法承担民事责任。

违法行为构成犯罪，应当依法追究刑事责任，不得以行政处罚代替刑事处罚。

第八条 行政处罚的种类：

（一）警告；

（二）罚款；

（三）没收违法所得、没收非法财物；

（四）责令停产停业；

（五）暂扣或者吊销许可证、暂扣或者吊销执照；

（六）行政拘留；

（七）法律、行政法规规定的其他行政处罚。

第二十三条 行政机关实施行政处罚时，应当责令当事人改正或者限期改正违法行为。

第二十四条 对当事人的同一个违法行为，不得给予两次以上罚款的行政处罚。

第二十五条 不满十四周岁的人有违法行为的，不予行政处罚，责令监护人加以管教；已满十四周岁不满十八周岁的人有违法行为的，从轻或者减轻行政处罚。

第二十六条 精神病人在不能辨认或者不能控制自己行为时有违法行为的，不予行政处罚，但应当责令其监护人严加看管和治疗。间歇性精神病人在精神正常时有违法行为的，应当给予行政处罚。

第二十七条 当事人有下列情形之一的，应当依法从轻或者减轻行政处罚：

（一）主动消除或者减轻违法行为危害后果的；

（二）受他人胁迫有违法行为的；

（三）配合行政机关查处违法行为有立功表现的；

（四）其他依法从轻或者减轻行政处罚的。

违法行为轻微并及时纠正，没有造成危害后果的，不予行政处罚。

第二十八条 违法行为构成犯罪，人民法院判处拘役或者有期徒刑时，行政机关已经给予当事人行政拘留的，应当依法折抵相应刑期。

违法行为构成犯罪，人民法院判处罚金时，行政机关已经给予当事人罚款的，应当折抵相应罚金。

第二十九条 违法行为在二年内未被发现的，不再给予行政处罚。法律另有规定的除外。

前款规定的期限，从违法行为发生之日起计算；违法行为有连续或者继续状态的，从行为终了之日起计算。

第三十条 公民、法人或者其他组织违反行政管理秩序的行为，依法应当给予行政处罚的，行政机关必须查明事实；违法事实不清的，不得给予行政处罚。

第三十一条 行政机关在作出行政处罚决定之前，应当告知当事人作出行政处罚决定的事实、理由及依据，并告知当事人依法享有的权利。

第三十二条 当事人有权进行陈述和申辩。行政机关必须充分听取当事人的意见，对当事人提出的事实、理由和证据，应当进行复核；当事人提出的事实、理由或者证据成立的，行政机关应当采纳。

行政机关不得因当事人申辩而加重处罚。

第三十三条 违法事实确凿并有法定依据，对公民处以五十元以下、对法人或者其他组织处以一千元以下罚款或者警告的行政处罚的，可以当场作出行政处罚决定。当事人应当依照本法第四十六条、第四十七条、第四十八条的规定履行行政处罚决定。

第三十四条 执法人员当场作出行政处罚决定的，应当向当事人出示执法身份证件，填写预定格式、编有号码的行政处罚决定书。行政处罚决定书应当当场交付当事人。

前款规定的行政处罚决定书应当载明当事人的违法行为、行政处罚依据、罚款数额、时间、地点以及行政机关名称，并由执法人员签名或者盖章。

执法人员当场作出的行政处罚决定，必须报所属行政机关备案。

第三十五条 当事人对当场作出的行政处罚决定不服的，可以依法申请行政复议或者提起行政诉讼。

第三十六条 除本法第三十三条规定的可以当场作出的行政处罚外，行政机关发现公民、法人或者其他组织有依法应当给予行政处罚的行为的，必须全面、客观、公正地调查，收集有关证据；必要时，依照法律、法规的规定，可以进行检查。

第三十七条 行政机关在调查或者进行检查时，执法人员不得少于两人，并应当向当事人或者有关人员出示证件。当事人或者有关人员应当如实回答询问，并协助调查或者检查，不得阻挠。询问或者检查应当制作笔录。

行政机关在收集证据时，可以采取抽样取证的方法；在证据可能灭失或者以后难以取得的情况下，经行政机关负责人批准，可以先行登记保存，并应当在七日内及时作出处理决定，在此期间，当事人或者有关人员不得销毁或者转移证据。

执法人员与当事人有直接利害关系的，应当回避。

第三十八条 调查终结，行政机关负责人应当对调查结果进行审查，根据不同情况，分别作出如下决定：

（一）确有应受行政处罚的违法行为的，根据情节轻重及具体情况，作出行政处罚决定；

（二）违法行为轻微，依法可以不予行政处罚的，不予行政处罚；

（三）违法事实不能成立的，不得给予行政处罚；

（四）违法行为已构成犯罪的，移送司法机关。

对情节复杂或者重大违法行为给予较重的行政处罚，行政机关的负责人应当集体讨论决定。

第三十九条 行政机关依照本法第三十八条的规定给予行政处罚，应当制作行政处罚决定书。行政处罚决定书应当载明下列事项：

（一）当事人的姓名或者名称、地址；

（二）违反法律、法规或者规章的事实和证据；

（三）行政处罚的种类和依据；

（四）行政处罚的履行方式和期限；

（五）不服行政处罚决定，申请行政复议或者提起行政诉讼的途径和期限；

（六）作出行政处罚决定的行政机关名称和作出决定的日期。

行政处罚决定书必须盖有作出行政处罚决定的行政机关的印章。

第四十条 行政处罚决定书应当在宣告后当场交付当事人；当事人不在场的，行政机关应当在七日内依照民事诉讼法的有关规定，将行政处罚决定书送达当事人。

第四十一条 行政机关及其执法人员在作出行政处罚决定之前，不依照本法第三十一条、第三十二条的规定向当事人告知给予行政处罚的事实、理由和依据，或者拒绝听取当事人的陈述、申辩，行政处罚决定不能成立；当事人放弃陈述或者申辩权利的除外。

第四十二条 行政机关作出责令停产停业、吊销许可证或者执照、较大数额罚款等行政处罚决定之前，应当告知当事人有要求举行听证的权利；当事人要求听证的，行政机关应当组织听证。当事人不承担行政机关组织听证的费用。听证依照以下程序组织：

（一）当事人要求听证的，应当在行政机关告知后三日内提出；

（二）行政机关应当在听证的七日前，通知当事人举行听证的时间、地点；

（三）除涉及国家秘密、商业秘密或者个人隐私外，听证公开举行；

（四）听证由行政机关指定的非本案调查人员主持；当事人认为主持人与本案有直接利害关系的，有权申请回避；

（五）当事人可以亲自参加听证，也可以委托一至二人代理；

（六）举行听证时，调查人员提出当事人违法的事实、证据和行政处罚建议；当事人进行申辩和质证；

（七）听证应当制作笔录；笔录应当交当事人审核无误后签字或者盖章。

当事人对限制人身自由的行政处罚有异议的，依照《治安管理处罚法》有关规定执行。

第四十三条　听证结束后，行政机关依照本法第三十八条的规定，作出决定。

第四十四条　行政处罚决定依法作出后，当事人应当在行政处罚决定的期限内，予以履行。

第四十五条　当事人对行政处罚决定不服申请行政复议或者提起行政诉讼的，行政处罚不停止执行，法律另有规定的除外。

第四十六条　作出罚款决定的行政机关应当与收缴罚款的机构分离。

除依照本法第四十七条、第四十八条的规定当场收缴的罚款外，作出行政处罚决定的行政机关及其执法人员不得自行收缴罚款。

当事人应当自收到行政处罚决定书之日起十五日内，到指定的银行缴纳罚款。银行应当收受罚款，并将罚款直接上缴国库。

第四十七条　依照本法第三十三条的规定当场作出行政处罚决定，有下列情形之一的，执法人员可以当场收缴罚款：

（一）依法给予二十元以下的罚款的；

（二）不当场收缴事后难以执行的。

第四十八条　在边远、水上、交通不便地区，行政机关及其执法人员依照本法第三十三条、第三十八条的规定作出罚款决定后，当事人向指定的银行缴纳罚款确有困难，经当事人提出，行政机关及其执法人员可以当场收缴罚款。

第四十九条　行政机关及其执法人员当场收缴罚款的，必须向当事人出具省、自治区、直辖市财政部门统一制发的罚款收据；不出具财政部门统一制发的罚款收据的，当事人有权拒绝缴纳罚款。

第五十条　执法人员当场收缴的罚款，应当自收缴罚款之日起二日内，交至行政机关；在水上当场收缴的罚款，应当自抵岸之日起二日内交至行政机关；行政机关应当在二日内将罚款缴付指定的银行。

第五十一条　当事人逾期不履行行政处罚决定的，作出行政处罚决定的行政机关可以采取下列措施：

（一）到期不缴纳罚款的，每日按罚款数额的百分之三加处罚款；

（二）根据法律规定，将查封、扣押的财物拍卖或者将冻结的存款划拨抵缴罚款；

（三）申请人民法院强制执行。

第五十二条　当事人确有经济困难，需要延期或者分期缴纳罚款的，经当事人申请和行政机关批准，可以暂缓或者分期缴纳。

第五十三条　除依法应当予以销毁的物品外，依法没收的非法财物必须按照国家规定公开拍卖或者按照国家有关规定处理。

罚款、没收违法所得或者没收非法财物拍卖的款项，必须全部上缴国库，任何行政机关或者个人不得以任何形式截留、私分或者变相私分；财政部门不得以任何形式向作出行政处罚决定的行政机关返还罚款、没收的违法所得或者返还没收非法财物的拍卖款项。

第五十四条　行政机关应当建立健全对行政处罚的监督制度。县级以上人民政府应当加强对行政处罚的监督检查。

公民、法人或者其他组织对行政机关作出的行政处罚，有权申诉或者检举；行政机关应当认真审查，发现行政处罚有错误的，应当主动改正。

第五十五条　行政机关实施行政处罚，有下列情形之一的，由上级行政机关或者有关部门责令改正，可以对直接负责的主管人员和其他直接责任人员依法给予行政处分：

（一）没有法定的行政处罚依据的；

（二）擅自改变行政处罚种类、幅度的；

（三）违反法定的行政处罚程序的；

（四）违反本法第十八条关于委托处罚的规定的。

第五十六条　行政机关对当事人进行处罚不使用罚款、没收财物单据或者使用非法定部门制发的罚款、没收财物单据的，当事人有权拒绝处罚，并有权予以检举。上级行政机关或者有关部门对使用的非法单据予以收缴销毁，对直接负责的主管人员和其他直接责任人员依法给予行政处分。

第五十七条　行政机关违反本法第四十六条的规定自行收缴罚款的，财政部门违反本法第五十三条的规定向行政机关返还罚款或者拍卖款项的，由上级行政机关或者有关部门责令改正，对直接负责的主管人员和其他直接责任人员依法给予行政处分。

第五十八条　行政机关将罚款、没收的违法所得或者财物截留、私分或者变相私分的，由财政部门或者有关部门予以追缴，对直接负责的主管人员和其他直接责任人员依法给予行政处分；情节严重构成犯罪的，依法追究刑事责任。

执法人员利用职务上的便利，索取或者收受他人财物、收缴罚款据为己有，构成犯罪的，依法追究刑事责任；情节轻微不构成犯罪的，依法给予行政处分。

第五十九条　行政机关使用或者损毁扣押的财物，对当事人造成损失的，应当依法予以赔偿，对直接负责的主管人员和其他直接责任人员依法给予行政处分。

第六十条　行政机关违法实行检查措施或者执行措施，给公民人身或者财产造成损害、给法人或者其他组织造成损失的，应当依法予以赔偿，对直接负责的主管人员和其他直接责任人员依法给予行政处分；情节严重构成犯罪的，依法追究刑事责任。

第六十一条　行政机关为牟取本单位私利，对应当依法移交司法机关追究刑事责任的不移交，以行政处罚代替刑罚，由上级行政机关或者有关部门责令纠正；拒不纠正的，对直接负责的主管人员给予行政处分；徇私舞弊、包庇纵容违法行为的，比照刑法有关规定追究刑事责任。

第六十二条　执法人员玩忽职守，对应当予以制止和处罚的违法行为不予制止、处罚，致使公民、法人或者其他组织的合法权益、公共利益和社会秩序遭受损害的，对直接负责的主管人员和其他直接责任人员依法给予行政处分；情节严重构成犯罪的，依法追究刑事责任。

十四、《中华人民共和国刑事诉讼法》

第六十四条　人民法院、人民检察院和公安机关根据案件情况，对犯罪嫌疑人、被告人可以拘传、取保候审或者监视居住。

第六十五条　人民法院、人民检察院和公安机关对有下列情形之一的犯罪嫌疑人、被告人，可以取保候审：

（一）可能判处管制、拘役或者独立适用附加刑的；

（二）可能判处有期徒刑以上刑罚，采取取保候审不致发生社会危险性的；

（三）患有严重疾病、生活不能自理，怀孕或者正在哺乳自己婴儿的妇女，采取取保候审不致发生社会危险性的；

（四）羁押期限届满，案件尚未办结，需要采取取保候审的。

取保候审由公安机关执行。

第六十六条　人民法院、人民检察院和公安机关决定对犯罪嫌疑人、被告人取保候审，应当责令犯罪嫌疑人、被告人提出保证人或者交纳保证金。

第六十七条　保证人必须符合下列条件：

（一）与本案无牵连；

（二）有能力履行保证义务；

（三）享有政治权利，人身自由未受到限制；

（四）有固定的住处和收入。

第六十八条　保证人应当履行以下义务：

（一）监督被保证人遵守本法第六十九条的规定；

（二）发现被保证人可能发生或者已经发生违反本法第六十九条规定的行为的，应当及时向执行机关报告。

被保证人有违反本法第六十九条规定的行为，保证人未履行保证义务的，对保证人处以罚款，构成犯罪的，依法追究刑事责任。

第六十九条　被取保候审的犯罪嫌疑人、被告人应当遵守以下规定：

（一）未经执行机关批准不得离开所居住的市、县；

（二）住址、工作单位和联系方式发生变动的，在二十四小时以内向执行机关报告；

（三）在传讯的时候及时到案；

（四）不得以任何形式干扰证人作证；

（五）不得毁灭、伪造证据或者串供。

人民法院、人民检察院和公安机关可以根据案件情况，责令被取保候审的犯罪嫌疑人、被告人遵守以下一项或者多项规定：

（一）不得进入特定的场所；

（二）不得与特定的人员会见或者通信；

（三）不得从事特定的活动；

（四）将护照等出入境证件、驾驶证件交执行机关保存。

被取保候审的犯罪嫌疑人、被告人违反前两款规定，已交纳保证金的，没收部分或者全部保证金，并且区别情形，责令犯罪嫌疑人、被告人具结悔过、重新交纳保证金、提出保证人，或者监视居住、予以逮捕。

对违反取保候审规定，需要予以逮捕的，可以对犯罪嫌疑人、被告人先行拘留。

第七十条　取保候审的决定机关应当综合考虑保证诉讼活动正常进行的需要，被取保候审人的社会危险性，案件的性质、情节，可能判处刑罚的轻重，被取保候审人的经济状况等情况，确定保证金的数额。

提供保证金的人应当将保证金存入执行机关指定银行的专门账户。

第七十一条　犯罪嫌疑人、被告人在取保候审期间未违反本法第六十九条规定的，取保候审结束的时候，凭解除取保候审的通知或者有关法律文书到银行领取退还的保证金。

第七十二条　人民法院、人民检察院和公安机关对符合逮捕条件，有下列情形之一的犯罪嫌疑人、被告人，可以监视居住：

（一）患有严重疾病、生活不能自理的；

（二）怀孕或者正在哺乳自己婴儿的妇女；

（三）系生活不能自理的人的唯一扶养人；

（四）因为案件的特殊情况或者办理案件的需要，采取监视居住措施更为适宜的；

（五）羁押期限届满，案件尚未办结，需要采取监视居住措施的。

对符合取保候审条件，但犯罪嫌疑人、被告人不能提出保证人，也不交纳保证金的，可以监视居住。

监视居住由公安机关执行。

第七十三条 监视居住应当在犯罪嫌疑人、被告人的住处执行；无固定住处的，可以在指定的居所执行。对于涉嫌危害国家安全犯罪、恐怖活动犯罪、特别重大贿赂犯罪，在住处执行可能有碍侦查的，经上一级人民检察院或者公安机关批准，也可以在指定的居所执行。但是，不得在羁押场所、专门的办案场所执行。

指定居所监视居住的，除无法通知的以外，应当在执行监视居住后二十四小时以内，通知被监视居住人的家属。

被监视居住的犯罪嫌疑人、被告人委托辩护人，适用本法第三十三条的规定。

人民检察院对指定居所监视居住的决定和执行是否合法实行监督。

第七十四条 指定居所监视居住的期限应当折抵刑期。被判处管制的，监视居住一日折抵刑期一日；被判处拘役、有期徒刑的，监视居住二日折抵刑期一日。

第七十五条 被监视居住的犯罪嫌疑人、被告人应当遵守以下规定：

（一）未经执行机关批准不得离开执行监视居住的处所；

（二）未经执行机关批准不得会见他人或者通信；

（三）在传讯的时候及时到案；

（四）不得以任何形式干扰证人作证；

（五）不得毁灭、伪造证据或者串供；

（六）将护照等出入境证件、身份证件、驾驶证件交执行机关保存。

被监视居住的犯罪嫌疑人、被告人违反前款规定，情节严重的，可以予以逮捕；需要予以逮捕的，可以对犯罪嫌疑人、被告人先行拘留。

第七十六条 执行机关对被监视居住的犯罪嫌疑人、被告人，可以采取电子监控、不定期检查等监视方法对其遵守监视居住规定的情况进行监督；在侦查期间，可以对被监视居住的犯罪嫌疑人的通信进行监控。

第七十七条 人民法院、人民检察院和公安机关对犯罪嫌疑人、被告人取保候审最长不得超过十二个月，监视居住最长不得超过六个月。

在取保候审、监视居住期间，不得中断对案件的侦查、起诉和审理。对于发现不应当追究刑事责任或者取保候审、监视居住期限届满的，应当及时解除取保候审、监视居住。解除取保候审、监视居住，应当及时通知被取保候审、监视居住人和有关单位。

第七十八条 逮捕犯罪嫌疑人、被告人，必须经过人民检察院批准或者人民法院决定，由公安机关执行。

第七十九条 对有证据证明有犯罪事实，可能判处徒刑以上刑罚的犯罪嫌疑人、被告人，采取取保候审尚不足以防止发生下列社会危险性的，应当予以逮捕：

（一）可能实施新的犯罪的；

（二）有危害国家安全、公共安全或者社会秩序的现实危险的；

（三）可能毁灭、伪造证据，干扰证人作证或者串供的；

（四）可能对被害人、举报人、控告人实施打击报复的；

（五）企图自杀或者逃跑的。

对有证据证明有犯罪事实，可能判处十年有期徒刑以上刑罚的，或者有证据证明有犯罪事实，可能判处徒刑以上刑罚，曾经故意犯罪或者身份不明的，应当予以逮捕。

被取保候审、监视居住的犯罪嫌疑人、被告人违反取保候审、监视居住规定，情节严重的，可以予以逮捕。

第八十条 公安机关对于现行犯或者重大嫌疑分子，如果有下列情形之一的，可以先行拘留：

（一）正在预备犯罪、实行犯罪或者在犯罪后即时被发觉的；

（二）被害人或者在场亲眼看见的人指认他犯罪的；

（三）在身边或者住处发现有犯罪证据的；

（四）犯罪后企图自杀、逃跑或者在逃的；

（五）有毁灭、伪造证据或者串供可能的；

（六）不讲真实姓名、住址，身份不明的；

（七）有流窜作案、多次作案、结伙作案重大嫌疑的。

第八十一条 公安机关在异地执行拘留、逮捕的时候，应当通知被拘留、逮捕人所在地的公安机关，被拘留、逮捕人所在地的公安机关应当予以配合。

第八十二条 对于有下列情形的人，任何公民都可以立即扭送公安机关、人民检察院或者人民法院处理：

（一）正在实行犯罪或者在犯罪后即时被发觉的；

（二）通缉在案的；

（三）越狱逃跑的；

（四）正在被追捕的。

第八十三条 公安机关拘留人的时候，必须出示拘留证。

拘留后，应当立即将被拘留人送看守所羁押，至迟不得超过二十四小时。除无法通知或者涉嫌危害国家安全犯罪、恐怖活动犯罪通知可能有碍侦查的情形以外，应当在拘留后二十四小时以内，通知被拘留人的家属。有碍侦查的情形消失以后，应当立即通知被拘留人的家属。

第八十四条 公安机关对被拘留的人，应当在拘留后的二十四小时以内进行讯问。在发现不应当拘留的时候，必须立即释放，发给释放证明。

第八十五条 公安机关要求逮捕犯罪嫌疑人的时候，应当写出提请批准逮捕书，连同案卷材料、证据，一并移送同级人民检察院审查批准。必要的时候，人民检察院可以派人参加公安机关对于重大案件的讨论。

第八十六条 人民检察院审查批准逮捕，可以讯问犯罪嫌疑人；有下列情形之一的，应当讯问犯罪嫌疑人：

（一）对是否符合逮捕条件有疑问的；

（二）犯罪嫌疑人要求向检察人员当面陈述的；

（三）侦查活动可能有重大违法行为的。

人民检察院审查批准逮捕，可以询问证人等诉讼参与人，听取辩护律师的意见；辩护律师提出要求的，应当听取辩护律师的意见。

第八十七条 人民检察院审查批准逮捕犯罪嫌疑人由检察长决定。重大案件应当提交检察委员会讨论决定。

第八十八条 人民检察院对于公安机关提请批准逮捕的案件进行审查后，应当根据情况分别作出批准逮捕或者不批准逮捕的决定。对于批准逮捕的决定，公安机关应当立即执行，并且将执行情况及时通知人民检察院。对于不批准逮捕的，人民检察院应当说明理由，需要补充侦查的，应当同时通知公安机关。

第八十九条 公安机关对被拘留的人，认为需要逮捕的，应当在拘留后的三日以内，提请人民检察院审查批准。在特殊情况下，提请审查批准的时间可以延长一日至四日。

对于流窜作案、多次作案、结伙作案的重大嫌疑分子，提请审查批准的时间可以延长至三十日。

人民检察院应当自接到公安机关提请批准逮捕书后的七日以内，作出批准逮捕或者不批准逮捕的决定。人民检察院不批准逮捕的，公安机关应当在接到通知后立即释放，并且将执行情况及时通知人民检察院。对于需要继续侦查，并且符合取保候审、监视居住条件的，依法取保候审或者监视居住。

第九十条 公安机关对人民检察院不批准逮捕的决定，认为有错误的时候，可以要求复议，但是必须将被拘留的人立即释放。如果意见不被接受，可以向上一级人民检察院提请复核。上级人民检察院应当立即复核，作出是否变更的决定，通知下级人民检察院和公安机关执行。

第九十一条 公安机关逮捕人的时候，必须出示逮捕证。

逮捕后，应当立即将被逮捕人送看守所羁押。除无法通知的以外，应当在逮捕后二十四小时以内，通知被逮捕人的家属。

第九十二条 人民法院、人民检察院对于各自决定逮捕的人，公安机关对于经人民检察院批准逮捕的人，都必须在逮捕后的二十四小时以内进行讯问。在发现不应当逮捕的时候，必须立即释放，发给释放证明。

第九十三条 犯罪嫌疑人、被告人被逮捕后，人民检察院仍应当对羁押的必要性进行审查。对不需要继续羁押的，应当建议予以释放或者变更强制措施。有关机关应当在十日以内将处理情况通知人民检察院。

第九十四条　人民法院、人民检察院和公安机关如果发现对犯罪嫌疑人、被告人采取强制措施不当的，应当及时撤销或者变更。公安机关释放被逮捕的人或者变更逮捕措施的，应当通知原批准的人民检察院。

第九十五条　犯罪嫌疑人、被告人及其法定代理人、近亲属或者辩护人有权申请变更强制措施。人民法院、人民检察院和公安机关收到申请后，应当在三日以内作出决定；不同意变更强制措施的，应当告知申请人，并说明不同意的理由。

第九十六条　犯罪嫌疑人、被告人被羁押的案件，不能在本法规定的侦查羁押、审查起诉、一审、二审期限内办结的，对犯罪嫌疑人、被告人应当予以释放；需要继续查证、审理的，对犯罪嫌疑人、被告人可以取保候审或者监视居住。

第九十七条　人民法院、人民检察院或者公安机关对被采取强制措施法定期限届满的犯罪嫌疑人、被告人，应当予以释放、解除取保候审、监视居住或者依法变更强制措施。犯罪嫌疑人、被告人及其法定代理人、近亲属或者辩护人对于人民法院、人民检察院或者公安机关采取强制措施法定期限届满的，有权要求解除强制措施。

第九十八条　人民检察院在审查批准逮捕工作中，如果发现公安机关的侦查活动有违法情况，应当通知公安机关予以纠正，公安机关应当将纠正情况通知人民检察院。

十五、《公安机关办理刑事案件规定》

第七十四条　公安机关根据案件情况对需要拘传的犯罪嫌疑人，或者经过传唤没有正当理由不到案的犯罪嫌疑人，可以拘传到其所在市、县内的指定地点进行讯问。

需要拘传的，应填写呈请拘传报告书，并附有关材料，报县级以上公安机关负责人批准。

第七十五条　公安机关拘传犯罪嫌疑人应当出示拘传证，并责令其在拘传证上签名、捺指印。

犯罪嫌疑人到案后，应当责令其在拘传证上填写到案时间；拘传结束后，应当由其在拘传证上填写拘传结束时间。犯罪嫌疑人拒绝填写的，侦查人员应当在拘传证上注明。

第七十六条　拘传持续的时间不得超过十二小时；案情特别重大、复杂，需要采取拘留、逮捕措施的，经县级以上公安机关负责人批准，拘传持续的时间不得超过二十四小时。不得以连续拘传的形式变相拘禁犯罪嫌疑人。

拘传期限届满，未作出采取其他强制措施决定的，应当立即结束拘传。

第七十七条　公安机关对具有下列情形之一的犯罪嫌疑人，可以取保候审：

（一）可能判处管制、拘役或者独立适用附加刑的；

（二）可能判处有期徒刑以上刑罚，采取取保候审不致发生社会危险性的；

（三）患有严重疾病、生活不能自理，怀孕或者正在哺乳自己婴儿的妇女，采取取保候审不致发生社会危险性的；

（四）羁押期限届满，案件尚未办结，需要继续侦查的。

对拘留的犯罪嫌疑人，证据不符合逮捕条件，以及提请逮捕后，人民检察院不批准逮捕，需要继续侦查，并且符合取保候审条件的，可以依法取保候审。

第七十八条 对累犯，犯罪集团的主犯，以自伤、自残办法逃避侦查的犯罪嫌疑人，严重暴力犯罪以及其他严重犯罪的犯罪嫌疑人不得取保候审，但犯罪嫌疑人具有本规定第七十七条第一款第三项、第四项规定情形的除外。

第七十九条 需要对犯罪嫌疑人取保候审的，应当制作呈请取保候审报告书，说明取保候审的理由、采取的保证方式以及应当遵守的规定，经县级以上公安机关负责人批准，制作取保候审决定书。取保候审决定书应当向犯罪嫌疑人宣读，由犯罪嫌疑人签名、捺指印。

第八十条 公安机关决定对犯罪嫌疑人取保候审的，应当责令犯罪嫌疑人提出保证人或者交纳保证金。

对同一犯罪嫌疑人，不得同时责令其提出保证人和交纳保证金。

第八十一条 采取保证人保证的，保证人必须符合以下条件，并经公安机关审查同意：

（一）与本案无牵连；

（二）有能力履行保证义务；

（三）享有政治权利，人身自由未受到限制；

（四）有固定的住处和收入。

第八十二条 保证人应当履行以下义务：

（一）监督被保证人遵守本规定第八十五条、第八十六条的规定；

（二）发现被保证人可能发生或者已经发生违反本规定第八十五条、第八十六条规定的行为的，应当及时向执行机关报告。

保证人应当填写保证书，并在保证书上签名、捺指印。

第八十三条 犯罪嫌疑人的保证金起点数额为人民币一千元。具体数额应当综合考虑保证诉讼活动正常进行的需要、犯罪嫌疑人的社会危险性、案件的性质、情节、可能判处刑罚的轻重以及犯罪嫌疑人的经济状况等情况确定。

第八十四条 县级以上公安机关应当在其指定的银行设立取保候审保证金专门账户，委托银行代为收取和保管保证金。

提供保证金的人，应当一次性将保证金存入取保候审保证金专门账户。保证金应当以人民币交纳。

保证金应当由办案部门以外的部门管理。严禁截留、坐支、挪用或者以其他任何形式侵吞保证金。

第八十五条 公安机关在宣布取保候审决定时，应当告知被取保候审人遵守以下规定：

（一）未经执行机关批准不得离开所居住的市、县；

（二）住址、工作单位和联系方式发生变动的，在二十四小时以内向执行机关报告；

（三）在传讯的时候及时到案；

（四）不得以任何形式干扰证人作证；

（五）不得毁灭、伪造证据或者串供。

第八十六条　公安机关在决定取保候审时，还可以根据案件情况，责令被取保候审人遵守以下一项或者多项规定：

（一）不得进入与其犯罪活动等相关联的特定场所；

（二）不得与证人、被害人及其近亲属、同案犯以及与案件有关联的其他特定人员会见或者以任何方式通信；

（三）不得从事与其犯罪行为等相关联的特定活动；

（四）将护照等出入境证件、驾驶证件交执行机关保存。

公安机关应当综合考虑案件的性质、情节、社会影响、犯罪嫌疑人的社会关系等因素，确定特定场所、特定人员和特定活动的范围。

第八十七条　公安机关决定取保候审的，应当及时通知被取保候审人居住地的派出所执行。必要时，办案部门可以协助执行。

采取保证人担保形式的，应当同时送交有关法律文书、被取保候审人基本情况、保证人基本情况等材料。采取保证金担保形式的，应当同时送交有关法律文书、被取保候审人基本情况和保证金交纳情况等材料。

第八十八条　人民法院、人民检察院决定取保候审的，负责执行的县级公安机关应当在收到法律文书和有关材料后二十四小时以内，指定被取保候审人居住地派出所核实情况后执行。

第八十九条　执行取保候审的派出所应当履行下列职责：

（一）告知被取保候审人必须遵守的规定，及其违反规定或者在取保候审期间重新犯罪应当承担的法律后果；

（二）监督、考察被取保候审人遵守有关规定，及时掌握其活动、住址、工作单位、联系方式及变动情况；

（三）监督保证人履行保证义务；

（四）被取保候审人违反应当遵守的规定以及保证人未履行保证义务的，应当及时制止、采取紧急措施，同时告知决定机关。

第九十条　执行取保候审的派出所可以责令被取保候审人定期报告有关情况并制作笔录。

第九十一条　被取保候审人无正当理由不得离开所居住的市、县。有正当理由需要离开所居住的市、县的，应当经负责执行的派出所负责人批准。

人民法院、人民检察院决定取保候审的，负责执行的派出所在批准被取保候审人离开所居住的市、县前，应当征得决定机关同意。

第九十二条 被取保候审人在取保候审期间违反本规定第八十五条、第八十六条规定，已交纳保证金的，公安机关应当根据其违反规定的情节，决定没收部分或者全部保证金，并且区别情形，责令其具结悔过、重新交纳保证金、提出保证人、变更强制措施或者给予治安管理处罚；需要予以逮捕的，可以对其先行拘留。

人民法院、人民检察院决定取保候审的，被取保候审人违反应当遵守的规定，执行取保候审的县级公安机关应当及时告知决定机关。

第九十三条 需要没收保证金的，应当经过严格审核后，报县级以上公安机关负责人批准，制作没收保证金决定书。

决定没收五万元以上保证金的，应当经设区的市一级以上公安机关负责人批准。

第九十四条 没收保证金的决定，公安机关应当在三日以内向被取保候审人宣读，并责令其在没收保证金决定书上签名、捺指印；被取保候审人在逃或者具有其他情形不能到场的，应当向其成年家属、法定代理人、辩护人或者单位、居住地的居民委员会、村民委员会宣布，由其成年家属、法定代理人、辩护人或者单位、居住地的居民委员会或者村民委员会的负责人在没收保证金决定书上签名。

被取保候审人或者其成年家属、法定代理人、辩护人、单位、居民委员会、村民委员会负责人拒绝签名的，公安机关应当在没收保证金决定书上注明。

第九十五条 公安机关在宣读没收保证金决定书时，应当告知如果对没收保证金的决定不服，被取保候审人或者其法定代理人可以在五日以内向作出决定的公安机关申请复议。公安机关应当在收到复议申请后七日以内作出决定。

被取保候审人或者其法定代理人对复议决定不服的，可在收到复议决定书后五日以内向上一级公安机关申请复核一次。上一级公安机关应当在收到复核申请后七日以内作出决定。对上级公安机关撤销或者变更没收保证金决定的，下级公安机关应当执行。

第九十六条 没收保证金的决定已过复议期限，或者经上级公安机关复核后维持原决定的，公安机关应当及时通知指定的银行将没收的保证金按照国家的有关规定上缴国库，并在三日以内通知决定取保候审的机关。

第九十七条 被取保候审人在取保候审期间，没有违反本规定第八十五条、第八十六条有关规定，也没有重新故意犯罪的，或者具有本规定第一百八十三条规定的情形之一的，在解除取保候审、变更强制措施的同时，公安机关应当制作退还保证金决定书，通知银行如数退还保证金。

被取保候审人或者其法定代理人可以凭退还保证金决定书到银行领取退还的保证金。

第九十八条 被取保候审人没有违反本规定第八十五条、第八十六条规定，但在取保候审期间涉嫌重新故意犯罪被立案侦查的，负责执行的公安机关应当暂扣其交纳的保证金，待人民法院判决生效后，根据有关判决作出处理。

第九十九条 被保证人违反应当遵守的规定，保证人未履行保证义务的，查证属实后，经县级以上公安机关负责人批准，对保证人处一千元以上二万元以下罚款；构成犯罪的，依法追究刑事责任。

第一百条 决定对保证人罚款的，应当报经县级以上公安机关负责人批准，制作对保证人罚款决定书，在三日以内向保证人宣布，告知其如果对罚款决定不服，可以在五日以内向作出决定的公安机关申请复议。公安机关应当在收到复议申请后七日以内作出决定。

保证人对复议决定不服的，可以在收到复议决定书后五日以内向上一级公安机关申请复核一次。上一级公安机关应当在收到复核申请后七日以内作出决定。对上级公安机关撤销或者变更罚款决定的，下级公安机关应当执行。

第一百零一条 对于保证人罚款的决定已过复议期限，或经上级公安机关复核后维持原决定的，公安机关应当及时通知指定的银行将保证人罚款按照国家的有关规定上缴国库，并在三日以内通知决定取保候审的机关。

第一百零二条 对于犯罪嫌疑人采取保证人保证的，如果保证人在取保候审期间情况发生变化，不愿继续担保或者丧失担保条件，应当责令被取保候审人重新提出保证人或者交纳保证金，或者作出变更强制措施的决定。

负责执行的公安机关应当自发现保证人不愿继续担保或者丧失担保条件之日起三日以内通知决定取保候审的机关。

第一百零三条 公安机关在取保候审期间不得中断对案件的侦查，对取保候审的犯罪嫌疑人，根据案情变化，应当及时变更强制措施或者解除取保候审。

取保候审最长不得超过十二个月。

第一百零四条 需要解除取保候审的，由决定取保候审的机关制作解除取保候审决定书、通知书，送达负责执行的公安机关。负责执行的公安机关应当根据决定书及时解除取保候审，并通知被取保候审人、保证人和有关单位。

第一百零五条 公安机关对符合逮捕条件，有下列情形之一的犯罪嫌疑人，可以监视居住：

（一）患有严重疾病、生活不能自理的；

（二）怀孕或者正在哺乳自己婴儿的妇女；

（三）系生活不能自理的人的唯一扶养人；

（四）因案件的特殊情况或者办理案件的需要，采取监视居住措施更为适宜的；

（五）羁押期限届满，案件尚未办结，需要采取监视居住措施的。

对人民检察院决定不批准逮捕的犯罪嫌疑人，需要继续侦查，并且符合监视居住条件的，可以监视居住。

对于符合取保候审条件，但犯罪嫌疑人不能提出保证人，也不交纳保证金的，可以监视居住。

对于被取保候审人违反本规定第八十五条、第八十六条规定的，可以监视居住。

第一百二十条　公安机关对于现行犯或者重大嫌疑分子，有下列情形之一的，可以先行拘留：

（一）正在预备犯罪、实行犯罪或者在犯罪后即时被发觉的；

（二）被害人或者在场亲眼看见的人指认他犯罪的；

（三）在身边或者住处发现有犯罪证据的；

（四）犯罪后企图自杀、逃跑或者在逃的；

（五）有毁灭、伪造证据或者串供可能的；

（六）不讲真实姓名、住址，身份不明的；

（七）有流窜作案、多次作案、结伙作案重大嫌疑的。

第一百二十九条　对有证据证明有犯罪事实，可能判处徒刑以上刑罚的犯罪嫌疑人，采取取保候审尚不足以防止发生下列社会危险性的，应当提请批准逮捕：

（一）可能实施新的犯罪的；

（二）有危害国家安全、公共安全或者社会秩序的现实危险的；

（三）可能毁灭、伪造证据，干扰证人作证或者串供的；

（四）可能对被害人、举报人、控告人实施打击报复的；

（五）企图自杀或者逃跑的。

对于有证据证明有犯罪事实，可能判处十年有期徒刑以上刑罚的，或者有证据证明有犯罪事实，可能判处徒刑以上刑罚，曾经故意犯罪或者身份不明的，应当提请批准逮捕。

公安机关在根据第一款的规定提请人民检察院审查批准逮捕时，应当对犯罪嫌疑人具有社会危险性说明理由。

第一百四十四条　对犯罪嫌疑人逮捕后的侦查羁押期限不得超过二个月。案情复杂、期限届满不能侦查终结的案件，应当制作提请批准延长侦查羁押期限意见书，经县级以上公安机关负责人批准后，在期限届满七日前送请同级人民检察院转报上一级人民检察院批准延长一个月。

第一百五十三条　继续盘问期间发现犯罪嫌疑人需要拘留、逮捕、取保候审或者监视居住的，应当立即办理法律手续。

经典案例

2016 年 8 月 27 日 19 时许，綦江区公安局古南派出所接到报警：在古南街道上升街某小区有人要自杀。

接警之后，值班民警迅速赶赴现场，在小区门口焦急等候的报警人刘某赶紧向民警讲述事情经过。原来，刘某曾以感情不和，多次向男友提出分手，但对方一直不答应。今天，当刘某再次提起分手一事时，孙某竟用水果刀割伤自己手腕，并将刘某推出房门，并言"不准报警、不准打 120、不准告知父母，否则将纵身跳楼自杀。"

民警引导女子巧妙沟通。"有他公司领导的电话没有？他耍得好的兄弟伙呢？"为了平复男子情绪，民警试图寻找他熟悉的人出面安抚，但刘某表示，男友性格较为孤僻，甚少与人来往。"当下平复他的情绪是关键"，民警让刘某拨打孙某电话，与其"谈判"，寻找解救之机。

"我知道我有错，你不要这样伤害自己，你这样对不起你的父母，只要你好好的，我什么都依你，我们坐下来慢慢谈。"按照民警的指示，刘某耐心劝导对方，试图安抚孙某激动的情绪。

警民冒雨守候不言放弃。"好啦，我不想说了。"不料，男子越说越激动，多次挂断刘某的电话。守候楼底的民警及刘某没有放弃，在民警的出谋划策和女子柔声劝说下，一小时后，男子电话中终于软化语气，告诉刘某自己需要先冷静一段时间，不再寻短，并称伤口并无大碍，要求女友及他人不必担心。

经详细了解，27 岁的刘某与 29 岁的孙某相识相交一年之久，因性格等原因，刘某曾几次提及分手，孙某均以异常极端的方式解决。女子刘某讲："怕他真有什么三长两短的，所以前几次都只得和好。他总是说，是因为太在乎我，不想离开我"。考虑到孙某极端的性格，民警提醒刘某，两人相处时，表达方式尽量委婉一些，如再遇类似情况，第一时间一定要报警求助，以免事态扩大，造成不必要的伤害。

问题导入

一、在接受群众报警求助时，如何区分案件警情和非案件警情？

二、现场处置时，需要注意哪些问题？

三、如何在处置中防止一件民事纠纷"民转刑"？

模块概述

法律的基本作用之一乃是使人类为数众多、种类纷繁、各不相同的行为与关系达到某种合理程度的秩序，并颁布一些适用于某些应予限制的行动或行为规则或行为标准。为能成功地完成这一任务，法律制度就必须形成一些有助于对社会生活中多种多样的现象与事件进行分类的专门观念和概念。这样，它就为统一地和一致地调整或处理相同或基本相似的现象奠定了基础。我国调解的历史可以追溯到原始社会。当时人们之间的争端由部族首领按照原始社会的风俗、习惯，通过协商予以解决。而对于本氏族个别不遵守习惯的人，则是依靠社会舆论和社会道德力量，采取调和的办法，使其归顺，认识错误，达到平息矛盾、排除争纷、调整好相互间关系的目的，以维持正常社会生活秩序和生产秩序。可以说，这就是调解的原始形式。

随着经济社会发展，我国进入了社会转型期和矛盾凸显期，各类矛盾纠纷呈现出多样性、复杂性、群体性等特点。与此同时，传统的调解类型也面临种种困境，难以适应及时缓和大量纠纷的现实需要，在解决纠纷上的作用日趋下降。这使得惯于把人民调解作为"防止纠纷的第一道防线"的国家产生了构筑一种更具实效、更具权威的纠纷解决方式的内在需要，以改变过去各种调解单兵作战、各自为政的调处格局。2003年4月，江苏省南通市借鉴社会治安综合治理工作经验，结合重建调解网络，率先在全国建立"党政领导、政法牵头、司法为主、各方参与"的大调解机制，其他地方如山东陵县、浙江诸暨、上海浦东等也都建立了各具地方特色的大调解机制，并在实践中取得了良好效果。

我们认为，一个制度的确立，就应当体现其最根本的价值。调解制度的价值作为对参与调解的社会主体的内在需要所给予的满足与实现，应当包括两个方面：一为内在价值，即制度本身所应具有的价值——公平、正义和效率等；一为外在价值，即通过制度的运作而导致的实体公正——如和谐、秩序等。而只有充分实现了制度的内在价值，才可能在实践运作中带来实体的公正，才可能进一步实现制度的外在价值。因此，和谐、秩序固然是调解制度的价值取向，尤其是在构建社会主义和谐社会的今天，和谐与秩序显得更加重要。但这二者并非调解制度最重要的价值，更不是唯一价值，现代调解制度最重要的价值应当是公平、正义与效率。

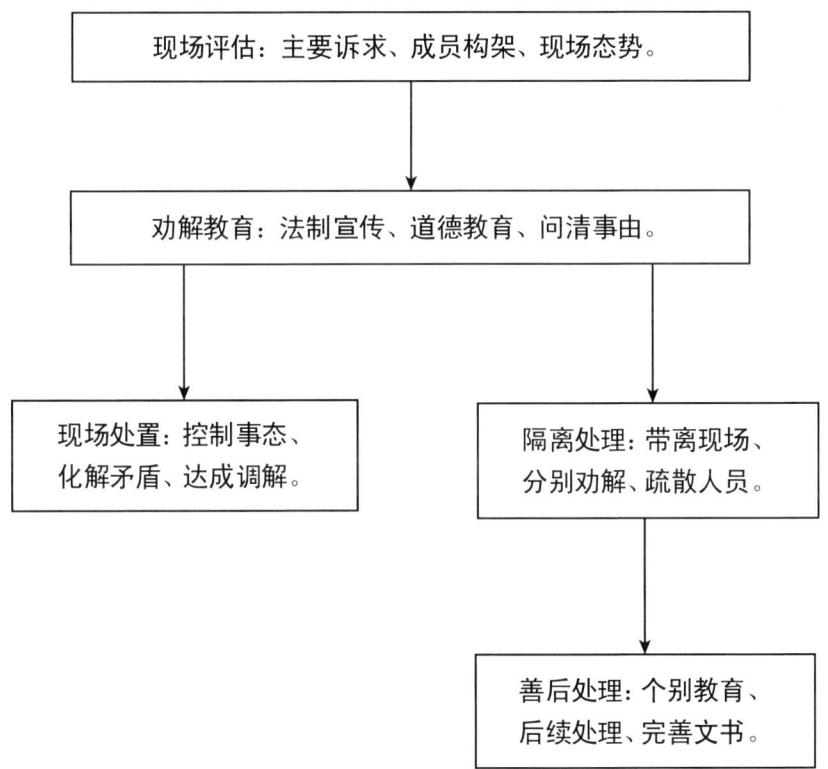

任务一
纠纷类警情处置

情景导入

2012 年 4 月 14 日 12 时许，江都区曹王林园场一前后邻居姚某（女）与顾某（60 周岁以上）因宅基地矛盾发生揪打，后顾某倒地。辖区派出所到达现场后，当即将顾某送医院诊治，并开展调查走访工作。伤者顾某经鉴定肢体多处软组织受伤属轻微伤。顾某指控系遭姚某击打脸部倒地后又遭姚某脚踢身体所致，姚某的丈夫在场拉架，其丈夫的脸部还被姚某不慎刮伤。但案发时仅姚某夫妇二人和顾某在场，无其他目击证人，姚某一口咬定没有殴打顾某发生纠缠，乃至连身体接触都没有，其提供的数名证人都是事后到场，并未看到打架的过程，姚的丈夫亦否认姚对顾实施了殴打。案件一时陷入僵局。5 月 3 日，同组村民王某主动到派出所作证，证实案发当时她在自家屋后目击了姚某殴打顾某的过程，由于其当时所处位置与现场隔了三户人家，所以她目睹了打架过程，而当事人双方并不知道她在远处看到这一幕的情况。本案事实认定证据条件苛刻，有被侵害人指控，有伤情鉴定，有一名旁证证实，但违法行为人拒不承认。办案机关经综合考量后，最终认定姚某殴打他人成立，并对姚某作出了处罚决定。姚某不服，以没有违法事实为由向扬州市公安局申请复议，由于申请人对违法事实有重大异议，复议机关开展了进一步调查，对主要证据进行了复核，认为事实清楚，证据确实充分，对原处罚决定予以维持。姚某未再提起诉讼。

课前讨论

一、纠纷现场证人如何查找、确认？

二、矛盾纠纷处理途径有哪些?

三、适用调解的案件类型有哪些?

理论知识

一、邻里纠纷的处置

（一）邻里纠纷及其特征

邻里纠纷也称为相邻纠纷。相邻纠纷，是指两个或两个以上相连或相近的不动产所有人或占有人（使用人），在行使权利时，未能尊重他方权利或给予他方以方便而发生的纠纷。通常具体表现为因相邻土地通行关系、用水、排水关系、公共场地使用关系、环境保护关系、防险关系、采光关系、通风关系、种植关系等矛盾而引起的纠纷。

邻里纠纷的特征主要表现在以下几个方面：

（1）引起纷争的原因比较简单。很多邻里纠纷的刑事案件都是由小争、小吵开始，进而升级为暴力斗争乃至刑事案件。随着经济发展步伐的加快，特别是农村新建、翻建、扩建住房日益增多，房屋、宅基地及相邻权纠纷显著增加。群众对于相邻权普遍缺乏了解，事先与邻居缺乏充分沟通，在发生纠纷后又不愿对其不动产权利的使用进行必要合理的限制，造成邻里关系紧张。

（2）纷争具有突发性、偶然性、潜伏性特点。邻里纠纷发生时间短，事前不可预见，猝不及防，可能因一时气急、冲动而突然发生。也有的邻里之间产生的隔阂不能及时化解，一方或双方形成积怨，一旦出现导火索矛盾便激发出来。

（3）案件标的额小，矛盾对抗激烈。有些邻里纠纷案件主要是因为相邻通行、通风、采光、排水、防险等引起的，本身并不复杂，事实清楚，法律关系明确，但当事人对案件的敏感程度较高，情绪对立严重，双方都不想让步，矛盾难以调和。有些案件背后有着错综复杂的社会关系，一旦处理不好可能使简单案情复杂化，从而造成比案件本身更为严重的后果。

（二）接警和指挥调度

1. 接警人员接报后，可告知其找居委会、村委会、物业管理部门调解或找有关行政主管部门解决，问题严重可找法院请求裁决。

2. 受理报警、求助结束时，对于不属于公安机关处理的一般性求助报警，根据报警人的心情和态度给予当事人答复和必要的抚慰。

3. 按规定填写、存储接警记录。

4. 对于接通报警电话后，电话突然挂断的，接警员应及时电话回复，如果仍然无法联系，应报告值班领导及时查找报警电话方向，对于能够查实报警电话所处位置的，可以就近出警核实报警电话具体情况，确定是否存在警情。

5. 如果双方已动手互殴，要立即处警。

（三）现场处置

1. 现场控制。将双方当事人分离，稳定当事人的情绪，制止当事人的过激行为和语言，控制事态。

2. 分别听取当事人的意见，及时展开调查，了解纠纷产生的原因。

3. 邀请当地居（村）委会或当地有威望的人士参与纠纷化解，积极进行劝解，化解矛盾，尽可能促成和解。

4. 对存在治安违法行为，属于治安调解范围的，并且双方当事人同意调解的，进行治安调解。经调解达成协议的，制作《治安调解协议书》或《现场治安调解协议书》三份，双方签字，当事人各领取一份调解协议，自行履行。

5. 双方当事人不愿意调解，或调解未达成协议，或者协议达成后反悔，不自动履行的，公安机关对其治安违法行为进行治安管理处罚，并告知双方当事人就民事争议事项和赔偿数额可以通过民事诉讼或其他法律途径解决。

6. 不存在治安管理违法行为的邻里纠纷，双方当事人不愿意调解的，告知双方当事人可以通过诉讼或其他法律途径解决。

7. 在纠纷调解过程中，教育双方当事人不得采取任何过激行为。

8. 对于在邻里纠纷中有扬言行凶报复杀人的，应给予关注，及时与辖区社区民警联系，纳入人口管理视线。

9. 填写、存储接处警记录。

10. 对于处警结果需要制作法律文书的，按照相关规定办理。

（四）注意事项

1. 因民事纠纷而引起的打架斗殴、毁损财产等违反治安管理的行为，情节轻微的，处警民警可以进行治安调解，也可以直接针对治安管理违法行为进行治安处罚。根据《治交管理处罚法》的精神，以及《公安机关办理行政案件程序规定》的精神，对于符合治安调解的邻里纠纷，应秉着维护社会治安秩序的目的，先征询当事人同意，再进行治安调解，不同意调解的，可以直接进行治安处罚。

2. 民警不宜介入纠纷的实质内容，对于邻里纠纷原因复杂，无法及时查清事件原委的，处警民警可以告知双方当事人通过民事诉讼程序进行解决；必要时，可以邀请基层组织、相关单位、群众自治组织、当地德高望重的人、与双方熟悉的有关人员到场协助处理。

3. 及时掌握邻里纠纷处置后情况，根据社会治安状况，将邻里纠纷处警之后的情况反馈纳入辖区社区警务之中，预防邻里纠纷的再次发生，或者演变为暴力犯罪。

4. 对于可能发生报复性行凶伤人、杀人案件的，应及时通知社区民警，或对可能行凶杀人者做好预防监护工作。

（五）常见问题

1. 对于邻里纠纷可以使用治安调解的处置，仅仅局限于治安处罚，没有对纠纷进行治安调解。

2. 对纠纷可能产生报复性行凶伤人、杀人，缺乏预见，或者预见后没有对相关人员进行预防性安排，容易产生因纠纷而引发的暴力案件。

3. 接处警民警对纠纷的处置缺乏反馈性了解，与社区民警沟通不够，对邻里纠纷的解决不力，也对犯罪预防不力。

4. 对于公安机关不便解决的单纯性邻里民事争议，没有告知纠纷双方解决问题的具体途径和方法。

二、家庭纠纷的处置

（一）家庭纠纷及其特征

家庭纠纷，是指在夫妻、子女、其他家庭成员及近亲属之间发生的有关身份关系和财产关系的纠纷，又可称为家事纠纷、家事案件。从广义上来讲，家庭纠纷类警情既包括家庭身份关系案件，又包括家庭财产关系案件；既包括诉讼案件，又包括非诉讼案件；既有民事案件，又有犯罪、违法或者其他不良行为案件；既有青少年犯罪案件，又可能有成人犯罪案件。

家庭纠纷的特征主要表现在以下几个方面：

（1）家庭纠纷的牵连性。家庭关系是一种特殊的人际关系，其变化对纠纷当事人外的其他庭成员的财产、地位具有直接决定性的作用。也就是说，一旦这种关系发生纠纷，其主体权益与其他家庭成员的利益有着极为密切的牵连性。

（2）家庭纠纷的公益性。家庭是社会的细胞，是社会稳定的基础，是一国社会秩序的重要组成部分，如果听任私人按照私法自主解决纠纷，势必会引发某些严重的家庭危机或社会问题。因此，要将家庭关系视为重要的社会关系，对家庭纠纷采取谨慎态度对待。

（3）家庭纠纷的隐秘性。受"家丑不外扬"的传统影响，纠纷当事人一般不愿意让别人知道自己家里的矛盾，发生纠纷后也是先尽量自己内部解决。在"面子"尚存的情况下，很多小的矛盾会在家庭内部消化。有些大的矛盾消化不了，就不得不让第三方出面，甚至打官司。然而即使走到了这一步，当事人也是不愿将纠纷公之于世的。这种相对隐秘的环境下经过第三人调解，纠纷还有和平解决的希望。一旦纠纷公开，颜面无存，矛盾很容易激化，当事人往往在冲动的情绪下走向极端，不利于纠纷的解决。

（4）发现真实程度要求较低。家庭纠纷多涉及感情、亲情等因素，彼此间对抗强度不如一般民事纠纷那么强烈，因此"既不宜用简单的契约关系及其调整方式来解决，也不能简单地以权威性的裁判分辨是非来进行处理，而必须把促成当事人之间恢复感情、消除对立、实现和解，作为纠纷解决的根本目标和价值取向"。家庭纠纷解决目的不在于对夫妻、亲子间的纷争错处作一个孰是孰非的冰冷判断，而在于为纠纷当事人寻找一条和平共处的出路。因此，家庭纠纷案件要求发现的真实程度远远低于普通民事案件。

（二）接警和指挥调度

1. 接警人员接报后，可劝其以亲情为重协商解决，也可告知其找当地村委会、居委会要求调解，也可以直接向法院提出诉讼。

2. 受理报警、求助结束时，对于不属于公安机关处理的一般性求助报警，根据报警人的心情和态度给予当事人答复和必要的抚慰。

3. 按规定填写、存储接警记录。

4. 对于接通报警电话后，电话突然挂断的，接警员应及时电话回复，如果仍然无法联系，应报告值班领导及时查找报警电话方向；对于能够查实报警电话所处位置的，可以就近出警核实报警电话具体情况，确定是否存在警情。

5. 如双方动手互殴，要问清地点及简要情况，立即处警。

（三）现场处置

1. 针对家庭纠纷的具体情况，采取应对措施，控制现场局势，制止行为人的过激言行，稳定双方情绪。

2. 分别听取当事人的意见，了解纠纷原因。

3. 对于存在暴力行为的，应将暴力行为人带回派出所进行调查取证，对受伤人员及时救治，并将妇联、妇女权益保护组织的联系方式告知受害方。

4. 对存在家庭暴力的家庭纠纷，处警民警应该现场取证，便于事后进入法律处罚程序。

5. 对没有暴力行为的家庭纠纷，处警民警应争取平息事态，综合运用法律教育、社会公德教育、家庭伦理教育等形式及时进行劝解，促使当事人双方相互谅解。

6. 对家庭纠纷反复报案的，应通知社区居（村）民委员会干部、社区民警、妇联、纠纷当事人认可的有威信的长辈或朋友共同参与调解。

7. 告诫纠纷双方在解决家庭纠纷中应采取合法手段，不得采用任何过激、暴力手段。

8. 填写、存储接处警记录。

9. 处警结果需要制作法律文书的，应按照相关规定办理。

（四）注意事项

1. 家庭纠纷处置的主要原则是平息事态，促使双方和解，维护家庭稳定，预防和及时查处家庭纠纷引发的违法犯罪行为。

2. 对于家庭纠纷的处置，应根据报警情况，在到达现场前做好积极应对策略，防止家庭暴力蔓延，产生对社会、处警民警的暴力行为。

3. 对于存在家庭暴力的家庭纠纷，处警民警应控制施暴者，并对现场进行取证、照相、录音等。

4. 对于家庭暴力行为者的处理，可听取受害人的意见和建议。

5. 应将家庭纠纷情况及时反馈到妇联、社区民警，做好家庭纠纷的预防工作。

6. 处理家庭纠纷，应对当事人的合法隐私给予保密。

7. 处警民警不宜介入纠纷的实质内容，明确告知当事人可以通过民事途径解决。

（五）常见问题

1. 对家庭纠纷中的家庭暴力行为关注不够，仅仅认为家庭暴力是家庭内部事务，没有纳入法律程序对家庭暴力及时给予处理，对受害人的保护与关注不够。

2. 对家庭纠纷警惕性不够，没有对家庭纠纷可能存在暴力犯罪给予关注，容易造成第一次处警警察应对不力，进而延误家庭暴力的及时处置。

3. 对家庭纠纷当事人的合法隐私权关注不够，造成当事人隐私的泄露，容易产生民事、行政诉讼。

三、劳资纠纷的处置

（一）劳资纠纷及其特征

劳资纠纷也称为劳动争议，是指劳动者（员工）与投资者（用人单位）之间由于种种利益冲突而发生的纠纷。就目前而言，企业特别是国内外商投资企业常遇到的劳资纠纷问题主要有解雇、开除、降职、辞工、加班、工伤待遇、患病医疗等几个方面，因此引起的争议出现的最多。

当前劳资纠纷的主要特征表现为以下几个方面：

（1）劳资纠纷案件总量居高不下。随着劳动关系双方当事人的法律意识逐步提高以及网络的发达，劳动争议处理机制不断健全，劳动争议呈显性化，使近几年来劳资纠纷数量明显上升。

（2）非公有制企业劳资纠纷数量占绝大多数，主要是私营和个体户侵害职工合法权益引发劳资纠纷。

（3）家庭作坊与劳动者之间发生的劳资纠纷增多且处理难度大。目前，尚存在着大量家庭作坊，雇工人数少的几人，多则上百人，劳动用工极为混乱，是劳动争议产生和激化矛盾的源头之一。

（4）因追索劳动报酬、保险福利、解除劳动合同经济补偿等经济利益争议居主导地位。劳动关系双方对经济利益的重视程度高于对权利的重视程度，由于劳动者处于劳动关系的弱势地位，个人很难为权利与用人单位抗衡，因此多从经济利益方面找回损失，而用人单位对违约辞职的劳动者，也大多以经济赔偿为由提出申诉。

（5）劳资纠纷负面影响较大。劳资纠纷如果得不到及时预防和有效处理，将对企业发展和社会稳定产生一定的负面影响。因拖欠外来务工人员、农民工工资引发的各类刑事案件，如对企业主进行人身攻击、群体性暴力事件、游行示威、阻碍公共交通等行为会引起一定范围的社会恐慌或社会波动。如果处理不好，不仅影响正常的生活生产秩序，甚至在一定程度上会破坏社会秩序，从而直接影响社会的稳定，影响经济的持续、稳定、健康发展。

（二）接警和指挥调度

1. 对于因劳动合同、拖欠工资和职业介绍、职业培训等问题发生的纠纷，接警人员要向报警人解释权限管辖，告知其找当地劳动部门或单位主管部门解决。

2. 受理报警、求助结束时，对于不属于公安机关处理的一般性求助报警，根据报警人的心情和态度给予当事人答复和必要的抚慰。

3. 如果当事人想通过调解或对仲裁裁决不服，可以向人民法院提起诉讼。

4. 按规定填写、存储接警记录。

5. 对于接通报警电话后，电话突然挂断的，接警员应及时电话回复，如果仍然无法联系，应报告值班领导及时查找报警电话方向；对于能够查实报警电话所处位置的，可以就近出警核实报警电话的具体情况，确定是否存在警情。

6. 如果因劳资纠纷而发生殴斗的，要立即处警，群体性事件要同时立即报告领导。

（三）现场处置

1. 控制现场局势，制止过激行为，防止出现人员伤亡和财产损失。

2. 维护现场秩序，及时疏散现场围观群众，疏导交通，恢复现场正常秩序。

3. 通过听取当事人或代表人陈述、现场访问群众等方式，弄清纠纷的起因与经过。

4. 及时通知劳动行政主管部门派人协调处理。

5. 依法进行调解，敦促履行义务，促成双方达成和解。

6. 对于无法达成和解协议的，告知解决纠纷的途径，如向劳动局申请调解或仲裁，向当地法院提起民事诉讼。

7. 对于双方有过激言行的，告诫双方不得采取任何过激行为，应通过法律途径解决争议，否则将要承担相应的法律后果。

8. 填写、存储接处警记录。

9. 在劳资纠纷现场存在打架斗殴、伤人等违法行为的，应首先控制局势，对违法行为进行现场控制，然后将违法行为人带回公安派出所进行处理，需要制作相应法律文书的，应根据相关规定办理。

（四）注意事项

1. 处警民警处警的主要任务是平息事态，预防和及时查处劳资纠纷引发的违法犯罪行为。

2. 劳资纠纷处置应注意现场控制和秩序维护，为纠纷的解决提供基础性环境。

3. 对于劳资纠纷过程中出现的违法犯罪行为，应该在现场秩序得到控制的前提下进行处置避免现场秩序混乱引发新的问题。

4. 执勤民警不宜介入劳资纠纷的实质内容，应当明确告知当事人通过民事途径解决；对于劳资纠纷的处理，必要时，报告指挥中心通知劳资纠纷行政主管部门派人到场协调处理。

5. 处警民警可以提出调解建议，如果不被双方接受，应建议劳资纠纷双方通过法律途径解决，不得采取过激行为，处警民警可以将当地解决劳资纠纷的具体途径告知双方当事人。

6. 处置人数较多的劳资纠纷，要注意进行现场控制，不能控制时要及时报告，防止形成群体性事件。

（五）常见问题

1. 劳资纠纷的过程中，往往伴随着过激言行，甚至伴随违法行为。处警民警在处置过程中，往往只重视违法犯罪行为的处理，忽视劳资纠纷事实的存在，造成处置违法犯罪行为过程中与其中一方因劳资问题发生新的冲突。因此，处警民警在处置劳资纠纷中应表明警察的职责和处理问题的态度，获取纠纷双方的理解和支持。

2. 对于劳资纠纷的处置，处警民警没有将处理劳资纠纷的具体途径告知纠纷双方，导致劳资纠纷当事人无法在短时间内了解解决纠纷的方法和途径，造成纠纷现场长时间混乱。

3. 对劳资纠纷现场控制不力，无法将劳资纠纷双方于周围围观群众分离，造成现场秩序难以控制，也容易引发因围观起哄而产生新的治安问题。

四、债务纠纷的处置

（一）债务纠纷及其特征

债务纠纷，是指当事人之间由于行使债权和履行债务发生的争议。享有权利的一方当事人称作债权人，负有义务的一方当事人是债务人。债务是个广义的概念，不仅仅是金钱之债，还包括因借贷实物、侵权行为等而产生的债。借贷关系，是一种合同关系，由双方当事人（出借人和借用人）签订借贷合同，按照合同的约定借用金钱和实物。在因合同而发生的债务关系中发生的纠纷，叫作由合同引起的债务纠纷。

债务纠纷的特征主要表现在以下几个方面：

（1）债款数额大，债务手续不完善。据统计，占总数54%的纠纷债款数额在千元以上，多的逾万元。纠纷产生的原因主要是债权人对债务关系看得过于简单，对借款人过于相信，或只看到有利可图的一面，有求必应，要借就给，不办理任何手续。这种情况下，一旦产生纠纷就真假难辨，弄不好还会使债权人的合法权益或者债务人的正当利益得不到法律的正当保护。

（2）借债不还或赖债，引起纠纷。这种情况因为证据的缺乏，给处警民警的现场认定带来了较大的困难，只能通过劝导的方式暂时平息纠纷，并引导当事人通过正常渠道解决或联系相关部门到场共同调解，而不能动用警察行政权。

（3）名借实骗，坑害债主。有少数人名借实骗诈取他人钱财。有的以合股经营，给对方好处，骗取对方借款；有的以能帮助安排就业、介绍工作，骗取借款；有的许以高利引诱，骗取借款。

（4）债务纠纷争议的权益比较大，情况也较复杂。民警很难通过现场的简单了解明确责任归属，且公安机关无解决此类纠纷的职权。

（二）接警和指挥调度

1. 接警人员接报后，首先要解释：上级规定不允许公安机关插手经济纠纷，否则也是违法违规行为。动员双方协商解决，如协商不成可告知找法院裁决。

2. 受理报警、求助结束时，对于不属于公安机关处理的一般性求助报警，根据报警人的心情和态度给予当事人答复和必要的抚慰。

3. 按规定填写、存储接警记录。

4. 对于接通报警电话后，电话突然挂断的，接警员应及时电话回复，如果仍然无法联系，应报告值班领导及时查找报警电话方向；对于能够查实报警电话所处位置的，可以就近出警核实报警电话具体情况，确定是否存在警情。

5. 如果双方已动手互殴，或搬东西，扣人扣物，要立即派警前去处置。

6. 如果一方绑架、劫持人质，要立即处警，同时报值班领导。

（三）现场处置

1. 控制现场秩序，制止过激言行。迅速将双方当事人隔离，稳定双方情绪，控制事态。

2. 了解纠纷起因，弄清事情原委。

3. 告知双方是否愿意现场调解，愿意进行调解的，现场进行劝解，帮助双方化解矛盾，促成双方和解，达成和解协议；双方协商不成或者有一方不愿进行调解的，告知双方化解矛盾的具体法律途径，如民事诉讼。

4. 告诫双方不得采取任何过激行为解决纠纷，否则不仅无法解决债务纠纷，还应承担相应的法律责任。

5. 对于债务纠纷处警时，发生打架斗殴、毁损财产的，情节轻微的，既可以给予治安处罚，也可以在双方自愿的情况下进行治安调解；对于情节严重的，不符合治安调解条件的，不能进行治安调解，应给予治安处罚。同时，对债务纠纷进行劝解，如果不愿意调解，则应告诉其法律解决途径。

6. 填写、存储接处警记录。

7. 处警结果需要制作法律文书的，按照相关规定办理。

（四）注意事项

1. 在债务纠纷处置过程中，对债务性质应有初步判断，对于非法债务，不应促成双方和解，如对于赌博、高利贷、嫖娼发生的债务等，应该将双方带回公安机关进行调查取证，根据违法犯罪情节采取不同的法律措施（如治安处罚、刑事立案等），及时依法查处。

2. 对债务纠纷处警时发生打架斗殴、非法拘禁、毁损财产等违法犯罪行为的，处警民警应该及时现场取证，并将双方带回公安机关进行调查取证，为依法处置提供证据。

3. 在债务纠纷化解过程中，处警民警应保持公正、中立，不宜介入纠纷的实质内容，对双方不愿处警民警调解的，应告诉其具体的法律化解途径。

4. 对于发生在居民社区内的多次报警的债务纠纷，应及时与社区民警沟通。

（五）常见问题

1. 处警民警处置债务纠纷报警时，往往根据现场是否存在暴力行为或违法犯罪行为决定是否处置，往往缺乏劝解、告诫、提供具体的法律解决途径的环节，致使处警民警离开现场后债务纠纷演变成违法犯罪。

2. 对于屡次报警的债务纠纷，处警民警仅仅作为单次报警进行处理，未将此类问题及时反馈给派出所、社区民警，请社区民警协同进行处置。

五、医患纠纷的处置

（一）医患纠纷及其特征

医患纠纷，是指医方（医疗机构）与患方（患者或者患者近亲属）之间产生的纠纷。医患纠纷包括基于医疗过错争议产生的医疗纠纷，也包括与医疗过错无关的其他医患纠纷（如欠付医疗费的纠纷等）。公安机关需要关注的医患纠纷，往往是指医患纠纷已经引发违法犯罪行为或有违法犯罪倾向，特别是易引发群体性事件的一类医患纠纷。

当前医患纠纷的主要特征表现为：

（1）参与医患纠纷人的特定性。到医院闹事的患者一方少则 3~5 人，多则几十人，甚至近百人。参与纠纷人与患者的关系是特定的，即患者一方主体主要是其亲朋，既有主要家属、同村同族乡亲，又有朋友。

（2）引发纠纷的原因具有双重性和复杂性。主要是两方面的原因：一方面是医院方面的主客观原因，客观方面是误诊误治在医疗活动中在所难免，主观方面是医务人员基本功不扎实、医疗行为不规范、工作作风不严谨等，而主观方面的原因是主要的原因。另一方面是患者方面的原因，主要是群众的医疗知识水平偏低，群众对医疗调解委员会和医疗鉴定失去信任，经济利益的驱使，即企求通过纠纷闹事获得更多的经济赔偿等。

（3）医患双方之间力量不均衡、不对等。医患双方的民事法律关系是平等的，但在医学知识和信息的占有上却存在事实上的不平等。在医疗过程中，患者虽然可以选择医疗服务机构对象和方法，但却缺乏相关知识，没有选择和适当参与的能力。医患纠纷发生后，由于医疗机构具备专业知识和技术手段，通常会掌握相关的证据材料。虽然法律对患者在诉讼中的举证责任实行倒置，而这并不能从根本上改变患方在纠纷解决过程中处于相对弱势地位的现状。

（4）医患双方当事人对待医患纠纷的态度是对立的。由于医患双方看问题的角度不同，医患纠纷发生后，患者及其亲属一般都对医方不信任，即使是患者突发病引起的死亡，由于患者亲属不懂医学专业知识，只会认为是医方的责任，患者往往会认为到医院花了钱医生就应该为自己治好病，治不好、治死了就得赔偿。而医方认为医疗本身是一种探索性、实践性和风险性的行为，患者不理解、不论是非就要求赔偿，于是抱着一种被冤枉的心理应付患方。医方若多次对赔偿责任持否定态度，患者一般认为拖延解决对自己不利，所以就主动、积极寻找多种途径，利用各种手段如制造舆论、努力赢得社会同情或阻碍医方正常上班等，使医方相对处于被动地位。

（5）医患纠纷较一般民事纠纷更复杂。医患纠纷既涉及法律问题，又涉及医学问题。医患纠纷的复杂性还体现在纠纷关系到双方分别代表的利益主体的自身利益。医患关系是人们普遍关注的问题，一起纠纷的解决，其效应远远超出案件本身。医患纠纷的解决较一般民事纠纷的解决更加困难。太注重医疗行为特殊性，往往有损患者利益；对医务人员的要求过于苛刻，又会影响医务人员的积极性，导致他们为躲避风险和责任而不敢放手采取措施，使得在某情况下本可以得到救治的患者得不到救治反而不利于患者。

（6）医患纠纷呈现出高发性的特点。随着经济的发展，人们生活质量的提高，对生命、健康的要求越来越高。患者对诊疗、护理的要求也越来越高，造成患者对医院的期望值过高，若不能如愿，就可能引起不满，患者可能以各种理由要求医疗机构承担责任。

（二）接警和指挥调度

1. 接警人员接报后，可以劝双方当事人协商解决，也可以告知其找卫生行政主管部门要求协调，还可以直接向法院提出诉讼。

2. 受理报警、求助结束时，对于不属于公安机关处理的一般性求助报警，根据报警人的心情和态度给予当事人答复和必要的抚慰。

3. 按规定填写、存储接警记录。

4. 对于接通报警电话后，电话突然挂断的，接警员应及时电话回复，如果仍然无法联系，应报告值班领导及时查找报警电话方向，对于能够查实报警电话所处位置的，可以就近出警核实报警电话具体情况，确定是否存在警情。

5. 如果因医患纠纷发生殴斗的，要立即处警，若发生群体性事件要同时立即报告值班领导。

（三）现场处置

1. 控制现场秩序，制止过激言行，将医患双方带离现场，疏散围观群众，控制事态发展，维护医院正常的医疗秩序。

2. 对现场进行照相、录像、录音，保留现场证据，为事后违法犯罪的处理保留证据。

3. 听取医患双方陈述，了解纠纷起因和纠纷过程等情况。

4. 及时通知卫生行政主管部门派员到场协调处理。

5. 对在医患纠纷过程中，存在殴打、伤害，毁损财物，破坏、抢夺医疗设备、资料等违法犯罪行为的，应及时带回公安机关依法处理。对于停尸闹丧的，指出其违法犯罪的性质，责令其撤离。

6. 填写、存储接处警记录。

7. 处警结果需要制作法律文书的，按照相关规定办理。

（四）注意事项

1. 医患纠纷由卫生行政主管部门处理，公安机关应维护现场秩序，防止矛盾激化。

2. 对大吼大闹者进行劝阻、教育，陈述利害关系；对破坏医疗设施、追打医疗人员的行为及时予以制止；对停尸闹丧的，责令其撤离。

3. 处置医患纠纷时，应听取患方意见，理解患者本人及亲属的心情，并积极给予引导。

4. 对于患者家属认为医院更改、涂改医疗档案，要求执勤民警保留证据的，执勤民警应对医疗档案进行证据保全。

5. 对于职业医闹分子要注意及时搜集证据，依法果断处理。

6. 对于医患纠纷事态严重，执勤民警难以控制的，应及时向上级请求支援；对于情况重大的，要及时通过相关途径向当地党政主要领导报告。

（五）常见问题

1. 医患纠纷处置过程中，因为处置方法不当、语言冲突，导致医患纠纷矛盾转化为警民矛盾。

2. 对患者要求执勤民警进行证据保全，执勤民警处理不当造成患者家属不满，引发矛盾转向。

3. 现场秩序维护不力，对纠纷闹事者现场带离不及时，造成围观群众过多，导致医患纠纷处置难度升级。

六、消费纠纷的现场处置

（一）操作规程

1. 控制现场局势，制止过激言行，维护现场秩序。

2. 对于现场围观群众过多，造成现场秩序混乱的，可以将纠纷双方带到公安机关进行处理。

3. 听取双方陈述，了解纠纷起因和经过，促成双方自行和解。

4. 告诫双方不得采取过激言行，否则将承担相应的法律责任。

5. 因消费纠纷引发的打架斗殴、毁损财产，情节轻微的可以治安调解；对于不愿采取治安调解，或治安调解无法达成协议的，依法进行治安处罚，并告诉纠纷双方可就消费争议采取法律途径进行解决。

6. 告诉双方解决消费争议的途径，可以向工商、卫生、价格、质量监督等行政主管部门或消费者协会投诉，或者通过法院依法起诉。

7. 填写、存储接处警记录。

8. 处警结果需要制作法律文书的，按照有关规定办理。

（二）注意事项

1. 在处置消费纠纷过程中，注意发现涉及伪劣商品生产、销售，以及以次充好等违法犯罪信息，为治安管理部门处理95种刑事案件提供线索。

2. 在处理消费纠纷过程中，注意现场证据的收集与固定，为处置违法犯罪提供证据。

3. 公安机关在处置消费纠纷过程中，可以及时通知消费行政主管部门（工商所、质检所）或消协到场协助处理。

4. 对于消费纠纷中存在的欺行霸市、强买强卖以及涉嫌诈骗、盗窃、非法拘禁、非法搜查等案件的，应及时带离现场，依法进行调查处理。

5. 在处置消费纠纷过程中，处警民警应执法公正、公平，注意防止执法不公引发警民冲突。

（三）常见问题

1. 消费纠纷往往涉及商品买卖中的违法犯罪，如果将消费纠纷简单作为一般性民事纠纷进行处理，就会忽视违法犯罪的处置。

2. 在处理消费纠纷中，处警民警往往会自行单独处理，而没有吸纳工商、消协等组织协助处置，导致处理消费纠纷效果不理想。

七、物业纠纷的现场处置

（一）操作规程

1. 维护现场秩序，制止过激行为，防止事态演变、扩大。

2. 对于事态难以控制的，应及时向上级领导或110指挥中心报告，请求援助。

3. 对于物业纠纷双方愿意调解、协商的，公安机关可以协助调解；对于双方无法达成调解协议，或者无法进行调解的，告诫双方不得采取过激行为，否则将承担法律责任。

4. 为便于双方达成调解协议，可以请求业主委员会、物业行政主管部门协助调解。

5. 对存在违法犯罪的物业纠纷，应及时采取制止措施，并对相关人员调查取证，并制作现场照相、录像、录音。

6. 对于在物业纠纷中采取过激行为的，如打架斗殴、毁损财物，情节轻微的，可以治安调解；对于无法治安调解或者不适用治安调解的，公安机关可以将违法行为人带回公安机关进行处理。

7. 填写、存储接处警记录。

8. 处警结果需要制作法律文书的，按照有关规定办理。

（二）注意事项

1. 公安机关处置物业纠纷，主要是维护现场秩序，查处违法犯罪，平息事态。

2. 公安机关一般不介入物业纠纷处置的实质内容，仅仅是为物业纠纷和平化解提供解决途径，为此，处警民警可以将物业纠纷化解的合法途径告知纠纷双方。

3. 对于以车辆堵塞通道，扰乱小区正常生活秩序，不听公安机关劝阻的，收集相关证据（如录音、录像等），依法对车辆进行收缴，对违法行为人依法处理。

（三）常见问题

1. 对物业纠纷能够协商、调解的，不进行调解；或者对物业纠纷缺乏治安敏感性，诱发群体性治安事件的出现。

2. 调查取证不及时，控制犯罪嫌疑人不及时，造成违法犯罪事后难以处理。

八、单位内部管理纠纷的现场处置

（一）操作规程

1. 控制现场局势，防止事态扩大，制止过激言行，维护单位内部的正常工作、科研、经营等秩序。

2. 现场进行劝解，听取当事人双方的陈述，了解纠纷起因和纠纷经过。

3. 告诫双方不得采取过激行为，否则承担法律责任。

4. 对于有违法犯罪行为的，应带回公安机关进行处理，并告知违法行为人：公安机关的处理只针对其违法犯罪行为，不针对其纠纷的解决。

5. 告知双方：对于单位内部管理纠纷，公安机关无权处理，应告知其向上级主管部门或行政主管部门请求解决。

6. 填写、存储接处警记录。

7. 处警结果需要制作法律文书的，按照有关规定办理。

（二）注意事项

1. 明确公安机关在处置单位内部纠纷时的法律地位，公安机关仅仅是维护现场秩序，预防和查处违法犯罪。

2. 对于事态较大、难以控制现场秩序的，处警民警应及时上报，请求支援，并及时通知单位上级主管部门或地方行政主管部门派人现场协助处理。

3. 处警民警应积极敦促单位领导将纠纷化解在单位内部。

（三）常见问题

1. 处警民警没有就单位内部纠纷进行积极化解，简单地将纠纷解决甩给单位内部领导，无助于纠纷的化解，简单地将纠纷解决甩给单位内部领导，无助于纠纷的化解，容易引发群体性事件。

2. 在处置单位内部纠纷时，处警民警容易将扰乱单位内部工作秩序的违法犯罪行为简单看为单位内部纠纷，对单位的正常生产经营保护不力。

实训任务

一、简要案情

2011 年 4 月，李某军与马某花家就因为土地问题发生争执。2011 年 6 月 29 日 11 时 4 分某市 110 指挥中心接警称：在代店一组李某军家因土地发生纠纷，要求处警。接警后，经了解为李某军（男、某村一组）与马某花（女、某村一组）两家因土地发生纠纷。该马声称：要与李某军一命换一命。获悉这一情况后，民警迅速走访双方当事人了解情况。经调查：两家因宅基地纠纷，几年来矛盾越积越深，大有一触即发之势。如果不能妥善处理，极可能演变成一起典型的"民转刑"案件。因为李某军又在他认为应是自己家宅基地的道路上盖了一个厕所，而且厕所位置正对着马占花家大门，马某花感到既"晦气"又不得不绕道出行，因此气红了眼，扬言要闹出"动静"。民警在调解中一是稳定马某花的情绪，结合真实案例告知其一旦采取过激行为后所要承担的法律后果，讲清利害关系，促使马某花逐渐冷静下来；二是调查走访村干部及知情群众，弄清事情的来龙去脉，抓住双方争议的焦点；三是不厌其烦地找马某花做思想工作促使其做出让步；四是与村干部一起协商处理并反复争求双方当事人意见，取得当事人理解。最终，双方达成一致意见：（1）双方争议的宅基地部分归双方共同出行使用，任何一方不得搭建建筑物；（2）马某花赔偿李某军建厕所费用，由李某军负责将厕所拆毁并平整道路；（3）双方保证不再因此事发生任何纠纷及过激行为。最终双方对调解结果均表示满意。

二、课堂讨论

1. 在这起纠纷中可以邀请哪些人参与调解？
2. 调解过程中应抓住哪些关键问题？
3. 对于可能"民转刑"的事件，应做好哪些准备工作？

三、课堂作业

制作治安调解协议书。

表 32

_____公安局
治安调解协议书

公 ( ) 调解字 [ ] 号

主持人姓名_____工作单位_____调解地点_____

当事人基本情况（姓名、性别、年龄、出生日期、身份证件种类及号码、工作单位、现住址）_____

_____。

其他在场人员基本情况（姓名、性别、年龄、出生日期、身份证件种类及号码、工作单位、现住址）_____

_____。

主要事实（包括案件发生时间、地点、人员、起因、经过、情节、结果等）：

_____

_____

_____。

经调解，双方自愿达成如下协议（包括协议内容、履行方式和期限等）：

_____

_____。

本协议自双方签字之时起生效。对已履行协议的，公安机关对违反治安管理行为人不予处罚；对不履行协议的，公安机关依法对违反治安管理行为人给予治安管理处罚，当事人可以就民事争议依法向人民法院提起民事诉讼。

本协议书一式三份，双方当事人各执一份，调解机关留存一份备查。

当事人意见：签名（盖章）：

主持人签名：

见证人签名：

（调解机关印章）

年 月 日

任务二
求助类警情处置

情景导入

"110吗，我的包被盗了。"2015年3月26日晚23时30分许，市公安局接到群众报警后，某派出所民警李某田迅速赶往现场。在××路口，李某田找到了焦急万分的报警人陈女士。

据陈女士讲述，她常年在某市区一店内打工。当晚20时许，陈女士将自己的黑色手提包放在店内沙发后面就忙着招呼顾客了，21时30分许，陈女士忙完后发现手提包不见了，在店内找了几个小时都没找着后报了警。

"民警同志，我包里有800余元现金，身份证、银行卡等重要证件，还有一部刚买才几天的新手机！"陈女士越说越激动，希望警方赶紧帮她破案。李某田劝说陈女士不要着急，并对现场及周边环境进行了勘查。一番检查下来，李某田未发现任何线索，于是询问陈女士会不会是被其中一名顾客顺手盗走了。但陈女士再三回答称不可能，因为当晚店里总共只有一名顾客光临，且其离开时两手空空，什么都没带。结合现场勘查以及陈女士的描述，民警分析之后认为手提包被盗的可能性较小，于是他耐心地向陈女士剖析了原因，并请她仔细回想事情经过，提醒她是不是将手提包放在了别处。之后经再次查找，陈女士兴奋地发现手提包在店里被找出来了，而且里面的东西一样不少。

课前讨论

一、处警人员到达现场后，对于案件和非案件如何判断？

二、对于紧急求助类警情的前期工作有哪些？

理论知识

一、失踪人员的处置

（一）操作规程

1. 接待找寻失踪人员报警。

2. 要求找寻人提供证明与失踪人员的亲属关系的证明文件：户口本、身份证等，核实找寻人的身份，登记联系电话、家庭住址等。

3. 对失踪人员信息进行登记，登记内容为近期照片、姓名、性别、年龄、口音、身高、体貌特征、着装、携带物品、离家或走失时间。

4. 了解失踪人可能落脚的地点，或者其他可能联系的其他人员，以及可能前往的地点。

5. 分析失踪人是否存在受到犯罪侵害的可能，或者因为违法犯罪被公安机关羁押。

6. 比对可能失踪时间之后尸源协查、协查通报等。

7. 向相关地区的公安机关发送协查通报，或者电话查询。

8. 多种方式查询未果的采集失踪人员直系亲属 DNA，将失踪人员信息录入全国失踪人员信息系统。

9. 对找寻人进行心理安抚，并提出其他可以查找的方法：刊登寻人启事、张贴寻人公告等。

10. 填写、存储接处警记录。

（二）注意事项

1. 查找失踪人只限于失踪人的近亲属、监护人，对于要求查找失踪的债权、债务关系人的请求，应给予拒绝，建议其向法院提出申请。

2. 确定失踪的时间，一般应在失去联系后的 24 小时之后。

3. 帮助查找失踪人员，应尽量排除由于联系方式障碍造成音信不通的所谓失踪。

4. 对于幼儿的失踪应不受时间限制，接报警后及时帮助查找。

5. 告知报案人一旦获得相关信息，或者失踪人口自行回家，应及时与公安机关联系。

（三）常见问题

1. 对于幼儿失踪报案，过分强调失去联系 24 小时之后报案才能受理，导致延误最佳找寻时机。

2. 接待找寻人的报案后，态度冷漠、推诿，造成找寻人的不满或投诉。

二、未成年人离家出走的处置

（一）操作规程

1. 接待群众报案。

2. 对报案人进行登记，登记内容为：报案人的身份（姓名、性别、住址、联系方式），未成年人的身份（照片、姓名、性别、年龄、体貌特征、携带物品、穿着、口音、离家出走的可能时间，与报案人的关系等）。

3. 调查了解未成年人离家出走的原因，可能前往的地点、区域，与未成年人联系较为紧密的同学、朋友、教师、网友等的联系方式（包括学校、住址、电话、QQ、微信、微博等）。

4. 必要时，在征得其监护人的同意下，对未成年人的书信、物品进行检查。

5. 对于上网成瘾的未成年人，为确定其方位，在请示上级领导之后，可以对其网络信息、手机进行监控。

6. 对于有迹象表明未成年人可能被害、被拐等案件，及时通知刑侦部门立案处理，对于有条件实施堵截的，及时开展营救工作。

7. 帮助报案人找寻离家出走的未成年人，可通过与学校、同学、亲属的及时联系，帮助回忆离家出走前的言行，帮助分析可能前往的地点、区域，通过与可能目的地公安机关联系，帮助查找。

8. 对比无名尸体、协查通报等，以及查询公安机关近期羁押人员。

9. 对找寻人进行心理安抚并提出其他可以查找的方法：刊登寻人启事、张贴寻人公告等。

10. 多种方式查询未果的采集失踪人员直系亲属 DNA，将失踪人员信息录入全国失踪人员信息系统。

11. 填写、存储接处警记录。

（二）注意事项

1. 及时受理，不得推诿、拒绝，积极帮助查找，以获取群众对警察工作的支持。

2. 通知辖区民警、学校帮助查找。

3. 对存在未成年人被侵害案件可能的，及时报告刑侦部门，开展营救工作。

4. 告知报案人一旦获得相关信息，或者离家者自己回家，应及时与公安机关联系。

5. 需要办理相关法律文书的，应根据相关规定及时办理。

（三）常见问题

1. 对报案人以报案时间、管理权限等为理由，态度冷漠或拒绝、推诿群众，挫伤群众与警察之间的信任，有失警察的职责。

2. 对可能存在未成年人被侵害的案件，受理不及时，延误案件侦破。

三、捡拾弃婴的处置

（一）操作规程

1. 及时到达现场，对现场物品（衣物、被褥、字条等）进行提取，对捡拾人进行取证（捡拾人姓名、时间、地点、现场情况，以及可能的遗弃嫌疑人）。

2. 对弃婴进行营救。根据弃婴的生命状况进行初步判断，对于已经死亡的，进行拍照、证据固定，及时送殡葬单位处理；对于有生命迹象的，或者难以判断是否死亡的，应及时送附近医院救治，或者通知 120 急救中心进行抢救。

3. 及时走访捡拾地周围群众，调查遗弃线索。

4. 将弃婴移交民政部门。

5. 填写、存储接处警记录。

6. 处警结果需要制作法律文书的，按照有关规定办理。

（二）注意事项

1. 对现场物品、捡拾人进行登记。

2. 调查遗弃人，追究相关法律责任。

3. 调查是否存在其他刑事案件（婴幼儿拐卖案件、盗抢婴幼儿案件等）。

（三）常见问题

1. 现场登记、记录不全，为查找弃婴父母以及弃婴年龄制造了障碍。

2. 对于已死亡弃婴、没有办理出生死亡的台账登记，仅仅进行掩埋处理，户口登记程序不严。

四、溺水事件的现场处置

（一）操作规程

1. 接警后，迅速到达现场。

2. 了解溺水者落水时间、地点、原因，了解水情，制定救人方案。

3. 根据现场情况，寻找救人器材：救生圈、绳索、竹竿或者船只。

4. 能够现场施救的，处警民警进行现场施救：抛掷绳索、救生圈，或者投递竹竿。

5. 对于落水时间较长，溺水者昏迷的，处警民警采用船只靠近施救，或者直接下水施救，但应注意防止被溺水者拖拽至水中，应从背后接近，托住其头部，并将其头部抬出水面。

6. 无法现场施救，或者水情复杂的，处警民警应及时通知110指挥中心派专业人员施救。

7. 及时向110指挥中心或上级报告现场施救情况。

8. 通知120急救中心准备急救。

9. 将溺水者救起后，根据溺水者情况，或者采取控水、人工呼吸，或者由120急救人员施救。

10. 填写、存储接处警记录。

（二）注意事项

1. 出警前，根据指挥中心指令，检查应带设备是否齐全，防止遗漏必要工具。

2. 到达现场后，应及时进行现场调查，掌握落水情况，掌握现场水情、水势，根据手头工具指定救人方案，避免没有掌握基本情况就贸然下水，造成处警民警出现险情。

3. 根据现场情况，既可组织附近群众协助救人，也可通知110指挥中心调派专业人员施救。

（三）常见问题

1. 处警民警出警前没有检查应带设备，造成到达现场后无法及时施救。

2. 处警民警因为水性问题无法下水时，不能有效组织附近群众协助施救，延误溺水者的救助，也造成警察形象的受损。

五、坠楼自杀的现场处置

（一）操作规程

1. 根据110指挥中心指令，迅速到达现场。

2. 观察现场周围环境，询问报警人和围观群众，掌握当事人的身份和自杀原因。如果当事人已经坠楼的，联系侦查部门派员勘查，确定事件性质。

3. 划定警戒区域，制止围观群众的喧闹，防止当事人受环境刺激而情绪失控。

4. 根据情况，处警民警难以处置的，及时请求支援，要求消防、水上、医疗、供电等部门协助。

5. 与当事人进行交流与沟通，掌握当事人的要求和想法；针对当事人的要求与想法，开展劝说，必要时要求相关单位、部门人员给予答复，使当事人尽快离开险地，放弃自杀。

6. 做好应急准备，在可能坠落之处架设防护网，铺设充气垫等。

7. 对于难以劝说的，处警民警做好分工、营救工作，一部分处警民警负责吸引当事人注意力，一部分处警民警伺机靠近营救，一部分处警民警负责做好应急抢救。

8. 做好现场取证工作，为事后处理当事人做好法律准备。

9. 填写、存储接处警记录。

10. 处警结果需要制作法律文书的，按照有关规定办理。

（二）注意事项

1. 调查了解现场情况，掌握当事人的自杀缘由，为开展营救做好准备。

2. 做好围观群众工作，防止自杀者受环境刺激迅速做出自杀举动。

3. 与自杀者沟通、交流，应以倾听为主。通过倾听，能了解其想法，同时能够使其发泄情绪，也能获取对方信任。

4. 在解救过程中，处警民警不要盲目许诺，应以帮助其解决问题为主。

5. 对于以自杀为要挟，要求解决某些纠纷的，应及时邀请相关部门、相关人员进行协助，劝阻自杀。

6. 选择靠拢接近施救的，一方面不能因为靠拢接近而刺激自杀者；另一方面，也需要注意自身安全，防止被自杀者抱住、拉住而陷于困境。

（三）常见问题

1. 盲目承诺、许诺，造成营救后处警民警无力解决而处境尴尬。

2. 周围围观群众过多，围观群众起哄，造成自杀者受刺激而突然做出自杀动作，使营救工作陷入困境。

3. 自杀者选择的自杀环境难以接近、靠拢，应通过沟通、交流掩护实施靠拢、接近。

4. 对于自杀行为违反治安管理规定的，应在施救后及时给予相应处罚，不能因为其自杀而免除对其治安处罚。

六、使用易燃易爆物品自杀的现场处置

（一）操作规程

1. 根据110指挥中心指令，迅速到达现场。

2. 观察现场周围环境，询问报警人和围观群众，掌握当事人的身份和自杀原因。

3. 划定警戒区域，疏散现场周围群众（比如邻居），制止围观群众喧闹，防止当事人受刺激而情绪失控。

4. 根据情况，处警民警难以处置的，及时请求支援，要求消防、易燃易爆相关专业人员到达现场协助组织施救。

5. 根据易燃易爆物品的性状、来源，例如：管道天然气实施总闸关闭，灌装天然气消防部门要做好喷水、降温准备，一旦自杀者选择自杀，能够有效阻止易燃易爆物品的起火、爆炸。

6. 选择有利地势，组织劝说，掌握其要求和想法，必要时通过110指挥中心协调，请相关单位、部门人员协助劝说。

7. 借机靠拢，突然施救，隔绝其与火源、爆炸物之间的联系、接触。

8. 填写、存储接处警记录。

9. 处警结果需要制作法律文书的，按照有关规定办理。

（二）注意事项

1. 调查了解现场情况，掌握当事人的自杀缘由，为开展营救做好准备。

2. 做好围观群众工作，防止自杀者受环境刺激迅速做出自杀举动。

3. 与自杀者沟通交流，应以倾听为主，通过倾听了解其想法，同时使其情绪能够发泄，也能够获取对方信任。

4. 在解救过程中，处警民警不要盲目许诺，应以帮助其解决问题为主。

5. 对于以自杀为要挟，要求解决某些纠纷的，应及时邀请相关部门、相关人员进行协助、劝阻自杀。

6. 现场劝阻人员不得携带打火机、手机，防止引燃易燃易爆物品。

7. 先期处置警察在没有安全保障的情况下，不得贸然进入封闭的现场，防止爆燃、爆炸对处警民警的伤害。

8. 现场应进行取证，为事后处理自杀者提供法律证据。

（三）常见问题

1. 盲目承诺、许诺，造成营救后处警民警无力兑现而处境尴尬。

2. 周围围观群众过多，围观群众起哄，造成自杀者受刺激而突然做出自杀动作，使营救工作陷入困境。

3. 自杀者选择的自杀环境难以接近、靠拢，应通过沟通、交流掩护实施靠拢、接近。

4. 对于自杀行为违反治安管理规定的，应在施救后及时给予相应处罚，不能因为其自杀而免除对其治安处罚。

七、服毒自杀的现场处置

（一）操作规程

1. 接到 110 指挥中心指令后迅速到达现场。

2. 根据报警人的陈述，掌握服毒自杀的现场具体情况：自杀者是谁、在什么位置、为什么自杀、是否已经自杀、自杀多长时间、有无家属在场、家属是谁等。

3. 快速制定处置方案，联系 120 急救中心准备抢救。

4. 对于刚刚服毒，还有生命体征的，尽快送医院抢救；对于尚未服毒的，应进行劝说、接近，借机夺取毒药，进行营救；对于已经死亡的，由 120 急救中心作出死亡结论后，联系刑侦部门进行现场勘验。

5. 对于现场自杀所用物品：水杯、药品、包装物、遗书等，以及服毒后的呕吐物等，原样、原位保存，切忌触碰、移位。

6. 填写、存储接处警记录。

7. 需要制作相关法律文书的，根据相关规定办理。

（二）注意事项

1. 对服毒自杀的现场，根据室内或室外情况不同，采取不同的现场保护，对于室外的现场应进行遮挡，防止证据、痕迹被水浸泡，室内则应关闭门窗。

2. 向刑侦部门报告现场保护措施。

3. 对于门窗紧锁的服毒自杀现场，处警民警应确定核实服毒自杀者的房间，采取开锁或破门的方式进入现场，对进入现场的方式应向上级或110指挥中心进行报告。

4. 对于所处位置离医院较远，120急救中心派员无法短时间到达，且服毒者还有生命体征的，处警民警应及时进行现场急救。例如，根据现场遗留物（药品、包装物）、呕吐物气味等，判断所服毒物种类，通过呕吐、灌大量豆浆、牛奶、生鸡蛋等进行简易排毒，延缓生命特征，送往医院或等待120急救中心医护人员到达。同时将呕吐物、遗留物进行保存，交医护人员，以鉴定毒物种类。

（三）常见问题

1. 由于服毒现场需要抢救中毒者，容易造成原始现场的破坏。因此，在现场抢救中尽可能地少破坏现场。

2. 对于现场物品、排泄物（大小便）、呕吐物、血液，不得触碰，必要时为进行抢救提取排泄物、呕吐物以鉴定毒物种类的，应注意防止污染他物或被其他物品污染，切忌用手直接触碰。

3. 对现场周围群众进行走访，调查了解服毒者的日常行为是否反常，是否存在自杀的言语，为确定自杀、他杀提供线索、证据。

八、失物求助处置

（一）操作规程

1. 接受群众救助，登记求助人的姓名、性别、住址、联系方式，要求寻找的物品种类、特征、可能遗失的地点、遗失物品的经过等。

2. 根据找寻人提供的信息，向相关单位（巡警、派出所以及可能受理捡拾物品的单位）进行查询。

3. 对于遗失贵重物品、武器弹药、重要文件的，应根据物品的价值、机密等级进行立案，立刻展开找寻。

4. 对可能遗失的地点进行走访，调查了解遗失物品的去向。

5. 一时无法查找的物品，建议失主通过刊登失物找寻公告进行查找。

6. 填写、存储接处警记录。

7. 需要办理相关法律文书的，根据相关规定办理。

（二）注意事项

1. 在遗失物品查询中，注意发现违法犯罪线索。

2. 对于价值重大、重要文件以及武器弹药遗失的，应及时通知相关单位协助查找。

3. 对于捡拾物品拒不交还的，应根据价值大小以及当事人起诉，进行受案查处。

（三）常见问题

1. 对于贵重物品的遗失找寻，难以提供确切遗失地点信息、时间，找寻难度大，应耐心帮助失主进行回忆，切忌态度冷、硬、横。

2. 遗失物品价值小、警力缺乏，往往容易对失物找寻求助进行推诿，容易挫伤群众感情。

3. 对于一时难以找寻的，应给失主以安慰。同时在日常工作中注意帮助寻找。

实训任务

一、简要案情

2015 年 4 月 15 日下午，某市局指挥中心接到报警称："××火车站广场售票大厅门口，一名男子将一只行李箱放在中国银行自助银行内随即离开，怀疑箱内有爆炸物品。"接到报警后，市局立即启动涉恐涉爆应急处置预案，指令特巡警、刑警、反恐、交警、消防和基层派出所及铁路公安派出所等警种部门迅速组织警力赶赴现场进行处置，并组织宣传、网安等部门同步启动网络监测和舆情导控工作。各警种处置力量抵达现场后，迅速划定中心警戒区域，有序疏散现场周围旅客，最大限度降低群众恐慌情绪，避免拥挤和踩踏现象发生，同时开展调查取证工作，基层派出所、铁路公安车站派出所在第一时间指派民警赶赴周边调取监控录像，为现场处置提供参考资料，同时组织便衣和着装警力在事发地周围查控嫌疑人员。并且立即指派 5 名排爆队员，携带专业排爆装备赶赴现场。民警操作排爆机器人和便携式 X 光机等专业设备检测甄别，确认箱内不存在爆炸装置，后开箱检查后发现箱内为普通衣物，及时消除了安全隐患，成功处置了该起涉爆警情。

二、课堂讨论

1. 接到这起报案，应首先询问哪些情况？
2. 根据询问的情况，处警民警应做好哪些准备？
3. 如何既能有效疏散群众，又能避免恐慌情绪和拥挤踩踏现象？

三、课堂作业

做一份应急处突预案。

附：主要法律依据

一、《刑法》

第一百一十四条 放火、决水、爆炸、投毒或者以其他危险方法破坏工厂、矿场、油田、港口、河流、水源、仓库、住宅、森林、农场、谷场、牧场、重要管道、公共建筑物或者其他公私财产，危害公共安全，尚未造成严重后果的，处三年以上十年以下有期徒刑。

第二百三十九条 以勒索财物为目的绑架他人的，或者绑架他人作为人质的，处十年以上有期徒刑或者无期徒刑，并处罚金或者没收财产；情节较轻的，处五年以上十年以下有期徒刑，并处罚金。

犯前款罪，杀害被绑架人的，或者故意伤害被绑架人，致人重伤、死亡的，处无期徒刑或者死刑，并处没收财产。

以勒索财物为目的偷盗婴幼儿的，依照前两款的规定处罚。

第二百四十条 拐卖妇女、儿童的，处五年以上十年以下有期徒刑，并处罚金；有下列情形之一的，处十年以上有期徒刑或者无期徒刑，并处罚金或者没收财产；情节特别严重的，处死刑，并处没收财产：

…………

（六）以出卖为目的，偷盗婴幼儿的。

…………

第二百六十一条 对于年老、年幼、患病或者其他没有独立生活能力的人，负有扶养义务而拒绝扶养，情节恶劣的，处五年以下有期徒刑、拘役或者管制。

第二百七十条 将代为保管的他人财物非法占为己有，数额较大，拒不退还的，处二年以下有期徒刑、拘役或者罚金；数额巨大或者有其他严重情节的，处二年以上五年以下有期徒刑，并处罚金。

将他人的遗忘物或埋藏物非法占为己有，数额较大，拒不交出的，依照前款的规定处罚。

本条罪，告诉的才处理。

第二百九十条第一款 聚众扰乱社会秩序，情节严重，致使工作、生产、营业和教学、科研无法进行，造成严重损失的，对首要分子，处三年以上七年以下有期徒刑；对其他积极参与的，处三年以下有期徒刑、拘役、管制或者剥夺政治权利。

二、《中华人民共和国人民警察法》

第二十一条 人民警察遇到公民人身、财产安全受到侵犯或者处于其他危难情形，应当立即救助；对公民提出解决纠纷的要求，应当予以帮助；对公民的报警案件，应当及时查处。

人民警察应当积极参加抢险救灾和社会公益工作。

三、《公安机关办理行政案件程序规定》

第一百五十三条　对于因民间纠纷引起的殴打他人、故意伤害、侮辱、诽谤、诬告陷害、故意毁损财物、干扰他人正常生活、侵犯隐私等情节较轻的治安案件，具有下列情形之一的，公安机关可以调节处理：

（一）亲友、邻里、同事、在校学生之间因琐事发生纠纷引起的；

（二）行为人的侵害行为系由被侵害人事前的过错行为引起的；

（三）其他适用调解处理更易化解矛盾的。

对不构成违反治安管理行为的民间纠纷，应当告知当事人向人民法院或者人民调解组织申请处理。

对情节轻微、事实清楚、因果关系明确，不涉及医疗费用、物品损失或者双方当事人对医疗费用和物品损失的赔付无争议，符合治安调解条件，双方当事人同意当场调解并当场履行的治安案件，可以当场调解，并制作调解协议书。

第一百五十四条　有下列情形之一的，不适用调解处理：

（一）雇凶伤害他人的；

（二）结伙斗殴或者其他寻衅滋事的；

（三）多次实施违反治安管理行为的；

（四）当事人明确表示不愿意调解处理的；

（五）当事人在治安调解过程中又针对对方实施违反治安管理行为的；

（六）调解过程中，违法嫌疑人逃跑的；

（七）其他不宜调解处理的。

第一百五十七条　对因邻里纠纷引起的治安案件进行调解时，可以邀请当事人居住地的居（村）委会的人员或者双方当事人熟悉的人员参加帮助调解。

四、《中华人民共和国治安管理处罚法》

第九条　对于因民间纠纷引起的打架斗殴或者毁损他人财物等违反治安管理行为，情节较轻的，公安机关可以调解处理。经公安机关调解，当事人达成协议的，不予处罚。经调解未达成协议或者达成协议后不履行的，公安机关应当依照本法的规定对违反治安管理行为人给予处罚，并告知当事人可以就民事争议依法向人民法院提起民事诉讼。

第十一条第一款　办理治安案件所查获的毒品、淫秽物品等违禁品，赌具、赌资，吸食、注射毒品的用具以及直接用于实施违反治安管理行为的本人所有的工具，应当收缴，按照规定处理。

第二十三条第一款 有下列行为之一的，处警告或者二百元以下罚款；情节较重的，处五日以上十日以下拘留，可以并处五百元以下罚款：

（一）扰乱机关、团体、企业、事业单位秩序，致使工作、生产、营业、医疗、教学、科研不能正常进行，尚未造成严重损失的；

（二）扰乱车站、港口、码头、机场、商场、公园、展览馆或者其他公共场所秩序的；

（三）扰乱公共汽车、电车、火车、船舶、航空器或者其他公共交通工具上的秩序的；

（四）非法拦截或者强登、扒乘机动车、船舶、航空器以及其他交通工具，影响交通工具正常行驶的；

（五）破坏依法进行的选举秩序的。

第二十六条 有下列行为之一的，处五日以上十日以下拘留，可以并处五百元以下罚款；情节较重的，处十日以上十五日以下拘留，可以并处一千元罚款：

…………

（三）强拿硬要或者任意损毁、占用公私财物的。

…………

第三十条 违反国家规定，制造、买卖、存储、运输、邮寄、携带、使用、提供、处置爆炸性、毒害性、放射性、腐蚀性物质或者传染病病原体等危险物质的，处十日以上十五日以下拘留；情节较轻的，处五日以上十日以下拘留。

第四十条 有下列行为之一的，处十日以上十五日以下拘留，并处五百元以上一千元以下罚款；情节较轻的，处五日以上十日以下拘留，并处二百元以上五百元以下罚款：

…………

（三）非法限制他人人身自由、非法侵入他人住宅或者非法搜查他人身体的。

第四十三条 殴打他人的，或者故意伤害他人身体的，处五日以上十日以下拘留，并处二百元以上五百元以下罚款；情节较轻的，处五日以下拘留或者五百元以下罚款。

有下列情形之一的，处十日以上十五日以下拘留，并处五百元以上一千元以下罚款：

（一）结伙殴打、伤害他人的；

（二）殴打、伤害残疾人、孕妇、不满十四周岁的人或者六十周岁以上的人的；

（三）多次殴打、伤害他人或者一次殴打、伤害多人的。

第四十五条 有下列行为之一的，处五日以下拘留或者警告：

（一）虐待家庭成员，被虐待人要求处理的；

（二）遗弃没有独立生活能力的被扶养人的。

第四十六条 强买强卖商品，强迫他人提供服务或者强迫他人接受服务的，处五日以上十日以下拘留，并处二百元以上五百元以下罚款；情节较轻的，处五日以下拘留或者五百元以下罚款。

第七十五条　饲养动物，干扰他人正常生活的，处警告；警告后不改正的，或者放任动物恐吓他人的，处二百元以上五百元以下罚款。

驱使动物伤害他人的，依照本法第四十三条第一款的规定处罚。

五、《中华人民共和国妇女权益保障法》

第五十八条　违反本法规定，对妇女实施性骚扰或者家庭暴力，构成违反治安管理行为的，受害人可以提请公安机关对违法行为人依法给予行政处罚，也可以依法向人民法院提起民事诉讼。

六、《关于预防和制止家庭暴力的若干意见》

第七条　公安派出所、司法所，居（村）委会、人民调解委员会、妇代会等组织，要认真做好家庭矛盾纠纷的疏导和调解工作，切实预防家庭暴力行为的发生。对正在实施的家庭暴力，要及时予以劝阻和制止。积极开展对家庭成员防范家庭暴力和自我保护的宣传教育，鼓励受害者及时保存证据、举报家庭暴力行为，有条件的地方应开展对施暴人的心理矫治和对受害人的心理辅导，以避免家庭暴力事件的再次发生和帮助家庭成员尽快恢复身心健康。

七、《110 接警工作规则》

第二十九条　110 报警服务台受理求助的范围：

（一）发生溺水、坠楼、自杀等状况，需要公安机关紧急救助的；

（二）老人、儿童以及智障人员、精神疾病患者等人员走失，需要公安机关在一定范围内帮助查找的。

第三十一条　对于公安机关职责范围以外的可能危及公共安全、人身或者财产安全的紧急救助，110 报警服务台应当派警进行先期处置，同时通报相关部门或者单位派员到现场处置。在相关部门或者单位进行处置时，公安机关处警民警可以予以必要的协助。

八、《医疗事故处理条例》

第十条　患者有权复印或者复制其门诊病历、住院志、体温单、医嘱单、化验单（检验报告）、医学影像检查资料、特殊检查同意书、手术同意书、手术及麻醉记录单、病理资料、护理记录以及国务院卫生行政部门规定的其他病历资料。

患者依照前款规定要求复印或者复制病历资料的，医疗机构应当提供复印或者复制服务并在复印或者复制的病历资料上加盖证明印记。复印或复制病历资料时，应当有患者在场。

医疗机构应患者的要求，为其复印或者复制病历资料，可以按照规定收取工本费。具体收费标准由省、自治区、直辖市人民政府价格主管部门会同同级卫生行政部门规定。

第十六条 发生医疗事故争议时，死亡病例讨论记录、疑难病例讨论记录、上级医师查房记录、会诊意见、病程记录应当在医患双方在场的情况下封存和启封。封存的病历资料可以是复印件，由医疗机构保管。

第五十九条 以医疗事故为由，寻衅滋事、抢夺病历资料，扰乱医疗机构正常医疗秩序和医疗事故鉴定工作，依照刑法关于扰乱社会秩序罪的规定，依法追究刑事责任；尚不够刑事处罚的，依法给予治安管理处罚。

九、《公安机关办理伤害案件规定》

第十一条 对正在发生的伤害案件，先期到达现场的民警应当做好以下处置工作：

（一）制止伤害行为；

（二）组织抢救伤员；

（三）采取措施控制嫌疑人；

（四）及时登记在场人员姓名、单位、住址和联系方式，询问当事人和访问现场目击证人；

（五）保护现场；

（六）收集、固定证据。

第十二条 对已发生的伤害案件，先期到达现场的民警应当做好以下处置工作：

（一）组织救治伤员；

（二）了解案件发生经过和伤情；

（三）及时登记在场人员姓名、单位、住址和联系方式，询问当事人和访问现场目击证人；

（四）追查嫌疑人；

（五）保护现场；

（六）收集、固定证据。

十、《公安派出所正规化建设规范》

第十八条 社区和驻村民警的主要工作内容：

（一）开展群众工作：深入群众之中，倾听群众意见，了解群众疾苦，尽力为群众排忧解难，切实做好发动群众、组织群众、宣传群众、服务群众的工作；及时受理报警求助，在规定时限内办理群众申办事项；积极参与排查调处民间矛盾纠纷，努力把不稳定因素化解在基层、化解在萌芽状态；向居（村）民代表定期报告工作，自觉接受监督。

…………

第二十九条 下列人员列为重点人口管理：

…………

（三）因矛盾纠纷激化，有闹事行凶报复苗头、可能铤而走险的；

…………

第六十八条　接待群众来访、查询、求助时，应当遵守下列规定：

…………

（三）对群众报告走失人口的，认真做好登记、比对，积极帮助查找；属于疑似被侵害情形的，应及时报告刑侦等有关部门。

…………

十一、《公安派出所执法执勤工作规范》

第二十九条　情报信息的范围包括：

…………

（五）因各类民事纠纷可能铤而走险、制造事端的危险人员情况；

…………

第四十九条　公安派出所值班民警接待群众来访、查询、求助时，应当做到：

…………

（四）对群众送交捡拾物品时，详细做好记录，尽快查找失主。对于归还物品的情况或者无主物品的处理情况，应当向送交捡拾物品的群众反馈。

第五十六条　对群众求助的事项，应当问明情况，依法履行职责，积极予以帮助解决。

第六十三条　巡逻工作主要包括：

…………

（五）排解纠纷；

…………

十二、《公安机关治安调解工作规范》

第二条　本规范所称治安调解，是指对于因民间纠纷引起的打架斗殴或者损毁他人财物等违反治安管理、情节较轻的治安案件，在公安机关的主持下，以国家法律、法规和规章为依据，在查清事实、分清责任的基础上，劝说、教育并促使双方交换意见，达成协议，对治安案件做出处理的活动。

第三条　对于因民间纠纷引起的殴打他人、故意伤害、侮辱、诽谤、诬告陷害、故意损毁财物、干扰他人正常生活、侵犯隐私等违反治安管理行为，情节较轻的，经双方当事人同意，公安机关可以治安调解。

民间纠纷是指公民之间、公民和单位之间，在生活、工作、生产经营等活动中产生的纠纷。对不构成违反治安管理行为的民间纠纷，应当告知当事人向人民法院或者人民调解组织申请处理。

第四条　违反治安管理行为有下列情形之一的，不适用治安调解：

（一）雇凶伤害他人的；

（二）结伙斗殴的；

（三）寻衅滋事的；

（四）多次实施违反治安管理行为的；

（五）当事人在治安调解过程中又挑起事端的；

（六）其他不宜治安调解的。

第五条　治安调解应当依法进行调查询问，收集证据，在查明事实的基础上实施。

第六条　治安调解应当遵循以下原则：

（一）合法原则。治安调解应当按照法律规定的程序进行，双方当事人达成的协议必须符合法律规定。

（二）公正原则。治安调解应当分清责任，实事求是地提出调解意见，不得偏袒一方。

（三）公开原则。治安调解应当公开进行，涉及国家机密、商业秘密或者个人隐私，以及双方当事人都要求不公开的除外。

（四）自愿原则。治安调解应当在当事人双方自愿的基础上进行。达成协议的内容，必须是双方当事人真实意思表示。

（五）及时原则。治安调解应当及时进行，使当事人尽快达成协议，解决纠纷。治安调解不成应当在法定的办案期限内及时依法处罚，不得久拖不决。

（六）教育原则。治安调解应当通过查清事实，讲明道理，指出当事人的错误和违法之处，教育当事人自觉守法并通过合法途径解决纠纷。

第七条　被侵害人可以亲自参加治安调解，也可以委托其他人参加治安调解。委托他人参加治安调解的，应当向公安机关提交委托书，并注明委托权限。

第八条　公安机关进行治安调解时，可以邀请当地居（村）民委员会的人员或者双方当事人熟悉的人员参加。

当事人中有不满十六周岁未成年人的，调解时应当通知其父母或者其他监护人到场。

第九条　治安调解一般为一次，必要时可以增加一次。

对明显不构成轻伤、不需要伤情鉴定以及损毁财物价值不大，不需要进行价值认定的治安案件，应当在受理案件后的三个工作日内完成调解；对需要伤情鉴定或者价值认定的治安案件，应当在伤情鉴定文书和价值认定结论出具后的三个工作日内完成调解。

对一次调解不成，有必要再次调解的，应当在第一次调解后的七个工作日内完成。

第十条　治安调解达成协议的，在公安机关主持下制作《治安调解协议书》，双方当事人应当在协议书上签名，并履行协议。

第十一条　《治安调解协议书》应当包括以下内容：

（一）治安调解机关名称，主持人、双方当事人和其他在场人员的基本情况；

（二）案件发生时间、地点、人员、起因、经过、情节、结果等情况；

（三）协议内容、履行期限和方式；

（四）治安调解机关印章、主持人、双方当事人及其他参加人签名、印章（捺指印）。

《治安调解协议书》一式三份，双方当事人各执一份，治安调解机关留存一份备查。

第十二条 调解协议履行期满三日内，办案民警应当了解协议履行情况。对已经履行调解协议的，应当及时结案，对没有履行协议的，应当及时了解情况，查清原因。对无正当理由不履行协议的，依法对违反治安管理行为人予以处罚，并告知当事人可以就民事争议依法向人民法院提起民事诉讼。

第十三条 治安调解案件的办案期限从未达成协议或者达成协议不履行之日起开始计算。

第十四条 公安机关对情节轻微，事实清楚，因果关系明确、不涉及医疗费用、物品损失或者双方当事人对医疗费用和物品损失的赔付无争议，符合治安调解条件，双方当事人同意现场调解并当场履行的治安案件，可以进行现场调解。

现场调解达成协议的，应当制作《现场治安调解协议书》一式三联，由双方当事人签名。

第十五条 经治安调解结案的治安案件应当纳入统计范围，并根据案卷装订要求建立卷宗。

现场治安调解结案的治安案件，可以不制作卷宗，但办案部门应当将《现场治安调解协议书》按编号装订存档。

第十六条 公安机关人民警察在治安调解过程中，有徇私舞弊、滥用职权、不依法履行法定职责等情形的，依法给予行政处分；构成犯罪的，依法追究刑事责任。

经典案例

　　2014 年 7 月 16 日 8 时许，7 名群众统一穿着白色上衣来到中国青年报社门口。一字摆开，打开了农药瓶。马路另一侧，有两名男子在拍照，其中一人持单反相机，一人持手机，对着对面一群男女拍照，该 7 名群众知道有人在拍照，故有人摆出照相姿势。8 时 10 分左右，突然有人喊有人喝药自杀了，随后，门卫拨打了 110 及 120。救护车到达后，7 人被分别送往医院接受救治。

　　经了解，该 7 人为陈某、张某、蔡某、许某、王某、王某某、徐某，系江苏省宿迁市泗洪县的访民代表，曾因拆迁补偿问题上访。据中国青年报社门卫介绍，访民早上到达中国青年报社后并未主动沟通，"他们没说要见谁，或者要送什么材料，我问他们什么事儿，他们就笑笑"。门卫表示，8 时 10 分左右，突然有人喊喝药了，他才发现 7 人已经服用了携带的液体。

该 7 人事后表示，这次他们从老家每人携带一瓶农药，是搭车到北京的。去之前，他们曾一起商量，怎么才能把事闹大，怎么才能让媒体关注，让政府答应他们的要求。他们也曾想去天安门，但害怕被抓，就没去。

据介绍，7 人中，张某并没有喝农药，只是把农药洒在衣服上，另有两人把农药含在了口中，并没有咽下去。

据北京警方消息，7 名喝农药上访人员身体已无大碍，目前均因涉嫌寻衅滋事被刑事拘留。关于此事的更多案情，相关部门还在进一步调查中。

问题导入

一、群体性事件证据收集有哪些要求？

二、针对群体性事件的萌芽阶段、现场处置阶段、后期处置阶段民警有哪些注意事项？

三、群体性事件的处置过程中应邀请哪些部门参与？

模块概述

群体性事件是指由某些社会矛盾引发，特定群体或不特定多数人聚合临时形成的偶合群体，以人民内部矛盾的形式，通过没有合法依据的规模性聚集、对社会造成负面影响的群体活动、发生多数人语言行为或肢体行为上的冲突等群体行为的方式，或表达诉求和主张，或直接争取和维护自身利益，或发泄不满、制造影响，因而对社会秩序和社会稳定造成重大负面影响的各种事件。

我国对群体性事件的认识，由于受不同的政治环境和经济、社会因素的影响，经历了不同的阶段：20 世纪 50 年代～70 年代末，称"群众闹事"、"聚众闹事"；80 年代初～80 年代中后期称"治安事件""群众性治安事件"；80 年代末～90 年代初期称"突发事件""治安突发事件""治安紧急事件""突发性治安事件"；90 年代中期～90 年代末期称"紧急治安事件"；90 年代末期称"群体性治安事件"。根据我国公安部关于《公安机关处置群体性治安事件规定》（公发〔2000〕5 号），群体性治安事件："是指聚众共同实施违反国家法律、法规、规章，扰乱社会秩序，危害公共安全，侵犯公民人身安全和公私财产安全的行为。"

　　2004 年，国务院委托专家完成了《中国转型期群体性突发事件对策研究》的报告。2004 年 11 月 8 日，中共中央办公厅、国务院办公厅转发中央处理信访问题及群体性事件联席会议《关于积极预防和妥善处置群体性事件的工作意见》的通知。《通知》中对处理群体性事件的处理原则、组织领导、职责分工、现场处理和宣传教育等项工作都做出了明确的规定，对于各地在处理群体性事件提供了依据。党的十六届六中全会《决定》强调指出："坚持依法办事、按政策办事，发挥思想政治工作优势，积极预防和妥善处置人民内部矛盾引发的群体性事件，维护群众利益和社会稳定。"把积极预防和妥善处置群体性事件首次写进党的重要文献。

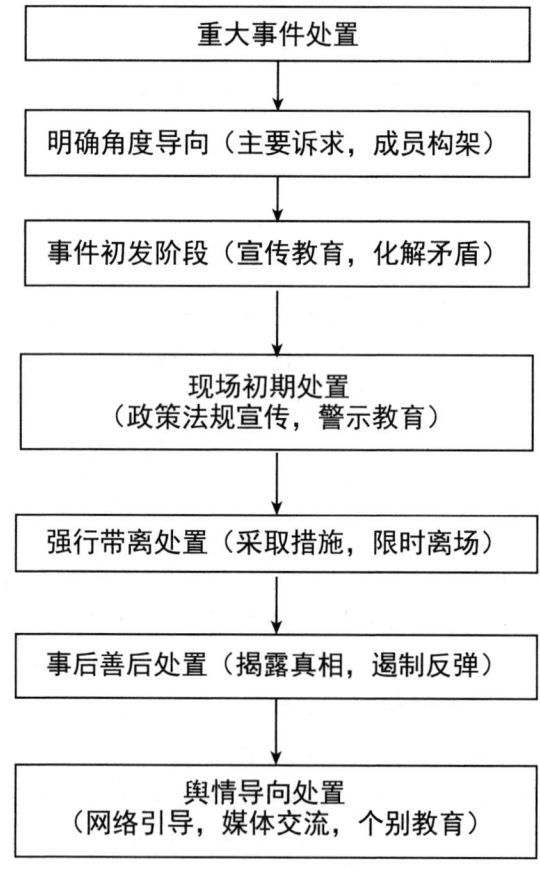

2005 年 7 月 7 日，时任中组部副部长李景田在新闻发布会上明确指出，当前中国改革进入了关键时期，有些矛盾集中显现，并因此发生了一些"群体性事件"，他纠正了国外记者所谓"骚乱"这一说法，而代之以"群体性事件"。"群体性事件"一词首次公开提出。2007 年 11 月 1 日，《中华人民共和国突发事件应对法》施行，2009 年 9 月，中央办公厅《党的建设辞典》再版，在整部辞典的 1015 个词条中，1/3 是新词，其中群体性事件等新词被收入其中。2009 年 12 月 21 日，社科院发布 2010 年《社会蓝皮书》，指出 2009 年群体性事件仍然保持着多发的态势，这是因为一些地方在加速发展和转型的过程当中，积累了很多历史上的矛盾和问题，这些问题得不到及时解决，造成的民怨太深。

任务一
预谋群体性事件警情处置

情景导入

2013年8月11日11时许，两拨在士多店打球的年轻人忽然发生冲突。据店主介绍，冲突原因很简单，第一张桌子的年轻人击球时不小心用手肘撞上第二张桌子年轻人的腰部。简单碰撞竟引发双方猛烈口角、推搡，直至拳脚相向。

士多店周边视频监控显示：第一张桌子的玩家只有3人，第二张桌子则有7人。人多势众的一方随即操起球杆追打另一方。在距离士多三米左右的一个小吃店门前，不小心用手肘撞上对方腰部的年轻人被堵住去路，几根球杆随即如雨水般噼里啪啦地打在他身上。士多店主担心出事，赶紧上前劝阻。不想就在这时，那个被打的年轻人爆发，弯腰捡起一个堆在小吃店门前的啤酒瓶，疯了似的砸向对方头部。

年轻人的反抗激发了新一轮混战，人多势众的一方也操起酒瓶，双方从拳脚变成械斗。混战中，第一张桌三个玩家中的一个掏出随身携带的长匕首，直刺对方腹部、腰部。

腹部中刀的年轻人跟跟跄跄地走出百米开外，在东溪路海逸百货门前大路倒下，后来送院抢救无效死亡。周边居民称，他年仅16岁。

突来的死亡打乱人多势众一方的节奏，掏匕首的年轻人和另一同伴趁乱冲入士多店左侧小巷一栋取名坤利住宿的出租楼。另一方来自四川、云南等地，他们叫来两百多名老乡，堵住大门，非要住户们交出逃进来的两人。出租楼的视频监控显示，这两百多人态度嚣张，他们手持棍棒、长刀、匕首、酒瓶等物，轮番上阵，频频打砸出租楼前台柜台，并威胁殴打正巧回家的住户们。据出租楼住户介绍，至少有十余名无辜住户遭到这群人扇巴掌、拳击。

最终，这群人冲进出租楼，开始大规模清查。在出租楼一楼右方走廊的尽头，这群人发现了掏匕首年轻人及其同伴的身影。一通暴打后，两名年轻人被拖出出租楼。视频监控显示，出租楼外等候的人群把两个年轻人踩倒在地上，轮番拳打脚踢，棍棒相向，还有人向两名年轻人挥起了长刀。

眼见就要出人命，出租楼的住户频繁报警。事实上，厚街公安分局沙溪派出所民警在事发十余分钟内就已经赶到现场。吴警官是最早到场的五名警员之一，据其介绍，警方到场时，现场已然失控，数百名手持器械的社会人员几乎把整条街道占满。警察的出现非但没能阻止事态的进一步恶化，反倒激发了这些社会人员的兴致。他们轮番偷袭包括吴警官在内的警员，甚至掀翻治安人员的警用摩托车，以示恐吓。

厚街沙溪派出所共有民警三十余人，在群体性事件中，这些民警被禁止掏枪。面对数百名亢奋的社会人员，民警们只能用最大的克制，用身体去阻挡、稳定秩序。周边派出所的民警随即赶至增援，到12日凌晨，赶到的民警数量增至上百名。随后，当地警方联系上这些老乡群体务工所在工厂的老板、工头等人，并委托他们把这数量庞大的社会人员陆续劝离现场，混乱的现场总算得以控制。

课前讨论

一、群体性事件处置中行政案件以及刑事案件如何区分？

二、群体性事件行为后如何收集证据？

理论知识

一、非法集会、游行、示威的概念及其特征

1. 集会、游行、示威的概念。集会有广义和狭义的区别。广义的集会，是指公民集体在一起开会，其形式各种各样，有私人事务的集会，如婚、丧、喜、庆集会；有公共事务的集会，如学术、文艺、体育、宗教等活动。在场所来看，有在私人住宅的集会，有在公共场合的集会。狭义的集会，是指公民聚集于露天公共场所，发表意见、表达意愿的活动。本章所述的"集会"是狭义的概念，它包含以下三层含义：一是参会的主体必须是多人，至少是三人以上；二是集会者必须聚集在露天公共场所，即公民可以自由出入的露天场所；三是公民集会具有特定的目的，即为了发表意见和表达意愿。游行，是指公民在公共道路、露天公共场所列队行进，表达共同意愿的活动。一定数量的公民列长队而行，以标语口号等方式向公众说明其态度、意见和要求，这种形式本身就易于迅速造成一定的影响，取得直接生动的宣传效果。游行者通常在街道、广场等露天公共场所聚集，列队行进，且人数众多，易变性强，影响较大，常常会被不法分子和别有用心者利用。示威，是指公民在露天公共场所或公共道路上，以集会、游行、静坐等方式表达要求、抗议或者支持、声援等表达共同意愿的活动。示威的方式有集会、游行、静坐等。静坐是为了达到某种要求或表示抗议而安静地坐着，有个体行为的静坐和群体行为的静坐，这种形式较之集会、游行显得相对静止，其举行的地点和行动的范围也都相对固定而且一般选择在重要机关所在地、有一定象征意义的场所或能够造成较大范围影响的地点。其要求和抗议内容一般通过标语、口号、请愿书、口头抗议说明等方式表达出来。

2. 非法集会、游行、示威的概念及其构成要件。非法集会、游行、示威，是指公民未向主管机关提出申请或虽提出申请但未获得许可，非法在露天公共场所、公共道路或其他公共场所举行的集会、游行、示威活动。构成非法集会、游行、示威需要有两个基本要件：一是实体要件，即行为人在露天公共场所实施了集会、游行、示威活动。如果行为人只是在为集会、游行、示威做准备工作，还没有具体实施这些行为，则不构成非法集会、游行、示威行为。二是程序要件，即行为人实施的集会、游行、示威活动违反了法律、法规或其他规定，这是必不可少的要件。《宪法》《集会游行示威法》以及其他法规都对公民举行集会、游行、示威活动作了明确的规定。

3. 非法集会、游行、示威的特点。非法集会、游行、示威主要有以下四个特点：一是具有违法性。参与人员故意违反国家法律规定，组织发动存碍社会安全、影响社会秩序的群体活动，是公然对国家法律的藐视和抗衡，有的可能还携带枪支弹药、管制刀具和爆炸物品等。这类活动往往特地选择在露天公共场所或公共道路上，故意吸引众多的围观、尾随群众，以扩大社会影响，增加舆论压力，从而导致公共秩序混乱、交通阻塞，危及公共安全的后果，这些都是法律所明文禁止的。二是具有比较强烈的偏激心理和向心力。参与非法集会、游行、示威活动的人员大多具有共同的思想基础和大致相同的利害关系，如都是同一单位的职工、同一类学校的学生，或者属于同一个行业、同一个部门、同一个社区等，对某一问题在长期的共同活动中形成了比较固定的思想观点，涉及共同的利益而结合在一起。他们普遍难以接受不同的思想观点，对于不同思想观点的人持否定态度，甚至进行排斥和攻击；对于迎合他们的人则异常亲近。因此，处置此类案件的难度较大，政策性比较强，且容易出现反复。三是具有一定的蛊惑性和煽动性。非法集会、游行、示威活动常常涉及众人关注的社会热点问题。此类事件一旦引发，往往迅速蔓延，涉及更大的范围。有些大型的非法集会、游行、示威活动，常常使用在群众中发表演讲、散发传单、张贴标语等非常方式表达意愿，对群众比较关注的问题加以渲染、夸张，有的则故意加以歪曲，甚至不惜制造谣言，以博取更多群众的同情和支持。所以，此类事件具有逐步升级和诱发暴力性犯罪活动的危险，其发展趋势比较难以预料。四是行为人多数具有非法和不合理动机，如一些不法分子为了达到其不可告人的目的，试图通过非法集会、游行、示威给党和政府施压，有的借集会、游行、示威的名义实施打、抢、烧、杀等违法犯罪行为，还有的不法分子常常混入游行队伍实施非法活动。

二、接警和指挥调度

1. 问清并核实非法集会游行、示威的时间、地点、形式、起因、动机性质、目的、要求，组织人基本情况，是否有标语、口号及其内容，参与人数及人员构成等情况，果断进行先期处置。同时，向值班主任和领导报告并按领导指示上报。

2. 对非法游行、示威的，指令巡警、交警、辖区派出所控制现场局势，根据行进路线设卡拦截、实施交通管制、隔离无关群众、调查取证，并配合有关部门做好宣传教育、疏散劝阻工作。发生打、砸、抢等暴力行为的，按《预案》调集巡警、刑警、武警组成防暴队，坚决进行制止、打击。

三、现场处置

（一）一般措施

1. 迅速调集足够的警力，赶赴事发现场，维护社会秩序。公安机关可以采取派遣阻隔集会、游行、示威人员与围观群众的办法，预防不同观点、派别的群体之间发生争斗。对于公开煽动暴力的人员，在取得确凿证据后，可以予以强制隔离或拘留；对于进行刑事犯罪活动的人员，应当立即拘捕，并适时在群众中予以揭露和曝光。

2. 积极开展宣传攻势，疏散围观、尾随的群众，控制事态。公安机关要在非法集会、游行、示威的公共露天场所或公共道路上，配置足够的装备，实行交通管制，设置人墙，阻止或延缓前进中的游行队伍，隔绝围观、尾随人员。同时，必须利用一切宣传工具，开展法制宣传，严肃指出活动的非法性和坚持错误行为的严重危害，并且要宣传公安机关有权依法予以禁止和解散，也可敦促闹事群众派出代表，邀请有关方面的负责人员进行对话。

3. 弄清现场情况，及时向领导机关报告。迅速、准确地弄清非法集会、游行、示威活动的主要组织领导人员，活动的目的要求，准备采用的活动方式，行进的路线，集会的地点，准备呼喊的口号和张贴的标语内容，以及是否有人携带武器、管制刀具、爆炸器材和其他防卫性武器等，并且尽量搞清楚是否具有政治背景、幕后有没有什么人或派别的支持帮助等，迅速将以上情况如实地报告当地党委、政府机关和上级公安机关。

4. 严防冲击党政首脑机关和其他要害单位，随时准备驱散闹事群众。除了党、政、军首脑机关以外，广播电台、电视台、重要军事设施、航空港、火车站、港口、油库、重要物资仓库、国家档案馆、发电厂（站）、金库等都是国家的重要单位，对于这些单位，公安机关必须增派防守力量，并依据法律规定在其周边地区设置临时警戒线，不经许可严禁逾越。对于不听劝阻，违反规定进入警戒线的人员，人民警察有权予以驱散或将其带离现场。

5. 做好重要党政领导人员、著名人士和在华重要外国人员的安全警卫工作。公安机关和武警力量对重要党政领导人员、著名人士和在华重要外国人员的住地、车辆和往返路线要加强警卫工作，严防劫持人质或进行伤害活动。特别是出面接见闹事人员代表进行谈判对话时，做好公开和秘密的随身警卫工作，确保安全。

6. 加强秘密取证工作，随时采取强制措施。对于在非法集会、游行、示威活动中张贴反动标语，散发反动传单，呼喊反动口号，冲击要害单位，煽动或实施打、砸、抢、烧、绑架人质，以及进行流氓、盗窃、杀人行凶等严重刑事犯罪的人员，公安机关必须随时加强秘密控制工作，及时搜集确凿的证据，适时予以拘留审查。

（二）强制措施

1. 命令解散。人民警察现场指挥人员有权对有以下情况之一的集会、游行、示威活动命令解散：一是未按照法律规定向主管机关申请并获得许可的、在公共露天场所或公共道路上举行的集会、游行、示威活动；二是未按照主管机关许可的目的、方式、标语、口号、起止时间、路线进行的集会、游行、示威活动；三是在行进中出现危害公共安全或者严重破坏社会秩序情况的集会、游行、示威活动。解散集会、游行、示威活动的命令，必须严格依照法律程序先行劝阻，劝阻无效时，以明确易懂的语言发布解散命令，并广为宣传，坚决执行。

2. 强行驱散。人民警察的现场指挥人员发出解散命令之后，参与集会、游行、示威活动的群体必须立刻解散；如果拒绝执行解散的命令，继续进行集会、游行、示威活动可能造成更加混乱和更坏的后果，为保障社会安宁，减少损害，法律赋予人民警察的现场指挥人员可以采用强制手段予以强行驱散，使之无法重新形成力量。在驱散过程中，可以使用警车、警棍、盾牌、喷水枪、催泪弹等警用器材，向着远离城市中心的方向驱赶，直至不能再汇集在一起为止。

3. 带离现场。对拒不服从解散命令的集会、游行、示威活动的首要人员、骨干分子和严重危害现场秩序、有犯罪嫌疑的人员等，都可以采取带离现场的强制措施，使之和参与活动的群体隔离。可以将带离现场的人员暂时置于某一安全地点，派出所民警监督教育，待群众散去之后，本人又无明确犯罪事实的情况下允许自行离去，也可以通知其所在单位派人接走。但是两者都应将带离现场人员的姓名、工作单位、家庭地址等基本情况和违法事实记录在案，以备事后查究。

4. 拘留。对于拒不执行解散命令，严重危害社会秩序的集会、游行、示威人，法律规定也可以予以拘留，即将当事人强制关押在刑事犯罪拘留所内。待事件平息之后，视其活动对社会安全的危害状况予以释放，或者追究刑事责任。

5. 强行遣回原地。这是专门对在居住地以外的城市发动、组织当地公民进行集会、游行、示威活动的人员，公安机关查明情况以后可以采取的一种强制措施。对于此类情况，公安机关也可以先予以拘留，然后遣回原地，移交当地公安机关依法处理。

6. 交通管制，即公安机关在集会、游行、示威群众占据的公共道路或者公共露天场所周围，宣布禁止车辆、行人通行或通告暂时绕道行走，以免形成交通混乱，危害公共安全。

7. 其他强制措施。包括增设警卫，加强巡逻，组织检查，限制人员车辆、船舶通行和飞机航行等。根据我国《宪法》规定，全国人民代表大会常务委员会和国务院有权决定戒严。

（三）注意事项

1. 依法加强社会舆论的导向，有效控制不良舆论的传播。集会、游行、示威活动的产生，除了有各式各样的深层次原因外，与一些群众抗御风险能力不足，难以承受日益激烈的竞争和压力，容易心理失衡、情绪失控、行为失范直接有关。而这部分群众有夸大矛盾的言论趋势。由于言论极易被歪曲和大众猎奇心理，集会、游行、示威当中时常蔓延着谣言和污蔑，有些甚至是不法之徒刻意歪曲和炮制的。由于不良的舆论容易把问题激化，故加强舆论导向是预防集会、游行、示威出现治安问题的当务之急。加强舆论导向，主要是针对集会、游行、示威人群进行相关的法制教育，尤其是针对重点人员加强宣传教育。

2. 要合情合理地接受民众的请愿。有关部门应该协同起来，认真考虑民众的意愿。可以广泛开展对话。切忌部门之间相互踢皮球，相互推诿。如果是合情合理的诉求，理应根据实际情况给予解决，如果不能给予解决，应向公众解释说明。与民众对话要注意语言艺术。

3. 建立预警机制。对集会、游行、示威队伍进行全程监测，要对特殊分子加强管理。所谓特殊分子，指的就是集会、游行、示威队伍当中的异类，一般分为两种情况：一种是动机和行为举止都不同于队伍的；另一种是行为过于偏激的。这两种人都应该是管理当中的重点。

4. 有效的现场处置，迅速平息事态。有效的现场处置主要是针对集会、游行、示威队伍出现的一些意外事件和突发事件，属于事后补救措施。当队伍当中出现过激行为或违法犯罪行为的征兆时，应立即将其控制，根据现场的实际情况恰当地给予处罚或带离现场。当然，这个尺度要把握好，以免造成新的矛盾，形成针锋相对的局面。

实训任务

一、简要案情

2006年12月30日凌晨4时许，大竹县公安局指挥中心接到该县莱仕德商务酒店报警，称该酒店员工杨某莉不知因何原因晕倒在酒店内，在送至大竹县人民医院救治无效后死亡，死因不明。接到报警后，县公安局组织力量对案件展开了调查和侦破。2007年1月15日下午，因对公安局的处理结果不满，死者亲属及数百名群众到莱仕德酒店门前聚集，要求尽快查明死因。

为加快案件侦破和做好群众疏导工作，大竹县立即成立了由县委、县政府主要领导和有关部门负责同志参加的事件处理专项工作领导小组，并作出了具体工作安排。16日下午，在得知有关情况后，达州市委书记李向志、市委副书记、市长罗强高度重视，对事件的处置提出了明确要求，一是迅速组织精干警力，加快侦破进度，尽快查明真相，并坚决依法处理。二是做好死者善后及其亲属安抚工作。三是由纪检、监察部门牵头，对群众反映的干警违规参与该酒店经营问题进一步开展调查，并依法严肃处理。同时，指派市委副书记肖健，市委常委、副市长邓宏志立即赶赴现场，指挥事件处置

1月17日16时许，少数人员冲入酒店，与酒店员工发生冲突，引发了打、砸、烧，并引起数千群众围观，事件发生后，省市领导高度重视，对处置工作做出重要指示，市委、市政府主要领导亲赴现场指挥。为迅速平息事态，避免伤及群众，在公安干警、武警、消防官兵、各级干部的共同努力下，现场局势得到有效控制，火势很快被扑灭，围观群众陆续被劝离，事态得到平息。

随后大竹县人民政府发布新闻通稿：2007年1月17日16时许，大竹县莱仕德酒店一女员工因不明原因死亡，引发一起群体性事件。事态已平息，涉嫌强奸的犯罪嫌疑人刘某坤（系莱仕德酒店员工）已被刑事拘留，涉嫌违规参与该酒店经营的民警徐某祥已被有关部门"双规"。

二、课堂讨论

1. 接到此类报警，应首先询问哪些内容？
2. 根据询问的情况，应做好哪些准备？

3. 如果出现打砸烧抢的情况，应请求哪些部门协作？

三、课堂作业

根据现场情况，模拟现场群众，指挥中心接警人员，报警人员，前期出警人员以及派出所勤务指挥人员对该事件进行处理。

任务二
械斗事件警情处置

情景导入

2016 年 1 月 24 日 20 时许，××市公安局指挥中心接群众报警称在××市区长江西路一段发生斗殴，接警后，指挥中心将该警情指派给属地管辖的××派出所，××派出所处警民警到达现场后，发现有大约 30 辆本市出租车停放在长江西路，大约 50 名群众围堵在一辆私家轿车旁边，一名男子同数名男子扭打在私家轿车旁边的地上，该私家车被数名男子用脚踢，至车身多处损坏。民警对打架人员进行制止，但数名男子仍然殴打其中一名男子，处警民警在表明身份后鸣枪示警并呼叫指挥中心要求增援。经初步了解，系市区出租车司机和滴滴打车的私家车司机发生打斗。出租车司机在该地段发现并拦截滴滴打车的私家车及司机，称滴滴打车公司未在××市区注册，不能在市区承接业务，该私家车业主表示其在省会城市接到该业务，只是将乘坐人送往××市，在乘坐人员下车时，被出租车司机拦截，之后双方发生抓扯，并扭打。因大量人员聚集，已导致该路段交通中断，民警要求双方到派出所做进一步处理。但出租车司机要求现场处理，并在民警带领打架双方离开时对民警进行阻挡，直到支援警力到达后对围观人员进行疏散，并对打架双方进行强行带离。

课前讨论

一、械斗事件应如何初步处置？

二、民警在要求对当事人带离时有哪些程序要求？

三、什么情形构成阻碍民警执行职务？

理论知识

一、群体性械斗及其特征

（一）群体性械斗的概念

群体性械斗，是指因人民群众内部矛盾引发，参与者使用械具或杀伤性武器相互对阵打斗、残杀的群体性治安事件。从性质上看，引起群体性械斗的诱因是民间纠纷。有的是因山林、水面、滩涂、草场等的所有权和使用权纠纷引起的；有的是因城市开发建设过程中产生的诸如征地补偿、工业"三废"污染、噪声干扰、日照影响等引发的；有的是因不同性别、不同民族、不同教派之间，因邻里、婚恋、宗教信仰、民族生活习惯等纠纷引起的；还有的是因交通事故、治安案件等引发。

（二）群体性械斗的特征

群体性械斗主要有以下三种重要特征：

1. 群体性械斗是一种暴力性群斗行为。暴力性，是指使用刀、枪、棍。

2. 情况复杂，处置难度大。群体性械斗涉及面广，参加人数多；引起械斗的原因既有历史的遗留问题，又有突发性因素；既有权属争夺，又掺杂进了封建迷信、宗教色彩。而且绝大多数群体性械斗是有预谋、有组织的，有的还制订了械斗的计划，甚至订立攻守同盟，千方百计对抗政法机关。

3. 反复性和连续升级。在群体性械斗事件中，一方如果失败，不仅遭受巨大的损失，还要满足对方许多苛刻的要求，蒙受极大的屈辱。于是失败一方便蓄养生力，一有时机即挥师发难，以图报复。动员的规模较以前更大，手段也更残忍。于是循环往复，事件长时期无法得到彻底解决，危害当地群众的生产、生活和社会安定。

二、接警和指挥调度

1. 问清案件发生的位置、起因、参与人数、有无人员伤亡及所持器械的种类、数量，果断进行先期处置。性质恶劣、影响较大的，要及时向局领导报告，并按领导指示上报。

2. 指令就近巡警、刑警、辖区派出所组织警力制止械斗、收缴械斗器械、抓捕首要分子、疏散围观群众，并指令辖区刑警队立案侦查。

3. 有人员伤亡的，通知 120 进行抢救。

三、现场处置

1. 公安机关要加强信息情报的收集，深入群众，了解情况，发现聚众闹事苗头后，要切实了解闹事原因，掌握主要组织、策划者的情况、打算和意图，并且及时向当地党委、政府有关部门与上级公安机关报告。协助有关部门做好闹事群众的政治思想工作，教育双方人员顾全大局，互相体谅，和睦相处。同时，对双方存在的主要矛盾，也要实事求是地进行分析研究，予以合理的和可能的解决和答复。对于坚持错误、执意闹事的人员，要严肃地进行批评教育，指出后果，提出忠告，力争把事件解决在萌芽状态。

2. 如果双方人员正在进行械斗，公安机关必须立即派出足够数量的公安民警前往械斗现场，对双方人员进行穿插隔离。同时，要宣讲党和政府的政策法律，承诺调解处置的责任，缓解现场紧张气氛。在双方脱离接触之后，要立即收缴械斗人员手中的械具和武器，动员群众返回住地。对于拒绝交出武器并且继续行凶、危及群众和公安民警安全的人员，可以使用非杀伤性武器，直至鸣枪警告，强行收缴。必要时可以对此类人员进行拘留审查。

3. 做好疏导和取证工作。在双方人员返回原住地之后，公安机关一方面要协助有关部门，调查研究械斗原因，积极排解纠纷，缓和群众情绪；同时，又要不失时机地查明双方械斗为首人员、骨干成员，特别是在械斗过程中致人死伤的凶手和进行打、砸、抢、烧人员的情况，获取确凿有力的证据，以备在处置后期作为证据使用。

4. 协助当地政府和有关部门、单位做好善后工作。对于双方在械斗中死难的人员，在搞清基本情况以后，征得家属同意迅速火化，并做好抚恤和救济工作；对于在械斗中受伤的人员，要及时送往医疗单位抢救医治；对于参与械斗的一般成员，要加强教育，继续做好法制宣传工作，使之正确认识械斗的社会危害，树立坚决依靠党和政府依法解决问题的观念。要认真地了解情况，调解纠纷，实事求是地解决双方的矛盾，力求免除后患。对于那些在械斗中罪恶严重、民愤很大的人员，要在取得确凿证据之后，依法惩办；对于为首分子和一些主要成员，在事件完全平息、群众有一定觉悟的情况下，视其问题的严重程度，予以必要的法律惩处或治安处罚；对于农村中的宗教势力和其他反社会力量利用人民内部矛盾兴风作浪、破坏社会秩序、危害人民民主专政制度的罪恶事实，在查明情况和人员后，必须坚决打击，依法严惩。

四、注意事项

1. 封闭现场，做好外围处理。一是在事件外围设置警戒线，封闭现场和相关地区，为处置中心现场提供足够空间。二是疏导外围交通，禁止无关人员、车辆进入，确保交通畅通。三是对已进入和靠近现场的围观群众进行疏导，提醒、劝导至外围，既可防止新的人群加入械斗之中，又可避免械斗祸及周围群众。

2. 制止械斗，控制局势发展。一是尚未开始械斗的，应迅速隔离双方，通过口头或扩音设备喊话等方式开展政策、法律、法规宣传，讲明利害关系，让双方保持冷静，并责令后退。二是对已经开始械斗的，应责令械斗双方立即放下器械，停止殴斗行为。经领导同意可使用驱逐性、制服性警械，强行驱散械斗人群，迫使械斗双方脱离直接接触，然后在冲突地带设置警戒、隔离带，防止再次发生冲突。

3. 清理"打扫"，开展相关工作。一是收缴打斗器械。二是发现现场有伤员的，应迅速配合医疗部门予以急救。对械斗的组织、策划者和在械斗中有严重违法犯罪行为的人员，在急救的同时要注意取证并派警力看护，防止其逃跑。三是在现场处置中应以摄像、照相、录像等方式进行取证，为事后的处理提供有力依据。

4. 协助善后，消除隐患。

实训任务

一、简要案情

2011年8月31日下午3点半左右，解放路步行街一商铺与物业管理方因物业管理费征收问题发生矛盾，双方各自纠集四十余名社会无业人员携带砍刀、钢管、木棍等凶器在商铺内发生群体性械斗事件，导致附近大量群众围观。械斗共造成双方共计二十余名人员受伤，严重扰乱周边正常经营秩序。

当天，云集交警中队一名巡逻交警在巡逻的过程中最先发现案情，在向上级汇报相关情况的同时，迅速利用对讲机请求支援。五分钟后，在附近巡逻值班的交警、特警、派出所民警、协警等共二十余警察陆续到达事发现场，多警种协助配合，迅速控制住双方参与械斗的有关人员，有效地制止了此次大规模群体性械斗事件事态的进一步发展。

二、课堂讨论

1. 接到群体性械斗案情的报警，应重点询问哪些问题？
2. 根据询问的情况，应做好哪些准备？
3. 在处警过程中，应请求哪些部门参与处理？
4. 在处警的过程中，如何合理安排警力，确保对现场的有效控制？

三、课堂作业

制作一份应急处突预案。

任务三
突发群体性事件警情处置

情景导入

2008 年 7 月 19 日，云南省普洱市孟连傣族拉祜族佤族自治县发生了一起群体性突发事件，执行任务的公安民警被不明真相的 500 多名群众围攻、殴打，冲突过程中，民警被迫使用防暴枪自卫，2 人被击中致死。事件发生后，党中央、国务院和云南省委、省政府高度重视，社会广泛关注。

孟连县"7·19"事件，表面上看是警民冲突，实质上是胶农与企业的经济利益长期纠纷所引发的一起较为严重的群体性社会安全突发事件，是人民内部矛盾在特定条件下的集中表现。经初步调查，孟连县的橡胶产业发展从 80 年代以来经历了两次改革，一次是乡镇企业改革，一次是股份制改革，但两次改革都不彻底。县里的橡胶产业开始是采用"公司＋基地＋农户"模式发展起来的，胶农按协议价格把胶乳卖给橡胶公司。"勐马"和"公信"是孟连县最大的橡胶企业，经历了从乡镇企业到股份合作制企业、私营企业的两次改制，但改制并不彻底，留有产权不清晰、管理不规范、分配不合理的后遗症。由于产权不清晰，管理不规范，利益诉求长期得不到解决。2005 年以来，橡胶价格却大幅攀升，从原来的几千元达到 2.5 万元以上，但公司对胶乳收购价格却不作调整，橡胶价格飞涨和农特税取消带来的利益被橡胶公司老板独享，引致胶农愤慨。胶农决定中止出售胶乳给公司，自行给价高的收购者，遭到公司派出的保安阻止，双方多次发生冲突。孟连县乡党委、政府对此简单地以治安案件论处，反复动用警力介入，刺激胶农，致使警察被打、警车被砸。"7·19"前已累计发生群体性事件 7 起。胶农长期以来对橡胶公司的积怨，逐步发展成了对基层干部、基层党委政府的不满，加之少数违法人员乘机进行挑唆、误导，在个别地方出现了围攻、打砸橡胶公司，甚至围攻、殴打县乡工作组人员，打砸公私财物，非法收缴群众费用，欺压群众等情况，致使基层政权不能正常发挥作用，群众正当利益诉求得不到及时调处。严重影响了当地社会治安稳定。

2008年6月14日，普洱市公安局又向云南省公安厅书面请示跨县调动400名警察到孟连，云南省省委政法委、云南省公安厅明确否定了这一请求。然而，2008年7月2日的普洱市委常委会依然决定打击孟连农村黑恶势力，跨县调警之事不再向省里报告。11日，市公安局调动的警力向孟连集结。

针对以上种种问题，孟连县委、县政府为进一步整顿社会治安，调整理顺各方利益关系，决定于2008年7月15日派出工作组深入勐马镇和公信乡各村寨开展群众工作，深入宣传《孟连县深化橡胶产业产权及经营管理体制改革指导意见》和《孟连傣族拉祜族佤族自治县人民政府关于对公信乡勐马镇部分农村地区进行社会治安重点整治的通告》及《关于限令违法犯罪人员投案自首的通告》，限令违法犯罪人员主动投案自首。次日，警察强制传唤8名涉案者。17日，一抓捕对象被扣留引发300名群众围堵，两名工作队员被打伤。市里认为工作队的安全受到威胁，有必要动用警力实施打击，19日凌晨，抓捕行动引发了震惊全国的大规模群体性事件。

2008年7月19日上午，公安机关依法对勐马镇勐啊村芒朗组分别涉嫌聚众扰乱社会秩序罪、故意伤害罪的5名犯罪嫌疑人采取强制传唤措施。在依法强制传唤任务执行完毕后，按计划向村民开展法制宣传教育时，500多名不明真相的人员在极少数别有用心人的煽动下，情绪激动，行为过激，多次冲越警戒线，手持长刀、钢管、铁棍、木棒向民警进行攻击性劈砍、殴打，致使多名民警受伤。民警在生命受到严重威胁，经多次喊话劝阻、退让、鸣枪警告无效的情况下，被迫使用防暴枪自卫。由于距离较近，致使两人死亡。事件还造成41名公安民警和19名群众受伤，9辆执行任务车辆不同程度损毁。

事件发生后，中央和云南省委、省政府高度重视，要求采取有力措施平息事态。时任省委书记白恩培，时任省长秦光荣等领导立即作出批示，要求积极抢救伤者，安抚好死者家属，做好善后工作和群众工作，迅速组成工作组赶赴现场，尽快查明事件起因，及时公布真相。在第一时间组成了由时任省委副书记李纪恒、省委常委、省委政法委书记孟苏铁、副省长曹建方挂帅的工作组，前往孟连县指导事件处置工作。省、市、县领导深入事发地点，采取一切措施，尽最大努力平息事态，与胶农直接对话，听取他们的意见和诉求，防止事态进一步恶化。

经过四天的艰苦努力，事件处置工作取得了初步成果。受伤人员得到救治，死者遗体已进行火化，群众情绪基本稳定，整个事态正朝着好的方向发展。省政府已成立孟连县橡胶产业利益调整工作指导小组，普洱市成立孟连县橡胶产业利益调整工作领导小组，领导小组将吸收公信、勐马两个乡镇的有关群众代表参加。两个组成立后，将开展深入的调查研究，在摸清基本情况，认真准确测算的基础上，尽快研究制定孟连县橡胶产业利益调整方案。

课前讨论

一、处警民警在突发性群体事件前期的主要任务有哪些？

二、针对不明情况的群众的解释工作如何进行？

三、在处警过程中，如何抓住关键问题？

理论知识

一、在大型文体活动中闹事类警情的接处警

（一）大型文体活动闹事的概念、行为表现及其特征

1. 大型文体活动的种类

目前大型文体活动主要有以下四种类型：

（1）体育类活动，主要是指体育比赛或运动会。从比赛性质、规模与涉及的区域来看，可分为国际性、洲际性和国内体育比赛运动会。

（2）文化类活动。各种规模大、影响广泛的文化活动都可纳入文化类的大型文体活动范畴。从性质来看，文化类的大型文体活动可包括文化交流艺术传播、文艺演出、文化娱乐等活动，诸如各种形式的文化节、艺术节、文化展等。

（3）以文化、体育、经济为主导的活动。这类活动往往集文化、体育、经济商贸于一身，通过文化、体育活动的形式，开展国际或国内的经济交流、经济贸易、经济洽谈，以求社会效益与经济效益相结合。

（4）民间自发的传统节日活动。例如，春节游园活动、龙舟比赛、闹灯

会、庙会。这类活动具有其独自的特点，并在大型文体活动中占据一定的比例。

2. 大型文体活动闹事的概念及其行为表现

大型文体活动闹事，是指参与大型文体活动的一些群体或个人，由于某种原因，交互感染、串通，在活动所处的环境或场所中实施妨碍活动的组织管理与正常进行的非社会化行为并导致事态加剧、扩大，扰乱活动的固有秩序，具有较大的政治、经济影响与社会危害性的治安事件。

根据大型文体活动闹事的规模、特征、后果危害与主体动机，立足我国现阶段的实际情况，结合国际上发生的类似事件，大型文体活动中的主要闹事行为有以下几种：

（1）围哄谩骂。参与者在活动进行中或结束后聚集在场馆门口等处，借人多势众，以侮辱性、不堪入耳的语言进行谩骂、人身攻击。

（2）投掷物品。少数观众避开检查，将饮料瓶等物品带入场内，遇有不满，即向执勤人员、演员、球员、裁判等投掷。

（3）参与者之间互相对峙。活动的参与者各有自己崇拜的偶像或自己的观赏习惯，但由于一些偏激的人不能包容对方，由此引起纠纷和冲突。

（4）酿成火险。有些观众为泄愤或狂欢，在看台上燃放烟花、爆竹或纸片、塑料椅等，不仅殃及其他观众，也可能造成火险。

（5）实施暴力。少数带头者在观众中起煽动、组织作用，欲将事态扩大化。受其鼓动，一些观众把哄闹的矛头指向公安保卫人员，恶语挑衅，或投掷物品，妨碍公务。

3. 大型文体活动闹事的特点

大型文体活动涉及的人员多、区域广、人员与部门构成复杂、管理难度大，产生的政治、经济、文化影响极其广泛。大型文体活动闹事作为一种突出的治安事件，其特点主要体现在以下几个方面：

（1）组织的自发性。大型文体活动闹事大多是自发的，是一种非社会化群体行为。除政治性事件外，大型文体活动闹事主体事先一般并没有酝酿针对某一目标的行动程序和方法，其行为的发生无预谋和分工，难以预料。

（2）形成的突发性。在大型文化体育场所，由于人群高度密集，易于产生矛盾和冲突，非正常群体的形成较快。事前一般没有经过组织酝酿，征兆、苗头不明显，但成员又程度不同地存在各种引发闹事的潜在因素，一旦受到直接引发因素的刺激和强化，就会产生某种内聚力，形成非正常群体，并以一种突发的方式而引发事件。

（3）后果的严重性。首先，大型文体活动，尤其一些大型国际运动会举世瞩目，安全工作的成功与否直接影响国家的国际形象与政府声誉。大型文体活动闹事的发生将产生严重的政治影响，有时甚至对国家安全与社会制度构成威胁。其次，大型文体活动闹事较集会、示威、游行、群众性械斗、闹丧等治安事件，在经济损失上更为严重。闹事者破坏公共设施，砸烂、烧毁车辆，阻碍道路交通，捣毁建筑物，造成各类直接或间接的经济损失，后果触目惊心。最后，大型文体活动闹事易导致人员伤亡，后果相当严重。

（4）处置的被动性。正是由于大型文体活动闹事涉及的人员多、区域广，且大多为自发形式，事先难以预测，防范工作难度大，往往导致处置工作处于被动局面。闹事个体或群体在事件过程中，往往难以控制内心的冲动和有条理地塑造自己的行为，经常随着情绪的波动与相互感染，不断变换闹事形式与侵害对象，使有关的工作预案、防范措施难以确定，只能根据这种事件的一般规律及以往的经验教训，做一些原则性的对策。更多的工作，需要在处置实践中相机实施。这样就不能很好地做到主动出击、善于预防，而只能待闹事事件发生了或至少是苗头突出时才便于采取对策，易处于被动局面。当然，大型文体活动闹事的处置工作的被动性是相对其他治安事件而言的，不可一概而论。

（二）接警和指挥调度

1. 问清事件起因、动机、性质，现场群众人数、密度及人群的流动情况，是否有人员伤亡，闹事人数及方式，组织者基本情况等，立即向现场指挥员报告，并按保卫工作预案进行处置。

2. 对现场情况复杂，现有警力难以控制局势的，指令预备队迅速增援，必要时经主要领导批准，调武警、消防部队参加行动。

3. 有人员伤亡的，通知120进行抢救。

4. 按领导指示上报。

（三）现场处置

1. 宣传疏导、控制、稳定群众情绪。及时进行现场宣传、直陈利害，最大限度地抑制、缓解、稳定多数观众情绪。

2. 穿插隔离，分割包围闹事者。现场警力应迅速穿插入现场中，利用各种队形将煽动闹事者与现场群众分离、隔断开来，同时对煽动闹事者及其骨干分子形成包围之势，最大限度地降低消极互动影响。

3. 确保要道畅通，疏散围观群众。对在活动场所发生的闹事，要及时予以制止；对堵塞安全门、出口的闹事者，要强制带离现场，确保出入口处的畅通；对一般的围观群众和现场附近人员应采取教育引导的方式，及时疏散。

4. 驱散闹事人群，果断平息事态。采取强有力措施将闹事事件的组织策划者、骨干成员、进行打砸抢烧的违法犯罪分子带离现场，收缴其使用的各种凶器，必要时可使用催泪弹、高压水枪等非致命性警械将闹事人群强行驱散。

5. 做好善后处置工作。事态平息后，在一定时间内，在闹事主体及一般群众容易聚集的某些地区、场所、部位保留适当警力观察巡视。一旦出现重新纠合闹事的苗头，及时平息，防止死灰复燃。

（四）注意事项

根据大型文体活动闹事事件的发生原因及其特点，公安机关要提前做好相关防范工作：

1. 建立活动安全保卫组织。大型文体活动参与人员很多，规模相当大。各种各样的矛盾与冲突在活动中随时可能发生，其后果影响极为广泛。因此，在部署和实施安全保卫工作时，要由主（举）办单位和有关部门的负责人参加，组成领导小组，对安全保卫工作实施统筹部署和指挥，及时了解和掌握保卫目标和对象的情况，分析各种威胁和隐患的来源，制订安全保卫工作计划，研究具体问题的处理预案，组织和协调各种保卫力量，实施安全保卫措施等。

2. 制定安全保卫实施方案。首先要做好情报与分析工作，掌握活动安全保卫有关的情况，进行风险评估。大型文体活动中与安全保卫有关的情报信息主要有以下几个方面：一是活动规模，包括活动始末时间、项目设置、程序安排、人员数量等；二是参加人员的层次结构、相互关系，参加活动的单位、部门；三是活动场所，包括地理位置、建筑结构的形式、人员容量及各种门票的发售情况；四是活动需用或与活动有关的各种器材、设备等情况。在广泛搜集各种安全保卫情报信息和确立总体方案的基础之上，进行严密的分析研究，根据大型文体活动的各个环节、因素制定相应的、具体的安全防范专项方案。

3. 强化安全检查，严格控制出入口。活动开始前要对场地、设施、电器、通道等进行详细的安全检查与搜索，消除安全隐患。对进入活动场地的所有人员检查入场券和通行证，严禁观众将酒类、罐装和玻璃瓶装饮料、水果刀、石块、侮辱或挑衅性标语、旗杆及其他危险物品（如烟幕弹、烟火、鞭炮等）带入场内。认真核定看台容量，防止场内观众爆满，控制入场观众数量。

4. 合理部署现场保卫力量。现场指挥机构在部署保卫力量时，应确立安全责任制，实行明确的分工，使各行动小组及安全保卫人员充分了解和意识自身所担负的任务及其重要性。从场内、场外、入口三个方面着手实施，在活动场内多部署保卫人员，有计划地分布在各区域执勤，维持秩序，随时发现和处理问题；在活动场外布置适当的保卫力量，通过严格的安全检查将一些有闹事倾向的危险分子挡在活动场所之外，以减少场内闹事的隐患；在出入口部署力量，负责有关的进出场安全；对活动场所附近或活动途经的道路可实行交通管制，对活动人员的车辆进行周密的安全检查，严格管理与控制停车地点的秩序。

二、群体性哄抢类警情的接处警

（一）哄抢罪及其构成要件

哄抢罪，是指以非法占有为目的，聚集多人，公然抢夺公私财物数额较大或者有其他严重情节的行为。本罪侵害的客体是公私财产的所有权和社会公共秩序，其主要客体是公私财产的所有权。犯罪对象主要是动产和可以分割拆卸的不动产，通常为农副产品、零售商品、铁路或公路上运输的物资等。客观方面表现为多人纠集在一起，采取起哄、哄闹、滋扰或其他手段，公然夺取公私财物的行为。

我国《刑法》第268条规定："聚众哄抢公私财物，数额较大或者有其他严重情节的，对首要分子和积极参加的，处三年以下有期徒刑、拘役或者管制，并处罚金；数额巨大或者有其他特别严重情节的，处三年以上十年以下有期徒刑，并处罚金。"本条是对聚众哄抢罪及其刑事处罚的规定。这里所说的"聚众哄抢"，主要是指聚集多人，公然夺取数额较大的公私财产的行为。聚众哄抢的行为不仅侵犯了国家、集体、公民个人的财产所有权，而且侵犯了社会正常的管理秩序。

构成此罪必须符合以下几个条件：（1）犯罪主体是聚众哄抢的首要分子

和其他积极参加的人。这里的"首要分子"，是指在聚众哄抢中起组织、策划、指挥作用的人。"积极参加的人"，是指主动参与哄抢，在哄抢中起主要作用以及哄抢财物多的人。这主要考虑到，这类犯罪带有一定的群众性、盲目性，其中多数的参与者是在不明真相的情况下进行，或者是由于某种原因追随他人进行的。对这些参与者可以通过行政处罚手段和思想教育解决，一般不作为犯罪对待。因此，构成聚众哄抢罪的，必须是首要分子和积极参与的人。（2）行为人客观方面表现为纠集多人，采取哄闹、滋扰或者其他手段，公然夺取数额较大的公私财物，纠集多人是行为的主要特征。（3）行为人主观方面是出于故意，具有非法占有公私财物的目的。

（二）接警和指挥调度

1. 问清事件起因、人数、人员构成，被抢公私财物的数量、种类；果断进行先期处置；性质恶劣，影响较大的，及时向值班主任和局领导报告，并按领导指示上报。

2. 指令就近警力制止哄抢行为，追缴被哄抢财物，组织立案侦查。

3. 有暴力行为的，组织警力增援。

4. 向该单位的上级主管部门通报情况，要求其派员到现场稳定群众情绪，协助收缴被抢财物，做好善后工作。

（三）现场处置

1. 劝阻围观人群，防止参与人数增多。应及时采取设置警戒线、划定警戒区等方法封闭事件现场，将现场与周围人群隔开，防止新的群体参与到事件之中，并将现场周围的人群向外疏散，使其远离中心现场。

2. 控制中心现场，尽快制止哄抢行为。采取有效方法切断事件主体与哄抢目标的直接接触。通过口头、器材喊话，责令实施哄抢行为的人群放下已抢得的财物，并令其立即离开现场。对不听劝阻，继续实施哄抢的，可依法强行驱散；必要时，可使用驱逐性、制服性警械。立即收缴被抢财物，并对现场散落的财物妥善看管。

3. 开展现场调查，做好相应处理工作。对参与哄抢的人员进行逐一登记，做好笔录；对哄抢的财物进行清点、登记，对其中缺失的进行追缴。对带头、组织哄抢的挑头人，做好取证工作，为依法处罚打下基础。

（四）注意事项

正确认定和处理哄抢罪应当划清以下界限：

1. 一般哄抢行为与哄抢罪的区别。首先，哄抢数额较大或者有其他严重情节是区分罪与非罪的重要标志。"有其他严重情节"，是指哄抢的数额接近。"数额较大"，而且具有下列情形之一的：（1）造成财产所有者严重损失的；（2）在社会上造成恶劣影响的；（3）多次哄抢公私财物的；（4）哄抢救灾、抢险、防汛、救济、优抚、扶贫、医疗款物的；（5）引起被害人患病或者自杀等严重后果的；（6）在哄抢中造成公私财物严重损坏的。其次，只有首要分子和积极参加者才构成哄抢罪。认定哄抢罪时，既要看犯罪数额和犯罪情节，又要看行为人参与犯罪的程度。如果行为人组织、策划、指挥哄抢，尽管其本人可能所得数额不大，但他要对被害人的全部损失负责，也可构成犯罪。如果行为人是积极参加者，且哄抢数额较大也构成哄抢罪。如果行为人不是积极参加者，只是一次哄抢数额较大，但积极返还的，也不宜以犯罪论处。

2. 哄抢罪与抢夺罪的区别。两者的主要区别在于是否聚众实施。在哄抢的情况下，哄抢者人多势众，既有首要分子，又有积极参加者和一般参加者，财产所有者或者保管者则人单势孤，难以保护其财产，眼看财物被哄抢走；或者财产所有人、保管人不在现场，而其财物被哄抢。而抢夺罪的行为人往往是单人或少数几人实施抢夺行为，被害人的财产被夺走之后，才意识到财物的丧失。

3. 哄抢罪与抢劫罪的区别。两者区别的关键在于夺取财物时是否使用暴力或以暴力相威胁。如果在哄抢中，有的人遇到被害人的抵抗，而使用暴力、胁迫的方法夺走财物的，对该人应定抢劫罪，而不宜对其定哄抢罪。

4. 哄抢罪与寻衅滋事罪的区别。《刑法》第293条将"强拿硬要或者任意损毁、占有公私财物，情节严重的"和"在公共场所起哄闹事，造成公共场所秩序严重混乱的"行为列为寻衅滋事罪的表现形式之一。尽管哄抢罪与寻衅滋事罪的上述两种行为有相似之处，但是两者有以下区别：（1）侵害的客体不同。哄抢罪的主要的、直接的客体是公私财产的所有权，尽管也造成公共秩序的破坏；而寻衅滋事罪的直接客体是公共场所秩序。（2）客观方面的表现形式不同。哄抢罪表现为众人一哄而上将公私财物抢走；而寻衅滋事罪则表现为"硬拿、占有、损毁公私财物"，这种情况下，被害人可以追要索回，而行为人也并不是以暴力或逃脱的方式来抗拒被害人的索要。另外，行为人起哄闹事的地点只限于公共场所，而且不以非法占有公私财物为目的，只是为寻求刺激。如果行为人在起哄闹事的同时哄抢公私财产，且数额较大，或者有其他严重情节，又是首要分子或积极参加者的话，则应按哄抢罪定罪处罚。（3）哄抢罪只能以聚众的形式实施，而寻衅滋事罪，既可以多人聚众实施，也可以个人单独实施。

5. 哄抢罪与抢夺枪支、弹药、爆炸物罪的区别。两者的主要区别是被抢的对象不同。哄抢罪的对象是公私财物。而抢夺枪支、弹药、爆炸物罪的对象是枪支、弹药、爆炸物等。如果聚众哄抢枪支、弹药、爆炸物的，应当按抢夺枪支、弹药、爆炸物罪定罪处罚。

三、群体性冲击、堵塞交通道路类警情的接处警

（一）群体性冲击、堵塞交通道路事件及相关法律规定

1. 群体性冲击、堵塞交通道路事件及其发生原因。群体性冲击、堵塞交通事件，是指非法聚众占据公共道路、铁路、机场，拦截汽车、火车，冲击车站、码头，设置障碍、堵塞公共交通枢纽、交通干线、破坏交通运输的违法犯罪活动，其特点是情况多变、影响重大、互动性强，带有组织化趋向，具有煽动性和反复性。

当前，导致发生群体性冲击、堵塞交通道路事件主要有以下几种原因：

（1）突发重大交通事故。当发生重大交通事故时，多引发人员死伤事故，因此成为容易引发群体性交通堵塞事件最重要的原因。这种性质的事故会给受害者家属或本人带来极大的精神伤害和打击，死伤方亲属情绪激动。同时周围群众对死伤方的同情，在种种内外因的相互作用下，极有可能导致大的群体性事件。

（2）事故受害方人为干预。当交通事故发生后，有些受害者家属不了解法律法规，认为现场一旦撤除，其要求便很难再得到满足，因而要求在主事故现场就必须作出交通事故认定，兑现损害赔偿或先预付巨额赔偿款。有的死者家属封建迷信思想严重，拒绝搬运死者遗体，甚至有逼迫肇事驾驶员披麻戴孝的事件发生。公安机关交通管理部门在完成现场勘验、调查取证后，死伤者亲属及围观群众常利用尸体或肇事车辆阻断交通，阻拦撤除现场，使交通长时间堵塞而引发群体性交通堵塞事件。

（3）施救不利。由于交通事故具有突发性，后果经常十分严重，所以给伤者及其家属带来巨大的痛苦。在这样的情况下，如果抢救费用无法到位或者到位数额不能满足抢救需要而直接影响到伤者的抢救，就极易导致受害方

采取过激行为，引发群体性交通堵塞事件。

（4）肇事者逃逸。在发生交通事故后，为逃避交通事故民、刑事责任，会发生驾驶人驾车或弃车逃离事故现场的行为。驾驶人逃逸后，如果公安交通管理部门一时难以抓获交通肇事逃逸者，伤（死）者家属因而无法获得赔偿，也不能及时、有效地追究肇事者的法律责任，就极易导致受害者亲属心理失衡，受害方可能采取阻碍交警执法等过激方式，向当地政府及交警部门施加压力，从而引发群体性交通堵塞事件。

（5）无关人员人为干预。社会上一些不法分子与交通事故并没有关系，只是发泄自己的不满情绪或者为达到其他目的，利用死伤者一方自身情绪借题发挥，煽动蛊惑受害方以及部分群众聚众闹事而引发群体性交通堵塞事件。当前群体性交通堵塞事件中，往往是多数人的合理要求与少数人的无理要求相交织，多数人的过激行为与少数人的违法行为相交织，使事件解决难以当机立断，一旦应对不当，极易激化矛盾，使事态扩大。

2. 群体性冲击、堵塞交通道路事件的犯罪认定。根据《刑法》第291条第1款："聚众扰乱车站、码头、民用航空站、商场、公剧院、展览会、运动场或者其他公共场所秩序，聚众堵塞交通或者破坏秩序，抗拒、阻碍国家治安管理工作人员依法执行职务，情节严重的，对首要分子，处五年以下有期徒刑、拘役或者管制。"根据该条规定，聚众破坏公共秩序、交通秩序犯罪，是指聚众扰乱车站、码头、民用航空站、公园、影剧院、展览会、运动场或者其他公共场所秩序，聚众堵塞交破坏交通秩序，抗拒、阻碍国家治安管理工作人员依法执行职务的行为；"聚众扰乱"公共场所秩序，是指纠集多人以各种方法对公共秩序进行干扰和捣乱，主要是故意在公共场所聚众起哄闹事；所谓"公共场所"，是指具有公共性的特点，对公众开放，供不特定的多数人随时出入、停留、使用的场所，主要有车站、码头、民用航空站、商场、公园、影剧院、展览会、运动场等；"其他公共场所"，主要是指礼堂、公共食堂、游泳池、浴池、农村集市等；"公共场所秩序"，是指保证公众顺利地出入、使用公共场所以及在公共场所停留而规定的公共行为规则；所谓"聚众堵塞交通或者破坏交通秩序"，是指纠集多人堵塞交通使车辆、行人不能通过，或者故意违反交通规则，破坏正常的交通秩序，影响顺利通行和通行安全的行为。其中"交通秩序"，是指交通工具与行人依照交通规则在交通线路上安全顺利通行的正常状态。该条规定的"阻止、抗拒治安管理工作人员依法执行职务"，是指抗拒、阻碍治安民警、交通民警以及其他依法执行治安管理职务的工作人员依法维护公共场所秩序或者交通秩序的行为。这里规定的"情节严重"，主要是指聚众扰乱公共场所秩序或者聚众破坏交通秩序，人数多或者时间长的；造成人员伤亡、建筑物损坏、公私财物受到重大损失等严重后果的；影响或者行为手段恶劣的；等等。情节严重是构成本罪的要件，情节较轻的，不构成犯罪，可以给予治安处罚。根据本条规定，犯本条规定之罪的，对首要分子处5年以下有期徒刑、拘役或者管制。对其他参加的，主要是进行批评教育必要时给予治安处罚。

（二）接警和指挥调度

1. 问清事件发生的时间、地点、起因、目的、人数、人员构成和当前对交通运输的影响等情况，果断进行先期处置。同时，立即向值班主任和局领导报告，并按领导指示上报。

2. 对冲击铁路、高速公路等交通要道致使交通中断的：（1）指令巡警、交警、辖区派出所组织警力，迅速赶到现场进行宣传、教育、劝导、疏散；（2）向铁路、高速公路等交通管理部门通报情况；（3）宣传、教育、劝导无效的，采取强制措施进行驱散，并抓捕组织者和首要分子。警力不足时，由主要领导批准武警、消防部队增援。

3. 对有冲击铁路、高速公路等交通要道企图，尚未造成交通中断的，指令巡警、交警、辖区派出所领导组织警力，迅速赶到现场配合政府有关部门进行宣传教育、劝导疏散群众。同时，向铁路、高速公路管理部门通报情况采取防范措施。

（三）现场处置

1. 迅速了解现场情况，及时向上级报告。到达现场后，要采取公秘结合、内部了解与外部调查结合等方式迅速弄清堵路事件主要人员的身份，人数规模，堵路地点，有无搭设路障及路障类型，有无造成列车、汽车被截停或形成交通堵塞情况，及时报告110报警台和上级领导，为领导决策提供依据。

2. 迅速实施区域性交通管制和现场管制，防止事态扩大。通过迅速实施区域交通管制和现场管制，防止围观人员增多和无关人员进入，防止车辆大量积压，形成大范围交通堵塞。

3. 积极配合有关部门做好劝解疏导工作。会同有关部门开展法制宣传，告知事件主体应通过合法途径表达诉求，指出堵路是违法行为，不利于问题的解决。告知事件主体，公安机关有权依法予以驱散，并责令堵路人群和围观群众立即离开现场并撤除道路上的障碍物。协调新闻媒体统一口径，予以"适度报道"，宣传法制，宣传党委、政府对解决事件主体诉求的高度重视，及时披露个别不法分子的破坏行为，引导舆论，以正视听。

4. 果断"出手"，强行驱散堵路人群，恢复交通。在耐心劝解、反复宣传等工作后，事件主体仍堵塞铁路、国道、高速公路、省道的，要在党委、政府统一领导下，集中优势力量，果断"出手"，强行驱散。

（四）注意事项

1. 必须紧紧依靠党委、政府。在造成众多人员伤亡的重特大交通事故的善后工作中，涉及对伤员的抢救、对死伤者家属的安抚稳定、赔偿费用的落实等诸多问题，其中任何一项工作都不是公安机关能够独立完成的。因此，要在党委、政府的统一领导和协调下，有关部门各负其责、各尽其职，共同做好善后工作。

2. 必须控制现场，避免损失和伤害继续扩大。在群体性冲击、堵塞交通道路事件现场，由于空间、场所的限制以及人员众多，容易发生拥挤、踩踏。处警民警要利用广播设备喊话，设法制止混乱场面，打开安全门，开辟通道，疏导人群流向，并组织力量将受伤者抬到安全地带，进行现场急救，等待救护车到来。

3. 必须要有高度的责任感。在发生重特大交通事故后的善后处置工作中，不仅困难多，而且压力巨大。处警民警不仅要面对千头万绪的工作，有时还要面对死伤者家属的无端责难和纠缠。因此，处警民警只有怀着对广大人民群众的深厚感情和积极负责的工作态度，才能真正做好善后工作。

4. 必须集中警力和加强安全防范。善后工作必须在尽可能短的时间内完成，时间拖得越长，处理的难度和出现的问题越多。因此，只有投入足够的警力，并发扬不怕疲劳连续作战的精神，才能以最快速度把各项工作落到实处，民警在进行救助的同时，还应加强对现场的警戒，对财物集中的处所、部位要加强守护，防止有人趁乱作案。

四、骚乱类警情的接处警

（一）骚乱、暴乱及其特征

1. 骚乱及其特征。"骚乱"一词在《戒严法》等法律条规范文中常被提及，作为法律名词，其含义为"严重危及国家的统一、安全或社会公共安全的紧急状态"。所谓骚乱事件，是指违法群体公然蔑视宪法和法律，聚众滋事捣乱，通过群体暴力打、砸、抢、烧，扰乱社会秩序、破坏社会政治安定的事件。

骚乱事件具有以下几个特征：

（1）参与的主体是聚集的群体。其中既有顽固坚持反动立场的死硬分子、各种违法犯罪分子——他们往往是骚乱事件的制造者、组织者、煽动者和骨干分子，又有被蒙骗、被裹胁的群众；既有地下宗教信徒、邪教信徒、民族分裂分子等国内人员，又有以宗教、讲学等名义进行煽动甚至亲自参与的外国人。一般情况下，除了极少数的死硬分子、骨干分子外，骚乱事件的参与者绝大多数是不明真相的、被偏激的言辞煽动起来而盲目附和的群众。

（2）具有浓厚的暴力色彩。骚乱分子往往仗着人多势众而失去理智，行为往往超出常规，言行举止常常带有进攻性，如挑逗殴打围观群众、攻击维持秩序的公安武警战士、破坏公共设施、纵火焚烧车辆或建筑物、抢夺公私财物、冲击党政机关等。骚乱过程中，骚乱分子往往借助工具、器械甚至抢夺枪支弹药进行攻击、破坏以达到发泄、捣乱、破坏的目的。

（3）破坏社会安定、政治稳定。骚乱分子聚众滋事、制造混乱的目的是扰乱社会治安，甚至是破坏民族团结、反对宪法规定的宗教政策、分裂祖国等，严重影响社会安定、政治稳定，具有明显的反社会性和破坏性。

2. 暴乱及其特征。"暴乱"在《现代汉语词典》中解释为"破坏社会秩序的武装骚动"，是危害程度更大、更严重的骚乱。根据《刑法》第104条第1款之规定："组织、策划、实施武装叛乱或者武装暴乱的，对首要分子或者罪行重大的，处无期徒刑或者十年以上有期徒刑；对积极参加的，处三年以上十年以下有期徒刑；对其他参加的，处三年以下有期徒刑、拘役、管制或者剥夺政治权利。"可以看出，暴乱罪的客体是国家的稳定，犯罪的客观方面表现为组织、策划、实施武装暴乱的行为，犯罪的主观方面是故意的，即行为人往往有破坏国家稳定的目的。所谓暴乱事件，是指国内外敌对势力为推翻共产党的领导和社会主义制度，颠覆人民民主专政政权，相互勾结，组织、策划、实施的有部分被欺骗、被威胁的群众参与的暴力性的严重危害国家主权、领土完整和安全的事件。

暴乱事件有以下几个特征：

（1）敌对势力的参与、渗透。国际反华势力，以及亡命海外的敌对势力始终没有停止其反共反华活动，公安机关应始终保持高度警惕，坚决与之作斗争。

（2）有清晰的政治图谋和政权指向。暴乱分子的根本目的就是要颠覆社会主义国家制度和人民民主专政政权，进而建立一个完全纳入西方发展模式的国家。对这些暴乱分子必须运用专政手段，坚决镇压。

（3）欺骗与残暴手段并用。暴乱分子一方面采用政治阴谋手段，打着"民主"旗号，骗取民众的同情和支持，散布谬论，扩大影响，建立非法组织从事阴谋活动，抓住一切机会煽风点火。他们处心积虑地利用党和政府在某些政策上的疏忽和失误，或利用某些敏感事件，歪曲事实，大做文章，为达到目的不择手段。

（二）接警和指挥调度

1. 问清骚乱、暴乱事件发生的时间、地点、事件主体的参与人数、规模、袭击目标、对象，损失情况等，在进行先期处置的同时，立即向值班主任和局领导报告，并按领导指示和工作预案，迅速上报，果断处置。

2. 指令巡警（防暴警）、交警、辖区派出所领导组织警力，迅速赶到现场，了解情况，疏散围观群众，疏导交通。

3. 对现有警力难于控制局势的，指令预备队迅速增援，必要时经局领导批准，调武警、消防部队参加行动。

4. 有人员伤亡的通知 120 进行抢救。

5. 对出现焚烧建筑物、车辆等情况的，指令消防部门灭火。

6. 根据局领导或现场指挥部的命令，指令现场处置警力。采取强制措施驱散骚乱分子，并抓捕组织者和首要分子。

7. 及时与现场指挥员联络沟通，了解事件最新进展，视情上报领导和调整部署。

（三）现场处置

1. 首批处置人员到达现场后，要尽快弄清基本情况，提出处置建议。

2. 在处置力量基本到位后，要按照预案和现场情况，尽快作出警力部署。控制主要路口、通道，以封闭现场，防止事态扩大，防止骚乱分子内外串联。加强现场周围党政机关、涉外单位等要害部位的警卫，防止骚乱分子进行捣乱、破坏和绑架人质。要抢占制高点，以便于观察、监视现场情况，控制局势发展，也便于照相、录像、收集证据，掌握主动，防止骚乱分子利用制高点对处置警力进行窥视、袭击。

3. 在处置警力部署完毕后，要在现场指挥部的统一指挥下，尽快制止、平息事态。控制、带离、抓捕、拘留为首者和骨干分子，驱散一般参加人员。对骚乱事件中冲击党政机关等要害部门、殴打公安民警、焚烧车辆以及其他实施打砸抢烧等暴力行为的，要迅速采取强制手段，坚决制止；对带头呼喊反动口号，散发、张贴反动传单、标语，进行反动演讲和具有煽动性的人，要进行控制和搜查，并带离现场进行审查。

4. 在事件初步平息后，要乘胜追击，尽快进行善后处理。运用宣传教育、政治瓦解、说服劝阻、制止警告等方法疏散人群，制服歹徒。对仍然不听劝阻和制止的，要组织强行驱散。在制服歹徒和驱散人群时，要特别注意保护围观与被裹胁的群众的生命安全，避免人员伤亡，尤其是不得伤及无辜群众。及时清理现场，组织警力加强巡逻，以防止和打击少数顽固分子的骚扰破坏。同时，密切注意被疏散人群的反应，防止重新聚集，再生事端。

（四）注意事项

1. 平息骚乱、暴乱事件时，公安机关要调集警力或根据有关规定派出武警部队，打击骚乱暴乱首要分子、骨干分子，运用宣传教育、政治瓦解、说服劝阻制止警告等方法驱散人群。如果仍然不听劝阻和制止，可以持械或使用非致命性武器驱散，如使用警棍强行驱散、用催泪弹驱散或在水源及后备有力保障的情况下用高压水枪将人群强行驱散，并要注意发现携带武器、凶器者，强迫其交出或放下武器、凶器，予以收缴。在制服歹徒和驱散人群时，公安民警和武警官兵都要特别注意保护被裹挟和围观的广大群众的生命安全，要力避伤亡，尤其是不得伤及无辜群众。

2. 骚乱暴乱事件平息后，公安机关要及时组织警力清理现场，要派出武装力量巡逻，以防止和打击小股顽固势力的骚扰破坏，还要密切注意被驱散人群的反应，防止重新聚集，再生事端。要采取切实的措施，尽快恢复交通秩序和正常社会秩序。

3. 《戒严法》第2条规定："在发生严重危及国家的统一、安全或者社会公共安全的动乱、暴乱或者严重骚乱不采取非常措施不足以维护社会秩序、保护人民的生命和财产安全的紧急状态时，国家可以决定实行戒严。"另据《戒严法》第3章、第4章的有关规定，戒严期间，戒严实施机关可以行使以下基本权力：

（1）在戒严地区，禁止或者限制集会、游行、示威、街头演讲以及其他聚众活动，禁止罢工、罢市、罢课；实行新闻、通信、邮政、电信管制和出入境管制。

（2）实行交通管制，限制人员进出交通管制区域，并对进出交通管制区域人员的证件、车辆、物品进行检查。

（3）实行宵禁，在宵禁地区通行必须持有本人身份证和戒严实施机关制发的特别通行证。

（4）对正在实施危害国家安全、破坏社会秩序的犯罪或者有重大嫌疑的，阻挠或者抗拒戒严执勤人员执行戒严任务的，抗拒交通管制或者宵禁的，以及从事其他抗拒戒严令活动的人员，可以按照规定予以拘留、审查。

（5）对在戒严地区制止无效的聚众活动可以按照规定使用警械强行制止或者驱散或者强行带离现场或者立即予以拘留。

（6）对武器、弹药、管制刀具，易燃易爆物品、化学危险物品、放射性物品、剧毒物品以及基本生活必需品的生产、运输、供应、价格采取特别管理措施。

（7）根据执行戒严任务的需要，可以临时征用国家机关、企业事业组织、社会团体以及公民个人的房屋、场所、设施、运输工具、工程机械等。

（8）在戒严地区发生特别紧急的情况，使用警械无法制止时，戒严的执勤人员可以按规定使用枪支等武器。

实训任务

一、简要案情

2015年12月28日下午，甘肃永昌县一中学女生在当地城关镇御山城市广场高层坠亡。原因系其偷窃当地一超市巧克力时被营业员发现，在遭遇超市方及其母亲责骂后选择轻生。29日下午，死者家属到华东超市东街店讨要说法，造成现场近千人围观聚集。当日14时30分许，超市门口聚集人数达到上千人，部分人员起哄并冲击超市。当地警方阻止后劝离群众。30日上午，个别群众到华东超市门口摆放花圈再次引起群众围观，当地出动警力维护现场秩序。下午14时左右，数千名群众再次聚集，出现了冲击超市大门，损坏周边道路隔离栏及公共设施，围攻现场维持秩序的公安干警，损坏执勤车辆等违法行为。金昌市长张××闻讯赶来进行现场处置，并被打伤。

为查明事实真相，公安机关调取了华东超市东街店监控录像并做了调查取证。初步查明，死者赵某，女，汉族，生于 2003 年 6 月 10 日，武威市凉州区人，现租住永昌县城关镇小坝村一社，永昌县某中学学生。该学生当日中午到华东超市东街店购买矿泉水时藏匿该超市巧克力、衣帽挂钩和果粒爽等商品，13 时 31 分离开时被超市营业员发现，并从衣服中搜出上述物品，现场让其打电话通知家长前来处理。14 时 15 分其母亲张某某到场，与超市工作人员进行交涉处理，期间，张某某对赵某进行了责打，赵某于 14 时 33 分自行离开超市。14 时 55 分县公安局指挥中心接到群众报警，称一名女孩从城关镇御山城市广场 E 座高层坠楼，经查明坠楼女孩系赵某，当场死亡。

二、课堂讨论

1. 假如你是处警民警，讨论现场如何控制？
2. 在处警过程中，应请求哪些部门参与？
3. 如果在处警过程中，发现有组织头目，应如何处置？

三、课堂作业

制作一份应急处突预案。

任务四

违规上访事件警情处置

情景导入

2013 年 10 月 12 日，某市岳阳楼区望岳路街道办事处老垅坡社区万家组居民刘某等 120 余名群众到市政府办公大楼集体上访，并在市政府办公大楼前长时间静坐。接警后，处警民警到达现场，经了解，20 世纪 70 年代末，岳阳纺织厂征用了原北港公社望岳大队、城郊公社、洞庭公社共计 918.5 亩土地用于建厂及配套设施用。根据当时相关规定及征用土地协议，岳纺公司给予北港公社土地征用款 7.5 万元，由公社安排给被征地单位，岳纺不再负责任何资金材料的补偿。

岳纺征用该宗土地后，按照生产和生活两大功能区逐年实施建设。2004 年开始，省人民政府启动对原岳纺（后称湖南洞庭苎麻纺织印染厂）企业改制工作，2007 年底，湖南华升集团公司将湖南洞庭苎麻纺织印染厂收购，更名为湖南华升洞庭麻业有限公司。

2013 年 10 月，湖南华升集团将位于湖南华升洞庭麻业有限公司厂内的 410 亩土地通过省国资委进行拍卖。老垅坡社区部分居民获知这一信息后陆续开始上访，反映当时征用土地价格太低，要求增加补偿款。后被当地政府拒绝，访民代表刘某等人获知自己诉求在区一级无法满足后，开始策划规模更大、层级更高的上访。10 月 22 日，刘某等联系车辆、通知人员，组织居民到市政府集访。在刘某等人的组织下，该批约 120 余名群众从上午 8 点多钟开始聚集在市政府办公大楼静坐，要求返还闲置土地和增加失地补偿，扬言问题得不到解决绝不离去。

在上访群众已经在市政府门口静坐长达 3 个多小时后，在多次劝导教育无效的情况下，公安机关依据《治安管理处罚法》和《公安部关于公安机关处置信访活动中违法犯罪行为适用法律的指导意见》之规定，将牵头上访的刘某等9名上访人员强制带离现场，随后大部分群众才陆续离开市政府大楼。在经过公安机关详细调查取证后，当天下午，市公安局岳阳楼区分局根据国务院《信访条例》《中华人民共和国治安管理处罚法》《公安部关于公安机关处置信访活动中违法犯罪行为适用法律的指导意见》等相关法律法规，对刘某等9名牵头扰乱机关单位秩序的上访群众依法作出了拘留7天的处罚。同时，公安机关对牵头组织上访的人员正在进一步侦查取证。

课前讨论

一、违规上访事件的表现形式有哪些？
二、当地党政或者有关职能部门在违规上访事件中起到的作用？
三、现场情绪激动人员如何引导？

理论知识

一、围堵政府机关讨薪事件的现场先期处置

（一）操作规程

1. 处警民警迅速赶到现场，维护现场秩序，疏导交通及围观群众。

2. 掌握现场动态，了解事件的起因，了解群众的诉求，掌握群体性事件的参加人数、来源、发展态势、现场激烈程度等。

3. 及时向上级、110指挥中心报告现场情况，请求支援。

4. 针对群体性事件的态势，适时开展对堵路群众的说服教育，告知其解决讨薪问题的合法途径（劳动调解、仲裁、民事诉讼）。

5. 根据现场群体性事件的人数、事件进程、当事人的情绪等，分别采取劝说、阻止、告诫、强行带离现场、制止过激行为等。

6. 对于讨薪堵路群体数量大、情绪激动，处警民警数量少的，应等待增援力量到达，不得贸然采取强制措施，主要以维护现场秩序为主。

7. 处警民警应做好现场取证工作，通过现场录像、录音、照相等，为事后处置提供证据。

8. 填写、存储接处警记录。

9. 对于出警结果需要制作法律文书的，按照相关规定制作处理。

（二）注意事项

1. 处警民警赶赴现场，应及时了解现场事态，掌握现场具体情况，并及时报告上级、110 指挥中心。

2. 处警民警应进行现场取证，通过录像、录音、照相等手段，为事件处理提供证据。

3. 处警民警应根据现场局势，注意规范执法、文明用语、态度和蔼等，防止激化矛盾，或者使矛盾转向。

4. 对于能够控制的事态，处警民警应及时采取措施先期处置，将事态控制在萌芽状态。

5. 对于有过激行为的，或者有打砸行为的，处警民警应及时制止，审慎使用武器、警械、强制措施，防止激化矛盾。

6. 在处置事件后期，应按照教育、惩罚相结合的原则，对违法犯罪行为依法制裁，同时应给予其同情和教育，帮助其通过合法途径解决合法诉求问题。

（三）常见问题

1. 现场取证不及时、不全面。

2. 先期处置过程中，执勤民警定位不准、执法不规范、用语不文明、态度粗暴，造成矛盾转向，引发警民冲突事件。

3. 在执勤民警能够控制的局势下，采取强制措施不及时，造成围观群众越来越多，事态越来与严重，导致事件处置难度升级。

二、围堵政府机关请愿的现场先期处置

（一）操作规程

1. 处警民警迅速赶到现场，维护现场秩序，疏导交通及围观群众。

2. 掌握现场动态，了解事件的起因，了解群众的诉求，掌握群体性事件的参加人数、来源、发展态势、现场激烈程度等。

3. 及时向上级、110 指挥中心报告现场情况，请求支援。

4. 针对群体性事件的性质，开展对群众的说服教育，告知其解决问题合法途径（行政诉讼、民事诉讼、上访程序等）。

5. 根据现场群体性事件的人数、事件的性质、当事人的情绪等，分别采取劝说、阻止、告诫、强行带离现场、制止过激行为等。

6. 处警民警对于尚未发生堵门、堵路、拦截车辆、围攻殴打国家机关工作人员或者其他严重违法行为的，应现场掌握情况，设置警戒区，维护秩序，及时报告现场动态，配合党委、政府和有关主管部门做好化解工作，并做好随时处置的准备。

7. 处警民警对于聚众围堵、冲击党政机关、司法机关、军事机关、重要警卫目标、广播电台、电视台、通信枢纽、外国驻华使（领）馆以及其他要害部门或者单位的，依法采取措施妥善处置。

8. 填写、存储接处警记录。

9. 对于处警结果需要制作法律文书的，按照相关规定制作办理。

（二）注意事项

1. 处警民警赶赴现场，应及时了解现场事态，掌握现场具体情况，并及时报告上级、110 指挥中心。

2. 处警民警应进行现场取证，通过录像、录音、照相等手段，为事件处理提供证据。

3. 处警民警在现场应根据现场局势，注意规范执法、文明用语、态度和蔼等，防止激化矛盾。

4. 对于能够控制的事态，执勤警察应及时采取措施先期处置，将事态控制在萌芽阶段。

5. 对于有过激行为或者打砸行为的，处警民警应及时制止，审慎使用武器、警械、强制措施，保障政府机关的办公秩序和人身财产安全。

（三）常见问题

1. 现场取证不及时、不全面。

2. 先期处置过程中，执勤民警定位不准、执法不规范、用语不文明、态度粗暴，造成矛盾转向，引发警民冲突事件。

3. 在执勤民警能够控制的局势下，采取强制措施不及时，造成围观群众越来越多，事态越来越严重，导致事件处置难度升级。

三、围堵政府机关闹丧的现场先期处置

（一）操作规程

1. 处警民警迅速赶到现场，维护现场秩序，疏导交通及围观群众。

2. 认真听取死亡情况介绍，了解事件有关人员情况及事件人员组成（死者、事件的组织者、积极参加者、事件受害者等），详细询问死亡时间、地点、死亡方式、发现人、知情人等具体情况，为处置提供基础性资料。

3. 现场取证，通过录像、录音等方式掌握现场证据。

4. 做好死者家属、现场组织者的教育疏导工作，对其错误做法进行批评教育，但态度、语气应适当，防止激化矛盾。

5. 及时向上级、110 指挥中心报告现场情况，及时请求支援。

6. 处警民警对现场违法闹事人员进行劝阻，制止过激行为，适时采取强制措施，控制现场局势，防止事态演化、扩大。

7. 填写、存储接处警记录。

8. 对于出警结果需要制作法律文书的，按照相关规定制作办理。

（二）注意事项

1. 处警民警迅速赶赴现场，维护现场治安秩序，疏导交通和围观人群。

2. 现场收集资料，掌握闹丧事件的起因、闹事人员的组成等基础资料，为处置事件提供决策依据。

3. 现场取证，为后期处置提供证据。

4. 处置闹丧事件，应根据现场情况和事态发展态势，适时采取强制措施，控制闹事的组织者、积极参加者，为迅速处置闹事创造条件。

5. 通过对死者家属、有威信的长辈、亲属进行说服教育，尽快对尸体进行检验和处理。

6. 为保障闹丧事件的迅速处置，应对尸体进行快速检验，用科学、准确的检验结论平息谣言。

（三）常见问题

1. 采取强制措施不及时，造成事态扩大，增加处置难度。

2. 现场取证不及时，造成后期处理难度大。

3. 对闹丧事件的受害者及家属保护不力，造成群众不满。

4. 对可能出现的闹丧事件缺乏预警，对事件苗头控制不力。

5. 对闹丧事件的死者家属开展教育说服工作，态度、方法不当激化矛盾，造成事件难以处置。

实训任务

一、简要案情

2012 年 12 月 9 日 10 时许，某县公安局指挥中心接县政府工作人员报警，称有一名男子非法上访，在县政府大门口抱住一名副县长的腿，不让其离去，要求副县长帮助解决其纳入低保问题。接警后，指挥中心指令辖区派出所出警处置。派出所民警赶到县政府大门口后，发现一名年龄在 30 多岁的男子正坐在地上，抱住本县一名副县长的大腿，不准该副县长离开。与该男子同行的还有其年近 60 岁的父母和小孩儿。经过对家属进行了解，该男子名叫王某，系本地某乡镇人，平日游手好闲，不务正业。政府已经将其父母纳入低保，因王某不符合纳入低保对象的要求，故未将其纳入低保。王某今日在家中饮酒后，再次带着父母到政府要求将其全家都纳为低保对象。王某在县政府大门口时刚好遇见准备从政府办公楼外出的一名副县长，王某随即抱住该副县长大腿，声称如果不能满足其要求，今天便一直抱住该副县长不准离去。期间虽经政府工作人员劝解，但王某及其家属拒绝配合。

二、课堂讨论

1. 接到报警后，应首先了解哪些情况？
2. 如果该名男子还有其他人员配合起哄，应如何处理？
3. 如何围观群众不允许处警民警带走该名男子，应如何处理？

三、课堂作业

假如你是派出所值班所长，讨论并模拟如何安排警力出警，现场如何处置？

附：主要法律依据

一、《公安派出所正规化建设工作规范》

第七十七条　对群体性事件的先期处置，应当遵守下列规定：

（一）了解现场情况，迅速报告上级；

（二）掌握现场动态，控制重点人员；

（三）维持现场秩序，疏导围观人员；

（四）教育说服群众，防止事态扩大。

二、《公安机关处置群体性事件规定》

第四条　公安机关处置群体性事件的主要任务：

（一）掌握社会不稳定情况和群体性事件动态，迅速向党委、政府和上级公安机关报告，并及时通报涉事单位及其主管部门。

（二）深入了解事件起因、规模、人员构成、发生区域、表现形式、激烈程度和群众的要求等具体情况，准确研判事件性质、发展态势和处置时机，提出相应的处置意见和建议，报告党委、政府决策。

（三）维护现场治安秩序和交通秩序，保护党政机关等重点部位及现场人员的安全，协助有关部门做好疏导化解工作。

（四）适时依法采取相应的强制措施，控制局势，平息事态，恢复正常秩序。

（五）掌握事件中涉嫌违法犯罪人员和非法组织以及敌对分子插手情况，及时固定证据，依法适时打击处理。

第六条　遇有下列群体性事件，公安机关不得出动警力直接处置，但可派出便装警察或者少量警察到现场掌握情况，维护秩序，及时报告现场动态，配合党委、政府和有关主管部门做好化解工作，并做好随时出警处置的准备：

（一）集会、游行、示威活动发生在校园、单位内部，尚未发生行凶伤人、非法拘禁或者打砸抢烧行为的。

　　……………

第七条　遇到有下列群体性事件，公安机关应当根据党委政府的决定并在其统一领导下，迅速调集警力赶赴现场，依法采取措施妥善处理：

（一）未经许可或者未按照许可进行的集会、游行、示威活动，集会游行示威活动中出现严重扰乱社会秩序或者危害公共安全的行为。

　　……………

（四）聚众围堵、冲击党政机关、司法机关、军事机关、重要警卫目标、广播电台、电视台、通讯枢纽、外国驻华使（领）馆以及其他要害部门或者单位，聚众堵塞公共交通枢纽、交通干线、对外开放口岸、破坏公共交通秩序或者非法占据公共场所。

…………

第九条　参与处置工作的民警根据现场情况，可以携带警棍、盾牌、催泪弹、高压水枪、防暴枪、防暴服、高音喇叭、警戒带、隔离网等必要的警械和防护装置，并按规定使用。

三、《中华人民共和国治安管理处罚法》

第六十五条　有下列行为之一的，处五日以上十日以下拘留；情节严重的，处十日以上十五日以下拘留，可以并处一千元以下罚款：

（一）故意破坏、污损他人坟墓或者毁坏、丢弃他人尸骨、骨灰的；

（二）在公共场所停放尸体或者因停放尸体影响他人正常生活、工作秩序，不听劝阻的。

四、《中华人民共和国人民警察使用警械和武器条例》

第七条　人民警察遇有下列情况之一的，经警告无效的，可以使用警棍、催泪弹、高压水枪、特种防暴枪等驱逐性、制服鞋警械：

（一）结伙斗殴、殴打他人、寻衅滋事、侮辱妇女或者进行其他流氓活动的；

（二）聚众扰乱车站、码头、民用航空站、运动场等公共场所秩序的；

（三）非法举行集会、游行、示威的；

（四）强行冲越人民警察为履行职责设置的警戒线的；

（五）以暴力方法抗拒或者阻碍人民警察依法履行职责的；

（六）袭击人民警察的；

（七）危害公共安全、社会秩序和公民人身安全的其他行为，需要当场制止的；

（八）法律、行政法规规定可以使用警械的其他情况。

人民警察依照前款规定使用警械，应当以制止违法犯罪行为为限度；当违法犯罪行为得到制止时，应当立即停止使用。

五、《中华人民共和国戒严法》

第二条　在发生严重危及国家的统一、安全或者社会公共安全的动乱、暴乱或者严重骚乱，不采取非常措施不足以维护社会秩序、保护人民的生命和财产安全的紧急状态时，国家可以决定实行戒严。

第三条　全国或者个别省、自治区、直辖市的戒严，由国务院提请全国人民代表大会常务委员会决定；中华人民共和国主席根据全国人民代表大会常务委员会的决定，发布戒严令。

省、自治区、直辖市的范围内部分地区的戒严，由国务院决定，国务院总理发布戒严令。

第四条 戒严期间，为保证戒严的实施和维护社会治安秩序，国家可以依照本法在戒严地区内，对宪法、法律规定的公民权利和自由的行使作出特别规定。

第五条 戒严地区内的人民政府应当依照本法采取必要的措施，尽快恢复正常社会秩序，保障人民的生命和财产安全以及基本生活必需品的供应。

第六条 戒严地区内的一切组织和个人，必须严格遵守戒严令和实施戒严令的规定，积极协助人民政府恢复正常社会秩序。

第七条 国家对遵守戒严令和实施戒严令的规定的组织和个人，采取有效措施保护其合法权益不受侵犯。

第八条 戒严任务由人民警察、人民武装警察执行；必要时，国务院可以向中央军事委员会提出，由中央军事委员会决定派出人民解放军协助执行戒严任务。

第九条 全国或者个别省、自治区、直辖市的戒严，由国务院组织实施。

省、自治区、直辖市的范围内部分地区的戒严，由省、自治区、直辖市人民政府组织实施；必要时，国务院可以直接组织实施。

组织实施戒严的机关称为戒严实施机关。

第十条 戒严实施机关建立戒严指挥机构，由戒严指挥机构协调执行戒严任务的有关方面的行动，统一部署和实施戒严措施。

执行戒严任务的人民解放军，在戒严指挥机构的统一部署下，由中央军事委员会指定的军事机关实施指挥。

第十一条 戒严令应当规定戒严的地域范围、起始时间、实施机关等事项。

第十二条 根据本法第二条规定实行戒严的紧急状态消除后，应当及时解除戒严。

解除戒严的程序与决定戒严的程序相同。

第十三条 戒严期间，戒严实施机关可以决定在戒严地区采取下列措施，并可以制定具体实施办法：

（一）禁止或者限制集会、游行、示威、街头讲演以及其他聚众活动；

（二）禁止罢工、罢市、罢课；

（三）实行新闻管制；

（四）实行通讯、邮政、电信管制；

（五）实行出境入境管制；

（六）禁止任何反对戒严的活动。

第十四条 戒严期间，戒严实施机关可以决定在戒严地区采取交通管制措施，限制人员进出交通管制区域，并对进出交通管制区域人员的证件、车辆、物品进行检查。

第十五条 戒严期间，戒严实施机关可以决定在戒严地区采取宵禁措施。宵禁期间，在实行宵禁地区的街道或者其他公共场所通行，必须持有本人身份证件和戒严实施机关制发的特别通行证。

第十六条 戒严期间，戒严实施机关或者戒严指挥机构可以在戒严地区对下列物品采取特别管理措施：

（一）武器、弹药；

（二）管制刀具；

（三）易燃易爆物品；

（四）化学危险物品、放射性物品、剧毒物品等。

第十七条 根据执行戒严任务的需要，戒严地区的县级以上人民政府可以临时征用国家机关、企业事业组织、社会团体以及公民个人的房屋、场所、设施、运输工具、工程机械等。在非常紧急的情况下，执行戒严任务的人民警察、人民武装警察、人民解放军的现场指挥员可以直接决定临时征用，地方人民政府应当给予协助。实施征用应当开具征用单据。

前款规定的临时征用物，在使用完毕或者戒严解除后应当及时归还；因征用造成损坏的，由县级以上人民政府按照国家有关规定给予相应补偿。

第十八条 戒严期间，对戒严地区的下列单位、场所，采取措施，加强警卫：

（一）首脑机关；

（二）军事机关和重要军事设施；

（三）外国驻华使领馆、国际组织驻华代表机构和国宾下榻处；

（四）广播电台、电视台、国家通讯社等重要新闻单位及其重要设施；

（五）与国计民生有重大关系的公用企业和公共设施；

（六）机场、火车站和港口；

（七）监狱、劳教场所、看守所；

（八）其他需要加强警卫的单位和场所。

第十九条 为保障戒严地区内的人民基本生活必需品的供应，戒严实施机关可以对基本生活必需品的生产、运输、供应、价格，采取特别管理措施。

第二十条 戒严实施机关依照本法采取的实施戒严令的措施和办法，需要公众遵守的，应当公布；在实施过程中，根据情况，对于不需要继续实施的措施和办法，应当及时公布停止实施。

第二十一条 执行戒严任务的人民警察、人民武装警察和人民解放军是戒严执勤人员。 戒严执勤人员执行戒严任务时，应当佩带由戒严实施机关统一规定的标志。

第二十二条 戒严执勤人员依照戒严实施机关的规定，有权对戒严地区公共道路上或者其他公共场所内的人员的证件、车辆、物品进行检查。

第二十三条 戒严执勤人员依照戒严实施机关的规定，有权对违反宵禁规定的人予以扣留，直至清晨宵禁结束；并有权对被扣留者的人身进行搜查，对其携带的物品进行检查。

第二十四条 戒严执勤人员依照戒严实施机关的规定，有权对下列人员立即予以拘留：

（一）正在实施危害国家安全、破坏社会秩序的犯罪或者有重大嫌疑的；

（二）阻挠或者抗拒戒严执勤人员执行戒严任务的；

（三）抗拒交通管制或者宵禁规定的；

（四）从事其他抗拒戒严令的活动的。

第二十五条 戒严执勤人员依照戒严实施机关的规定，有权对被拘留的人员的人身进行搜查，有权对犯罪嫌疑分子的住所和涉嫌藏匿犯罪分子、犯罪嫌疑分子或者武器、弹药等危险物品的场所进行搜查。

第二十六条 在戒严地区有下列聚众情形之一、阻止无效的，戒严执勤人员根据有关规定，可以使用警械强行制止或者驱散，并将其组织者和拒不服从的人员强行带离现场或者立即予以拘留：

（一）非法进行集会、游行、示威以及其他聚众活动的；

（二）非法占据公共场所或者在公共场所煽动进行破坏活动的；

（三）冲击国家机关或者其他重要单位、场所的；

（四）扰乱交通秩序或者故意堵塞交通的；

（五）哄抢或者破坏机关、团体、企业事业组织和公民个人的财产的。

第二十七条 戒严执勤人员对于依照本法规定予以拘留的人员，应当及时登记和讯问，发现不需要继续拘留的，应当立即释放。

戒严期间拘留、逮捕的程序和期限可以不受中华人民共和国刑事诉讼法有关规定的限制，但逮捕须经人民检察院批准或者决定。

第二十八条 在戒严地区遇有下列特别紧急情形之一，使用警械无法制止时，戒严执勤人员可以使用枪支等武器：

（一）公民或者戒严执勤人员的生命安全受到暴力危害时；

（二）拘留、逮捕、押解人犯，遇有暴力抗拒、行凶或者脱逃时；

（三）遇暴力抢夺武器、弹药时；

（四）警卫的重要对象、目标受到暴力袭击，或者有受到暴力袭击的紧迫危险时；

（五）在执行消防、抢险、救护作业以及其他重大紧急任务中，受到严重暴力阻挠时；

（六）法律、行政法规规定可以使用枪支等武器的其他情形。

戒严执勤人员必须严格遵守使用枪支等武器的规定。

第二十九条 戒严执勤人员应当遵守法律、法规和执勤规则，服从命令，履行职责，尊重当地民族风俗习惯，不得侵犯和损害公民的合法权益。

第三十条　戒严执勤人员依法执行任务的行为受法律保护。

戒严执勤人员违反本法规定，滥用职权，侵犯和损害公民合法权益的，依法追究法律责任。

第三十一条　在个别县、市的局部范围内突然发生严重骚乱，严重危及国家安全、社会公共安全和人民的生命财产安全，国家没有作出戒严决定时，当地省级人民政府报经国务院批准，可以决定并组织人民警察、人民武装警察实施交通管制和现场管制，限制人员进出管制区域，对进出管制区域人员的证件、车辆、物品进行检查，对参与骚乱的人可以强行予以驱散、强行带离现场、搜查，对组织者和拒不服从的人员可以立即予以拘留；在人民警察、人民武装警察力量还不足以维持社会秩序时，可以报请国务院向中央军事委员会提出，由中央军事委员会决定派出人民解放军协助当地人民政府恢复和维持正常社会秩序。

经典案例

2014 年 3 月 1 日 21 时 20 分左右，4 男 1 女蒙面持械冲进昆明火车站广场、售票厅，打出暴恐旗帜，肆意砍杀无辜群众，现场发生人员伤亡。接警

后，武警及民警赶赴现场紧急处置，民警在对现场处置的同时，对火车站周边的永平路至火车站实行紧急交通管制。3月1日23时许暴徒被警察制服。120进场抢救伤者。因抗拒抓捕，帕提古丽·托合提被民警开枪击伤并抓获，其余4人被当场击毙。3月2日15时25分，在警方全力地毯式搜捕脱逃昆明3·1事件恐怖分子行动中，又有3名歹徒在昆明尚义街被擒获。该事件致31人死亡，141人受伤，其中40人系重伤。

经了解，2013年12月以来，依斯坎达尔·艾海提、吐尔洪·托合尼亚孜、玉山·买买提纠集他人形成恐怖组织，指挥该组织成员为实施暴力恐怖活动在广东、河南、甘肃等地进行暴力恐怖犯罪准备，并共同策划在昆明火车站进行暴力恐怖活动。2014年2月27日，依斯坎达尔·艾海提、吐尔洪·托合尼亚孜、玉山·买买提因涉嫌偷越国境在云南省红河州沙甸被捕，拒不供述其组织成员将在昆明火车站实施暴力恐怖犯罪。

2014年3月1日晚，因联系不上依斯坎达尔·艾海提等人，阿卜杜热伊木·库尔班、艾合买提·阿比提、帕提古丽·托合提、阿尔米亚·吐尔逊、盲沙尔·沙塔尔商定即日按原计划在昆明火车站实施暴力恐怖活动，5人遂携带作案工具，租车从沙甸到达昆明火车站实施了此次恐怖活动。

问题导入

一、反恐类警情出警有什么特殊要求？
二、反恐快速反应体系如何建立？

模块概述

恐怖活动是指以制造社会恐慌、胁迫国家机关或者国际组织为目的，采取暴力、破坏、恐吓或者其他手段，造成或者意图造成人员伤亡、重大财产损失、公共设施损坏、社会秩序混乱等严重社会危害的行为。煽动、资助或者以其他方式协助实施上述活动的，也属于恐怖活动。与恐怖活动相关的事件通常称为"恐怖事件""恐怖袭击"等。恐怖袭击从20世纪90年代以来，有在全球范围内迅速蔓延的严峻趋势。

恐怖袭击是难以定义的概念。即使在美国范围内，国防部、联邦调查局和国务院使用的定义也不同。而在美国外，联合国和不同的国家也用他们自己的方式来定义了恐怖袭击。根据中华人民共和国全国人大常委会第二十三次会议审议的《关于加强反恐怖工作有关问题的决定（草案）》规定："恐怖活动是指以制造社会恐慌、胁迫国家机关或者国际组织为目的，采取暴力、破坏、恐吓或者其他手段，造成或者意图造成人员伤亡、重大财产损失、公共设施损坏、社会秩序混乱等严重社会危害的行为。煽动、资助或者以其他方式协助实施上述活动的，也属于恐怖活动。"与恐怖活动相关的事件通常称为"恐怖事件""恐怖袭击"等。

极端分子使用的手段也由最初的纯粹军事打击演化到绑架、残杀平民、自杀爆炸等骇人的行动。而遭受恐怖袭击的国家或地区主要是北约组织成员国和军事同盟地区以及受他们军事打击的国家或地区。恐怖袭击是猛烈的犯罪行为，产生恐惧和威逼以影响受害者之外的观众。

恐怖袭击明显地直接影响人类生活，但它也持久地影响国际政治、公民自由和经济。在国际恐怖主义给国际社会带来的危害问题上，各国几乎都认同以下几点：

（1）它漠视国家主权和基本人权，无视联合国在国际安全事务中的地位和作用，造成一种国际范围内的无政府状态，漠视国际人道主义基本原则，滥用暴力或极端手段，造成大量人员伤亡。对国际安全造成威胁。

（2）它通过各种非法渠道敛取钱财，破坏社会人力、物力、财力资源，损坏社会公共设施，造成财产直接损失，损毁多年积累的人类历史文明成果，毁灭性的破坏人类赖以生存的自然资源环境，对世界经济形成直接或间接危害。

（3）它践踏国际法基本原则，违背世界和平与发展两大主题，对国际政治、经济新秩序，尤其是对国际法律新秩序构成极大威胁。

2016年1月23日，中央政法工作会议要求，2016年要重点做好反对暴力恐怖和维护政治安全、金融安全、网络安全、公共安全等五大领域风险预警、防控工作，切实提高维护国家安全和社会稳定工作的预见性、前瞻性。近年来，我国推进境外清源，开展严打暴恐专项行动，强化社会面整体防控，基本掌握了反恐斗争主动权。同时，受国际恐怖主义进入新一轮活跃期影响，我国面临的恐怖袭击风险上升。为此，中央提出：以实施《反恐怖主义法》为契机，统筹国内国际两个大局、疆内疆外两个战场、网上网下两条战线，全力打好主动仗、攻坚仗、持久仗。坚持情报引领，坚决打掉暴恐音视频，防范、打击境内外涉恐分子勾连活动，完善反恐防范和指挥体系，深化"去极端化"工作，强化反恐国际合作。

任务一
涉及宗教问题警情处置

情景导入

2014 年 5 月 28 日 21 时许，山东省烟台市招远市有 2 男 4 女在该市"麦当劳"快餐店内就餐，在就餐期间与邻桌的一名女子发生口角，之后，该 6 名人员用铁棍击打该女子，在击打的同时打人者不停地说"恶魔，你永世不得超生"等话语。周围群众在事件发生后报警，民警到达后，其中一名光头嫌疑人仍在殴打一名女子。民警制止过程中，在吧台的三名女性嫌疑人及小男孩前往阻止民警，后续支援民警及赶来的金都百货保安将光头男子控制。

往外押送时，又遭小男孩阻止，一名女性嫌疑人被控制过程中，仍有攻击民警的行为。随后，120赶到，进行了现场抢救，民警协助医生将被害人抬出送往医院。该被击打女子经抢救无效死亡。

经了解，河北籍犯罪嫌疑人张某冬（男、无业）、其长女张某（无业）、次女张某（无业）、儿子张某（辍学）、河北籍张某某（女、无业）、山东籍吕某某（女、无业）6人系邪教组织"全能神"成员。为发展邪教组织成员，6人在麦当劳向周围就餐人员索要电话号码，遭被害人吴女士拒绝后，遂对其进行殴打。

当时，张某冬的女儿向吴女士索要电话号码，吴女士说："一边玩儿去！"张某冬的女儿说："你不是好东西，你是邪灵恶神！"随后抓起板凳砸向吴女士。吴女士反抗，张家人更加认定她是"邪灵恶神"。张某冬开始带头对其围殴，还大骂吴女士"恶魔""永世不得超生"。整个殴打过程约2分钟。有围观群众想上前制止，打人者放言"你们谁管谁死"。张某冬被讯问时称不信法，只信神，该名女子是邪灵，就是要将其打死。

课前讨论

一、邪教警情前期需要哪些准备？如何取证？

二、邪教的表现形式有哪些？

三、邪教人员对社区稳定方面的危害有哪些？

理论知识

一、宗教问题及其体现

宗教问题，是指与宗教相关联的各种矛盾和冲突，表现为宗教与社会宗教与国家、宗教与政府之间的问题。宗教和其他事物一样，其作用和影响有两重性，对国际政治既有正面效应，也有负面效应。从总体看，宗教对人类社会和国际政治的影响主要是正面的和积极的。

改革开放以来中国宗教的快速发展，最直接受益的是1亿以上的各宗教的信徒和30多万各宗教的教职人员。由于他们获得了真正的信仰宗教的自由权利，因此他们对中国共产党执政的当代中国社会是持肯定态度的，并且积极地参加了国家的物质文明、政治文明、精神文明与和谐社会的建设，对中国社会发展总的来说起到的积极作用大于消极作用。现阶段我国宗教方面存在的问题，主要体现在以下几个方面：

1. 佛教方面。首先，在佛教界后继乏人的情况十分突出，特别是年轻的高素质的人才缺乏，很不适应当前的形势，为佛教事业的发展带来了不少困难。现有的佛教学校，教学水平还有待于提高，一些学生信仰淡薄，不重视宗教课的学习和宗教修持等。其次，一些作为宗教活动场所的寺庙在管理上存在混乱现象，一部分寺庙管理不善，制度不健全，教务活动、财务管理混乱。一些僧人出家入寺，不按有关规定办理，乱收徒、乱传戒。一些寺院内不团结现象严重，部分僧人的素质偏低，受拜金主义、享乐主义思潮的侵蚀，戒律松弛；个别寺院少数僧人违法乱纪，触犯刑法，损害佛教界的形象和声誉。在藏传佛教方面，除存在上述问题外，还存在达赖分裂集团利用藏传佛教搞"西藏独立"的问题，这就更加增加了藏传佛教的复杂性。

2. 道教方面。最大的问题也是缺乏合格适用的道教人才。宫观管理、斋醮仪式、弘道与修持、教学与研究、外事往来等方面都缺乏人才。道教内部不团结的现象也比较突出。不同宗派同道不同心争权夺势的现象时有发生。近些年，道教恢复较快，各宫观都招收了不少的道教教徒，但这些人未经严格挑选，良莠不齐，有的疏懒好吃，不事劳动，有的不守清规。还有为数众多的道教徒，散居城乡，没有固定宗教活动场所，失之管理，他们走乡串户，以经忏活动为生，常和迷信活动搅在一起，损害了道教的形象。

3. 伊斯兰教方面。一是一些地区民族分裂主义分子、宗教极端势力利用伊斯兰教进行的非法活动突出；二是大众传媒伤害穆斯林民族宗教感情；三是境外少数民族分裂主义分子和宗教极端势力利用朝觐进行渗透破坏；四是有的地方教派矛盾、纷争时有发生，影响了当地的民族团结、社会稳定和经济发展；五是非法开办阿拉伯语学校，经文班（点）及非法出版宗教出版物。一些地方开办上述学校不符合国家的教育制度，有的甚至违反宗教与教育相分离的原则开设宗教课。一些非法出版物严重歪曲了伊斯兰教的教义，大肆宣传宗教极端主义思想，在一些穆斯林群众中造成了一定的思想混乱。

4. 基督教方面。一是快速发展中出现了不少混乱情况。主要表现为打着基督教旗号的各种邪教组织以基督教的名义进行违法犯罪活动危害社会，同时危害基督教本身。另外，境外敌对势力利用基督教对我国进行渗透的情况复杂，损害了我国基督教的独立自主和基督教与全体人民在政治上的团结。

二是基督教爱国组织中的一些教职人员，在坚持自治、自养、自传、爱国、办好教会的重大原则上发生动摇。三是自封传道人到处传教布道，发展教徒，私设聚会点，以致使不法分子利用基督教制造混乱。四是某些教派的分离倾向日益突出。他们过分强调教派特联，秘密集会，进行恢复教派组织的活动；一些教派性聚会点拒绝向政府申请登记，甚至与境外组织相联系，接受办教经费和书刊，进行教派组织的活动。

5. 天主教方面。主要问题是由罗马教廷委任的主教和这些由主教秘密朝圣的神甫及受操纵的骨干分子形成的天主教地下势力。这股势力的形成和发展是罗马教廷策动和扶持的，是西方敌对势力利用宗教对我国进行"西化"和"分化"演变策略的组成部分。在罗马教廷的操纵和支持下，天主教地下势力成立非法组织，祝圣非法主教和神甫，秘密开办地下修院，培训骨干，积极扩充力量，形成一股和政府对抗的政治力量。在天主教地下势力的影响下，一些教职人员对独立自主自办教会和自选自圣主教在思想上发生了动摇。

6. 除了五大宗教以外，在农村和某些城镇滥建小庙的现象屡禁不止。一些假冒的僧人道士、自封传道人到处骗钱害人；一些非宗教单位，包括一些地方党政部门和干部利用宗教搞所谓"宗教搭台，经济唱戏"，非法建寺庙，建露天大佛，建宗教旅游场所，搞现代的所谓圣贤崇拜，非法安置宗教教职人员，乱举行所谓开光仪式，乱设功德箱，设香火，收取布施，借机敛财；党员参与宗教活动的问题也日益增多。特别值得注意的是，在宗教发展的过程中，大量的迷信活动、会道门和邪教组织打起了宗教的旗号，浑水摸鱼，趁机作乱，既干扰了正常宗教的发展，又严重危害了社会。

二、接警和指挥调度

1. 问清事件发生的时间、地点、涉及人数、影响大小、事情经过等情况，果断进行先期处置，及时向值班主任和局领导报告并按领导指示上报。同时，向民族宗教局通报情况。

2. 对干涉宗教信仰自由的，指令国保部门、辖区派出所调查处理，并配合党委、政府和民族宗教局做好教徒的稳定工作，防止事态扩大。

3. 对宗教组织与其他教派或当地群众因财产、占地等问题发生纠纷的，指令辖区国保部门配合民族宗教局做好调查处理和稳定教徒情绪工作，防止事态扩大。

4. 对利用宗教搞封建迷信活动的，指令辖区国保部门制止非法活动，依法调查处理。情节严重、影响恶劣的指令辖区国保部门和辖区派出所立案侦查。

三、现场处置

1. 迅速了解现场情况，及时报告上级领导和 110 报警台。

2. 控制现场局势，并根据上级指令，视情开展调查、法律政策宣传、劝阻、抓捕工作。

3. 做好调查取证和案件移交工作，及时向国保、刑警等部门移交案件。

四、注意事项

1. 要具体情况具体分析。民族宗教矛盾是错综复杂的，对民族宗教群体性事件要具体情况具体分析。首先，要严格区分民族分裂和宗教反动势力活动与一般民族宗教事件的界限。这是两个不同性质的问题，处理的原则和方法应不同。对于属于人民内部矛盾的民族宗教事件，应按处理人民内部矛盾的方法来解决；对于属于敌我矛盾的民族分裂活动和宗教反动势力活动，没有妥协退让的余地，必须依法严惩。其次，要注意区分刑事犯罪活动与民族宗教事件的界限，不要把一般的刑事犯罪与民族事件混淆。

2. 要坚持教育疏导为主。民族宗教事件属于人民内部矛盾，公安机关应坚持教育疏导原则，以说服教育为主，化解矛盾，消除隐患，增强团结。要反复宣传有关法律法规和党的民族宗教政策，让群众人人皆知，争取民心。对群众的合理要求，要认真研究，及时解决；对不合理的要求，要做耐心的解释。对参与群众较多又涉及群众合理要求的事件，即使有过激行为，甚至违法行为，在坏人没有充分暴露的情况下，仍要做耐心细致的说服教育工作，切忌在思想工作尚不深入，大多数群众思想认识尚未转变过来的情况下，采用不适当手段，形成与群众的对立，激化矛盾，造成被动。

3. 要及时发现问题并稳妥地处置。在处置民族宗教事件中首先要做到耳聪目明，及时发现。凡事都有一个酝酿、发生、发展的过程，对涉及民族宗教关系问题可能引发的一些闹事苗头，要提高敏锐性，及时发现、及时报告、及时采取措施，力争把问题解决在萌芽状态。

4. 要运用法律手段并坚持法治处理。宗教事件的处理，要坚持法治原则，运用法律手段解决问题。为此，必须重调查、重事实、重证据，一旦发生民族宗教事件，要认真进行调查，掌握情况，了解实情。在充分调查研究的基础上，依照有关法律来解决。如果证据掌握尚不充分，不要轻易定性，更不要人为地夸大或缩小问题的严重性。有了充分的证据，就有了主动权，就能够准确地确定处理问题的方针和办法，就能够在法律的范围内妥善解决问题。有些事件是复杂的，各种因素交织在一起，单靠法律手段有时不能使问题得到彻底解决。在这种情况下，既要坚持法治原则，又要辅以其他相应工作，为运用法律手段解决问题创造条件。

5. 要坚持依靠群众、依靠基层的原则。民族宗教群体性事件，扩大事态和平息事态的焦点都在于争取群众。少数别有用心的人，利用民族宗教感情蒙蔽裹胁一部分不明真相的群众参与闹事。处理这方面的问题，要着眼于最大限度地把群众争取过来，以孤立少数别有用心的人，使事态从根本上得以解决。人民群众是社会稳定的基础，人民群众是希望安定、反对动荡的，信仰宗教的群众也渴望在一个稳定的环境中生活。要坚持依靠群众、依靠基层的原则，重视经常性的群众工作，真心实意依靠人民群众，缓和化解矛盾，把事件控制在最小范围内。另外，我们的管理队伍中有一些少数民族、宗教信仰人士，由他们出面参加处理民族宗教事件，有更多的有利条件和方便之处，容易被民族群众所接受，应有意识、有计划地培养、依靠他们，使他们在维护稳定的工作中发挥出应有的作用。

实训任务

一、简要案情

2014 年 9 月 20 日 12 时许，××市某派出所接到辖区某小学校长的电话报警，称有人在学校门口强行向放学的学生宣传及发放某宗教教义，要求学生和学生家长信仰该宗教。接警后，民警立即前往，到达现场时发现，宣传宗教的是该小学三年级某班学生的奶奶吴某，71 岁，本地人。吴某称自己信仰了宗教之后，身体好了，全家和睦了，希望更多人也信这个，然后希望更多人都好。但是学校负责人表示学生目前心智都不健全，还没有辨别是非的能力，还不适合宗教的引导，希望公安机关能够阻止宗教在该地方宣传。

二、课堂讨论

1. 假如你是处警民警，现场如何处置？

2. 如果吴某还有其他帮手，该如何处置？

3. 如果你在处置过程中，发现有人在暗中拍照，应该怎么办？

三、课堂作业

鉴于该事件对学校造成的影响，学校邀请你作为民警对学生上一次法制教育课，请列出提纲。

任务二
涉及民族问题警情处置

情景导入

2013 年 5 月 20 日 10 时许，某市城区大北街牛肉巷，一汉族本地男子在购买新疆维吾尔族男子的羊肉串时因口角与该维吾尔族男子发生纠纷，之后双方发生打斗，周围群众报警。在处警民警到达现场时，已有十余名新疆维吾尔族人员在现场聚集，该十余人在现场仍然对汉族男子进行推搡。该地点为某市市中心地段，现场大量群众进行围观，处警民警在初步了解情况后要求双方到派出所进一步处理，但被拒绝。处警民警在增援民警达到后，将打架双方强制带离。

经了解，该汉族男子在购买羊肉串时发现肉质不新鲜，不愿意继续购买，但是该维吾尔族男子认为该汉子男子要购买的羊肉串已经制作完毕，如果不卖出，将由自己承担亏损。后双方发生争执，后引发打斗，但双方无明显伤痕。民警在了解这一情况后，对双方作出调解处理。

课前讨论

一、大家来说说，你了解少数民族有哪些不同的习俗？

二、在处理涉疆、涉藏警情中应注意哪些事项？

三、如果你在处警中发现有当事人是少数民族，完全不能用汉语交流怎么办？

理论知识

一、民族问题及其主要表现

民族是人们在一定的历史发展阶段形成的一个具有历史渊源、生产方式、语言、文化、风俗习惯、心理认同等方面共同特征的稳定的共同体。民族是一个客观存在的实体，属于社会历史范畴。多民族的国情决定了民族问题将是我国长期面对的敏感问题和重要问题。

当前我国的民族问题主要表现在以下三个方面：

（1）少数民族地区与沿海地区的发展差距在拉大，很多民族地区的生产生活还有不少困难。主要表现在：区域差距继续被拉大、城乡差距更加突出、贫困状况更加严重，一些少数民族仍处于整体贫困状态。少数民族地区的社会事业发展严重滞后，民族教育的整体发展水平不高，特别是基础教育投入不足，办学条件差。如果发展差距持续扩大，贫富分化日益突出，必然导致心理不平衡加剧，直接影响各民族的凝聚力和向心力，影响社会主义民族关系。

（2）影响民族团结和社会稳定的不利因素依然存在，民族之间经常会发生一些矛盾和纠纷。比较突出的问题有两个：一是因经济利益产生的矛盾纠纷明显增加。自治地方与非自治地方，民族地区之间，在土地、草原、森林、矿山、水源等方面的矛盾渐渐增多；二是因民族风俗习惯和宗教信仰引起的矛盾纠纷增加。我国制定了尊重、保护和发展民族文化的政策，但在现实生活中往往存在忽视民族特点、民族差异的问题，民族文化优劣论在一些人的观念中仍然根深蒂固。由于缺乏对民族政策、民族知识、风俗习惯和文化传统的了解，以猎奇的方式宣传和开发民族传统文化的情况大量存在，部分出版物、新闻媒体登载伤害少数民族感情的文章的事件屡禁不止。

（3）西方敌对势力企图利用民族、宗教问题作为"西化""分化"我国的突破口，加紧对我国进行渗透，一些地方的民族分裂主义分子活动还比较猖獗。主要表现在三个方面：一是西方反华势力一直把民族问题作为对我实施"西化""分化"战略的突破口。长期以来，国际敌对势力一直将民族、宗教、人权问题与国家外交紧密挂钩，在国际人权领域不断打出"人权牌""西藏牌""宗教牌"等来牵制我国，挑拨我国的民族关系，引发民族冲突。二是境内外民族分裂势力相互勾结，利用各种手段对我国进行分裂渗透等破坏活动。在国际敌对势力的支持下，境内外民族分裂势力不断挑起矛盾、制造事端，对我社会稳定危害极大。三是周边国家的各种泛民族主义思潮对我国的民族团结和构建和谐社会构成了新的挑战。

二、接警和指挥调度

1. 问清事件发生的时间、地点、经过、当前情况和群众情绪等情况，果断进行先期处置。及时向值班主任和局领导报告，并按领导指示上报。同时，向民族宗教局等有关部门通报情况。

2. 对向少数民族群众经营、活动场所、住宅投放禁忌物的。（1）指令国保、刑警部门勘验现场，提取禁忌物，组织侦查破案工作。（2）指令辖区派出所配合有关部门做好少数民族群众的稳定工作。

3. 对干涉少数民族信仰自由、生活习惯自由的。指令辖区派出所、国保部门赶赴现场调查处理，并配合有关部门做好少数民族群众的稳定工作，防止事态扩大。

三、现场处置

1. 迅速了解现场情况，及时报告上级领导和 110 报警台。

2. 控制现场局势，并根据上级指令，视情开展调查、法律政策宣传、劝阻抓捕工作。

3. 做好调查取证和案件移交工作，及时向国保、刑警等部门移交案件。

四、注意事项

1. 统一领导和属地管理。要在党中央、国务院和地方政府的统一领导下，按照"属地管理"和"谁主管，谁负责"的原则，是哪里的问题就在哪里解决，绝不允许跨区域串联。要充分发挥"条"和"块"两个方面的积极性，各级民族、统战、宗教、公安、民政等部门要依靠当地党委和政府，各司其职、各负其责、密切配合、齐抓共管、形成合力。

2. 做到"四个维护"。民族群体性事件具有政治性、政策性和群众性强等特点，所以处置这类事件，要坚持维护人民的利益、维护法律尊严、维护民族团结、维护国家统一的原则。

3. 区分性质。要严格区分和正确对待两类不同性质的矛盾，是什么问题就解决什么问题，绝不把非民族问题和民族问题相混淆；是谁的问题处理谁的问题，绝不把个人纠纷夸大为民族纠纷；对于大多数属于人民内部矛盾的问题，要坚持以说服教育、正面疏导、解决合理诉求为主，教育和引导各族人民群众自觉维护社会稳定，维护民族团结。一定要避免工作简单化而激化矛盾，做到不违法不追究，轻违法缓追究，震慑而不镇压，抓头而不激众，防止矛盾的积累和沉淀，最大限度地团结各族人民群众，孤立和打击极少数不法分子，防范和抵御境外敌对势力的干涉。

4. 依法处置。要依法协调民族关系，充分运用法律手段处置民族群体性事件。坚持法律面前人人平等，凡进行违法犯罪活动的，不管是哪个民族，信仰什么宗教，都要依法处理。坚决反对和制止采取非法手段寻求解决问题的行为，对极少数民族分裂分子、宗教极端分子、蓄意闹事分子，要尽早发现并予以控制，切实防止他们串联、煽动。对各种违法犯罪活动，要坚决依法打击，决不心慈手软，留下后患。

5. 慎用警力警械。因民族问题引发的民族群体性事件有容易激化、容易沉淀等特殊性，在处置过程中必须坚持"宜散不宜聚，宜疏不宜堵，宜解不宜结"的原则，特别注意要做好劝导工作，慎用警力警械。

6. 做好善后工作。要认真总结经验教训，不断改进工作方法，努力提高驾驭和处置民族群体性事件的能力和水平，把善后工作做细、做实，做到民族和睦、宗教和顺、社会和谐。

实训任务

一、简要案情

2015 年 5 月 15 日 23 时许，某派出所值班室接到辖区一酒店前台报警，称有三名某少数民族的人员要入住酒店，但是该三名人员不愿意提供个人身份信息，并不断的辱骂酒店前台人员，希望民警前往处置。值班民警到达现场时，见有三名男子正在辱骂酒店前台工作人员。经对工作人员了解，该三名男子于当晚前往酒店前台，要求前台服务员为其办理开房手续，但当服务员要求其三人出示身份证件以便办理入住手续时，不仅不愿出示身份证件，还对前台服务员进行辱骂。并且在民警劝阻时，称民警歧视少数民族人员，要叫更多的该民族人员过来讨要说法。

二、课堂讨论

1. 民警在出警时应该做好哪些准备？

2. 在询问事情经过时应着重询问哪些问题？

3. 如果这三人属于三无人员，应如何处置？

三、课堂作业

写一写你所知道的少数民族忌讳。

任务三
特殊对象警情处置

情景导入

　　2015 年 8 月 7 日 8 时 51 分，某市 110 指挥中心接群众报警称，市区某小区门口：有人滋事。接警后，指挥中心指令辖区派出所值班民警前往处置，到达现场后，发现有三名女性在场，三名女性均有伤痕。经了解，当事人徐某因摘小区银杏树上的白果，被小区的王某、张某阻止，后双方互相抓扯、打斗。后处警民警将三名当事人带回派出所进一步处理。因三名当事人均有伤，并且其中王某系聋哑人，民警对徐某、张某在进行询问后送往医院治疗，并回现场找到两名在场证人制作询问笔录。证人指出，先是徐某将张某打伤，后王某将徐某打伤，王某也在抓扯中受伤。后经法医鉴定，徐某、张某所受伤情为轻伤二级，王某所受伤情为轻微伤，另外，徐某的家属反映徐某有精神分裂症，但无医学证明。

课前讨论

　　一、特殊对象的法定权益如何保护？
　　二、特殊人员的违法行为如何处置？

理论知识

一、暴力型精神病人的现场处置

（一）操作规程

1. 处警民警根据指令及时赶赴现场，疏散围观群众，设置警戒带。

2. 采取适当方法稳定精神病人情绪，减少暴力行为。

3. 对正在实施暴力行为，严重危害公共安全或者他人安全的精神病人，处警民警应及时采取强制措施，使用徒手、警械或武器制服精神病人，并可以采取保护性约束措施（警绳、手铐、约束带、约束衣等）。

4. 现场有人员伤亡的，应及时采取抢救措施，并通知120急救中心。

5. 对被制服的精神病人，应及时通知其监护人领回，加强监护；对于无法通知监护人的，应带回公安机关进行监护，并依法报请县级公安机关批准，送指定安康医院进行强制治疗。

6. 对处置规程进行取证，录像、录音、照相等。

7. 将处置过程依法报告110指挥中心或上级领导。

8. 填写、存储接处警记录。

9. 处警结果需要制作法律文书的，应按照相关规定办理。

（二）注意事项

1. 在情况许可的条件下，处警民警可采取适当方式稳定精神病人的情绪，促使其自动放弃暴力行为，减少不必要的伤害；或者可以请精神病人的家属、监护人到现场进行劝说。

2. 在处置精神病人的过程中，处警民警应注意暴力型精神病人的危险性、攻击性。

3. 现场处置有困难的，应及时请求支援。

4. 对于现场有人员伤亡的，应及时现场抢救，并通知120急救中心。

5. 处置暴力型精神病人，应现场取证，为事后调查（使用警械、武器调查）和采取相应的法律程序提供证据。

（三）常见问题

1. 对精神病人的暴力行为缺乏预见性，处置手段不当，造成执勤民警受伤。

2. 对处置过程缺乏取证，证据意识不强，造成事后应诉、投诉的被动。

3. 对暴力型精神病人的强制治疗不及时。

4. 对精神病人的保护性约束缺乏必要的看护，造成精神病人的受伤、死亡。

二、醉酒人员的现场处置

对于酒后肇事人员，如果触犯了我国相关法律法规的，按照相关法律法规处置，如果不够处罚条件的，可以将其约束至酒醒。

（一）操作规程

1. 处警民警及时赶到现场，制止醉酒人员的违法犯罪行为，必要时可以使用警械、武器。

2. 在有在场人员的见证下，及时清点醉酒人员的现场随身物品，将醉酒者强制带离现场，带回公安机关。

3. 现场搜集证据，采集证人证言、录像、录音、照相。

4. 违法嫌疑人在醉酒状态中，对本人有危险或者对他人的人身、财产或者公共安全有威胁的，可以对其采取保护性措施约束至酒醒，也可以通知其所属单位或者家属将其领回看管。

5. 违法人员酒醒后，应及时进行询问。

6. 及时将现场处置情况报告110指挥中心或上级。

7. 填写、存储接处警记录。

8. 处警结果需要制作法律文书的，根据相关规定办理。

（二）注意事项

1. 在处置醉酒违法犯罪人员现场，应注意醉酒者的人身危险性、攻击性，注意安全防范。

2. 对醉酒者约束不得使用手铐、脚镣。

3. 对醉酒者人事不省、丧失知觉的，应及时送医院急救，并注意看护，防止醉酒者逃跑。

4. 对于通知醉酒者家属带回家中看管的，应通知家属当醉酒者清醒后及时到公安机关接受调查、处理。

5. 在处置过程中，注意尊重醉酒者的人身合法权益，不得借故侮辱、殴打、辱骂。

（三）常见问题

1. 对醉酒这处置应注意安全性，选择适当的制服性警械，制服醉酒者。

2. 醉酒者如果酒后无德、口无遮拦，执法者不应感情用事，应尽量避免被情绪左右，丧失理智，对醉酒者殴打、辱骂等。

3. 对约束者，应尽到看护责任，定时巡视被约束者的醉酒状况，是否出现为危险征兆，保障被约束者的人身安全。

4. 不得将醉酒者与其他被羁押人员同关一室，防止出现打架、侮辱等现象，造成被约束者人身权益受损而引发的行政、民事诉讼。

三、聋哑人的现场处置

（一）操作规程

1. 处警民警接到指令及时赶到现场，维护现场秩序。

2. 制止聋哑人的违法行为。

3. 收缴违法犯罪工具、赃物。

4. 现场证据提取、保全，询问现场目击证人，登记联系方式，对现场进行取证。

5. 将聋哑违法犯罪嫌疑人带回公安机关进一步调查、取证。

6. 及时反馈 110 指挥中心。

7. 填写、存储接处警记录。

8. 需要制作法律文书的，按照相关规定办理。

（二）注意事项

1. 根据当前公安实践，聋哑人违法犯罪往往是团伙犯罪，注意相关聋哑违法犯罪嫌疑人的查获。

2. 对于聋哑人的处置应考虑其生理残疾的特点，给予必要的心理关护。

3. 对于聋哑未成年人的特点及违法犯罪情况，可以及时联系、通知其家属、监护人协助调查。

4. 处理聋哑人违法犯罪，应注意现场证据的提取，防止证据流失和谣言中伤。

5. 在询问聋哑人时，可以聘请通晓手语的人士进行手语翻译，并在询问（讯问）笔录中注明翻译人的姓名住址、工作单位及联系方式。

（三）常见问题

1. 处置聋哑人违法犯罪，应注意现场其他可疑人员的动向，防止其他犯罪团伙人员的逃逸。

2. 针对聋哑人违法犯罪特点，在执勤过程中注意发现此类特征人员。

四、外国人的现场处置

（一）操作规程

1. 处警民警接报警指令后及时赶赴现场，制止外国人的违法犯罪行为，必要时可使用警械、武器。

2. 查验外国人身份证件，确认其国籍、姓名、来华原因，以及是否享有外交豁免权等。

3. 对于需要使用外语进行交流、沟通的，可通过 110 指挥中心请求调派翻译人员。

4. 处理外国人违法犯罪，现场应进行证据收集、提取、固定，例如录像、录音、照相等，对于需要证人证言的，应及时制作笔录，并保留联系方式。

5. 对于享有外交豁免权的外国人的违法犯罪行为，注意证据收集，并及时将有关情况报告 110 指挥中心，请求具体处置指令。

6. 对于一般外国人的违法犯罪，按照办理刑事案件或治安行政案件的程序，带回公安机关进行查证，以便进一步处理。

7. 及时将现场处置情况报告上级和 110 指挥中心。

8. 填写、存储接处警记录。

9. 需要制作法律文书的，按照相关规定办理。

（二）注意事项

1. 处置外国人违法犯罪案件，应谨防别有用心之人造谣生事，以及外国人无理取闹，因此，办理外国人违法犯罪案件，应讲证据、讲法律、讲政策，使外国人在证据、法律面前认错伏法。

2. 处置外国人违法犯罪事件，处警民警应注意现场取证，并及时将外国人带离现场，带回公安机关进一步处理。

3. 需要通知驻华使领馆的，通过省级公安机关归口单位办理。

4. 对享有外交豁免权的外国人，在核实身份之后，不应采取强制措施及扣押、收缴个人财产、公务财产。

（三）常见问题

1. 对于外国违法犯罪人员不敢果断使用强制措施，出现执法被动。

2. 对外国人违法犯罪，现场取证不规范，容易授人以柄。

五、艾滋病人的现场处置

（一）操作规程

1. 接报警后迅速赶到现场，控制现场局势。

2. 对于吸毒者、登记在册的艾滋病人、自称艾滋病人的，应做好自身防护措施，提高防护艾滋病感染的心理准备。

3. 制止艾滋病人的违法行为，维护现场秩序。

4. 对于艾滋病人采用使他人感染艾滋病的方式威胁、袭击他人的，例如使用注射器针头、牙咬或其他危险方法袭击他人的，处警民警可以依法使用警械、武器。

5. 现场有伤员的，及时现场救助，并通知 120 急救中心。

6. 进行人身搜查，收缴现场犯罪工具、违禁品。

7. 现场进行证据收集，录像、录音、照相，以及采集证人证言。

8. 及时向疾控中心或卫生防疫部门报告。

9. 及时向上级、110 指挥中心报告。

10. 将违法犯罪嫌疑人送政府指定场所关押。

11. 填写、存储接处警记录。

12. 需要制作法律文书的，按照相关规定办理。

（二）注意事项

1. 对艾滋病人的辨识是有效、稳妥处理艾滋病人的前提，吸毒者、自称艾滋病人的，以及登记在册并经常处理的艾滋病人，是确定为艾滋病人的主要范围。

2. 处警民警对于艾滋病人的处置，应注意自身防护，避免在处置过程中被艾滋病人刺伤、抓伤、咬伤，以及被艾滋病人的体液、血液污染自己的伤口。

3. 处置艾滋病人的违法行为时，应穿长袖衣裤，手上戴防刺手套，头部戴防暴面具，以防被抓伤、咬伤、刺伤、划伤。

4. 对于艾滋病人使用危险方法可能使他人感染艾滋病的，应及时果断采取强制措施，包括使用警械、武器。

5. 一旦被艾滋病人抓伤、咬伤、刺伤、划伤，应当及时到卫生部门进行治疗。

6. 对于吸毒者、艾滋病人的人身搜查，应注意防止被其衣兜中的针头、小刀等刺伤，最好戴上防刺手套后进行搜身。

（三）常见问题

1. 对于艾滋病人肇事，执勤民警没有做好防护准备，尤其心理上缺乏必要准备，在处置过程中缩手缩脚，产生对艾滋病人的畏惧感，影响处置的效率。

2. 缺乏判断艾滋病人的基本常识，对吸毒者没有提高防止艾滋病感染的基本准备（因为吸毒者多交叉使用针头，感染艾滋病的概率较高），对吸毒者盲目搜身，容易被吸毒者衣兜内的针头刺伤手掌。

3. 对于艾滋病人的危险行为，不敢果断使用警械、武器，造成现场局势难以控制。

六、流浪乞讨人员的现场处置

（一）操作规程

1. 处警民警接报警后及时赶赴现场；

2. 处警民警能够处置的乞讨行为种类主要是：胁迫、诱骗或者利用他人乞讨的；反复纠缠、强行讨要或者以其他滋扰他人的方式乞讨的；在禁止乞讨区域乞讨的。

3. 处警民警针对乞讨行为的干预方式主要是：劝离；通知家属领回；引导和指引乞讨者前往救助站。对于流浪街头的精神病人，处警民警应及时送往指定安康医院收治。

4. 处警民警在处置乞讨行为时，首先，应核实乞讨者的身份，其次，调查乞讨行为是否出于自愿、胁迫、诱骗等，以及是否存在反复纠缠、强行讨要或者其他滋扰他人的乞讨方式。

5. 对于在街头乞讨的未成年人以及携带婴幼儿或未成年人乞讨的，处警民警应进行询问、盘问，及时发现违法犯罪线索，保护未成年人。

（二）注意事项

1. 对乞讨人员的救助采取自愿方式，处警民警应告知乞讨人员救助站的地址和路径，对于愿意前往救助站的，可以送其前往。

2. 针对未成年人的乞讨，处警民警应及时采取措施进行调查，从而发现违法犯罪线索，或者为离家出走的未成年人联系家长、监护人。

3. 对于乞讨人员，处警民警应注意发现其反常特征，及时核实身份，发现隐藏在乞讨人员中的违法犯罪嫌疑人。

（三）常见问题

1. 对未成年乞讨人的干预、调查、救助缺乏主动性。

2. 对乞讨人员的身份核实缺乏主动性，难以发现隐藏在乞讨人员中的违法犯罪嫌疑人。

3. 打击胁迫、诱骗未成年人、婴幼儿进行乞讨的违法犯罪行为不及时、不主动。

七、未成年人的盘查处置

未成年人是指不满 18 周岁的青少年。为了保护未成年人的身心健康，保障未成年人的合法权益，促进未成年人在品德、智力、体质等方面全面发展，预防未成年人犯罪，应当对未成年人的不良行为及时进行预防和矫治。我国于 1999 年颁发了《预防未成年人犯罪法》，社会各界对预防未成年人犯罪予以了高度关注，预防未成年人犯罪要通过各方面的共同努力，进行综合治理。

公安派出所民警在巡逻中发现未成年人有下列行为的，应当立即予以制止、劝导，并采取相应措施：

（一）在公共场所寻衅滋事的

应立即制止，并予以劝导；已构成违反治安管理行为的，依法予以治安管理处罚，因其未满 18 周岁，可以从轻处罚。因不满 14 周岁或者情节特别轻微免予处罚的，应给予训诫。

（二）离家出走、逃学的

立即与其家长或学校联系，请家长或学校领回，或者直接送其回家或回学校，请家长或学校加强教育，做好工作。

（三）深夜在公共场所逗留或者游荡街头的

对其讲清危害，动员其立即回家，或直接将其送回家，交给家长，并告知家长其深夜在公共场所逗留或游荡街头的情况，引起家长的警觉，弄清原因，有针对性地采取有效措施，防止类型现象再度发生。

（四）进入禁止未成年人入内的公共娱乐服务场所的

向公共娱乐服务场所的业主或负责人提出警告，责令其严加管理，并采取有效措施，禁止未成年人入内；必要时，通知有关部门予以处罚。同时，向学校、家长反映，引起学校、家长注意，积极加强教育。

（五）有其他不良行为的

针对不良行为的具体情况，采取不同的相应措施处理。

实训任务

一、简要案情

2015 年 8 月×日，某派出所值班民警接 110 指令，在某居民区，一男子在砸邻居的房门。处警民警迅速赶到现场后，发现一中年男子站在一住户已打开的门前，该住户的房门已被人为破坏，该男子手持铁棍，情绪激动地站在该门前，称该房屋内的这家人有人骂他，他要找这家人讨要说法。同时周围有十余名群众围观。其中该男子的家属也在人群中。处警民警现对该男子的家属进行询问，其家属称该男子有精神疾病，但此前并未经过正规医疗机构进行鉴定。因该住户家中有人搬弄是非，嘲笑该男子，被其知道后于当天前来讨要说法。称该男子手持铁棍将该住户的房屋砸坏，可能还会产生其他的过激行为。因该男子现在情绪激动，其家属不愿上前进行劝阻。

二、课堂讨论

1. 如何认定假扮精神病人故意犯罪？

2. 如何迅速找到精神病人的家属或者责任人？

3. 对于精神病人攻击其他人或破坏公私财物的，应通知哪些部门参与？

三、课堂作业

请做出相应的应急处置方案，并分小组进行情景演练。

任务四
涉犬事件警情处置

情景导入

2011年8月4日15时许，××市区某派出所接群众报警称，在辖区某小区发生一起斗殴，双方当事人都有受伤。接警后，民警到达现场时发现，两名男子相互抓扯住对方的衣服，已停止打斗，但双方都有伤，还有一条狗在狂吠。经了解，打架双方系楼上楼下的邻居，楼下的汪某反映，楼上养了一条狗，每天都要叫，并且不停地在房间跑来跑去，严重扰民，更严重的是这条狗经常在单元楼的楼梯及通道内大小便。今天看到楼上的邻居再次把狗放出来，汪某便向楼上的徐某反映这些情况。但是徐某不但不理会，仍然我行我素，放出的狗也没有用绳索牵住，存在安全隐患。于是双方情绪都比较激动的情况下就相互打了起来。徐某表示我自己的狗，我自己的家，我想怎么养就怎么养，不需要别人指手画脚。民警在了解到该情况后，马上责令徐某将狗用绳索拴住，并要求徐某的家属将狗带回家中，之后要求徐某提供养狗许可证以及疫苗注射相关证件，同时将徐某、汪某带回派出所对该案事件做进一步处理。因双方系多年邻居，并且该事件未造成恶劣影响，民警在向徐某宣传了城市关于养犬只的相关规定，并对邻居反映的情况不管不顾作出批评之后，对双方做了调解处理，双方都承认了自己的不足和错误，握手言和。

课前讨论

一、如何界定扰民？

二、如何区别个人养犬和单位养犬？

三、公民养犬有哪些规范规定？

理论知识

一、养狗扰民事件的现场处置

（一）操作规程

1. 及时出警。

2. 询问报警人养狗扰民问题的具体原因、谁家养的狗扰民、扰民的程度（影响休息、学习、工作等）。

3. 走访周围群众，调查了解养狗扰民问题的影响。

4. 进行证据提取，制作询问笔录。

5. 对狗的饲养者进行调查，是否办理了养狗许可证，养狗的种类、数量是否符合当地规定，同时对狗的饲养者进行警告，要求其制止狗吠，对于拒不改正的，处以治安罚款。

6. 对于饲养者放任狗在公共场所随意排便、污染环境的，告诉群众向城管部门反映，由城管部门对饲养者进行罚款。

7. 在处置过程中，可以通知社区干部、居（村）委会干部协助处理。

8. 对于因养狗发生邻里纠纷，报警要求解决的，告知群众通过群众通过人民调解、民事诉讼进行解决。

9. 建立养犬违法档案，对于经常被举报扰民的狗的饲养者，进行重点管理。

（二）注意事项

1. 处理养狗扰民事件，应进行调查取证，使被处理者能够心服口服，接受警告、教育。

2. 对于不属于公安机关职权犯罪之内的报警，公安机关向群众进行解释，告知其具体受理的单位或部门。

3. 在处理养狗扰民事件中，为使处理结果得到执行，可以通知社区干部、街道干部协助处理。

4. 在处置过程中，发现无证狗的，应对狗进行没收，交犬类留检所。

（三）常见问题

1. 因携带狗进入公共场所、电梯、出租车、禁溜区，发生争执，报警要求公安机关处理的，根据地方养犬规定进行处理。

2. 处警民警在处理狗扰民事件时，应注意证据收集，并先警告，经警告无效后，再进行罚款，不得直接进行罚款。

3. 在处理狗的过程中应采取必要防护措施，防止被狗咬伤。

二、狗咬人事件的现场处置

（一）操作规程

1. 及时出警。

2. 对于狗正在咬人的或正处于袭击人的危险状态的，责令狗的饲养者（所有者）制止狗对人的袭击，严加看管。

3. 对于狗的饲养者（所有者）不在场、野狗、无主狗或者狗的饲养者（所有者）对狗放任不管的，处警民警采取有效措施制止狗对人的袭击，将狗捕获、捕杀等。

4. 现场取证，走访周围群众，对证人证言进行录制，也可进行照相、录像、录音，调查重点在于是否存在狗的饲养者驱使狗伤人，或者第三人驱使狗伤人。

5. 处警民警对狗的饲养者进行调查，审查狗的许可证、狗的种类、遛狗时间、遛狗地点以及狗袭击人的原因。

6. 对于存在狗的饲养者、第三人驱使狗伤人的，受伤人伤情轻微，可以治安处罚，或者治安调解；受伤人伤情为轻伤及以上的，进行刑事立案。

7. 对于不存在狗的饲养者、第三人驱使狗伤人的，或者由于受伤者的原因导致其被狗袭击的，告诉双方可以就赔偿争议向人民调解委员会或人民法院申请处理。

8. 对于狗的饲养者（所有者）明确的，责令其将受害人送往卫生防疫部门进行医治；对于狗的饲养者拒绝的，告知受害者向人民调解委员会申请调解或向人民法院提起诉讼。

9. 对于无证狗、无主狗，依法没收，交犬类留检所。

10. 责令饲养者应当及时将伤人狗送交公安机关设立的犬类留检所，由动物防疫监督机构进行检疫。

11. 对于狗袭击人的情况进行登记，建立狗的饲养者的档案，对于经常发生袭击人的狗的饲养者，进行重点管理。

12. 填写、存储接处警记录。

13. 需要制作法律文书的，根据相关规定办理。

（二）注意事项

1. 走访群众，及时现场取证，为治安处罚提供证据。

2. 对狗的饲养者的治安处罚采取过错责任，即必须存在狗的饲养者、第三人驱使狗伤人的行为。

3. 责令狗的饲养者将狗送交犬类留检所进行检疫，拒绝送检的，公安机关强制送检。

4. 责令伤人的狗的饲养者垫付受伤人的救治费用。

5. 对于无主狗、无证狗，及时没收，送交犬类留检所。

（三）常见问题

1. 对于狗伤人的医疗费用纠纷，告诉双方向人民调解委员会、法院申请解决。

2. 对于纵狗伤人的案件，应根据受伤人的伤情等级进行确定，轻微伤属于治安案件，轻伤及轻伤以上属于刑事案件。为保证案件查处准确，必须走访周围群众，防止偏听偏信。

实训任务

一、简要案情

2015 年 8 月 12 日 20 时许，某派出所接到群众报警，称在辖区某广场上被一只狗咬伤，要求民警协助处理。处警民警到达现场后了解到，被狗咬伤的男子为李某，45 岁，本地人，咬伤李某的狗为一只贵宾犬，李某受伤的部位为右手食指指尖位置。经李某以及贵宾犬主人刘某反映，刘某为 55 岁的女性，晚上将一岁大的贵宾犬带出来遛遛，因刘某想参与广场上的广场舞，便用一根约 50 厘米长的绳子拴在旁边的树上，自己便到一边去跳广场舞，期间并未过多的管理该贵宾犬。在刘某跳舞期间，在广场玩耍的李某见到被拴在树上的小狗，就用自己的手去逗该贵宾犬。在逗狗的过程中，贵宾犬的牙齿将李某食指划伤。李某十分生气，便用脚去踢狗，被跳舞的刘某发现。双方并由此发生争吵。李某要求刘某为其支付注射狂犬病疫苗的费用，而刘某认为系李某自己去逗狗被狗划伤，并不是自己的狗主动去咬人，和自己没有关系，自己不应该为其承担费用。

二、课堂讨论

1. 在处理养犬问题上，处警民警应首先查看养犬人哪些证件？
2. 按照我省养犬规定，该贵宾犬可不可以出现在广场？

三、课堂作业

请集中学习一下《四川省养犬管理条例》。

附：主要法律依据

一、《刑法》

第八条　外国人在中华人民共和国领域外对中华人民共和国国家或者公民犯罪，而按本法规定的最低刑为三年以上有期徒刑的，可以适用本法，但是按照犯罪地的法律不受处罚的除外。

第十一条　享有外交特权和豁免权的外国人的刑事责任，通过外交途径解决。

第十七条　已满十六周岁的人犯罪，应当负刑事责任。

已满十四周岁不满十六周岁的人，犯故意杀人、故意伤害致人重伤或者死亡、强奸、抢劫、贩卖毒品、放火、爆炸、投毒罪的，应当负刑事责任。

已满十四周岁不满十八周岁的人犯罪，应当从轻或者减轻处罚。

因不满十六周岁不予刑事处罚的，责令他的家长或者监护人加以管教；在必要的时候，也可以由政府收容教养。

第十八条　精神病人在不能辨认或者不能控制自己行为的时候造成危害结果，经法定程序鉴定确认的，不负刑事责任，但是应当责令他的家属或者监护人严加看管和医疗；在必要的时候，由政府强制医疗。

间歇性的精神病人在精神正常的时候犯罪，应当负刑事责任。

尚未完全丧失辨认或者控制自己行为能力的精神病人犯罪的，应当负刑事责任，但是可以从轻或者减轻处罚。

醉酒的人犯罪，应当负刑事责任。

第十九条　又聋又哑的人或者盲人犯罪，可以从轻、减轻或者免除处罚。

二、《公安机关办理行政案件程序规定》

第四十六条　违法嫌疑人在醉酒状态中，对本人有危险或者对他人的人身、财产或者公共安全有威胁的，可以对其采取保护性措施约束至酒醒，也可以通知其家属、亲友或者所属单位将其领回看管，必要时，应当送医院醒酒。对行为举止失控的醉酒人，可以使用约束带或者警绳等进行约束，但是不得使用手铐、脚镣等警械。

约束过程中，应当指定专人严加看护。确认醉酒人酒醒后，应当立即解除约束，并进行询问。约束时间不计算在询问查证时间内。

第四十七条　公安机关对报案、控告、举报、群众扭送或者违法嫌疑人投案，以及其他行政主管部门、司法机关移送的案件，应当及时受理，制作受案登记表，并分别作出以下处理：

（一）对属于本单位管辖范围内的事项，应当及时调查处理；

（二）对属于公安机关职责范围，但不属于本单位管辖的，应当在受理后的二十四小时内移送有管辖权的单位处理，并告知报案人、控告人、举报人、扭送人、投案人；

（三）对不属于公安机关职责范围内的事项，书面告知报案人、控告人、举报人、扭送人、投案人向其他有关主管机关报案或者投案。

公安机关接受案件时，应当制作受案回执单一式二份，一份交报案人、控告人、举报人、扭送人，一份附卷。

公安机关及其人民警察在日常执法执勤中发现的违法行为，适用第一款的规定。

第五十九条 首次询问违法嫌疑人时，应当问明违法嫌疑人的姓名、出生日期、户籍所在地、现住址、身份证件种类及号码，是否为各级人民代表大会代表，是否受过刑事处罚或者行政拘留、劳动教养、收容教育、强制隔离戒毒、社区戒毒、收容教养等情况。必要时，还应当问明其家庭主要成员、工作单位、文化程度、民族、身体状况等情况。

违法嫌疑人为外国人的，首次询问时还应当问明其国籍、出入境证件种类及号码、签证种类、入境时间、入境事由等情况。必要时，还应当问明其在华关系人等情况。

第六十一条 询问未成年人时，应当通知其父母或者其他监护人到场，其父母或者其他监护人不能到场的，也可以通知未成年人的其他成年亲属，所在学校、单位、居住地基层组织或者未成年人保护组织的代表到场，并将有关情况记录在案。确实无法通知或者通知后未到场的，应当在询问笔录中注明。

第六十二条 询问聋哑人，应当有通晓手语的人提供帮助，并在询问笔录中注明被询问人的聋哑情况以及翻译人员的姓名、住址、工作单位和联系方式。

对不通晓当地通用的语言文字的被询问人，应当为其配备翻译人员，并在询问笔录中注明翻译人员的姓名、住址、工作单位和联系方式。

第二百一十四条 违法行为人为享有外交特权和豁免权的外国人的，办案公安机关应当将其身份、证件及违法行为等基本情况记录在案，保存有关证据，并尽快将有关情况层报省级公安机关，由省级公安机关商请同级人民政府外事部门通过外交途径处理。

对享有外交特权和豁免权的外国人，不得采取限制人身自由和查封、扣押的强制措施。

第二百一十五条 办理涉外行政案件，应当使用中华人民共和国通用的语言文字。对不通晓我国语言文字的，公安机关应当为其提供翻译；当事人通晓我国语言文字，不需要他人翻译的，应当出具书面声明。

经县级以上公安机关负责人批准，外国籍当事人可以自己聘请翻译，翻译费由其个人承担。

第二百二十八条 对外国人作出行政拘留、拘留审查或者其他限制人身自由以及限制活动范围的决定后，决定机关应当在四十八小时内将外国人的姓名、性别、入境时间、护照或者其他身份证件号码，案件发生的时间、地点及有关情况，违法的主要事实，已采取的措施及其法律依据等情况报告省级公安机关；省级公安机关应当在规定期限内，将有关情况通知该外国人所属国家的驻华使馆、领馆，并通报同级人民政府外事部门。当事人要求不通知使馆、领馆，且我国与当事人国籍国未签署双边协议规定必须通知的，可以不通知，但应当由其本人提出书面请求。

三、《中华人民共和国治安管理处罚法》

第十三条　精神病人在不能辨认或者不能控制自己行为的时候违反治安管理的，不予处罚，但是应当责令其监护人严加看管和治疗。间歇性精神病人在精神正常的时候违反治安管理的，应当给予处罚。

第十五条　醉酒的人违反治安管理的，应当给予处罚。

醉酒的人在醉酒状态中，对本人有危险或者对他人的人身、财产或者公共安全有威胁的，应当对其采取保护性措施约束至酒醒。

第四十一条第一款　胁迫、诱骗或者利用他人乞讨的，处十日以上十五日以下拘留，可以并处一千元以下罚款。

第四十三条　殴打他人的，或者故意伤害他人身体的，处五日以上十日以下拘留，并处二百元以上五百元以下罚款；情节较轻的，处五日以下拘留或者五百元以下罚款。

有下列情形之一的，处十日以上十五日以下拘留，并处五百元以上一千元以下罚款：

（一）结伙斗殴、伤害他人的；

（二）殴打、伤害残疾人、孕妇、不满十四岁的人或者六十周岁以上的人的；

（三）多次殴打、伤害他人或者一次殴打、伤害多人的。

第七十五条第二款　驱使动物伤害他人的，依照本法第四十三条第一款规定处罚。

第八十六条第一款　询问聋哑的违反治安管理行为人、被侵害人或者其他证人，应当有通晓手语的人提供帮助，并在笔录上注明。

四、《中华人民共和国人民警察法》

第十四条　公安机关的人民警察对于严重危害公共安全或者他人人身安全的精神病人，可以采取保护性约束措施。需要送往指定的单位、场所加以监护的，可以报请县级以上人民政府公安机关批准，并及时通知其监护人。

五、公安部《110 接处警工作规则》

第八条　在外国人来往较多的城市，110 报警服务台应当积极创造条件，开通外语接警服务。在少数民族聚居较多的城市，开通当地通用的少数民族语言接警服务。

第二十九条　110 报警服务台受理求助的范围：

（一）发生溺水、坠楼、自杀等状况，需要公安机关紧急救助的；

（二）老人、儿童以及智障人员、精神疾病患者等人员走失，需要公安机关在一定范围内帮助查找的；

（三）公众遇到危难，处于孤立无援状况，需要立即救助的；

（四）涉及水、电、气、热等公共设施出现险情，威胁公共安全、人身或者财产安全和工作、学习、生活秩序，需要公安机关先期紧急处置的；

（五）需要公安机关处理的其他紧急求助事项。

六、《公安经验办理刑事案件程序规定》

第二百二十八条　对外国人作出行政拘留、拘留审查或者其他限制人身自由以及限制活动范围的决定后，决定机关应当在四十八小时内将外国人的姓名、性别、入境时间、护照或者其他身份证件号码，案件发生的时间、地点及有关情况，违法的主要事实，已采取的措施及其法律依据等情况报告省级公安机关；省级公安机关应当在规定期限内，将有关情况通知该外国人所属国家的驻华使馆、领馆，并通报同级人民政府外事部门。当事人要求不通知使馆、领馆，且我国与当事人国籍国未签署双边协议规定必须通知的，可以不通知，但应当由其本人提出书面请求。

第三百四十九条　犯罪嫌疑人为享有外交或者领事特权和豁免权的外国人的，应当层报公安部，同时通报同级人民政府外事办公室，由公安部商请外交部通过外交途径办理。

第三百五十六条　发生重大或者可能引起外交交涉的外国人犯罪案件的，有关省级公安机关应当及时将案件办理情况报告公安部，同时通报同级人民政府外事办公室。必要时，由公安部商外交部将案件情况通知我国驻外使馆、领事馆。

第三百五十七条　对外国籍犯罪嫌疑人依法作出取保候审、监视居住决定或者执行拘留、逮捕后，应当在四十八小时以内层报省级公安机关，同时通报同级人民政府外事办公室。

重大涉外案件应当在四十八小时以内层报公安部，同时通报同级人民政府外事办公室。

第三百五十八条　对外国籍犯罪嫌疑人依法作出取保候审、监视居住决定或者执行拘留、逮捕后，由省级公安机关根据有关规定，将其姓名、性别、入境时间、护照或者证件号码、案件发生的时间、地点，涉嫌犯罪的主要事实，已采取的强制措施及其法律依据等，通知该外国人所属国家的驻华使馆、领事馆，同时报告公安部。经省级公安机关批准，领事通报任务较重的副省级城市公安局可以直接行使领事通报职能。

外国人在公安机关侦查或者执行刑罚期间死亡的，有关省级公安机关应当通知该外国人国籍国的驻华使馆、领事馆，同时报告公安部。

未在华设立使馆、领事馆的国家，可以通知其代管国家的驻华使馆、领事馆；无代管国家或者代管国家不明的，可以不予通知。

七、《城市生活无着的流浪乞讨人员救助管理办法》

第五条　公安机关和其他有关行政机关的工作人员在执行职务时发现流浪乞讨人员的，应当告知其向救助站求助；对其中的残疾人、未成年人、老年人和行动不便的其他人员，还应当引导、护送到救助站。

八、《中华人民共和国未成年人保护法》

第四十三条　县级以上人民政府及其民政部门应当根据需要设立救助场所，对流浪乞讨等生活无着未成年人实施救助，承担临时监护责任；公安部门或者其他部门应当护送流浪乞讨或者离家出走的未成年人到救助场所，由救助场所予以救助和妥善照顾，并及时通知其父母或者其他监护人领回。

对孤儿、无法查明其父母或者其他监护人的以及其他生活无着的未成年人，由民政部门设立的儿童福利机构收留抚养。

九、《四川省养犬管理条例》

第三条　本市行政区域的养犬管理划分为限养区和非限养区。

限养区指本市中心城区及其他区（市）县人民政府划定的限养区域。

非限养区指未被划定为限养区的区域。

第五条　本市各级人民政府负责本行政区域内条例的组织实施。各级人民政府应当建立养犬管理协调机构。

公安机关负责本市行政区域内的养犬行政管理工作，具体负责限养区内犬只的登记和年检，查处违法养犬，收容处置流浪犬、狂犬、伤人犬。

动物防疫监督管理部门负责兽用狂犬病疫苗的组织和供应，犬类的预防接种、登记，免疫证的发放，犬类狂犬病疫情的监测。

城市管理部门负责查处敞放犬只，违法携带犬只进入公共场所、公共绿地等影响市容环境的行为。

工商、卫生、房管、教育、林业和园林等行政管理部门按照各自的职责协助做好相关工作。

非限养区的乡镇人民政府、街道办事处负责本行政区域内的犬只登记等相关工作。

第六条　公安机关可以委托符合法律、法规规定条件的组织实施养犬管理的具体事务，具体办法由市人民政府制定。

第七条 居民委员会、村民委员会应当协助有关行政管理部门开展养犬管理工作，在本行政区域内开展依法、文明养犬宣传教育；接受居民的举报、投诉；对违法养犬行为予以制止，并向有关行政管理部门报告；调解因养犬引起的纠纷。

居民委员会、村民委员会以及居民住宅小区业主大会可以依法就本区域内有关养犬事项制定公约，并组织实施。

居民住宅小区物业管理单位应当协助有关部门开展养犬管理工作。

养犬行业协会应当加强行业自律，协助有关行政管理部门开展工作。

第十八条 禁止在机关办公区、医院、幼儿园、学校教学区和学生宿舍区、单位集体宿舍区等区域养犬。

第十九条 对于违法养犬行为，任何单位或个人有权进行劝阻、举报和投诉。

公安机关、城市管理部门、动物防疫监督管理部门以及犬只收容处置场所应当公布受理举报、投诉的电话、信箱、电子邮箱，接到举报、投诉后应当登记，及时处理，并将处理情况告知举报人、投诉人。

第二十条 限养区内养犬户每户限养1只犬；盲人和肢体重残人每人限养1只导盲犬或扶助犬。

母犬繁殖幼犬的，养犬人应当在幼犬出生后4个月内妥善处置。

第二十一条 禁止个人饲养烈性犬、大型犬。

单位因护卫等工作需要饲养烈性犬只或饲养多只犬只的，应当报所在地的区（市）县公安机关批准。

烈性犬、大型犬的品种目录，由动物防疫监督管理部门会同公安机关确定，并向社会公布。

第二十二条 限养区内养犬，养犬人必须携犬只免疫证明，在30日内到饲养地的公安派出所登记、办证。

第二十五条 申请人应当按照下列规定到饲养地的公安派出所或指定地点办理犬只登记：

（一）单位申请养犬的，持单位主体资格证明、单位法定代表人身份证明、犬只免疫证明、犬只数量清单以及符合本条例第二十三条规定条件的相关证明；

（二）个人申请养犬的，应当携带犬只并持养犬人身份证明、犬只免疫证明以及符合本条例第二十四条规定条件的相关证明。

第二十六条 公安派出所对于符合本条例第二十三条、第二十四条规定的，应当予以登记并发放《养犬登记证》和犬只标识牌；对于不符合条件的，不予登记，并说明理由，告知申请人在3日内将犬只自行处置。

第二十七条 公安机关应当建立犬只登记电子档案，记载下列内容：

（一）养犬人姓名或者名称、地址、联系方式；

（二）犬只的品种、出生时间、主要体貌特征和照片；

（三）《养犬登记证》号码、发放时间，以及《养犬登记证》、犬只身份标识的换发、补发等情况；

（四）养犬登记续期、变更、注销等情况；

（五）犬只免疫情况；

（六）犬只管理服务费的缴纳情况；

（七）其他相关内容。

第二十八条 《养犬登记证》有效期为1年。养犬人应当在养犬登记期限届满前30日内到公安派出所申请年检。逾期未年检的，注销《养犬登记证》。

第二十九条 养犬人的姓名、住址变更的，应当自变更之日起30日内到饲养地公安派出所办理变更登记。

养犬人遗失《养犬登记证》或犬只标识牌的，应当自遗失之日起30日内到原登记机关申请补办。

第三十条 犬只死亡或者失踪的，养犬人应当自犬只死亡或者失踪之日起30日内到登记机关办理注销手续。未办理注销手续的，不得再次养犬。

养犬人因故确需放弃所饲养犬只且无法自行安置的，应将犬只送交犬只收容处置场所，并到原登记机关办理注销手续。

第三十一条 养犬人应当每年缴纳犬只管理服务费。犬只管理服务费用于犬只管理工作，具体办法由市人民政府制定。

第三十二条 养犬人应当对犬只拴养或者圈养，妥善管理犬只。犬吠影响他人正常生活时，养犬人应当采取有效措施予以制止。养犬人不得虐待或者遗弃犬只。

第三十三条 养犬人携犬出户，应当遵守下列规定：

（一）将犬只装入犬笼、犬袋或者由完全民事行为能力人使用犬绳牵领；

（二）为犬只佩戴标识牌；

（三）避让老年人、残疾人、孕妇和儿童及其他行人；

（四）对犬只粪便即时清除；

（五）及时制止犬吠和犬只攻击行人的行为；

（六）不得乘坐除小型出租汽车以外的公共交通工具。携犬乘坐小型出租汽车时，应征得驾驶员的同意。

第三十四条 下列区域禁止携犬只进入：

（一）机关办公区、医院、学校、幼儿园；

（二）影剧院、博物馆、美术馆、图书馆、少年宫、体育场馆；

（三）文物保护单位、宗教场所；

（四）主要交通干道、步行街区、候车室、候机室、商场；

（五）其他禁止携带犬只进入的公共场所。

盲人携带导盲犬和肢体重残人携带扶助犬的除外。

第三十六条 违反本条例第十条规定，不及时将被伤害人送诊或不先行垫付医疗费的，由公安机关予以警告，并可以对单位处 1000 元以上 5000 元以下罚款，对个人可以处 100 元以上 500 元以下罚款。情节严重的，强制收容犬只，注销《养犬登记证》。

第三十七条 违反本条例第十一条规定，未及时报告疫情的，由动物防疫监督管理部门对单位处 2000 元以上 5000 元以下罚款，对个人处 500 元以上 2000 元以下罚款。情节严重的，由公安机关强制收容犬只，注销《养犬登记证》。

第三十九条 违反本条例第十八条、第二十条、第二十一条规定之一的，由公安机关强制收容犬只，并对单位处 500 元以上 2000 元以下罚款，对个人处 50 元以上 200 元以下罚款。

第四十条 违反本条例第二十二条、第二十八条、第二十九条规定的，由公安机关给予警告，责令限期办理《养犬登记证》，15 日内逾期未办理的，强制收容犬只。

第四十一条 违反本条例第三十二条第一款规定的，由城市管理部门责令改正，并可处 50 元以上 200 元以下罚款，情节严重的由公安机关强制收容犬只；违反本条例第三十二条第二款规定的，由公安机关处 100 元以上 500 元以下罚款，情节严重的强制收容犬只；违反本条例第三十二条第三款规定，遗弃犬只的，由公安机关对单位处 500 元以上 2000 元以下罚款，对个人处 200 元以上 1000 元以下罚款。

第四十二条 违反本条例第三十三条第四款规定的，由城市管理部门责令改正，并可处 50 元以上 200 元以下罚款。

第四十三条 违反本条例第三十四条规定的，由城市管理部门责令改正，并可处 50 元以上 200 元以下罚款。对于不听劝阻的，由公安机关强制收容犬只。

第四十四条 养犬人因违反本条例，被公安机关强制收容犬只、注销《养犬登记证》的，在 5 年内不得申办养犬登记。

第四十五条 行政机关工作人员滥用职权、徇私舞弊、玩忽职守的，依法给予行政处分；构成犯罪的，依法追究刑事责任。

经典案例

2011 年 11 月 9 日 16 时许，××市公安局 110 指挥中心接群众报警称其家中一间出租房出现臭味，房屋内的租客近几天都没有出现，要求民警协助查看。接警后，辖区派出所组织民警出警。到达现场时发现，该报警点所在地为市区内的待拆迁的老式居民点，该区域均为上下两层的居民自建二楼平房，所有的房东都将每间房屋分别出租。报警人为其中 173 号附 9 号的房东黄某，房屋底层有 8 间房屋，房东自己居住一间，其余 7 间分别出租给 7 家人，二楼有 5 间房屋，分别出租给 5 家人。黄某反映的房屋位于一楼，民警和黄某一起将房门打开时，发现有一名陌生中年男子被人用绳索从后背处困住双手倒在房间的床上，该中年男子的脖子上被人用一节电线勒紧，该中年男子已死亡。

在发现这一情况之后，民警立即划定警戒线，并向派出所值班领导反应，同时通知现场勘查人员以及法医到现场查看。之后经向房东黄某了解，该房屋是出租给一名年轻的男性的，因为出租的时间较短，房东黄某还未收取租客的身份信息，但死亡的男子房东黄某确认不是租客。另外从周边群众处了解到，死亡的男子可能是经常在附近收废品的人员，有人似乎见过他在附近收取废品。民警立即将死亡男子的照片让人分组向市区的各大型废品收购站走访，确认死者身份，同时现场勘查人员在现场发现有搏斗痕迹，并且在现场发现并提取有血迹以及指纹。经法医解剖发现，死者为窒息死亡。经走访，终于在一废品收购站，有人认出死者叫李某，54 岁，××市 Y 县人，民警通过这一信息确认了死者身份。另外经过指纹及 DNA 比对，发现现场遗留的指纹和血迹为吸毒前科人员刘某所有，民警马上对刘某实施抓捕，经审讯，刘某长期吸毒，没有钱之后，就谎称自己有废品要卖，邀请李某到其家中收取，李某进入之后，刘某将李某控制并捆绑，在抢劫完李某身上的钱之后，用电线将李某勒死后逃离。

问题导入

一、在出警过程中，群众报称的警情内容可能与实际警情有较大不同，在发现警情变化的时候，处警民警应做出哪些准备？

二、对于有人员伤亡的警情，民警对伤者如何处置？

三、在初步确定可能是刑事案件后，处警民警应在现场勘查人员到来之前做好哪些准备？

模块概述

刑事案件是指犯罪嫌疑人或者被告人被控涉嫌侵犯了刑法所保护的社会关系，国家为了追究犯罪嫌疑人或者被告人的刑事责任而进行立案侦查、审判并给予刑事制裁（如罚金、有期徒刑、死刑、剥夺政治权利等）的案件。

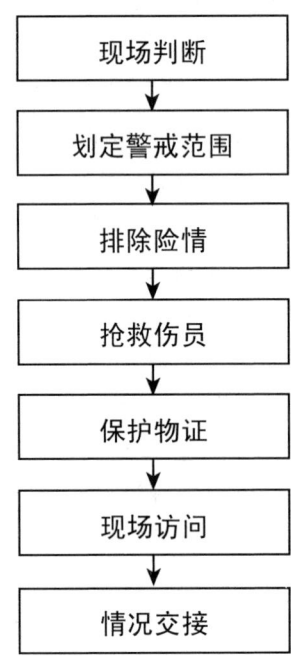

　　先期到达犯罪现场的民警，如果确认现场可能发生了刑事案件，其首要任务是组织力量保护现场，开展寻找证人等工作。进入现场必须小心谨慎，动作稳妥，切不可乱动现场物品，以免破坏现场痕迹，使侦破工作难以顺利进行或给受害方带来新的损失。先期到达犯罪现场的民警，还要积极认真地听取和收集受害人、报警人或其他证人对案情的陈述，为下一步侦破工作提供第一手资料。

任务一
刑事案件处置概述

情景导入

2015 年 8 月 26 日 9 时许，某派出所接群众报警，称在某公交站台抓获一名小偷。民警立即前往，到达现场时发现，被抓获嫌疑人为一名中年女性，周围群众称是在公交车行驶途中发现该名女子盗窃另外一名女子的一部放在外衣口袋内的手机，在盗窃成功准备下车离开的时候被同车人员抓获，现场有一名受害人以及两名证人。民警将该四人带回派出所做进一步处理。报案人反映其被盗的手机为最新款的苹果系列手机，被盗时能正常使用，成色比较新，价值较高。民警将该手机进行扣押，准备进行物价鉴定。同时另外一组办案民警发现，被抓获的嫌疑人系一名聋哑人，民警马上为其聘请了一名聋哑人翻译，在翻译的协助下，民警为其制作了询问笔录。该聋哑人长期在该市区游荡，利用群众对女性不太注意防范的心态，多次在公交车上实施盗窃。这一次本身也盗窃成功了，但是被其他发现的乘客抓获。公安机关对该盗窃嫌疑人实施了拘留措施。

课前讨论

一、对于当场挡获的嫌疑人，如何保障其权利？

二、现场发现的涉案财物如何处置？在什么情况下发还？

理论知识

刑事案件，亦称刑事犯罪案件，是指由公安机关或其他司法机关立案侦查处理的触犯刑律需要追究刑事责任的犯罪案件。

派出所民警在对刑事案件现场进行处置时，应当做好以下几方面的工作：

一、划定区域，布置警戒，保护现场

（一）划定区域，布置警戒

应首先将现场封锁起来，划出一定的警戒范围，然后由民警、企事业单位保卫人员和社区治保人员在保护区范围设岗警戒，禁止无关人员进入或滞留现场。

派出所民警非特殊情况（如救助伤员、排除险情等），不可随意进入刑事案件现场中心。

如果在现场发现了紧急情况，应当及时处理。如果在现场发现有爆炸物品，应当按照以下规程处置。

1. 封锁现场，设置警戒线，迅速疏散现场无关人员。

2. 迅速排查现场，发现爆炸物。

3. 将现场情况及时报告 110 指挥中心。

4. 由专业排爆人员对爆炸物进行处理。

5. 协助现场救援人员进行现场救助。

6. 向侦查人员通报案件发现经过、现场保护和初步处置的情况。

7. 协助相关部门进行现场调查、走访。

在处置过程中应当注意：（1）爆炸物品（无论真假）由专业技术人员处理。（2）情况紧急，必须由处警民警进行先期处理的，应根据 110 指挥中心的指令、指导，审慎处理爆炸物。（3）对于爆炸物，处警民警要保持高度警惕，原则上不可擅自触碰爆炸物。

（二）保护现场

刑事犯罪现场，是指刑事案件发生的地点和留有与犯罪活动有关的痕迹和物品的场所。案件发生的地点，是指犯罪分子作案的处所，如凶杀案件的行凶地点、盗窃案件的被盗财物的原所在地、纵火案件最先被点燃焚烧的地方以及强奸案件发生的地点等。留有与犯罪活动有关的痕迹和物品的场所，是犯罪分子在实施犯罪过程中，由于进出犯罪现场，搬运赃物、尸体等行为，遗留下来的指纹、脚印、工具等痕迹和作案工具、尸体、微量物证场所，也称"第二现场""第三现场"等。

观察犯罪现场的状况，研究分析现场遗留下来的痕迹、物品，对于侦查破案和获取有力证据都有十分重要的意义。因此，保护犯罪现场的原始状态，防止人为的破坏，免受风、霜、雨、雪的侵袭以及牲畜、家禽等的损毁，对于及时破案，打击刑事犯罪活动，具有非常重要的作用，是刑事侦查工作的先导和重要的基础工作，必须认真做好。

对于现场的保护，可分为室外现场保护和室内现场保护。

1. 室外现场保护

室外现场，是指犯罪分子在室外作案时形成的现场。例如，犯罪分子在田野、树林、山地、公园、体育场、街道、院落等处作案时所形成的现场。室外现场的保护方法主要有：

（1）划定范围，设岗警戒。公安派出所民警到达现场后，要仔细观察现场情况，分析犯罪分子的活动范围，使用的交通工具，遗留的痕迹、物证等，确定犯罪现场范围和应当保护的实物和表象，划定保护范围。室外现场保护范围的确定，应根据案件的具体情况而定，一般情况下以现场中心向外扩展，对留有作案痕迹、物证和可能留有痕迹、物证的区域都应当划为保护范围。划定范围时，可根据需要适当扩大一些，防止范围过小，出现疏漏。

保护范围确定后，应设置醒目的警示标记，如用警戒带、绳索、白灰、涂料等，把现场围圈起来，还要设立岗哨进行警戒，疏散围观群众，禁止无关人员和牲畜进入，现场的出入口要有专门人员进行警戒。另外，要特别警惕犯罪嫌疑人员可能再次进入现场毁灭罪证，偷走遗留在现场的物品等。对于尸体、残肢和容易消失、损坏的痕迹、体液、毛发以及凶器等，要加以覆盖、遮挡，防止损毁、自然消失或者遗失。但是，在一般情况下不要触摸、翻转、搬动，还要劝阻受害人的家属亲友不要在犯罪现场任意活动，拿走受害人的物品，触动尸体等，以免无意中破坏现场、损毁证据，给侦查破案带来困难。要禁止围观人员靠近或者进入现场，以免破坏现场状态，影响工作或者阻碍车辆、行人通行。例如，案件发生在居民大院之内，要划出禁入范围和出入通道，给居民提供方便。

（2）注意天气变化，保护痕迹物证。室外现场保护中，要随时注意天气的变化，如遇到将要下雨、下雪、刮风等情况时，保护现场的民警要及时对现场上的足迹、血迹、遗留物等痕迹物证进行遮盖保护，防止遭到破坏。

2. 室内现场保护

室内现场，是指犯罪分子在室内作案时所形成的现场。例如，犯罪分子在居民住房、银行、商店、仓库、财会室、车间、山洞等处作案时所形成的现场。室内现场的保护方法主要有：

（1）封锁出入通道。民警首先要将出入口封锁，安排专人把守，禁止无关人员进入。另外，要注意防止破坏犯罪分子可能留在门、窗、锁、钥匙上的指纹痕迹和工具痕迹，必须触摸时应当戴手套。

（2）设置外围警戒。要根据室内现场出入通道的具体位置、现场所处环境，在可能留有痕迹物证的现场外围划出一定的警戒区域，一并加以保护，同时也限制无关人员接近现场，防止现场情况泄密。

3. 痕迹物证的保护

无论是室外现场还是室内现场，都必须注意保护各种痕迹、物品和尸体不受破坏。如果因为自然的、人为的原因致使痕迹、物品和尸体有可能受到破坏时，应当另行采取专门的保护措施。

（1）痕迹的保护方法。对于手印、脚印、工具痕迹、枪弹痕迹、血迹等，要特别加以保护。对于室内痕迹，一般情况下，保护人员只在门口设岗看守即可。遇有特殊情况，如急救人命、抢救财物、排除险情等，必须进入现场时，保护人员应尽量避免踩踏现场的足迹和触摸现场可能遗留有作案痕迹的地方。对于行走路线上已经发现的痕迹，可用粉笔及时就地画图标出来，以免后来的人不注意而毁坏。对于露天现场的痕迹，保护人员已经发现而且有被破坏可能的，可以用粉笔、白灰等画圈标志，以便引起注意。没有发现的，或发现但无破坏可能的，不必进入现场搜寻和做标记，以免使现场受到破坏。但是，遇有气候发生变化，痕迹有可能被风吹、雨淋、雪盖、雷击而破坏时，则要设法用盆、塑料布等予以遮盖。但要忌用带有浓烈气味的器皿（盛过农药的盆、肥皂箱等）遮盖，以免破坏嗅源，妨碍警犬追踪鉴别。

（2）物品的保护方法。上述对痕迹的保护方法，亦同样适用于对物品的保护。所不同的是，有些物品，如犯罪分子丢在露天现场的纽扣、纸张等小型物品，遇有容易变动、损坏等情况，在记明原始面貌的同时，可以妥为提取收集，但一定要注意不要损坏上面的痕迹，更不要留下新的痕迹。

（3）尸体的保护方法。对于室外暴露在露天中的尸体，可用苇席遮盖，以防烈日暴晒，加速腐败过程。遇雨、雪等气候变化时，应用不透雨的物品遮盖，以免尸体及其他附着的血迹、毛发、精斑等被污染、散失、破坏。对于山林、旷野等处发现的尸体，应加强值班看守，以防尸体受到鸟兽啄食破坏。对于水中的尸体，如果没有救活的希望，又不会被水冲走，可不必打捞上岸。因为尸体暴露在空气中较之浸泡在水中更容易腐败。而在打捞时，稍有不慎，极易损伤尸体和尸体上的附着物，增加尸检的困难。但如水流过急，尸体有被冲走的危险时，应设法加以固定；无法固定时，应打捞上岸。对于火场中的尸体，如不能制止火势蔓延或建筑物即将倒塌，尸体有被烧毁或被倒塌的砖石等物覆盖时，应将尸体移出火场妥善保存。如火已被扑灭，建筑物不会倒塌，则可就地保护，不必移动。对于吊挂的尸体，如刚吊上不久，需要抢救人命时，可用剪刀将颈部未打结处的绳索剪断，并将绳索完整地保存起来。如果确已死亡，没有救活的可能时，应照原样保存起来，不必将尸体放下来。搬运尸体时，应尽量使用担架、门板等适当工具，避免因搬动不当而造成新的伤痕，或沾染上新的物质。对于运出的尸体，如无特殊原因，仍应按搬动前的姿势存放，以便勘验。

二、抓捕、看管和监视犯罪嫌疑人

当公安派出所民警迅速到达犯罪现场的时候，有的犯罪嫌疑人可能还未来得及逃走，或者离开现场的时间很短；有时候犯罪嫌疑人离开现场以后，又急于回到现场销毁犯罪证据或者寻找遗忘在现场的作案工具、凶器或者衣物等。初到犯罪现场的民警，一定要提高警惕，认真观察在现场停留、活动人员的动态、表情是否存在不正常状况。有些犯罪嫌疑人为达到返回原作案地点的目的，还常常以帮助民警"警戒"现场的出入口、"救助"伤残、老人、小孩或者"搬运"物资等手法混进现场。

对于现场出现的可疑人员，民警应当紧急扣留，认真看管、审查，或者交给当地基层组织、单位，委托治安积极分子严密监视、控制。疑点较大，一时不能搞清楚的，可以报告公安派出所领导或者上级公安机关，派人送往公安派出所留置审查或请求予以拘留。

如果遇到正在实施的暴力犯罪，现场处置应当按照以下规程：

1. 表明身份，制止群众围观，清理现场周围。

2. 命令暴力犯罪嫌疑人停止暴力行为，告知暴力违法犯罪行为将承担的法律责任。

3. 对于接受命令停止违法犯罪行为的嫌疑人，命令其按照指定动作摆好姿势接受检查。

4. 对于拒绝服从停止暴力行为的，处警民警根据相关警械、武器使用规定，采取强制措施制止暴力犯罪行为。

5. 对被制服的暴力犯罪嫌疑人，应进行仔细的安全检查（人身、物品及周围场所）。

6. 对于暴力犯罪现场存在人身伤亡的，应及时抢救。

7. 对于依法使用武器的，应及时上报，保护现场，接受调查。

8. 对暴力犯罪现场依法保护，为进一步现场勘查、调查提供条件。

9. 对于暴力犯罪嫌疑人逃脱的，应及时报告上级或 110 指挥中心，迅速布置临近站点、警力实施堵截、检查。

三、救助受伤人员

民警赶到刑事案件现场后，遇有伤员，无论伤员是被害人还是作案人都应设法抢救，危重的及时送往医院。在抢救伤员时应注意以下几点：一是做好标记，尽量减少破坏面，为现场勘查顺利进行创造条件；二是及时询问，抓紧问清案件有关情况，特别是遇到危重伤员时，一方面要及时进行现场抢救或送往医院救治，另一方面要抓紧时机，问明重点要害问题；三是派专人看护，防止发生意外；四是抢救过程中对受伤者随身携带的物品、替换下的衣物要予以保管。

（一）操作规程

1. 发现现场有受伤人员，应根据现场伤员的伤情先急救，然后送往附近医院进行救治。

2. 创伤救护的步骤是：止血—包扎—固定—搬运与转运。同时注意保持伤员呼吸道通畅，及时抢救心跳、呼吸骤停及昏迷等危急重症，积极预防和治疗休克等并发症。

3. 严重创伤心跳、呼吸骤停的抢救。创伤心跳呼吸骤停的主要诊断指标：①突然丧失神志或抽搐；②大动脉搏动消失；③心音消失。次要诊断指标：①呼吸停止或呈喘息样呼吸；②两侧瞳孔散大，对光反射消失；③面色呈灰色或紫色；④手术切口无出血。

心搏骤停急救措施：①心前区拳击，以中等力量拳击心前区，通过拳击力的震动时机械能转变为微弱的电流，使心脏复跳，若拳击 3～4 次无效，则不宜再重复；②体外心脏按压，心脏按压频率，成人为 80～100 次/分，儿童可为100~120次/分。挤压后若触到大动脉搏动，血压至少维持在8卡帕以上、口唇、甲床颜色好转，呼吸逐渐恢复，瞳孔也随之缩小，对光反射恢复，则为心跳复苏成果。

呼吸骤停急救：口对口呼吸，每分钟吹气14~16次，一次吹气可达1000~1500ml，此法效果可靠，操作简单，易于掌握，既能单人操作，又便于随时检查结果，无需任何器械帮助。

4. 止血。毛细血管和较小的静脉出血，一般出血缓慢，可外撒止血散，如桃花散、花蕊石散、云南白药、如意金刀散等，再用纱布、绷带包扎伤口，就可以止血。较大的静脉或动脉血管损伤出血，出血量较大且急，可采用加压包扎法和止血带止血法。紧急情况下还可采用临时指压法以减少出血。

（1）指压止血法。在伤口的上方，即近心端找到搏动的血管，用手指或手掌把血管压在局部的骨骼上，紧急时可隔着衣服压迫，使之止血。此方法适用于四肢及头脑部的大出血急救，但这毕竟是减少伤员失血、挽救生命的临时应急措施，不宜长时间使用，同时也不便于伤员的搬运和转运。所以在施用指压法的同时，应积极寻找器材，准备更换其他止血方法，或转运到条件较好的医院治疗。

（2）加压包扎止血法。这是最常用的有效止血方法，适用于全身各部的静脉出血。常用的有绷带、三角巾、急救包三种。使用绷带或三角巾包扎时，先用无菌或干净敷料填塞伤口，外加消毒或干净纱布压垫，再进行包扎。使用急救包止血时，因包内备有无菌敷料和纱布压垫，故拆开急救包，可将备用无菌敷料填于伤口直接加压包扎。加压包扎时，松紧要合适，既要止血，又不要完全阻断肢体的血液循环。进行止血时，应先将肢体抬高，包扎范围超出伤口2~3横指。使用绷带包扎止血时，要从肢体远端向近端。包扎后如继续出血渗透敷料，可再加敷料包扎，直至有效止血。

（3）止血带止血法。常用的止血带有橡皮条止血带与气压止血带两种。此法适用于四肢动静脉出血，但使用止血带止血药严格掌握使用方法和注意事项。止血带缚上时间太长，不但肢体疼痛，还可能因肢体缺血性坏死而致残，严重者可危及生命。

5. 包扎。正确的包扎，创伤伤口是救护中重要的一环。包扎不仅能达到压迫止血的目的，而且能保护伤口，减少感染，减轻疼痛，固定敷料，有利于搬运和转送。进行包扎时，动作要轻巧、迅速、准确，敷料要包住伤口，同时严密牢固，松紧适宜。包扎完毕，应检查远端肢体血液循环是否正常，若完全阻断，应予以放松，重新包扎。

6. 固定。现场救护中，对可能骨折的伤员必须作可靠的临时固定，其目的是减轻伤员骨折端的疼痛，预防发生疼痛性休克；同时限制骨折端的活动，以免发生新的损伤。

临时固定的范围应包括骨折上、下两个关节。对开放性骨折要按救护顺序先止血、包扎，后固定骨折肢体。固定使用的器材常用木夹板、绷带、三角巾、棉垫等。但在无固定器材的情况下，可就地取材，采用树枝、竹竿、木棍、纸板、雨伞、腰带、衣服、书卷等代替。固定时，木夹板与肢体之间要加衬垫（棉垫、毛巾、布片等软物），以防皮肤受压损伤；四肢固定要露出指、趾端以便观察血液循环。固定后，如出现指（趾）苍白、青紫，肢体发凉、疼痛或麻木时，表明血液循环不良，要立即查明原因，如系扎缚过紧，应放松缚带，重新固定。

7. 搬运与转运。搬运的方式多种多样，一般轻伤员可以搀扶、抱扶、背负；但是较重的伤员，尤其是发生脊柱骨折、昏迷、气胸的伤员，不能用这些方法搬运，必须采用平卧式搬运法。搬运时，两人或数人蹲在伤员的同一侧，分别用双手托住伤员的头部、背部、腰部、臀部和腿部，动作协调一致地将伤员托起置于担架上。若属脊柱骨折，担架必须用硬板。救护人员不足时，也可以采用滚动式搬运法，搬运时，由两人在伤员同一侧保持伤员平直体位，轻轻将伤员推滚至木板上。

（二）注意事项

1. 现场急救主要是在医护人员未到达现场时，处警民警临时性抢救伤员的权宜之策。因此，当发现现场有伤员之后，处警民警应及时通知120急救中心。在医护人员赶到现场之前，处警民警根据现场受伤人员伤情进行急救。

2. 现场急救主要是防止伤情扩大，延续伤者的生命，到就近医院急救。

3. 处警民警的现场急救不能代替医护人员的抢救，专业性的救助必须由医护人员进行。

4. 情况紧急，处警民警在不掌握急救方法时，可通过110指挥中心询问相关专业人士。

5. 对于犯罪嫌疑人的现场急救，应根据具体情况，对其采取必要的强制管制措施，防止犯罪嫌疑人利用急救而产生的看护疏漏逃跑，必要时将其手铐在担架或固定位置上。

6. 根据人员受伤情况，为防止伤者病情严重而产生死亡所导致的证据流失，可根据医护人员的建议利用救治过程对其进行取证。

7. 现场抢救伤员的同时，应注意保护现场，提取、固定证据。

（三）常见问题

1. 现场抢救中的常见问题是没有专业性的医疗设备，在紧急情况下，处警民警可采用临时性的代用品，但需要保证代用品的卫生（不扩大伤口的污染）、安全（牢固性）等。

2. 对于心脏骤停、呼吸停止的，应及时实施心脏复苏、人工呼吸等方法，避免因生命停止时间太长，导致医护人员到达现场后无法抢救。

3. 犯罪嫌疑人为逃避法律制裁，往往制造假象，伪装受伤严重，以等待机会逃跑。为此，对犯罪嫌疑人不能因为伤重而放松警惕，同时也不能延误对其急救。

4. 现场出现重伤员时，现场往往较为混乱，给提取固定证据制造了较大困难。因此，对于伤员急救，处警民警不能齐上齐下，必须有分工，减少现场急救对证据固定的影响。

四、开展初步现场调查

现场调查，又称现场访问，是收集与犯罪案（事）件有关的情况，广泛开辟线索来源不可缺少的一项工作。保护现场的民警在做好警戒工作的同时，应向现场的目击者、知情群众、现场发现人、报案人进行调查访问，了解案发前后的有关情况、犯罪嫌疑人的情况。对在场的证人要问清姓名、单位、住址、联系电话等，及时进行登记，便于以后再次调查取证。

（一）现场调查的任务

1. 调查犯罪分子的生理特征。主要查明犯罪分子的性别、年龄、身高、体态、外貌特点以及口音等特征。

2. 调查案件发生、发现的情况。一是调查第一个发现案件的人，发现案件的时间、地点、详细经过，现场的情况，采取了何种紧急措施，现场是否有变动，何人经过现场，触动过何物体、何部位；二是调查案件发生的时间、地点、犯罪人数、起因、经过和后果；三是调查被侵害财物的情况。

3. 调查犯罪分子实施犯罪的手段、方法。

4. 调查现场遗留物品的情况。

5. 调查被害人的情况。主要查明被害人的姓名、住址。如果被害人是无名尸体，应以查明死者的身份为主，展开现场访问。

（二）现场调查的对象

1. 被害人和事主。被害人和事主通常是案件的直接受害者，被害人、事主的陈述是民警获取案件证据的重要来源。

2. 目击者和知情人。目击者和知情人在刑事诉讼中都被称为证人。目击者是指耳闻目睹犯罪案件发生经过的人，知情人通常是指知道（或了解）与案件有关的情况的人；他们能准确地向民警反映其所知道的案件情况。因此，民警到达现场后，应从以下人员中去寻找和发现证人：一是现场看热闹的人员；二是现场周围定居或工作的人员；三是途经现场及附近的往来人员；四是犯罪分子往来路线上的有关人员；五是犯罪嫌疑人的亲属、朋友和同事；六是已经离去的围观和过往人员；七是被害人所在单位的领导、同事和其他有关人员。

（三）现场调查的方法

1. 对被害人和事主的调查方法。一是要选择适当的调查地点。对被害人、事主进行调查，要根据案件的性质、危害后果，现场的位置、环境、气氛，调查对象的人数及其心理状态等因素综合考虑，选择恰当的调查地点，以利于被害人脱离现场环境的影响，克服思想、情感上的障碍，平静地进行陈述，从而取得良好的访问效果。二是在调查前要稳定被害人的情绪。民警应根据案件发生的具体情况，通过与被害人接触交谈，摸清其心理状态和个体特征，采取切实可行的措施，做好安定情绪的工作，以利于询问工作的顺利开展。三是要向被害人说明访问意图。四是确定好调查的顺序和内容：要调查犯罪分子在现场遗留哪些物品，携带何种凶器、使用何种犯罪工具逃跑，逃跑的方向路线和手段方法；要询问案件发生、发现的时间、地点、经过、结果，犯罪分子在现场的活动情况，人身、财物的被侵害情况，如财物的种类、名称、数量、特征以及财物的存放地点和保管情况，被害人的社会交往关系、债务关系、财产纠纷关系、生活行动规律、经济收入情况，发案前室内物品的情况，发案后是否触动过现场，触动了哪些部位，是如何触动的等。

2. 对目击者和知情人的调查方法。一是了解被调查人的身份及其与案件的关系；二是做好疏导转化工作，消除各种思想障碍；三是确定好调查的方式。实践中，调查的方式较多，要根据调查对象的情况确定提问的方式。主要有：笼统地提问，让对方在自己知道的范围内自由回答；针对具体问题提问，即调查者将自己所要了解的情况具体地提出来，要求对方照此作出回答；肯定和否定性的提问，这种方式有启示性的作用。

（四）现场调查笔录的制作

现场调查笔录，是指民警在调查过程中，将被害人、证人陈述的案件事实用文字记录下来的一种书面材料。根据法律规定，调查人员一般不得少于两人。

现场调查笔录的基本内容包括概况、陈述事实、调查人和被调查人签名三个部分。概况部分记载下列内容：现场调查的起止时间；现场调查的地点；被调查人的情况。陈述事实部分是现场调查笔录的中心，应记载以下内容：民警向调查对象提出的事项和问题；被调查人对提问作出的具体陈述。调查人和被调查人签名部分应注明：被调查人核实现场调查笔录的意见；被调查人、民警签名或盖章。

五、核实情况，保全证据，并迅速报告上级公安机关

派出所民警到达现场后，对报案人所述情况进行核实，如在盗窃案件中事主被盗财物的名称、数量，放火案件中火灾的损失状况，包括人员伤亡（死亡数、重伤数、轻伤数等）、财产损失情况等；如果情况属实，要立即向公安派出所领导或刑侦部门报告。

现场发现的各种证据，如留在门、窗、桌椅上的指纹，地面上的脚印、血迹以及作案工具，撬门、开锁的痕迹，纵火用的引燃物，杀人、伤害用的刀、斧等凶器，捆绑受害人用的绳索，引爆用的残留导火索，投毒用的器皿、毒药、毒物的残留物和包装物等，都是重要的证据，必须妥为保护、看管，不要遗失、损毁。在可能的情况下，要尽量保持在原地，不要移动、翻转，必要时加以掩盖、遮挡，防止风雨侵袭或者人员、动物移动、丢失等。

派出所民警到达现场后，对报案人所述情况进行核实，同时要采取措施保护现场，然后要立即将现场处置的情况向派出所领导和上级公安机关报告。

六、向侦查人员通报案件发现经过、现场保护和初步处置情况

有关部门的侦查人员进入现场以后，公安派出所民警要抓紧时间，向他们报告现场情况，保护现场的措施，发现的痕迹、物品和对可疑情况与人员的处置，提供已经发现的线索以及需要继续查清的问题等，切实协助侦查人员做好后续工作。

实训任务

一、简要案情

2016 年 7 月 9 日某派出所两名巡逻民警对辖区进行例行巡逻，当巡逻至××街的时候，发现一名小孩形迹可疑，不断在街上跟着人力三轮车小跑。两名巡逻民警随即躲在街角进行观察，发现该小孩经常跟着人力三轮车跑一段距离后又停下来往回走，如果发现有女性乘坐的人力三轮车又会进行跟随。当时街上有一辆人力三轮车上乘坐一携带手提包的女性，该女性在乘坐三轮车的时候正在打电话。该小孩尾随在人力三轮车后面，趁该女性乘客不注意，正试图打开该女性的手提包，企图盗窃手提包内的财物。两名巡逻民警随即上前将该小孩挡获，并拦截下该人力三轮车及乘客。

二、课堂讨论

1. 如果该名小孩不满 14 岁，应该如何处置？

2. 如果该名小孩是某一盗窃团伙的成员，如何顺藤摸瓜？

3. 如果该名小孩是附近的居民，是其父教唆其盗窃，应如何处置？

三、课堂作业

如果该名小孩是未成年人，需要其监护人来参与询问。请制作未成年人法定代理人到场通知书。

表 33

_____公安局

未成年人法定代理人到场通知书

公 （　）法代通字〔　　〕　　号

_____：

我局定于_____年___月___日___时在_____对

_____进行询问/讯问。因其系未成年人，根据《中华人民共和国

刑事诉讼法》第二百七十条之规定，通知你届时到场。

公安局（印）

年　月　日

此联交未成年人法定代理人或者其他人员

_____公安局

未成年人法定代理人到场通知书

（副本）

公 （　）法代通字〔　　〕　　号

_____：

我局定于_____年___月___日___时在_____

对_____进行询问/讯问。因其系未成年人，根据《中华人民共和

国刑事诉讼法》第二百七十条之规定，通知你届时到场。

公安局（印）

年　月　日

本通知书已收到。

法定代理人或者其他人员：　　　　　年　月　日　时

通知其他人员到场的，注明原因：_____。

办案人：

年　月　日　时

此联附卷

_____公安局
未成年人法定代理人到场通知书
（存　根）

公（　　）法代通字〔　　　〕　　号

案件名称_____

案件编号_____

犯罪嫌疑人_____男／女

证人／被害人_____

法定代理人_____

住　　　址_____

单　　　位_____

应到时间_____

应到地点_____

批　准　人_____

批准时间_____

办　案　人_____

办案单位_____

填发时间_____

填　发　人_____

任务二
普通刑事案件警情处置

情景导入

2015 年 10 月 27 日 16 时许，某派出所值班室接到一名女性群众何某的报警，称自己在家睡觉的时候，听到响声惊醒，发现一名中年男性在自己家中，该男性发现何某醒过来之后，跑到床上亲吻并猥亵何某，在猥亵过程中遇到何某激烈抵抗后逃离现场，之后何某跑到附近的派出所报警。民警以及现场勘查的技术人员一起到何某家中时，何某才发现自己家中的窗户上有翻窗入室痕迹，并且发现家中自己的钱包和部分首饰被盗。数日后，办案人员将嫌疑人尹某抓获，据尹某交代，其本来以为何某家中无人，翻窗进入何某家中准备实施盗窃，但是进入之后发现何某在家睡觉，并且发现何某十分漂亮，随生歹念，上前猥亵了何某，但是何某激烈反抗，尹某怕引来其他群众，之后逃离。

课前讨论

一、此案应如何定性？

二、民警针对这些违法行为应如何处理？

三、针对报案人报称所受损失，受案民警是否需要查证？

理论知识

一、盗窃类警情的接处警

（一）盗窃案件及其特征

盗窃案件，是指行为人以非法占有为目的，秘密窃取公私财物的案件。

根据《刑法》第 264 条、《最高人民法院关于审理盗窃案件具体应用法律若干问题的解释》以及其他相关法律法规的规定，盗窃数额较大或者多次盗窃公私财物，情节严重的，构成刑事犯罪。盗窃数额较大一般以 1000～3000 元为起点；各省自行调整，四川省以 1600 元为起点。情节严重包括盗窃财物数额特别巨大和盗窃数额接近特别巨大并具有其他特别严重的情节。

根据《治安管理处罚法》以及其他相关法律法规的规定，盗窃少量公私财物，情节轻微的，构成治安案件。

盗窃案件的特征主要表现在以下几个方面：

1. 现场多有明显的破坏痕迹。违法犯罪分子进入作案现场的手段多表现为撬门、破窗、挖墙等，为了翻找财物又多会采取撬砸锁柜、抽屉等方式，在相应的部位都会留下指纹、足迹和工具痕迹。这些痕迹往往能够反映出犯罪分子的个人特征和习惯性作案手法，认真收集并重视审查这些现场痕迹证据对于发现和认定犯罪有非同一般的作用。

2. 各行为人的盗窃方式、手段多有习惯性。盗窃是一种再犯性极大的违法犯罪活动。从实践中看，一次作案就洗手不干的极少，多数犯罪分子都是长时间多次作案。因为贪欲是在屡次作案的过程中不断膨胀的，同时他们的犯罪经验也在不断积累，违法犯罪手段也就逐步趋于成熟、固定，最终形成各自的习惯性作案手段。另外，犯罪分子原有的职业习惯、生理特征也会表现在作案过程中，并有较为明显的犯罪痕迹留在现场。如钳工、电工等，使用的工具和手法会有所不同，又如跛脚等有生理缺陷的人留在现场的足迹等有明显的特征。再则，惯犯和初犯在作案熟练程度上不同，违法犯罪的手法和现场遗留痕迹也有较大不同。因此，对于这些习惯性特点的发现和审查也极为有利于案件的侦破和认定处理。

3. 大宗、流窜盗窃犯罪作案前多有踩点活动。由于盗窃案件的主要行为方式是秘密窃取，因此行为人在实施重大盗窃或到异地作案时，为确保作案成功，大都会在事前进行多次秘密而又详细的踩点活动，如对财物所有人的作息时间、值班人员情况和交接班时间、出入口等进行了解和探视。这些活动为他们的盗窃成功带来便利，但同时也很容易使他们暴露行踪。因此，案发后注意访问现场及其周围群众，注意了解案发前后的可疑事件、可疑人员，对于破案工作极为有利。

4. 案后多有赃款、赃物可查证。盗窃犯罪的目的就是将他人的财物占为己有，因此有赃款、赃物可查是该类犯罪案件的一个重要特点。

（二）接警和指挥调度

1. 接警民警要重点问清现场位置，被盗财物的种类、数量。指令辖区派出所、刑警队出现场。被盗财物数额巨大或重点部位、首脑机关及重要、违禁物品被盗的，及时向值班主任和局领导报告。

2. 对犯罪嫌疑人尚未逃离现场的，指令就近警力进行抓捕。

3. 对机动车被盗后及时发现的，指令交警、巡警并通报周边公安机关设卡堵截。

4. 对失主不在现场的，要积极联系失主；联系不上的，指令辖区派出所妥善处置，防止财物再受损失。

5. 党政机关和其他要害部门被盗的，要特别注意做好保密工作。

（三）现场处置

1. 保护现场，控制违法犯罪嫌疑人。

2. 对受害人或报警人当场进行询问，了解案件情况。

3. 组织现场勘查，固定现场证据。根据要求分别由先期到达的民警和刑事技术部门进行现场勘查取证。

4. 开展调查访问，收集、保全证据。

5. 及时采取措施控制赃物。

（四）注意事项

1. 盗窃现场的保护。除在外围设岗，不准无关人员入内外，重点要保护好犯罪嫌疑人出入的通道、爬越的窗户、打开的箱柜、抽屉等。现场保护人员不准从犯罪嫌疑人进出通道通行。对被打开或者破坏的锁头、爬越的院墙和窗口，盗取财物的箱柜、抽屉等都要保持原状，以免留下新的痕迹。对散落地上的衣物、文件、纸张和作案工具等物品，一律不准接触和移动。还要注意对现场周围犯罪嫌疑人徘徊、逗留、坐卧的痕迹以及运输工具的痕迹、现场生物检材的保护。

2. 问明现场是否有被破坏或变动情况。

3. 详细记录损失物品的特征、购买时间、购买价格等，搜集能够对损失物品进行价值认定的相关材料，避免破案以后无法进行价值认定，让犯罪嫌疑人逃脱制裁。

二、投毒类警情的接处警

（一）投毒案件及其特征

投毒案件，是指作案人故意投放毒物致使人、畜伤亡，或者使公私财物遭受重大损失的案件，它是严重侵犯公民人身权利和危害公共安全的犯罪。

我国《刑法》第 115 条中把投毒犯罪规定为危害公共安全罪。2001 年 12 月 29 日公布施行的《刑法修正案（三）》和 2002 年 3 月 15 日最高人民法院、最高人民检察院公布的《关于执行〈中华人民共和国刑法〉确定罪名的补充规定》将投毒罪修改为投放危险物质罪，取消了投毒罪罪名。

投毒类案件的特征主要表现在以下几个方面：

1. 犯罪嫌疑人必须能取得和会使用毒物，有接触和索取毒物的条件。犯罪嫌疑人使用某种毒物进行投毒犯罪，必须对这种毒物的性质、用量有一定的了解。这是必备的两个条件，缺一不可。一是能取得，二是会使用。而这也是我们侦破案件的重要线索。

2. 精心选择投毒地点和对象。犯罪分子选择投毒方式来实施犯罪，其目的就在于进行报复活动，造成社会影响，危害公共安全。因此，犯罪分子一般都会对投毒的地点和对象进行精心选择。一般来说，犯罪分子投毒的地点和对象多选择以下几种：人们日常饮用的水源，如水井、池塘、河流等；食堂、饭店；商店里的商品；喂养大量禽畜的场所等。

3. 精心选择投毒时机。犯罪分子为了使其犯罪活动顺利得逞，一般都会慎重地选择投毒时机，除了与其他案件相类似的避开人们的注意力，趁人不备、暗中下手这些常见的时间选择以外，一般在白天作案较多。因为白天容易选择、确定投放地点和侵害目标，易观察受害人的活动情况，且人们在白天的防范意识较弱，方便犯罪分子作案。

4. 进行实验。有的投毒案件中，犯罪分子为了使犯罪得逞，在实施投毒以前，往往会利用某些动物进行毒物实验，了解掌握毒物的毒性、用量。

5. 现场的投毒特征较为明显。在投毒杀人案件的现场中，一般都有中毒死亡的尸体或中毒者，且在中毒的尸体或中毒者的身体上均可表现出各种不同的中毒症状，因此易被群众所知晓。此外，在投毒现场中经常遗留有与投毒有关的各种痕迹和物品。

6. 投毒杀人案件现场易遭破坏。由于投毒杀人案件现场暴露较为明显，案件一旦发生，常很快就会被群众发现，救治是必需的，但由于参加抢救的人员众多，加上犯罪分子在投放毒物时多有伪装，现场极易遭受变动和破坏。

7. 在对现场进行实地勘验的同时，侦查人员应及时组织力量，开展现场访问工作。

三、破坏交通设施类警情的接处警

（一）破坏交通设施类案件及其特征

破坏交通设施案件，是指行为人故意破坏正在使用中的直接关系运输安的交通设备，足以使火车、汽车、电车、船只、航空器等交通工具发生倾覆、毁坏危险，危害公共安全的案件。

根据《刑法》第117、119条以及其他相关法律法规的规定，破坏轨道、桥梁、隧道、公路、机场、航道、灯塔、标志或者进行其他破坏活动，足以使火车、汽车、电车、船只、航空器发生倾覆、毁坏危险的，构成刑事案件；破坏交通工具、交通设施、电力设备、燃气设备、易燃易爆备，造成严重后果的，可处十年以上的有期徒刑、无期徒刑或者死刑。

这里所说的"破坏"，包括对交通设备的毁坏和使交通设备丧失正常功能。例如，破坏海上的灯塔或航标，既可以将灯塔的发光设备砸毁，也可以挪动航标的位置，使之失去正常指示功能，从而导致航船发生安全事故。破坏的行为是多种多样的，如炸毁铁轨、桥梁、隧道，拔除铁轨道钉，抽掉铁轨道钉，抽掉枕木，拧松或拆卸夹板螺丝，破坏公路路基，堵塞航道，在公路、机场路道上挖掘坑穴，拆毁或挪动灯塔、航标等安全标志。而"其他破坏活动"则是指诸如在铁轨上放置石块、涂抹机油等虽未直接破坏上述交通设备，但其行为本身同样可以造成交通工具倾覆、毁坏危险的破坏活动。此外，行为人的破坏行为必须足以使火车、汽车、电车、船只、航空器发生倾覆、毁坏危险。而实际上的倾覆与毁坏结果并不是本罪的构成要件。也就是说，破坏交通设施会造成两种后果：一种是可能发生的后果；另一种是已经发生的后果。只要造成两种后果之中的任何一种后果，都构成破坏交通设施罪。如果行为人的某种行为不足以使火车、汽车、电车、船只、航空器发生倾覆、毁坏危险的，则不构成本罪。所谓的"严重后果"，指的是造成人员伤亡、重大财产毁损、交通运行的中断或者瘫痪等严重情形。

根据《治安管理处罚法》以及相关法律法规的规定，有盗窃、损毁或者擅自移动铁路设施、设备、机车车辆配件或者安全标志，在铁路线路上放置障碍物，或者故意向列车投掷物品，在铁路线路、桥梁、涵洞处挖掘坑穴、采石取沙，在铁路线路上私设道口或者平交过道等行为，情节较轻，尚不够刑事处分的，构成治安案件。

总的来说，破坏交通设施类案件具有下列几个方面的特征：

1. 行为人主观上必须是故意的，过失则不应认定为此类案件。即行为人明知破坏交通设施会造成交通工具倾覆、毁坏危险，并且希望或者放任这种危险状态的发生。实际认定中，行为人在实施此类违法犯罪案件时，可能基于各种各样的动机，如出于报复泄愤、图谋陷害、嫁祸于人、贪财图利等。值得注意的是，这些不同的个人动机对是否构成此类违法犯罪并无影响。

2. 破坏的对象是正在使用中的直接关系运输安全的交通设备。所谓正在使用中的交通设施，是指该交通设施已经交付使用或者处于正在使用之中，而不是正在建设或正在修理且未交付使用。如果破坏的是正在建设、修理且未交付使用的或废弃不用的交通设施，因为上述交通设施不处于使用的过程中，因而不涉及是否会影响交通工具的安全运行问题，故不宜认定为破坏交通设施类违法犯罪。实践中，对于破坏上述不在使用中的交通设施构成犯罪的，一般按照毁坏公私财物或盗窃罪定罪处罚。

3. 行为人的破坏行为必须足以使火车、汽车、电车、船只、航空器发生倾覆、毁坏的危险。实践中，我们通常从以下两个方面考察某种行为是否足以使交通工具发生倾覆、毁坏危险：一是从破坏的方法看。如果行为人使用了极其危险的破坏方法，如采取爆炸、放火、拆毁的方法破坏交通设施，由于这些破坏方法本身可以使交通设施遭受严重破坏，从而足以使交通工具发生倾覆、毁坏危险。二是从破坏的部位看。破坏交通设施的重要部位就会直接危及交通工具的运输安全，如挖掉铁轨、枕木，卸去轨道之间的连接部件等，这些破坏交通设施重要部位的行为直接关系到交通工具的行驶安全，足以造成交通工具的倾覆、毁坏危险。但是，如果行为人破坏的只是交通工具的附属部位，如在公路边上采挖少量沙石等，因为这些破坏行为与交通运输安全没有直接联系，不足以使交通工具发生倾覆、毁坏危险，因此不构成破坏交通设施类违法犯罪行为。

4. 在刑事认定领域，破坏交通设施罪有既遂、未遂之分。根据《刑法》的规定，本罪属于危险犯，其犯罪既遂并不要求必须造成交通工具倾覆、毁坏的实际结果，而是以具备法定的客观危险状态为标志，即破坏行为只要足以使交通工具发生倾覆、毁坏危险，无论是否造成严重后果，均构成本罪既遂。如果行为人已经着手破坏交通设备，刚刚接触破坏对象，破坏行为尚未实行终了，由于犯罪分子意志以外的原因（如被抓获、制止），没有造成交通工具倾覆、毁坏的危险状态应视为本罪的未遂。

在实践中，破坏交通设施与盗窃有时比较容易混淆，如行为人出于非法占有的目的，盗窃交通设施（如盗窃铁轨上的枕木，偷割使用中的铁路专用电缆，从保障交通运输安全的电气设备上偷拆电子元件等），从而产生严重危害交通运输安全的后果。在这种情形之下，行为人的行为该如何认定呢？

我们知道，盗窃是以非法占有为目的，秘密窃取公私财物的行为，其侵犯的客体是一般财物的财产权利。而如果盗窃的不是一般的财物，而是正在使用中关系到交通运输安全的设施，这种行为就不仅侵犯了财产权利，而且还严重危害交通运输安全；同时行为人对其行为可能造成交通工具倾覆或者毁坏的危险大多采取放任态度，即表现为间接故意。因此，我们认为，这种行为既包含了盗窃，又对交通设施产生了破坏，实际认定时应当按照处罚较重的行为即破坏交通设施来处理。

除此以外，还要注意破坏交通设施与破坏交通工具的区别。破坏交通设施和破坏交通工具都是危害交通运输安全的行为，但两者的主要区别在于侵犯的对象不同。破坏交通设施行为侵犯的对象是正在使用中的轨道、桥梁、隧道、公路、机场、航道、灯塔、标志等保证交通工具正常行驶的交通设施，通过破坏这些交通设施来达到引起火车、汽车等交通工具发生倾覆、毁坏危险的目的；而破坏交通工具行为侵犯的对象则直接指向正在使用中的火车、汽车、电车、船只、航空器等交通工具本身，通过破坏交通工具本身，来引起交通工具发生倾覆、毁坏危险。

由于交通设备与交通工具之间的相互依存关系，破坏交通设施往往引起交通工具的倾覆、毁坏，而且这种危害结果的发生通常是行为人所追求的目前；同样，破坏交通工具也常引起交通设备被破坏。在这种情况下，是认定为破坏交通设施，还是破坏交通工具，要视行为的直接指向而定。如果行为指向交通设施，直接破坏交通设备，应认定为破坏交通设施。其所引起的交通工具的倾覆、毁坏，应视为破坏交通设施，造成严重后果，适用《刑法》第119条规定的破坏交通设施罪的结果加重条文。如果行为指向交通工具，直接破坏交通工具，应认定为破坏交通工具，其所引起的对交通设备的破坏，也应视为破坏交通工具造成严重后果的情况。

（二）接警和指挥调度

1. 重点问清交通设施的受损程度、影响范围等情况，果断进行先期处置，最大限度地减少破坏行为带来的危害和负面影响。先期处置的内容包括做好铁路、公路各大车站和各滞留旅客安置点的治安管理和安全保卫工作，预防和打击各类违法犯罪活动，切实维护社会稳定；采取有效措施，确保旅客生命安全，坚决防止在铁路、公路各大车站和各滞留旅客安置点发生人群拥挤和踩踏事故。在案发现场发生了重大人员伤亡等严重后果的，处警民警应及时向值班主任和局领导报告，并按领导指示上报。在警情重大、危急，来不及请示的情况下，可以先出警再汇报。

2. 对破坏行为正在进行的，应该：（1）指令就近警力赶赴现场制止破坏行为、抓捕犯罪嫌疑人、保护现场；（2）指令辖区刑警队立案侦查；（3）通知有关部门抢修被破坏的交通设施，调查损失情况；（4）指令交警设立警示标志、疏导交通，以免造成更为严重的后果；（5）犯罪嫌疑人明确的，指令周边县、市、区设卡堵截。

3. 对破坏铁路设施，影响列车运行的，应该：（1）通知铁路警方暂停列车运行，组织抢修破损设施；（2）指令刑警队立案侦查；（3）犯罪嫌疑人明确的，指令周边县、市、区设卡堵截。

4. 有人员伤亡的，通知120进行抢救。处警民警在专业医护人员尚未到达现场的情况下，可以利用现场环境可提供的人力及物力，对伤病人员采取临时的紧急救护措施，挽救伤病员的生命。

（三）现场处置

1. 制止违法，保护现场。对正在实施损毁行为的，应当立即予以制止，控制行为人，收缴作案工具。对损毁现场实施警戒，防止人员出入破坏证据需要对现场物体变动的，变动前应拍照固定。

2. 走访群众，寻找证人。应及时想方设法挽留现场周围的目击群众获取证言，对不便或不愿当场提供证言的，应登记姓名及联系方式。询问证人时，应重点询问违法犯罪嫌疑人是否在现场；违法犯罪嫌疑人的人数、性别、年龄、身高、穿着、衣服颜色、明显特征；违法犯罪嫌疑人逃离现场的时间方向和方式，车型、车牌号、车身颜色；违法犯罪嫌疑人的作案方式，等等。

3. 排险救援，及时报告。损毁现场存在伤人危险，应立即疏散人群，在进出口外围设立警示标志。要将现场情况及时报告 110 报警台或领导，通被损毁物主管部门到场，采取防护、加固、修复等措施，消除险情。

（四）注意事项

1. 现场发生重大人员伤亡的，应坚持"救人第一"的原则，以保障人民群众的生命财产安全为出发点和落脚点，最大限度地减少人员伤亡和财产损失。

2. 破坏交通设施类案件，属于危害公共安全的违法犯罪行为，这就从客观上要求处警民警出警必须迅速。这样做，一方面可以迅速对伤员展开救援；另一方面，处警民警在第一时间赶到现场，可以抓住案件刚刚发生，当事人记忆犹新的有利时机，尽量争取时间询问伤员，从他们的讲述中了解案件情况，获取证据。

四、破坏电力设备类警情的接处警

（一）破坏电力设备类案件及其特征

破坏电力设备类案件，是指当事人故意破坏正在使用中的电力设备，危害公共安全的案件。

根据《刑法》第 118、119 条以及其他相关法律法规的规定，破坏电力设备，危害公共安全的，无论该破坏行为是否造成严重后果，均按刑事案件处理。

这里说的"破坏"，其方法是多种多样的，不管是毁坏、拆卸，还是割断等，均为破坏电力设备类案件的作案手段。这里说的"电力设备"，根据有关司法解释，是指处于运行、应急等使用中的电力设备，包括已经通电使用，只是由于枯水季节或电力不足等原因暂停使用的电力设备以及已经交付使用但尚未通电的电力设备。还应指出，行为人破坏的必须是正在使用中的电力设备，如果没有使用，如正在制造、运输、安装、架设或尚在库存中电力设备，则不宜认定为破坏电力设备的行为。

总的说来，破坏电力设施类案件具有下列几个方面的特征：

1. 行为人主观上须出于故意，即明知其破坏电力设备的行为会发生危害社会公共安全的后果，并且希望或者放任这一结果的发生。至于行为的动机，不论是为泄愤报复还是为嫁祸他人或出于贪财图利及其他动机，都不影响本行为的认定。

2. 行为人实施破坏电力设备的行为，其目的是危害公共安全，即有可能引起不特定多数人伤亡或者使公私财产遭受重大损失或者使生产、生活秩序受到严重影响，否则，不宜认定为本行为。

3. 在刑事责任认定领域，破坏电力设备罪属于行为犯，即只要实施刑法分则规定的某种危害行为就构成犯罪的既遂。也就是说，行为人只要着手实行了破坏电力设备的行为，无论是否引起了人员伤亡、公私财产损失等危害后果，均按照《刑法》的相关规定追究行为人的刑事责任。

在实践中，破坏电力设备的行为人一般都基于贪图钱财的动机实施了破坏行为，具备盗窃的主观要件，因此发生两种罪名难以区分的现象。实际上，出于非法占有之目的，盗窃正在使用中的电力设备，危害公共安全的，应当以破坏电力设备论处。如果不危及公共安全，则应以盗窃论处。

此外，实际认定中还要注意区分某一破坏电力设备的行为是构成破坏电力设备，还是构成故意毁坏财物。这两者的区别主要是看被破坏的电力设备是否正在使用中、是否危及公共安全。如果破坏的是正在使用中的电力设备，如已验收完毕、交付使用的发电设备、供电设备、变电设备，足以危害公共安全的，则认定为破坏电力设备。反之，行为人破坏的电力设备不是正在使用中，而是库存的电力设备、废弃不用的电力设备、生产过程中的电力设备或修理过程中的电力设备，由于这些电力设备不是正在使用中，不具有危害公共安全的可能性，只是造成财产毁损，宜认定为故意毁坏财物。

（二）接警和指挥调度

1. 问清电力设施破坏程度、受影响的区域、范围及因断电造成的损失等情况，果断进行先期处置。造成严重后果的，及时向值班主任和局领导报告，并按领导指示上报。在警情重大危急，来不及请示的情况下，可以先出警再汇报。

2. 对破坏行为正在进行或犯罪嫌疑人明确的。（1）指令就近警力抓捕犯罪嫌疑人，抓捕到案的，应当立即讯问并通知立案地公安机关带回；（2）通知供电部门采取应急措施，组织抢修设备和专业抢修人员，确保受影响地区尽快恢复通电，同时安排人员调查损失情况；（3）指令刑警部门立案，按照刑事案件的侦查程序展开侦查工作。

3. 造成人员伤亡的，通知120进行抢救。处警民警在专业医护人员尚未到达现场的情况下，可以利用现场环境可提供的人力及物力，对伤者采取临时的紧急救护措施，挽救伤者的生命。

（三）现场处置

1. 制止违法，保护现场。对正在实施损毁行为的，应当立即予以制止控制行为人；收缴直接用于实施违法行为的本人所有的工具；对损毁现场实施警戒，目的是防止人员出入破坏证据。可以利用警戒带、结实的绳索、铁丝或其他物品，或在保护区外道路上摆放障碍物，设置警戒线。条件许可时还可在现场周围拉绳索或撒白石灰作为标记。警戒带的高度一般在人的腰部为宜，同时，在现场警戒线外设置岗哨看守，防止他人翻越障碍物出入现场。

如果现场范围较大、案情重大，或者现场上存在险情需要排除，而现场周围来往的车辆、行人又很频繁时，应根据实际情况，封锁通往现场的交通要道，禁止车辆行人通过。同时，派专人指挥现场交通，让车辆、行人绕道通行。需要对现场物品变动的，变动前应拍照固定。

2. 走访群众，寻找证人。应设法挽留现场周围的目击群众获取证言，对不便或不愿当场提供证言的，应登记姓名及联系方式。询问证人时，应重点询问违法犯罪嫌疑人是否在现场；违法犯罪嫌疑人的人数、性别、年龄、身高、穿着、衣服颜色、明显特征；违法犯罪嫌疑人逃离现场的时间、方向和方式，车型、车牌号、车身颜色；违法犯罪嫌疑人的作案方式等。

3. 排险救援，及时报告。损毁现场存在伤人危险的，应立即劝退或者撤离现场围观人员，在进出口外围设立警示标志，禁止无关人员闯入保护区。要将现场及时报告 110 报警服务台或领导；通知被损毁物主管部门到现场采取防护、加固、修复等措施，消除险情。

（四）注意事项

有触电危险的，指令处警民警设立警示标志，严格警戒，防止不明情况的无关人员围观或者进入导电区域，以免造成更为严重的后果。触电的紧急处置要点是：

1. 要迅速寻找和切断电源，防止再发生电击事故；

2. 查清电源的种类、电压；

3. 判明触电的性质，如果触电人未死亡或无法判断触电人是否死亡的，必须及时进行心肺挤压和人工呼吸，帮助触电人尽快恢复心跳和呼吸。

五、破坏通信、广电设施类警情的接处警

（一）破坏通信、广电设施类案件及其特征

破坏通信、广电设施，是指故意破坏或者过失损坏正在使用中的广播电视设施、公用电信设施，危害公共安全的行为。这是一类以广播电视设施、公用电信设施为特定破坏对象的危害公共安全的案件。

根据《刑法》第124条以及其他相关法律法规的规定，故意或者过失破坏广播电视设施、公用电信设施，危害公共安全的，构成犯罪，依法要追究行为人的刑事责任。

这里说的"破坏"，其方法是多种多样的，如拆卸或毁坏广播电视设施、公用电信设施重要机件，砸毁机器设备，偷割电线，截断电缆，挖走电线杆，故意违反操作规程使机器设备损坏，使广播、电视、电信通信无法进行等，均是本罪的作案手段。

这里说的"通信、广电设施"指的是正在使用中的广播、电视、公用电信等通信设施，包括广播电台发收电波用的设施如铁塔发射台、发射机房、电源室等；电视台的发射与接收电视图像的设备以及有线广播电视传播覆盖设施；邮电部门的收发电报的机器设备；公用电话的交换设施、通信线路，如架空线路、埋设线路、无线线路等；卫星通信的发射与接收电信号的设施；微波、监测、传真通信设施；国家重要部门如铁路、军队、航空中的电话交换台、无线电通信网络；在航空、航海交通工具以及交通设施中的无线电通信、导航设施，等等。如行为人破坏的是广播、电视、电信部门的非直接用于通信的设施，如行政办公设施、日常生活设施或者虽属广播、电视、电信设施，仅属于一般性的服务设施，如宾馆、单位内部的闭路电视网络，城市中的公用电话亭以及一般的民用家庭电话等，都不属于我们这里所说的"通信、广电设施"，对之进行破坏构成犯罪的，一般以故意毁坏财物论处。

根据《治安管理处罚法》以及相关法律法规的规定，损毁电力电信设施、广播电视设施的，构成治安案件，依法应给予10日以上15日以下的拘留。

总的来说，破坏通信、广电设施类案件具有以下几个方面的特征：

1. 行为人主观上既可以是故意也可以是过失。故意的内容表现为，行为人明知其破坏广播电视、电信设施的行为会危害通信的公共安全，并且希望或者放任这种危害结果的发生；过失的内容表现为行为人对其破坏广播电视

设施、公用电信设施的行为可能引起的严重后果应当预见，因为疏忽大意而未预见；或者虽然已经预见，而轻信能够避免，以致发生了严重后果。总之，如果行为人对其行为造成的严重后果既非出于故意，也不存在过失，则属于意外事件，不构成本类案件。

2. 行为人实施的破坏通信、广电设施的行为，应足以危害到公共安全，即具备对公共安全产生危害的客观可能性。这里的危害公共安全，一般是指通信设备因遭受破坏失去原有功能，以致造成公共广播、电视、通信不能正常进行，使不特定多数的单位和个人无法正常收听、收看广播、电视，或者进行其他通信联络活动，并且由此可能引起其他严重后果。如果行为人破坏通信设备并不影响正常通信的部件，或者仅将一户的电话机盗走，并不危害通信方面的公共安全，则不能认定为本类案件。

3. 从表现形式上看，破坏通信、广电设施类案件可分为故意和过失两种，而过失损坏通信、广电设施的行为又可分为尚未造成严重后果和已经造成严重后果两种情况。根据《刑法》的相关规定，过失行为只有造成严重后果的才负刑事责任。也就是说，构成过失损坏通信、广电设施的，过失行为必须造成严重后果，如果仅有过失行为，并未造成严重后果，或者后果不严重的，则无须追究行为人的刑事责任，只要按照《治安管理处罚法》的相关规定对行为人作出拘留处罚就可以了。因此，有无后果，后果是否严重，是衡量行为人破坏通信、广电设施的行为应承担何种法律责任的重要标志。

在实际认定中，还应该注意本类案件与破坏交通设施类案件的区分。由于现代化的交通工具如航海、航空交通工具以及交通设施中，往往会使用一些无线电通信、导航设施，如铁路部门为保障铁路交通运输安全，就具有自己的专用通信设施。因此，对交通工具、交通设施中的通信设施进行破坏，不仅会危及通信方面的公共安全，更主要的是还会危及交通运输方面的安全。

例如，破坏交通工具或交通设施中的通信设施，足以使火车、船只、航空器等发生倾覆或毁坏的危险，就同时构成了破坏交通工具、破坏交通设施等违法犯罪行为。对之，应当选择较重的行为即破坏交通工具或破坏交通设施进行处罚。倘若破坏交通工具、交通设施中的通信设施，不足以危及交通运输安全，但足以危害通信公共安全的，则应认定为破坏通信、广电设施类案件。

（二）接警和指挥调度

1. 问清被破坏通信、广电设施的受损程度及影响范围等情况，果断进行先期处置。造成较为严重后果和影响的，及时向值班主任和局领导报告，并按领导指示上报。在警情重大危急、来不及请示的情况下，可以先出警再汇报。

2. 对破坏行为正在进行或犯罪嫌疑人明确的，指令就近警力抓捕犯罪嫌疑人，并指令刑警部门立案侦查。同时，通知通信、广电部门抢修设施，调查损失情况和波及范围。

（三）现场处置

1. 制止违法，保护现场。对正在实施损毁行为的，应当立即予以制止，控制行为人，收缴作案工具。对损毁现场实施警戒，目的是防止人员出入破坏证据。可以利用警戒带、结实的绳索、铁丝或其他物品，或在保护区外道路上摆放障碍物，设置警戒线。条件许可时，还可以在现场周围拉绳索或撒白石灰作为标记，警戒带的高度一般在人的腰部为宜，同时，在现场警戒线外设置岗哨看守，防止他人翻越障碍物出入现场。如果现场范围较大、案情重大，或者现场上存在险情需要排除，而现场周围来往的车辆、行人又很频繁时，应根据实际情况，封锁通往现场的交通要道，禁止车辆、行人通过，同时，派专人指挥现场交通，让车辆、行人绕道通行。需要对现场物品变动的，变动前应拍照固定。

2. 走访群众，寻找证人。应设法挽留现场周围的目击群众获取证言，对不便或不愿当场提供证言的，应登记姓名及联系方式。询问证人时，应重点询问违法犯罪嫌疑人是否在现场，违法犯罪嫌疑人的人数、性别、年龄、身高、穿着、衣服颜色、明显特征，违法犯罪嫌疑人逃离现场的时间、方向和方式，车型、车牌号、车身颜色，违法犯罪嫌疑人的作案方式等。

3. 排险救援，及时报告。损毁现场存在伤人危险的，应立即劝退或者撤离围观群众，在进出口外围设立警示标志，防止无关人员出入。要将现场情况及时报告 110 报警台或领导，通知被损毁物主管部门到场，采取防护、加固、修复等措施，消除险情。

（四）注意事项

破坏通信、广电设施的行为可以分为物理性破坏和功能性破坏两类。物理性破坏指的是行为人故意对通信、广电硬件设施的毁坏，主要有拆卸、毁坏设备，剪、割缆线等行为。实践中，有的违法犯罪分子向传输线缆中插针以截取广播电视信号，有的通过"改造"线缆来插播非法节目，这些行为都使硬件设施遭到破坏，因此属于物理性破坏。功能性破坏主要是指删除、修改、增加通信、广电设备系统中的控制程序，非法占用频率等，使设备的正常功能无法发挥。这两种破坏行为都属于破坏通信、广电设施的行为，公安机关的刑警部门都应当追究行为人的刑事责任。

六、拐卖妇女儿童类警情的接处警

（一）拐卖妇女儿童类案件及其特征

拐卖妇女儿童类案件，是指以出卖或收养为目的，拐骗、绑架、收买、贩卖、接送、中转妇女、儿童的案件。这是一种世界性犯罪，改革开放三十多年以来在我国大陆地区也有愈演愈烈之势，尤其在贫困地区如云、贵、川等地和流动人口集中的发达地区，如东莞、深圳、厦门等地，此类犯罪长期猖獗。

根据《刑法》第240条以及其他相关法律、法规的规定，行为人以出卖为目的，对妇女、儿童实施拐骗、绑架、收买、贩卖、接送、中转、偷盗婴幼儿七种行为之一的，构成本罪，依法承担刑事责任。此外，为了严惩拐卖妇女、儿童的犯罪行为，保护妇女、儿童的人身权利，维护社会治安，

我国《刑法》区分"情节严重"和"情节特别严重"的不同情形，对两种情况之下的量刑作出了不同的规定。"情节严重"包括：（1）拐卖妇女、儿童的首要分子；（2）拐卖妇女、儿童3人以上的；（3）奸淫被拐卖的妇女的；（4）诱骗、强迫被拐卖的妇女卖淫或者将被拐卖的妇女卖给他人迫使其卖淫的；（5）以出卖为目的，使用暴力、胁迫或者麻醉方法绑架妇女、儿童的；（6）以出卖为目的，偷盗婴幼儿的；（7）造成被拐卖的妇女、儿童或者其亲属重伤、死亡或者其他严重后果的；（8）将妇女、儿童卖往境外的。"情节特别严重"，是指拐卖妇女、儿童，具有上述八种严重情形之一，并且造成特别严重的危害后果的情形。

这里所说的"拐骗"，是指以欺骗、利诱等非暴力手段将妇女、儿童拐走，以便出卖的行为；"绑架"，是指以暴力、胁迫或者麻醉方法劫持、控制妇女、儿童的行为；"收买"，是指以金钱或者其他财物买取、换取妇女、儿童的行为；"贩卖"，是指将妇女、儿童当作商品出售给他人以获取非法利益

的行为；"接送"，是指行为人在拐卖妇女、儿童过程中的接收、运送的行为；"中转"，是指为拐卖妇女、儿童的罪犯提供中途场所或机会的行为；"偷盗婴幼儿"，是指秘密窃取不满 6 周岁儿童的行为。

根据有关司法解释，这里说的"妇女"，是指已满 14 周岁的女性，既包括具有中国国籍的妇女，也包括具有外国国籍和无国籍的妇女，被拐卖的妇女没有身份证明的，不影响本类案件的认定；"儿童"，是指不满 14 周岁的男女儿童。

总的来说，拐卖妇女、儿童类警情具有以下几个方面的特征：

1. 行为人主观上具有出卖的目的。即只要行为人以出卖为目的实施了拐骗、绑架、收买、贩卖、接送、中转被拐妇女、儿童的行为之一，即应认定为本类案件，至于是否卖出，即犯罪目的是否实现以及是否违背被侵害人的意志，均不影响本行为的成立。实践中有的行为人一开始收买被拐卖的妇女、儿童并不是为了出卖，而是为了与被侵害人形成婚姻、家庭关系，只是因为收买后被侵害人反抗或者其他原因，行为人又将收买的妇女、儿童卖给他人，在这种情形下，也应认定为本类案件。实践中，还存在这样一种情况，行为人并非以营利为目的而是出于报复他人的动机实施了拐卖妇女、儿童的行为，这种情形之下也宜认定为本类案件，因为如果仅强调以营利为目的，就会漏掉不以营利为目的的拐卖妇女、儿童的行为。总之，拐卖妇女、儿童一般是以营利为目的，但也不能绝对排除不以营利为目的实施的拐卖妇女、儿童的行为。

2. 本行为的侵害对象仅限于妇女、儿童，而不包括已满 14 周岁的男性公民。之所以如此，是因为妇女、儿童属于社会弱势群体，因此有对其进行特殊保护的必要。即使如此，也并不意味着法律没有必要对已满 14 周岁的男性公民进行保护。实践中发生侵犯已满 14 周岁的男性公民合法权益的情况时，可以按照《刑法》规定的其他罪名来处罚。如超过 24 小时限制人身自由的，有可能构成非法拘禁罪；收买成年男童，强迫劳动的，可能构成强迫劳动罪等。

3. 本行为侵犯的是被害妇女、儿童的身体自由权和人格尊严权。身体自由权，是指以身体的动静举止不受非法干预为内容的人格权；人格尊严权，是指与民事主体的尊严密切相关的以精神性人格利益为内容的人格权。被害妇女、儿童被拐卖后，在行为人的控制之下，处于被欺骗、任其摆布的境地，失去决定自己去向的身体自由权，行为人将被害妇女、儿童当作商品出卖，损害其做人的尊严。

在实际认定中，一般情况下，拐卖妇女、儿童类案件与诈骗类案件很容易区分，但在实践中有这样的情形，如有的妇女与他人合谋，以介绍婚姻或者被"卖"的形式设置骗局，骗取买方财物后逃走，有的妇女甚至跟"收买"者生活相当长一段时间后才逃走。这种情形之下宜将行为人的行为认定为诈骗。那么，区分这两类案件时应把握哪些要点呢，我们认为有两点：一是行为的目的不同。诈骗的犯罪目的是骗取钱财；拐卖妇女的犯罪目的则是为了出售妇女后获得财物。二是客观表现不同。诈骗在客观上表现为妇女与他人合谋共犯，骗取他人钱财；拐卖妇女则是行为人对妇女采取欺骗、蒙蔽手段，将其卖给他人，因此是违背被拐妇女的意愿的。

（二）接警和指挥调度

1. 问清拐卖人数、方法、被拐卖人的基本情况、当前所在位置和犯罪嫌疑人的人数、体貌特征等情况，指令辖区刑警队立案侦查。案件性质恶劣的，及时向值班主任和局领导报告，并按领导指示上报。在警情重大危急、来不及请示的情况下，可以先出警后汇报。

2. 对被拐卖的妇女儿童仍被犯罪嫌疑人控制的，指令辖区刑警队组织警力解救受害人，抓捕犯罪嫌疑人。

3. 对团伙作案、拐卖妇女儿童多人、奸淫被拐卖妇女，性质恶劣、后果严重的，指令刑警大队组织侦破工作。

（三）现场处置

1. 迅速接触报警人或受害人，了解情况。要重点了解拐卖行为的来龙去脉，弄清基本情况，判明是否构成拐卖妇女儿童案件。

2. 对条件许可的，迅速抓捕犯罪嫌疑人，解救被拐卖妇女和儿童。

3. 做好案件移交工作，及时将案件移交刑警部门。移送案件时，应当将有关证据材料和物品一并移交。

（四）注意事项

1. 妥善安置受害人，并与其原籍警方和家人联系，使受害人尽快与家人团聚。针对被拐儿童的寻亲问题，可以利用网络平台建立全国范围内的失踪儿童与流浪儿童的开放数据库，并利用中国科学院计算技术研究所无偿提供的人脸识别技术迅速匹配孩子的照片，帮助家长和热心网友第一时间获取失散儿童信息，帮助丢失的孩子尽快和家人团圆。

2. 严惩买家，震慑买方市场。多年以来，买方市场的存在是拐卖妇女、儿童犯罪屡禁不绝的重要原因。因此，公安部门特别强调，无论被拐儿童是在人贩子手中，还是已被卖到买主家，今后一律解救送社会福利机构临时安置。

3. 对来历不明的疑似被拐卖儿童，一律采集生物检材，经刑事技术部门检测后，录入全国打拐 DNA 数据库比对。

4. 对接到拐卖儿童的报案、控告、举报和发现流浪、乞讨的儿童可能系被拐卖的，公安机关应当立即以刑事案件立案，迅速开展侦查工作。各县、市公安机关接到儿童失踪警情要立即启动查找工作，打破警种界限和常规做法，充分调动警务资源，快速查找失踪儿童。

七、组织、强迫、容留他人卖淫类警情的接处警

（一）组织、强迫、容留他人卖淫类案件及其特征

组织、强迫、容留他人卖淫类案件，是指行为人故意组织他人卖淫、强迫他人卖淫、容留他人卖淫的案件。打击卖淫活动，对保护他人特别是妇女的合法权益，遏制卖淫嫖娼等社会丑恶现象，净化社会风气，加强社会主义精神文明建设具有重要的作用。

根据《刑法》第358、359条以及其他相关法律、法规的规定，组织他人卖淫，主要是指通过纠集、控制一些卖淫妇女进行卖淫，或者以雇用、招募、容留等手段，组织、诱骗他人卖淫，从中谋利的行为；强迫他人卖淫，主要是指行为人采取暴力、威胁或者其他手段，违背他人意志，迫使他人卖淫的行为；容留他人卖淫，是指行为人故意为他人从事卖淫、嫖娼活动提供场所的行为。凡是符合上述规定的，均构成刑事犯罪，依法应承担刑事责任。

除此以外，《刑法》还对组织、强迫他人卖淫情节严重的行为作出了规定并设置了最低为10年有期徒刑的处罚，这些情形包括：（1）组织他人卖淫，情节严重的；（2）强迫不满14周岁的幼女卖淫的；（3）强迫多人卖淫或者多次强迫他人卖淫的；（4）强奸后迫使卖淫的；（5）造成被强迫卖淫的人重伤、死亡或者其他严重后果的。除了情节严重的情形，《刑法》还规定了情节特别严重的量刑幅度，但对于哪些行为属于情节特别严重，《刑法》没有具体列举，实践中一般把组织他人卖淫手段特别恶劣、对被组织卖淫者造成特别严重后果或者组织多人多次卖淫具有极大的社会危害性等认定为情节特别严重。

而容留他人卖淫情节严重的情形，《刑法》也没有列举，只是作出了可以对行为人处 5 年以上有期徒刑，并处罚金的量刑规定。

这里所说的"组织"，通常表现为以下两种形式：一是行为人设置卖淫场所，或者以发廊、旅店、饭店、按摩房、出租屋等为名设置变相卖淫场所，招募一些卖淫人员在此进行卖淫活动；二是行为人自己没有开设固定的场所，但利用本身从事服务行业等便利条件，组织、操纵其所控制的卖淫人员有组织地进行卖淫活动。例如，一些按摩院、发廊、酒店的老板，公然唆使服务人员同顾客到店外进行卖淫、嫖娼活动，从中收取钱财；或者以提供服务为名，向顾客提供各种名义的陪伴女郎，实际上是进行卖淫活动。无论以上哪种形式，行为人的行为均构成组织卖淫罪。

这里所说的"强迫"，既包括直接使用暴力手段或者以暴力相威胁，也包括使用其他非暴力的逼迫手段，如以揭发他人隐私或者以可能使他人某种利害关系遭受损失相威胁，或者通过使用某种手段和方法，使他人陷入绝境，在别无出路的情况下，违背自己的意志从事卖淫活动。无论行为人采取哪一种强迫手段，都构成强迫他人卖淫的行为。

这里所说的"容留"，既包括在自己所有、管理、使用、经营的固定或者临时租借的场所容留卖淫、嫖娼人员从事卖淫、嫖娼活动，也包括在流动场所，如运输工具中容留他人卖淫、嫖娼。

这里所说的"他人"，既包括妇女，也包括男性。

根据《治安管理处罚法》以及其他相关法律法规的规定，卖淫嫖娼的，构成治安违法行为，依法可处以 10 日以上 15 日以下的拘留，可以并处 5000元以下罚款；情节较轻的，处 5 日以下拘留或者 500 元以下罚款。容留他人卖淫的，构成治安违法行为，公安机关可以对其处以 10 日以上 15 日以下的拘留，可以并处 5000 元以下的罚款；情节较轻的，可以处 5 日以下拘留或者500 元以下罚款。

总的说来，组织、强迫、容留类案件具有以下几个方面的特征：

1. 行为人主观上表现为故意，即行为人明知自己是在实施组织、强迫、容留他人卖淫的行为，并且明知这种行为会造成危害社会的后果，而希望或者放任这种结果的发生。至于行为人组织、强迫、容留他人卖淫的目的，在实践中，多数是为了从中牟取暴利，也有的人不是为了谋利，而是出于别的目的，如有些饭店或宾馆等单位为了招揽生意，也有的是出于玩弄妇女以满足其精神空虚的心理要求和追求腐朽、糜烂生活方式的需求，凡此种种，不管行为人出于何种动机，均不影响本类案件的认定。

2. 本行为毒害了社会风化，破坏了安定有序的治安管理秩序。卖淫、嫖娼是旧社会遗留下来的丑恶现象，我国法律一贯予以禁止。组织、强迫、容留他人卖淫的行为比一般的犯罪行为具有更为严重的社会危害性，它直接促使卖淫、嫖娼活动的蔓延，严重损害或威胁人们的身心健康，败坏社会风气，严重破坏社会主义精神文明建设，危害社会治安管理秩序。

3. 本行为的主体是自然人，单位不能成为本类案件的主体。即凡年满16周岁并具有刑事责任能力的自然人，均可成为组织、强迫、容留卖淫罪的主体。实践中如果旅馆业、饮食服务业、文化娱乐业等单位的人员或者负责人，利用本单位的条件，组织、强迫、容留他人卖淫的，也应按自然人犯罪处理，即追究组织者的刑事责任。此外，组织、强迫、容留他人卖淫的主体可以是男性，也可以是女性；可以是一人，也可以是多人。

在刑事认定领域，尽管组织卖淫、强迫卖淫、容留卖淫是各自独立的罪名，看似泾渭分明，但是实务中也会发生难以区分的情况，我们认为，必须找到区分三者的关键点，才不至于将三者混淆。

（1）组织卖淫与强迫卖淫的区别：

第一，行为的社会危害性不同。组织卖淫侵犯的是社会道德风尚及社会治安管理秩序；而强迫卖淫除了侵犯社会道德风尚及社会治安管理秩序外，还包括他人的人身权利。

第二，实施行为的内容不同。组织卖淫的行为，是指以招募、雇用、引诱、容留的手段，控制多人从事卖淫活动，不违背受害人的意志；而强迫卖淫的行为人采用暴力、胁迫等强制手段，违背卖淫者的意志。

第三，故意的内容不同。组织卖淫的行为人主观上具有组织多人卖淫的故意；而强迫卖淫行为人主观上具有强迫他人卖淫的故意。

（2）组织卖淫与容留卖淫的区别：

区分二者的关键是看其是否具有组织性。组织卖淫，是指行为人以招募、雇用、强迫、引诱、容留等手段，将分散的卖淫人员纠集、控制起来，管理、安排她们进行卖淫活动。一般情况下，这些卖淫妇女本身带有一种自愿性，而组织者都要有组织行为，组织性具体体现在以下三方面：

第一，是否建立卖淫组织。无论是否具有固定的卖淫场所，组织卖淫必然要建立相应的卖淫组织。卖淫组织的建立一般首先是组织者采取各种手段纠集卖淫人员，在纠集卖淫人员的过程中，组织者是处于发起人、负责人的地位，目的是掌握一定的卖淫人员，以实现组织卖淫，从中谋利。

第二，是否对卖淫者进行管理。组织者通过制定、确立相关的人、财、物管理方法，与卖淫人员之间形成组织和被组织、管理和被管理的关系。

第三，是否组织、安排卖淫活动。主要是指组织者有无参与组织、安排具体的卖淫活动，具体方式有推荐、介绍卖淫活动，招揽嫖客、安排相关服务、提供物质便利条件等。

而容留卖淫是仅为卖淫人员提供进行卖淫活动处所的行为，行为本身并没有形成卖淫组织，行为人也没有组织、管理卖淫活动。这是两者的最大区分点之所在。实践中如果组织卖淫的行为人有引诱、容留卖淫行为的，均应作为组织卖淫的手段之一，可作为量刑情节考虑，不实行数罪并罚。

（3）强迫卖淫与容留卖淫的区别：

二者最重要的区别在于故意的内容和目的不同。一般说来，强迫卖淫是基于强迫他人卖淫的故意目的是从中牟取暴利。而容留卖淫则是基于为他人的卖淫活动提供场所的故意，目的是从中获得租借处所的佣金、酬金等。

（二）接警和指挥调度

1. 问清地点、组织者基本情况、参与卖淫的人数、是否出于自愿等情况，果断指令进行先期处置。案件性质恶劣的，及时向值班主任和局领导报告，并按领导指示上报。

2. 对组织、容留妇女卖淫的，指令辖区派出所立案侦查。涉及人员较多的，指令治安部门组织侦破工作。

3. 对强迫妇女卖淫的，指令治安部门组织警力解救受害妇女、组织侦破工作。

（三）现场处置

1. 迅速赶到现场，采取适当方式方法，了解基本情况。

2. 及时抓捕涉案违法犯罪嫌疑人，解救受害妇女。

八、黑恶势力团伙作案类警情的接处警

（一）黑恶势力团伙作案类案件及其特征

黑恶势力团伙作案类案件，包括黑势力团伙作案、恶势力团伙作案两类，

其中黑势力团伙作案，是指行为人组织、领导或者参加以暴力、威胁或者其他手段，有组织地进行违法犯罪活动的某种黑社会性质的组织，并且称霸一方，为非作歹，欺压、残害群众，严重破坏经济和社会生活秩序的案件。这是一类特殊的、危害严重的集团犯罪案件。而恶势力团伙作案则是指以暴力、威胁、滋扰等手段，在一定区域或行业内为所欲为，欺压群众，打架斗殴，强买强卖，多次实施违法犯罪活动，严重扰乱经济、社会生活秩序，造成恶劣社会影响的案件。

根据《刑法》第294条以及其他相关法律、法规的规定，组织、领导、参加黑社会性质组织的，构成刑事案件，依法承担相应的刑事责任。

对于参加黑社会性质组织，没有实施其他违法犯罪活动的，或者受蒙骗、胁迫参加黑社会性质的组织，情节轻微，如参加黑社会性质组织后虽有不良行为或者一般性的违法活动但危害不大的，可以不作为犯罪处理。此外，《刑法》还界定了黑社会性质组织的特征，包括：（1）形成较稳定的犯罪组织，人数较多，有明确的组织者、领导者，骨干成员基本固定；（2）有组织地通过违法犯罪活动或者其他手段获取经济利益，具有一定的经济实力，以支持该组织的活动；（3）以暴力、威胁或者其他手段，有组织地多次进行违法犯罪活动，为非作歹，欺压、残害百姓；（4）通过实施违法犯罪活动，或者利用国家工作人员的包庇或者纵容，称霸一方，在一定区域或者行业内，形成非法控制或者重大影响，严重破坏经济、社会生活秩序。而对于恶势力团伙作案，由于恶势力目前为止还不是一个法律概念，因此当前还不能从法律上界定其基本特征，根据法学家的解释，黑恶势力应当同时具备以下四个特征：（1）具有一定的组织形式，人数较多（一般为3人或3人以上），有相对明确的组织者或首要分子，骨干成员基本固定；（2）在一定区域或行业内，多次（一般为5起或5起以上）以暴力、威胁、滋扰等手段，有组织地实施敲诈勒索、强迫交易、聚众斗殴、寻衅滋事、故意伤害、组织容留妇女卖淫等违法犯罪活动，具有一定的公开性和暴力性；（3）严重扰乱一定区域或行业的经济、社会生活秩序，造成恶劣的社会影响；（4）一般无合法经济来源，经济实力较弱，没有大的经济实体，保护伞和关系网不明确，或层次较低。

组织、领导、参加黑社会性质组织，是黑势力团伙作案类案件的突出表现形式，这是一种特殊的、危害严重的集团犯罪。需要明确的是，这里说的"组织"，是指行为人倡导、发起、策划、安排、建立黑社会性质组织；"领导"黑社会性质组织，是指在黑社会性质组织中处于领导地位，对该组织的活动进行策划、决策、指挥、协调；"参加"黑社会性质组织，是指加入黑社会性质组织，成为其成员，并参加其活动，分为积极参加和一般参加两种类型。其中，积极参加者不仅对于加入黑社会性质组织的态度是积极主动的，而且在参加黑社会性质组织的违法犯罪活动时，其态度也是积极主动的，因此积极参加者亦属于黑社会性质组织的重要成员。一般参加者则是黑社会性质组织中的一般成员，行为人不仅在加入黑社会性质组织时的态度不是积极主动的，而且在参加黑社会性质组织的犯罪活动时，也只是起次要或者辅助作用的从犯。

总的来说，黑恶势力团伙作案类案件具有以下几个方面的特征：

1. 行为人主观上必须有明确的故意，即明知是黑社会性质的组织或者是恶势力团伙而积极参加；明知是黑社会性质的组织或恶势力的团伙而组织、领导。如果不了解情况参加了黑社会性质的组织或者恶势力性质的团伙，事后退出的，则不认定为本类案件。当然，如果参加时不明知，加入后明知后仍不退出，则应按《刑法》以及相关法律法规的规定追究当事人的法律责任。

2. 本行为侵犯的是社会、经济、生活的管理秩序。黑社会性质的组织，其产生和存在对社会秩序和公众安全构成极大威胁。黑社会性质的组织犯罪的形式多种多样，如贩卖毒品、走私武器、暴力杀人、组织卖淫、腐蚀官员等，使城乡失去安全，引起社会情况恶化、社会秩序混乱。而恶势力团伙则以暴力、威胁、滋扰等手段，在一定区域内或行业内多次实施违法犯罪活动，严重扰乱经济、社会生活秩序，造成恶劣的社会影响。

3. 在刑事认定领域，本行为属于行为犯，即只要组织、领导了黑社会性质或者恶势力性质的组织或者参加了该组织，并不要求再实施其他犯罪行为和造成犯罪结果，原则上就构成了犯罪，应当立案追究。

实践中，认定某一组织属于黑社会性质的组织还是恶势力的团伙，有时会成为实务中的难题。我们认为，黑社会性质的组织与恶势力团伙的区分点在于是否具有严密的组织结构，一般来说，整体处于无序状态，成员属临时纠合，犯罪目的也较单一，犯罪活动比较盲目，缺乏自觉性的应认定为恶势力团伙。具体表现为：（1）在组织结构上，恶势力团体相对松散，只是在实施犯罪活动时才纠集在一起，成员之间一般没有明确的分工，或者只是在具体行动时才有分工，组织者、领导者常常直接参与或者指挥作案；（2）在犯罪目的及经济实力方面，恶势力的违法犯罪目的具有多样性，不一定以追求非法经济利益为目的，缺乏组织长期存续的经济实力，没有形成大规模的经济实体；（3）在渗透能力方面，恶势力的保护伞和关系网不明确或层次较低，有的还没有形成保护伞和关系网，对抗社会的实力稍弱；（4）在危害程度上，恶势力实施的违法犯罪行为以扰乱社会秩序的违法犯罪为主，影响市场秩序和社会治安，势力范围相对较小。

（二）接警和指挥调度

1. 问清发生的事件、地点、人数、所持器械及人员伤亡和财产损失等情况，果断进行先期处置。若有人员伤亡，通知 120 进行急救，在专业救护人员到来之前，处警民警应根据现场的条件，对伤亡人员进行积极抢救，并详细了解人身伤亡和物质损失的原因、经过等情况，逐人登记。性质恶劣、影响较大的，及时向值班主任和局领导报告，并按领导指示上报。

2. 对黑恶势力聚众进行打、砸、抢的，指令就近警力和防暴队携带足够的防暴装备赶赴现场制止违法犯罪行为、抓捕犯罪嫌疑人，并指令刑警部门立案侦查。

3. 对黑恶势力聚众干扰党政机关、企事业单位正常工作、生产秩序的，指令就近警力控制局势，可以利用传播媒介和现代化的宣传设备，做好正面宣传教育工作，宣传党和国家的政策、法律，正面引导不明事理的围观群众，避免群众因思想混乱而被误导。同时，指令治安部门立案侦查。

（三）现场处置

1. 控制局面，了解情况。到达现场后，通过观察现场事态，判明事件性质，立即向 110 报警服务台报告。现场警力不足以控制局势的，迅速要求增援。

2. 迅速制止犯罪。要采取果断措施和一切必要手段，立即制止违法犯罪行为、抓捕违法犯罪嫌疑人，对已逃跑的违法犯罪嫌疑人，组织追缉，同时将犯罪嫌疑人的体貌特征、逃跑方向、逃跑方式报告 110 报警服务台，建议调集警力围追堵截，实施抓捕。

3. 及时抢救受伤人员。如被害人受伤或有生命危险，应立即通知 120 急救。情况紧急的，在对伤者进行常规性的现场救护的同时，立即送医院抢救。

4. 实施现场保护和开展调查访问。对案发现场应划出一定的警戒范围或设置警戒带，不许无关人员进入，等待技术人员勘验。对现场目击证人，来不及做笔录的，要登记姓名和联系方式。同时，开展现场访问，了解黑恶势力的基本情况和作案过程等。

5. 做好案件移交工作。移送案件时还应当将有关证据材料和物品一并移交。

（四）注意事项

当前黑恶势力团伙作案依旧处于活跃期、多发期，相关犯罪也在不断变换花样，给打黑除恶提出了新的挑战。与以往相比，现阶段的黑恶势力更注重"形象"，向公司化、企业化等方式转变，组织头目幕后化，用经营活动掩盖非法手段，用公司利润掩盖非法获利。诸多黑恶势力经营的企业、公司已经产生了跨省经济链条，给公安机关的打击处理增加了不少难度。同时，凭借更为雄厚的经济基础，黑恶势力的气焰更加嚣张，昔日他们努力编织"保护伞"，如今他们更是直接规制拥有权力的官位，由此，个别地方的基层政权组织遭到威胁甚至破坏。

针对黑恶势力团伙作案的新形势，公安机关应创新方式，做好相关应对工作：

1. 组建专业力量。近年来，我国已建成一支初具规模的打黑除恶专业力量。在中央层面，2009年12月成立了三个有组织犯罪侦查队，俗称"打黑队"，建立起一支打黑专家队伍，由全国"打黑办"统一调用，帮助各地解决案件侦办中的疑难问题；在地方层面，中央编办核准了2075名专项编制，在省级、省会市和计划单列市建立了一支打黑除恶专业队伍，他们已经成为打黑除恶的"尖刀"和"拳头"。

2. 借助群众力量打黑除恶。全国"打黑办"和各省市的打黑除恶专业队伍，对群众实名或有联系方式的举报信，做到"件件有着落、事事有回应"。对还有罪行没有追究的涉黑组织，报经上级部门批准后，确有需要重新启动侦查程序的，重启侦查程序，对案件进行侦破。

3. 运用"下打一级、异地用警"的超常措施。这是全国各地打黑除恶的常用手法。"下打一级"彰显打黑除恶的力度，与"异地用警"紧密结合；防止因黑恶势力与当地有关部门勾结可能对案件侦破带来的负面影响。

九、涉及计算机网络类警情的接处警

（一）涉及计算机网络类案件及其特征

涉及计算机网络类案件，即俗称的计算机违法犯罪案件。这类案件形式较多，既包括针对计算机信息系统实施的违法犯罪案件，如非法侵入计算机信息系统、非法获取计算机信息系统数据、非法控制计算机信息系统数据、破坏计算机信息系统；也包括利用计算机实施的违法犯罪案件，如金融诈骗、盗窃、贪污、挪用公款、窃取国家秘密。

根据《刑法》第285、286、287条以及其他相关法律法规的规定，违反国家规定，侵入国家事务、国防建设、尖端科学技术领域的计算机信息系统的；违反国家规定，侵入国家事务、国防建设、尖端科学技术领域以外的计算机信息系统或者采取其他技术手段，获取该计算机信息系统中存储、处理或者传输的数据，或者对该计算机信息系统实施非法控制，情节严重的；提供专门用于侵入、非法控制计算机信息系统的程序、工具或者明知他人实施侵入、非法控制计算机信息系统的违法犯罪行为而为其提供程序、工具，情节严重的；违反国家规定，对计算机信息系统功能进行删除、修改、增加、干扰、造成计算机信息系统不能正常运转，后果严重的；违反国家规定，对计算机信息系统中存储、处理或者传输的数据和应用程序进行删除、修改、增加等操作，后果严重的；故意制作、传播计算机病毒等破坏性程序，影响计算机系统正常运行，后果严重的；利用计算机实施金融诈骗、盗窃、贪污、挪用公款、窃取国家秘密或者其他犯罪的：凡此种种，均构成刑事案件，行为人须承担相应的刑事责任。同时，相关的司法解释对行为人破坏计算机信息系统功能、数据或者应用程序"后果严重"的行为也作了相应的界定，包括：（1）造成10台以上计算机信息系统的主要软件或者硬件不能正常运行的；（2）对20台以上计算机信息系统中存储、处理或者传输的数据进行删除、修改、增加操作的；（3）违法所得5000元以上或者造成经济损失1万元以上的；（4）创造成为100台以上计算机信息系统提供域名解析、身份认证、计费等基础服务或者为1万以上用户提供服务的计算机信息系统不能正常运行累计1小时以上的；（5）造成其他严重后果的。

这里说的"违反国家规定"，是指违反《计算机信息系统安全保护条例》的规定，该条例第4条规定："计算机信息系统的安全保护工作，重点保护国家事务、经济建设、国防建设、尖端科学技术等重要领域的计算机信息系统的安全。"

这里说的"侵入"，是指未取得国家有关主管部门依法授权或批准，通过计算机终端侵入国家重要计算机信息系统或者进行数据截收的行为。在实践中，行为人往往利用自己所掌握的计算机知识、技术，通过非法手段获取口令或者许可证明后冒充合法使用者进入国家重要计算机信息系统，有的甚至将自己的计算机与国家重要的计算机信息系统联网。

这里说的"计算机信息系统"，是指由计算机及其相关的和配套的网络设备、设施构成的，按照一定的应用目标和规则，对信息进行采集、加工、存储、传输、检索等处理的人机系统。其功能多种多样，如进行文件编辑、采集、加工、存储、打印、传输、检索或者绘图、显像、游戏等，可用于不同行业、不同目标。同行业、不同目标的计算机系统其具体功能又会有所差别，如航空铁路售票，气象形势分析、预测，图书、报刊管理，企业经营管理等。无论用于何种行业或者用于何种目标，只要行为人非法侵入，获取相应数据或对其功能进行破坏即可构成本类案件。

这里说的"破坏性程序"，是指隐藏于计算机信息系统中的数据文件、执行程序里的能够在计算机内部运行，对其功能进行干扰、影响的一种程序。计算机病毒，作为一种破坏性程序的典型，是指编制或者在计算机程序中插入的破坏计算机功能或者毁坏数据，影响计算机使用，并能自我复制的一组计算机指令或者程序代码。

这里说的"利用计算机实施犯罪"，是指将计算机作为违法犯罪的工具，实施金融诈骗、盗窃、贪污、挪用公款、窃取国家秘密等违法犯罪行为，使传统的作案方式带上了信息时代的特点，同时也给侦破机关带来了新的挑战。

此外，根据《治安管理处罚法》第29条以及其他相关法律法规的规定，违反国家规定，侵入计算机信息系统，造成危害的，对计算机信息系统功能进行删除、修改、增加、干扰，造成计算机信息系统不能正常运行的；对计算机信息系统中存储、处理、传输的数据和应用程序进行删除、修改、增加的；故意制作、传播计算机病毒等破坏性程序，影响计算机信息系统正常运行的，构成治安违法行为，依法应追究行为人的违法责任。

总的来说，涉及计算机网络类案件具有以下几个方面的特征：

1. 行为人主观上必须是出于故意，过失不构成本类案件。即行为人明知自己的行为违反国家规定会产生非法侵入国家重要计算机信息系统或者破坏计算机信息系统的危害结果，而希望这种结果发生。过失侵入国家重要的计算机信息系统的，或者因操作疏忽大意或者技术不熟练甚至失误而致使计算机信息系统功能，或计算机信息系统中存储、处理或者传输的数据、应用程序遭受破坏的，均不构成本行为。行为人实施本类案件的动机和目的是多种多样的，有的是出于好奇，有的是为了泄愤报复，有的是为了炫耀自己的才能等。这些对本行为的认定均无影响。

2. 本行为侵犯的是计算机信息系统的安全和公私财物的财产权。国家的重要部门都普遍建立了本部门、本系统的计算机信息系统，这些计算机信息系统的正常运行，对于保障国家安全、经济发展和保护人民生命财产安全等起着十分重要的作用。但是，这些重要的计算机信息系统一旦被非法入侵，就可能导致其中的重要数据遭受破坏或者某些重要、敏感的信息被泄露，不但系统内可能产生灾难性的连锁反应，还会造成严重的政治、经济损失，甚至还可能危及人民的生命财产安全。对这种非法入侵国家重要计算机信息系统的行为必须予以严厉打击。而利用计算机实施金融诈骗、盗窃、贪污、挪用公款的，更是对公私财物的严重侵犯，也是必须予以严厉打击和惩治的。

3. 在刑事认定领域，由于本类案件的形式多样，因此认定标准也不一样。具体来说，非法入侵计算机信息系统罪属于行为犯，只要行为人违反国家规定，故意实施了入侵国家事务、国防建设、尖端科学技术领域计算机信息系统的行为，原则上就构成了犯罪，应当立案追究。非法获取计算机信息系统数据、非法控制计算机信息系统罪属于结果犯，行为人必须已经侵入到了除国家事务、国防建设、尖端科学技术领域以外的计算机信息系统，并且获取了该计算机信息系统中存储、处理或者传输的数据，或者对该计算机信息系统实施了非法控制，情节达到严重程度的，应当立案追究。同样的，破坏计算机信息系统罪的几种行为方式，也属于结果犯，需要达到后果严重的程度，才应当立案追究行为人的刑事责任；而利用计算机实施金融诈骗、盗窃、贪污、挪用公款、窃取国家秘密或者其他犯罪的，则属于行为犯，只要行为人利用计算机实施了上述行为，无论危害结果是否出现，也无论涉案数额多少，都应该立案追究行为人的刑事责任。

（二）接警和指挥调度

涉及计算机网络的警情包括利用互联网诈骗、利用互联网盗窃、利用互联网传播有害信息以及利用或针对计算机网络的其他警情。详细询问报警人情况和基本案情后，指令网警部门侦查，如情况紧急，需要安排民警立即出警至现场的，可视情况安排就近警力出警。

（三）现场处置

1. 询问事主，了解情况。认真接待报警人，将事主反映的被侵害经过等情况进行笔录取证。

2. 保护现场，固定证据。一是禁止违法犯罪嫌疑人接触计算机和网络等设备，禁止任何非工作人员接触计算机、电源、网络设备和其他数字设备；二是防止无意破坏证据；三是防止正在运行的系统破坏证据；四是防止嫌疑人采用隐蔽手段故意破坏证据；五是需要扣押计算机设备时，应先对显示器上正在显示的信息，采取拍照、摄像、打印等方式固定，再直接切断电源，封存带回，不得执行正常关机程序的操作。

3. 及时报告，移送侦查。对于网上电子证据的收集等工作，应请求网警部门监控和取证。对可能涉及地下违法犯罪网络，应及时报告 110 报警服务台或领导。办案部门直接介入的，结束先期处警、移送侦查。

（四）注意事项

对计算机违法犯罪案件的侦查，除了参照刑事案件的侦查方法外，还应根据案件的自身特点，找出更快捷、更有效的侦查方法，以有力地打击计算机犯罪。

在侦查过程中，侦查人员必须严格遵守计算机设备的操作规程，了解所有操作的副作用，并把采取的各种步骤及遇到的情况记录成文，以便对操作结果作出合理解释。一般情况下，不要使用被调查的计算机信息系统的任何硬件或软件工具。使用自己的工具时，要使用正版软件，防止进一步发生侵害和损失。在不具备访问涉案计算机信息系统技能的情况下，应聘请可靠的专家协助，以防止操作中的任何疏忽或错误造成的数据丢失。除搜查硬盘和软盘外，不可忽视对外部设备的检查，如系统的许多外围设备包括缓冲器和媒介、网络中的多路调制器、中继器以及一些接口设备中的存储器等，这些设备都可能存有计算机犯罪证据。

十、非法传销类警情的接处警

（一）非法传销类案件及其特征

非法传销类案件的表现形式包括下列三种：一是组织者或经营者通过发展人员，要求被发展人员发展其他人员加入，对发展的人员以直接或者间接滚动发展人员的数量为依据，计算和给付报酬，包括物质利益和其他利益；

二是组织者或经营者通过发展人员，要求被发展人员缴纳费用，或者以购买商品等方式变相缴纳费用，取得加入或者发展其他人员加入的资格，牟取非法利益；三是组织者或经营者通过发展人员，要求被发展人员发展其他人员加入，形成上下经营关系，并以下线的销售业绩为依据，计算和给付上线报酬，牟取非法利益。打击非法传销活动，可以抑制灰色地带企业的发展，规范行业正常发展，体现了我国对入世承诺的履行和遵循。

根据我国《刑法》第224条以及其他相关法律法规的规定，组织、领导以传销商品、提供服务等经营活动为名，要求参加者以缴纳费用或者购买商品、服务等方式获得加入资格，并按照一定顺序组成层级，直接或者间接以发展人员的数量作为计酬或者返利依据，引诱、胁迫参加者继续发展他人参加，骗取财物，扰乱经济社会秩序的传销活动，构成刑事案件，依法要承担相应的刑事责任。

总的来说，非法传销类案件具有下列几个方面的特征：

1. 以推销商品、提供服务等经营活动为名，要求参加者以缴纳费用或者购买商品、服务等方式获得加入资格。

2. 按照一定顺序组成层级。

3. 直接或者间接以发展人员的数量作为计酬或者返利的依据，引诱、胁迫参加者继续发展他人参加。

4. 最终目的是骗取财物。传销使绝大多数参加者血本无归，一些人员流落异地，生活悲惨，甚至跳楼，还有一部分人员参与偷盗、抢劫、械斗、强奸、卖淫、聚众闹事等违法行为，给人们的生命财产安全和社会稳定造成严重侵害。

5. 扰乱社会经济秩序。传销和变相传销违法活动往往伴随着偷税漏税、制假售假、走私贩私、非法集资、非法买卖外汇等大量违法行为，不仅违反国家禁止传销和变相传销的规定，还违反了税收、消费者保护、市场秩序管理、金融、外汇管理等多个法律规定，对社会经济秩序造成了严重的破坏。

在实际认定过程中，要注重区分传销和直销的区别，避免打击不力或者打击面过宽。那么，什么是直销呢？世界直销协会是这样阐述的：直销，是指在固定零售店铺以外的地方（如个人住所、工作地点或其他场所），独立的营销人员以面对面的方式，通过讲解和示范方式将产品和服务直接介绍给消费者，进行消费品的行销。合法直销是将优质的产品直接输送给消费者，同时也有完善的售后服务保障和退货机制，可以避免消费者和推销人员的经济损失。真正的直销，堪称营销领域的一颗璀璨明珠，不仅成功造就了像安利、玫琳凯、雅芳等大型跨国公司，而且其卓越的营销理念和在这种理念之下的丰富的管理哲学，已经连同这些先驱公司的成功案例，一起入选哈佛大学MBA（工商管理硕士）必修教材。总的说来，两者的区别如下：（1）推销的商品不同。传销的产品大多是一些没有什么品牌、质次价高的商品。而直销的商品大都为一些著名的品牌，在国内外有一定的认知度。（2）推销员加入的方式不同。传销是要求推销员加入时上线要收取下线的商品押金，一般以购物或资金形式收取"入门费"。（3）营销管理不同。传销的营销管理很混乱，上线推销员是通过欺骗下线推销员来获取自己的利益。采用"复式计酬"方式，即销售报酬并非仅仅来自商品利润本身，而是按发展传销人员的"人头"计算提成。直销的管理比较严格，推销员是不直接跟商品和钱接触的。自己的业绩由公司来考核，由公司进行分配。（4）根本目的不同。传销的根本目的是无限制地发展下线，千方百计通过扩大下线来赚钱。而直销最终面对的终端用户是客户，是进行商品交易。

（二）接警和指挥调度

根据 2005 年 11 月 1 日起实施的《禁止传销条例》的有关规定，工商管理机关负责查处传销行为，对在传销中非法聚集并限制人身自由及有其他违反治安管理和犯罪嫌疑的，由公安机关会同工商管理机关查处。应首先与报警人联系，初步了解传销的大致情况，包括传销人员的人数、负责人、来自地区、非法聚集地点、有无限制人身自由和其他违法治安管理行为、有无犯罪嫌疑等。

（三）现场处置

了解基本情况后，应当将涉嫌传销活动的情况通报当地工商管理部门，按《禁止传销条例》规定的分工依法查处。对单纯从事传销活动，没有其他违法犯罪嫌疑的，协助工商管理部门登记、核实人员身份，交由工商管理部门处理。对其他涉嫌违反治安管理或涉嫌犯罪的，按公安内部管辖分工，移送治安或经侦等部门处理。

（四）注意事项

由于政府职能部门加大了对地面传销的打击力度，不少不法分子开始将阵地转移到了网络，形成网络非法传销，网络非法传销隐蔽性更强，欺骗性也更大，因此给工商和网警部门的查处工作造成了很大的困难。

根据 2005 年 11 月 1 日起实施的《禁止传销条例》规定，工商管理机关负责查处传销行为，但对于网络传销，由于网上资源浩繁如海，工商部门要在数以亿计的信息中发现非法传销的蛛丝马迹谈何容易。更何况，传销附多以注册用户输入密码的方式才能登录，一般用户无法浏览其内容，而且同站管理不在工商监管范围内，因此工商部门无法依职权主动对可疑网站进行监管，只能在现实世界中发现传销痕迹或举报的情况下才能出击，获得案信息渠道少，导致工商查处网络传销极为被动。

为有效打击网络传销、维护网络的安全和秩序，网警部门应当加强对网站的管理，注重识别经营型网站的真伪，使广大网民少上当、少走弯路。

1. 检查该网站首页有没有红盾工商局标志或 ICP 经营标志。有红盾标表明这家经营型网站已在工商局进行了备案，否则意味着这家网站没有获经营资格，应予以查封。

2. 检查该网站的注册信息。具体方法是将该网站的域名在域名注册网站上进行比对查阅，如果注册消息显示的是个人，那么其可靠性就值得怀疑，因为国内的经营法规定作为自然人的个人是没有经营资格的，要从事经营活动，必须办理工商营业执照，哪怕是个体经营执照。

3. 检查该网站的运作模式是否合理。检查中如果发现该网站具有多层次下线体制，需要收下线的会员费、资料费、网站费等费用，而且个人可以获得的主要收入来自下线会员交纳的费用，这种模式运作之下的网络经营就可以认定为非法传销。

十一、暴力阻碍依法执行职务类警情的接处警

（一）暴力阻碍依法执行职务案件及其特征

暴力阻碍依法执行职务类案件，是指用暴力手段对正在执行警务的人民警察进行突然的人身攻击，如殴打、捆绑、拘禁等，侵犯民警的人身权益、侵犯民警的生命权的案件。根据《刑法》第 277 条第 1 款、第 4 款，《人民警察法》第 35 条，《治安管理处罚法》第 50 条，以暴力、威胁方法拒绝或者阻碍人民警察依法执行职务，应给予治安管理处罚；情节严重的，构成妨害公务罪。

暴力阻碍依法执行职务类案件的特征主要表现在以下几个方面：

1. 暴力阻碍依法执行职务的对象多为基层一线单位民警特别是派出所民警，多发生在民警接处警、处置群体性事件、抓捕违法犯罪嫌疑人的过程中，

其中发生在接处警过程中的占多数。从阻碍的手段看，暴力化倾向突出，有的抱着"法不责众、罚不责众"的心态倚仗人多势众围攻民警，有的持械恐吓、攻击民警，有的在派出所内推搡打骂民警等。

2. 暴力阻碍依法执行职务的当事人以无固定职业人员居多。立案查处的暴力阻碍依法执行职务类案件中，男性占大多数，下岗工人和没有固定工作的人居多。这说明，敢于暴力阻碍依法执行职务的当事人已经由劣迹斑斑的"混混"、地痞、犯罪嫌疑人向其他人群和一般违法者扩散。这也说明，警察职业以及这一群体代表国家行使的执法权受到了更大程度的轻视和挑战。

3. 肇事者酒后闹事的占一定比例。暴力阻碍依法执行职务的当事人多是多人一起喝酒后，借酒壮胆或借酒发泄。

4. 暴力阻碍依法执行职务的严重程度呈攀升趋势。有关资料表明，暴力抗法事件呈现出新的特点，主要表现在：多人共同抗法，甚至有组织的集体性抗法事件不断发生；抗法的暴力程度不断增加；故意诬告陷害、恶意伤害执法民警的事件不断增多，等等。

（二）接警和指挥调度

1. 重点问清简要案情、参与人数及组织者的简要情况。指令辖区刑警队立案侦查，性质恶劣、造成较为严重后果的，及时向值班主任和局领导报告。

2. 对正在发生的，指令就近警力赶赴现场控制局势，抓捕犯罪嫌疑人并指令辖区刑警队立案侦查。

3. 对造成人员伤亡的，通知120进行急救。

4. 国家工作人员被犯罪嫌疑人扣留的，立即组织警力进行解救。

（三）现场处置

1. 判明性质，及时报告。

2. 正面直传，制止违法，控制疑犯。

3. 提高警惕，加强自身防护。

（四）注意事项

1. 处置过程中，要果断出手，不宜长时间对抗，应尽可能保证人数上的优势，使用必要的警械，迅速制服对象。

2. 处置过程中，应特别注意掌握枪械等武器的犯罪嫌疑人、醉酒的犯罪嫌疑人。

3. 处置过程中，应安排专门人员做好现场取证工作。

（五）常见问题

1. 不能在阻碍民警执法初期，将违法行为压制在萌芽阶段，一旦出现暴力阻碍执法，就会导致情绪失控，容易造成局势失控。因此，对于制止阻碍民警执法的违法行为应注意发现苗头，采取适当措施（喊话，邀请当地有威信的长辈、相关单位领导到现场协调、配合工作）。

2. 应对阻碍执勤民警执法，使用武器警械不当，造成无辜群众受伤，或者诱发更大事态的发生。因此，在使用武器警械时，应根据事态选择适当的武器警械，保证武器警械使用后能够达到既定目标，如果事态难以控制，不要盲目使用武器警械，应在请求支援后，再行处置。

3. 应注意现场的取证工作，防止谣言、诬告、诽谤。

实训任务

一、简要案情

2014 年 4 月 7 日，×派出所接群众报警称在××大排档有人打架。处警民警到达现场时发现，打架双方均系中年男子，分别为张某、王某，其中张某右腿部有一锐器伤。经了解，张某一家人在吃饭时说话声音比较大，隔壁桌的王某就上前要求张某等人注意影响。张某不服，对王某等人谩骂，王某与张某发生扭打。张某称在扭打时李某用随身携带的一把刀具将张某刺伤，但现场未发现有刀具。经评估，张某所受伤情可能达到轻伤及以上。民警要求对李某进行人身检查，但李某以我国宪法规定禁止非法搜查，并且表示自己懂法，直到刑事诉讼法规定，搜查必须向被搜查人出示搜查证，拒绝民警对其开展人身检查。

二、课堂讨论

1. 处警民警应如何固定在场证人？

2. 搜查证的申请程序？

3. 假如在李某身上搜出管制刀具，现场如何处理该道具？

三、课堂作业

制作一份搜查证。制作一份大排档老板的询问笔录。

表34

_____公安局
搜 查 证
（存 根）

公（ ）搜查字〔 〕 号

案件名称_____

案件编号_____

犯罪嫌疑人_____男/女

出生日期_____

地　　址_____

单位及职业_____

搜查原因_____

搜查对象_____

批 准 人_____

批准时间_____

办 案 人_____

办案单位_____

填发时间_____

填 发 人_____

_____公安局
搜 查 证

公（ ）搜查字〔 〕 号

　　因侦查犯罪需要，根据《中华人民共和国刑事诉讼法》第一百三十四条之规定，我局依法对_____

_____进行搜查。

公安局（印）

年 月 日

　　本证已于_____年___月___日___时向我宣布。

　　被搜查人或其家属或其他见证人： （被搜查人家属）

此联附卷

任务三
严重刑事案件警情处置

情景导入

2011年2月1日上午9时许，某场镇当天逢集，人们都在为第二天的除夕准备食材，突然，一男一女和一个小孩口吐白沫倒在路边，周围群众拨打110报警以及120求助，民警赶到现场时120赶到的医生正在对该三名人员实施抢救，经医生初步判断，该三名人员可能系农药中毒导致。经向其中中年男性询问，该三人为夫妇以及小孩，一家三口从家中吃过早饭刚到集市，就感觉身体不适，之后口吐白沫。之后120将该三人接回医院进一步治疗。处警民警在向值班领导汇报该事件之后，马上组织警力前往中毒三人的家中，现场勘查人员提取了该三人剩下的饭菜等物品，但未在其家中发现有人侵入的痕迹。之后从医院得到消息，该两名成年人经抢救脱离危险，但是小孩中毒死亡。通过对中年夫妇询问，其多次与邻居黄某因宅基地问题多次发生争吵，案发前一日还与黄某发生过争吵。民警马上将黄某传唤至派出所进行调查。经讯问，黄某称因宅基地问题长期被邻居欺负，因熟悉邻居家的情况，2月1日凌晨趁没人注意，隔着墙将一包毒鼠强投入邻居家的水井中，想教训一下邻居一家，没想到导致其小孩死亡。

课前讨论

一、刑事案件可能有多个现场，如何发现并控制不同的现场？

二、对于最开始发现的不确定范围和对象的有受害人的警情，处置有哪些原则？

理论知识

一、凶杀类警情的接处警

（一）凶杀案件及其特征

凶杀案，是指故意非法剥夺他人生命的案件，属于侵犯公民人身民主权利案件的一种，是中国刑事犯罪中少数性质最恶劣的案件之一，必须从重从快严惩。我国《刑法》第232条规定："故意杀人的，处死刑、无期徒刑或者十年以上有期徒刑；情节较轻的，处三年以上十年以下有期徒刑。"

"故意"如何判断？行为人明知自己的行为会发生他人死亡的结果，并且希望或者放任这种结果发生即为故意。行为人涉嫌非法剥夺他人生命的行为，公安机关即可立案侦查。

凶杀案件的特征主要表现在以下几个方面：

1. 从犯罪主体看，有以下三个方面的主要特点：一是青壮年及未成年人犯罪突出。二是犯罪嫌疑人文化程度总体偏低，特别是未成年人犯罪嫌疑人中低文化程度现象突出。在凶杀类案中，犯罪嫌疑人多为初中以下文化程度，特别是在未成年人所涉命案中，文化程度更是普遍偏低。三是无固定职业或有业不务人员犯罪突出。在凶杀类案中，犯罪嫌疑人多为游手好闲的社会闲散人员，或者是父母离异、过早辍学流入社会、找不到工作或无生活来源的未成年人。

2. 从发案部位看，有三个方面的特点：一是城乡差异较大，在命案中乡镇发案所占比重较大。二是从犯罪嫌疑人与受害人居住地址看，凶杀案突出发生在家庭（族）邻里之间。三是街头、娱乐场所或网吧等公共复杂场所发案较多。

3. 从作案手段看，暴力化、智能化、动态化倾向突出。当前凶杀案中，犯罪分子作案手段更加残忍，往往包含杀人、焚尸、碎尸、抛尸、匿尸等环节，犯罪嫌疑人在作案后往往会对现场进行破坏，毁灭作案证据，迅速逃离现场，给公安机关破案设置各种障碍。

4. 从作案过程看，突发性凶杀案所占比重较大，而预谋性作案较少。大部分案件是因琐事引发争吵中的伤害致人死亡，或在争吵中自控能力较差引发的激情杀人，或者是犯罪嫌疑人在对受害人实施图财或性侵犯行为的过程中，对受害人进行胁迫遭到受害人强烈反抗后转化为杀人案件。在伤害致人死亡案件中，犯罪嫌疑人并没有要致人死亡的故意，而在吵架过程中导致了故意杀人。犯罪嫌疑人的杀人故意是突发的，在作案工具和作案手段的选择上也有很大的随意性。抢劫杀人和强奸杀人案中，犯罪嫌疑人虽持有刀具，但多是作为胁迫的工具而携带在受害人强烈反抗后由胁迫工具转化为杀人工具。

（二）接警和指挥调度

1. 接警人员要重点问清现场的准确位置、伤亡人数、死亡原因及简要案情，立即指令辖区刑警队赶赴现场处置。同时向指挥长（值班长）、值班主任或局领导报告。

2. 对犯罪行为正在进行或犯罪嫌疑人未逃离现场的，指令就近警力快速赶到现场抓捕。

3. 对犯罪嫌疑人明确，逃离现场时间不长的，指令周边警力及各卡点进行围追堵截。同时，通报周边公安机关设卡堵截。

4. 受害人未死亡或有其他人员受伤的，通知120进行急救。

（三）现场处置

1. 现场有伤员的，立即组织救护。

2. 判明案件性质后及时将现场情况报告110报警服务台。

3. 封锁现场，保护痕迹物证。

4. 控制、追缉、堵截、抓捕犯罪嫌疑人。

5. 对报案人当场进行询问，了解案件情况。

6. 访问现场周围群众和目击者。

7. 组织现场勘查，固定现场证据。

（四）注意事项

1. 对于报警人由于过度紧张、害怕引起的情绪波动，要注意语言引导。尤其是犯罪嫌疑人还在现场的，询问时一定要注意方式、方法，避免报警人受到更多的伤害。

2. 随时与现场保持联系，掌握进展情况，并根据领导指示安排查缉或调整工作部署。同时做好110调度处置一般程序要求的相关调度处置工作。

3. 对室外命案现场，应设置警戒区，禁止一切行人、车辆通过，避免现场遭到破坏。

4. 对水中发现的尸体，需技术人员到达现场后组织打捞。

5. 对命案现场的痕迹物证，特别是生物检材要采取措施进行保护。有关人员必须进入现场时，要注意避免破坏现场有关痕迹、物证。

二、抢劫、抢夺类警情的接处警

（一）抢劫、抢夺类案件及其特征

抢劫、抢夺类案件，在我国司法实践中被习惯性地简称为"两抢"案件。根据《刑法》第263条的规定，抢劫案件是以非法占有为目的，对财物的所有人、保管人当场使用暴力、胁迫或其他方法，强行将公私财物抢走的案件。抢劫案中的暴力，是指对被害人的身体施以打击或强制，借以排除被害人的反抗，从而劫取他人财物的行为。这里的其他方法，是指行为人实施暴力、胁迫方法以外的其他使被害人不知反抗或不能反抗的方法。根据《刑法》第267条的规定，抢夺案，是指以非法占有为目的，乘人不备，公开夺取数额较大的公私财物的案件。抢夺数额较大的公私财物是构成抢夺罪的重要条件。此外抢夺的情节对定抢夺罪也具有影响。因此，抢夺公私财物数额不大，情节显著轻微的，不构成犯罪。

抢劫、抢夺类案件的特征主要表现在以下几个方面：

1. "抢夺"与"抢劫"案件具有一定的规律性。抢夺案件受害者以女性较多，占80%以上。作案手段方式多为摩托飞车抢夺，表现为在路口位置通过车窗或打开车门抢夺提包、手机等。发案地点多为公路、路口。发案时间主要集中在上午和下午，主要时段为10：00～19：00。

抢劫案件受害者以男性较多，占60%以上。抢劫案件类型较多，分为拦路抢劫、入户抢劫、诱骗抢劫、麻醉抢劫、色情勾引抢劫、抢劫杀人等，拦路抢劫是抢劫案件中的主要案件类型，发案地点多为街巷、胡同、出租房等其他偏僻地段。发案时间上则主要集中在上半夜、凌晨前后，主要时段为21：00～00：00和凌晨3：00左右。

2. 作案主体受教育程度普遍低下。由于文化水平低，他们几乎不懂法律，不知道抢劫、抢夺是违法犯罪行为。并且，由于文化较低，盲目流入城市后，找不到合适的工作，当生活发生困难，就会实施"两抢"行为。在近五年的统计中，公安机关抓获的"两抢"作案成员中，外地人员、城市无业人员和有违法犯罪经历人员的比例居高不下。此外，城镇吸毒人员参与的"两抢"

案件也呈上升趋势。

3. "两抢"案件呈不断上升之势。"两抢"犯罪一直呈高发态势，且性质呈不断升级趋势。一是由隐蔽逐渐转向公开，由以前的夜间盗窃、暗中偷摸转至街面、白天公然实施犯罪；二是由缓和转向暴力。有的作案人员抱着"人为财死"的亡命心态，暴力化程度加大。

4. 犯罪形态主要是团伙纠合作案。"两抢"犯罪团伙纠合作案特征异常突出，团伙作案较多。他们大多是采用朝被害人头部"打闷棍"、砸砖头、持刀抢劫等方式，采用暴力或者以暴力威胁的方式夺取受害人的财物。他们大部分是团伙纠合在一起作案，一是为了壮胆，二是赃物好转移。

5. 发案地域主要是集中在地段复杂、人财物流通大的地区。"两抢"案件发案地主要集中于城郊接合部、批发市场、僻静的巷道、集贸市场、公路沿线和外来人口、出租房聚集区域，此两类犯罪发生与发案地的经济繁华程度存在密切联系。城区发案动态化程度较高，犯罪类型较复杂。就同一地域而言，地段复杂、人财物流动性大的地（区）域，犯罪发生的比例较大，其他相对次之；同时，犯罪嫌疑人时常变换地域（点）作案，在一定时期形成了以城镇为主要作案地，辅以郊区、乡村的作案特征。

（二）接警和指挥调度

1. 接警人员要重点问清作案人数，所持器械，体貌特征，所乘交通工具，逃跑方向，被抢财物种类、数量及有无人员伤亡等情况。抢劫财物数额较大或性质恶劣的，立即向值班主任或有关局领导报告。

2. 对正在实施抢劫、抢夺或犯罪嫌疑人未逃离现场的指令就近警力快速赶到现场抓捕。对被抢后及时报警的，指令周边警力围追堵截。

3. 对机动车辆被抢或利用机动车辆抢劫、抢夺的，根据犯罪嫌疑人及机动车辆的特征，指令辖区卡点设卡堵截，并通报周边公安机关设卡堵截。犯罪嫌疑人已经或可能跨省、市逃跑，按局领导指示向上级公安机关报告，请求协查。

4. 对在公共汽车、长途客车上进行抢劫且犯罪嫌疑人还在车上的，根据车辆行驶路线，指令沿途卡点并通报沿途公安机关进行堵截。犯罪嫌疑人已经下车的，根据犯罪嫌疑已经下车地点，指令辖区派出所、刑警队并通报沿途公安机关进行搜捕。

5. 对抢劫金融系统和重点要害部位的，指令就近警力和刑警队围捕犯罪嫌疑人。必要时经局主要领导批准，调武警参加围捕行动；犯罪嫌疑人已逃离现场的，指令辖区卡点并通报周边公安机关设卡堵截。犯罪嫌疑人已经或可能跨省、市逃跑的，按领导指示立即向上级公安机关汇报，请求协查。

6. 有人员伤亡的，应先通知 120 到现场进行急救。

（三）现场处置

1. 现场有伤员的，立即组织救护。

2. 对受害人或报警人员进行询问，了解案件情况，对案件进行初查。

3. 报告 110 报警服务台，组织警力根据案情追缉、堵截、抓捕犯罪嫌疑人。

4. 按照规定由先期到达的民警和刑事技术部门进行现场勘查取证。

5. 访问现场周围群众和目击者。

6. 及时采取措施控制赃物。

（四）注意事项

1. 同一区域内连续发生多起类似案件时，向局领导建议采取专项打击行动。一定时间段内连续发生多起类似案件时应指令周边警力巡逻布控，力争抓获现行。

2. 现场访问时应特别注意了解违法犯罪嫌疑人来去方向和路线，犯罪嫌疑人相互呼唤的绰号、暗号、口头语和习惯动作等，犯罪嫌疑人身上是否有抓伤、咬伤，衣服、鞋帽是否被扯破、撕破或沾有血迹。

3. 注意问明被抢物品名称、数量和特征。

4. 注意问明犯罪嫌疑人作案方式、是否使用机动车，有无使用枪支、刀具、棍棒等凶器。

三、强奸类警情的接处警

（一）强奸案及其特征

强奸案，是指违背妇女意志，使用暴力、胁迫或者其他手段，强行与妇女发生性交的案件，或者故意与不满 14 周岁的幼女发生性关系的案件。根据《刑法》第 236 条的规定，强奸（又叫性暴力、性侵犯或强制性交），是一种违背被害人的意愿，使用暴力、威胁或伤害等手段，强迫被害人进行性行为的一种行为。在所有的国家，强奸行为都属于犯罪行为。

强奸案的特征主要表现在以下几个方面：

1. 犯罪嫌疑人以中青年男性为主。犯罪嫌疑人普遍文化程度较低，大多为中学水平，以无职业人员为主，农民工犯罪呈增长趋势。犯罪嫌疑人道德法制观念淡薄，主要从事体力劳动，收入较低，大多未婚，性知识不足，由于生理成熟的驱动和外界不良风气如淫秽书刊、黄色录像、电影的影响及不良人员的教唆，采取不正当手段与他人发生性行为，从而导致了性犯罪的发生。醉酒是引发强奸犯罪的一个因素。在特定的环境和情绪下，单身男性借着酒性，萌生淫秽之念，常导致犯罪的发生。

2. 强奸案件具有时间性和地域性。强奸的时间以夏季为高发。这与天气较热，着衣普遍较单薄，且有时一些女性穿衣较为暴露有一定关系。该类案件大部分发生在夜间，这与城市夜生活比较丰富，人们回家较晚，而且晚上比较隐蔽、容易作案有一定关系。案件大部分发生在室内如酒店、出租房、发廊、旅馆、夜总会等，说明该类案件具有地域性，同时反映出当事人的职业特点。实施犯罪行为的地点较隐蔽，大多在居民区被害人家中或罪犯租住的房间中，不易被外人察觉和知晓。

3. 犯罪手段多样。强奸犯罪行为人针对不同的犯罪对象采用不同的犯罪手段：一是对幼女一般采用少量钱、物引诱实施奸淫；二是对成年妇女一般采用暴力、胁迫或者乘人之危致被害人不敢反抗等手段；三是对精神病妇女采取收留与之同居；四是利用监护等亲属关系；等等。

（二）接警和指挥调度

1. 重点应问清犯罪嫌疑人的人数、体貌特征、作案手段，受害人年龄、是否受伤等情况，并告知报案人保护现场及物证。指令辖区刑警队出现场。性质恶劣的，及时向值班主任和局领导报告，并按规定上报。

2. 对犯罪嫌疑人尚未逃离现场或藏匿地点明确的，就近组织警力抓捕。

3. 受害人身体受伤的，通知120进行救护，并且通知法医提取生物物证。

（三）现场处置

1. 接触当事人，简要了解案情。对报警及时的拦路强奸案件，应报告和建议110报警台布控查缉。

2. 盘查追缉，抓捕犯罪嫌疑人。

3. 稳定受害人情绪，保护现场。

（四）注意问题

1. 询问受害人的姓名、职业、家庭住址及案件细节等，并为受害人保密。

2. 对可能因通奸败露等原因，女性本人或家属报称被人强奸，暂不能判明性质的，现场不必过多纠缠性质问题，留待后续甄别。应正常开展相应的保护现场、取证等处置工作，以防授人以柄或证据灭失以后影响判断。

3. 对报警人夜间听到女性呼救声，怀疑为强奸案而报警的，处警民警要宁信其有，并要保持与报警人的联系，迅速赶赴现场，获取信息，判明情况。

4. 对强奸案件中伴有杀人、伤害、抢劫的，应综合考虑所涉内容的处置要求，采取相关的综合性处置措施。

四、绑架类警情的接处警

（一）绑架案件及其特征

绑架，是指为勒索财物或者其他目的，使用暴力、胁迫或者其他方法，绑架他人的行为，或者绑架他人作为人质的行为。根据《刑法》第239条的规定，有下列情形之一的，应当立案：（1）以勒索财物为目的绑架他人的；（2）绑架他人作为人质的；（3）以勒索财物为目的偷盗婴幼儿的。绑架罪是行为犯，行为人只要实施了上述三种情形之一的行为，就应当立案侦查。

绑架案件的特征主要表现在以下几个方面：

1. 犯罪嫌疑人较熟悉被害人与事主的情况，一般为熟人犯罪。具体来说，绑架犯罪中，犯罪嫌疑人与被害人或事主多数有过直接或间接的接触，对被害人或事主的家庭情况，尤其是社会地位和经济状况、住所、出入路线、生活规律和体貌特征、联络方法都比较熟悉，或者有相当的了解。有的是由了解被害人与事主情况的人向犯罪分子提供情况，勾结犯罪。

2. 绑架犯罪多数为预谋犯罪，有一个犯罪的策划和准备过程。在绑架犯罪中，犯罪嫌疑人为了达到犯罪目的，避免暴露形迹，一般都对犯罪对象，犯罪的时间、地点，藏匿人质的地点，犯罪得逞后的脱逃方法等作过精心的考虑和策划；有的甚至经过实地考察，为犯罪积极创造条件，属预谋犯罪。

3. 绑架犯罪多为共同犯罪、团伙犯罪或有组织犯罪。由于绑架犯罪的复杂性，单一的犯罪嫌疑人一般无法单独完成。因此，绑架犯罪多表现为共同犯罪、团伙犯罪或有组织犯罪等犯罪形式，在犯罪过程中各人有明确的分工，有主有次，既有指挥者、策划者、领导者，亦有实施者、随从者。

4. 绑架犯罪多为持续犯罪。即犯罪嫌疑人从开始采取措施绑架他人到完全控制被害人并向事主发出信息，提出交换条件都需要一个较长的过程，一般是从几个小时到几天不等。

5. 绑架犯罪一般都有两个以上的现场，即实施绑架的犯罪现场、藏匿人质的犯罪现场和交易现场等多个犯罪现场。

6. 绑架多有经济目的或其他目的，即绑架勒索他人的财物或要挟他人满足一定的非法条件或二者兼而有之。绑架是手段，勒索钱财或要挟他人是目的。

7. 绑架犯罪的犯罪手段与犯罪目的实现的阶段性，犯罪分子绑架人质成功后，都要选择这样或那样的方法与被绑架人的利害关系人取得联系，以达到其勒索财物或要挟他人的目的，犯罪过程明显地分为绑架和勒索两个阶段。

（二）接警和指挥调度

1. 重点问清被绑架人的姓名、性别、年龄、职业、家庭状况、与他人有无债务纠纷，犯罪嫌疑人的人数、交通工具、逃跑方向，是否接到索要财物或提出其他要求的电话、书信等情况，立即向值班主任和局领导报告。然后根据案情，以保证人质和其亲属的安全为前提，谨慎、妥善地进行处置。

2. 对发案后及时报警的，指令就近警力开展盘查，通报周边公安机关设卡堵截。同时，指令辖区刑警队立案侦查、解救人质。

3. 对以索债为目的扣押人质的指令辖区刑警队或派出所按非法拘禁案处理，并告知双方去法院解决债务纠纷。

（三）现场处置

1. 迅速了解现场情势、犯罪嫌疑人和人质的情况，疏散群众。

2. 包围犯罪嫌疑人，控制现场。

3. 耐心劝降，动员亲友规劝。

4. 武力解救人质，适时抓获犯罪嫌疑人。

（四）注意问题

1. 为保证被绑架人的安全，营救行动一般以刑警为主，不得盲目指令巡警等警种进行营救行动。

2. 为防止发生意外，进行营救行动时应调急救车到现场待命。

3. 犯罪嫌疑人和人质所处地点不明，人质的关系人仅接到勒索电话、传真、电子邮件、短信息、信件或字条等时，处警民警应按指令和领导要求开展秘密调查，查明犯罪嫌疑人和人质所处的位置，在指挥部（专案组）统一指挥下，根据犯罪嫌疑人与人质所处地点的关联性质、人质被看守和控制的不同状况，分别采取秘密解救、突袭解救、公秘结合解救等方式进行处置。

4. 对袭击、劫持警卫对象、重要知名人士及一定规模袭击劫持平民，造成重大影响和危害的，应按照恐怖袭击事处置预案和指挥部的要求进行处置。

5. 处置工作必须始终坚持"人质安全第一"的原则。

五、故意伤害类警情的接处警

（一）故意伤害案件及其特征

故意伤害案件，是指故意非法伤害他人身体并达成一定的严重程度、应受刑法处罚的案件。根据《刑法》第 234 条的规定，故意伤害他人身体的，应当立案。故意伤害他人，只有达到法定的轻伤、重伤标准时，才构成故意伤害罪，予以立案。

故意伤害类案件的特征主要表现在以下几个方面：

1. 当事人文化层次低，素质不高。在所有被告人中，一个共同的特点是文化层次较低。据调查，涉案人员中初中以下文化程度的占 90%，有的甚至是文盲，由此可见，文化层次普遍不高，一定程度上反映这些人的综合素质亦差。

2. 案件起因，始于小事。在受理的故意伤害案件中：因平常琐事引发的案件占 50% 以上，几乎所有案件的发生，均由于小事而致，有的甚至根本说不上原因，因处理不当、劝阻调解不及时而造成伤害的后果。

3. 随意突发性强。伤害案件大多数为激情犯罪有组织、有预谋的故意伤害案件较少，绝大多数都是临时起意，一时气愤，心血来潮，具有很强的随意性和突发性，没有明确的犯意和动机。

4. 作案手段凶残，滥用暴力，动辄持刀。在众多案件中，起因虽是小事，但在实施故意伤害时，被告人往往火气很大，不惜使用菜刀、铁管等作案工具，给被害人造成严重的人身伤害和精神创伤。

5. 不计后果，酿成重伤。故意伤害案件中，有的被告人一怒之下，采用过激手段，造成对方人身受到严重伤害，这不仅使自己走上被告席，同时也给被害人造成身体的残疾和终身的遗憾。

6. 酒后出手，伤害无辜。酒后伤害案件的多发期是在夏、秋季，饮酒很容易导致情绪波动，酒后往往因为一点小事甚至是无理取闹、寻衅滋事对他人大打出手，导致伤害案件的发生。

（二）接警和指挥调度

1. 重点问清伤害部位、致伤原因、是否有生命危险等情况。初步判断构成重伤以上的，指令辖区刑警队出现场。致人死亡或有其他恶劣情节的，及时向值班主任和局领导报告。

2. 对伤害行为正在进行或犯罪嫌疑人尚未逃离现场的，指令就近警力赶赴现场控制局势，抓捕犯罪嫌疑人。

3. 受害人未得到救治的，通知120进行抢救。

（三）现场处置

1. 对正在发生的伤害案件，立即制止伤害行为，采取措施控制违法犯罪嫌疑人。

2. 现场有伤员的，立即组织救护。

3. 及时疏散围观群众，保护现场。

4. 访问现场群众，开展调查取证工作。

5. 对现场作案工具必须提取、固定、保全证据。

6. 按规定向被侵害人开具《伤情（残）鉴定委托书》，告知其及时到指定的鉴定机构进行伤情鉴定。

（四）注意事项

1. 采取保护措施，做好自身的人身安全防范。

2. 无论受伤者是被害人还是犯罪嫌疑人，都应当救治。

3. 处于昏迷的受害人苏醒后，应当及时询问犯罪嫌疑人的姓名、住址、体貌特征，犯罪嫌疑人线索，伤害原因、经过等问题，并做好笔录。

4. 注意记明现场群众、目击者的姓名、住址、联系单位和电话，便于取证，避免伤害案件双方当事人各执一词，无法结案或引发上访。

六、爆炸类警情的接处警

（一）爆炸案件及其特征

爆炸案，是指故意用爆炸的方法，杀伤不特定多数人的性命、健康或者破坏公私财产、危害公共安全的案件。依照《刑法》第114条和第115条第1款的规定，爆炸案具体表现为对公私财物或人身实施爆炸并危害了公共安全。在实践中，使用的爆炸物品除了炸弹、手榴弹、地雷外，多是炸药、雷管、导火索、雷汞、雷银等起爆器材和自制的爆炸装置（如炸药包、炸药瓶、炸药罐等）。实施爆炸的方式方法很多，有的在室内安装炸药包，在室内或者室外引爆；有的将爆炸物直投入室内爆炸；有的利用现代高技术手段，使炸药自行引爆；有的使液化气罐或者其他药品爆炸。这类犯罪一般是在群众集中或者财产集中的公共场所、交通工具等处实施爆炸。爆炸案作为一种危害公共安全的案件，法律上并不要求一定发生实际的危害结果，只要实施爆炸足以危害不特定多数人的人身和财产安全，就已构成了犯罪。

爆炸类案件的特征主要表现在以下几个方面：

1. 爆炸犯罪动机多样性。社会环境和个体的不同导致了爆炸犯罪动机的多样性。大体包括报复动机、性动机、财物动机、"自尊"动机以及信仰动机。在我国主要以报复动机为主。近年来的许多重特大爆炸案件都是由报复动机引起的。

2. 暴露快，易被发现。爆炸案件一声巨响，四邻皆知，何时爆炸，何处爆炸，何人被炸，迅速暴露，这是爆炸案件不同于其他案件的一个显著特点。由于爆炸声响，附近群众闻声急忙赶赴现场，察看情况，抢救人命、财产等。对爆炸时发出的声响、光亮、烟雾颜色、爆炸后现场的气味等，群众耳闻目睹，都会留下较深刻的印象，这就为公安机关了解爆炸发生的情况，及时侦破案件提供了有利条件。

3. 危害公共安全。一些仇视社会主义或者对现实不满的亡命之徒，在群众聚集的热闹场所如车站、码头、商场、繁华街道、交通车辆等处制造爆炸案件，从而自炸，同归于尽，造成伤亡的人数众多，政治影响极坏，严重危害公共安全。一些出于挟私报复、奸情谋杀等情形的犯罪分子，有的也采用爆炸的犯罪手段，使被害人粉身碎骨，血肉横飞，房屋倒塌，简直惨不忍睹，有的还殃及亲属和邻居，危害十分严重。

4. 预谋准备充分。实施爆炸案件的犯罪分子一般具有爆炸常识，懂得炸药的性能和装置、使用，有不少还具有获取爆炸物品的方便条件。不言而喻，一个不了解炸药的性能，不懂得爆破装置，不会使用引爆技术的人想进行爆炸犯罪是不可能的。同时，犯罪分子在作案前必须做好充分的准备工作，如获取炸药、雷管、导火索等爆炸物品，组装炸弹，选择作案时间，来去路线，甚至有的还要进行爆炸实验等，也就是说犯罪的预谋时间长。

5. 爆炸犯罪侵害对象的多样性。我国当今社会关系的复杂，导致其侵害对象的多样。爆炸的对象和目标有党政干部、军警人员、检察人员、公安民警、个体户、大中专学生、小学生、无辜群众等。

（二）接警和指挥调度

1. 重点问清爆炸基本情况，立即向值班领导和局领导报告。

2. 指令刑警进行先期处置，因爆炸引发火灾的，同时派消防部门前往灭火救援。

3. 对造成人员伤亡或损失较大等严重后果的，同时做好以下调度处置工作：

（1）指令就近警力赶赴现场，疏散群众、抢救伤员、排除险情，防止发生二次爆炸和群众拥挤造成伤亡。

（2）通知120赶到现场进行急救，伤亡较大时通知卫生局派员赶到现场协调各医院的抢救行动。

（3）伤亡较大抢救困难的，报告值班领导，请求驻军武警部队增援。

（三）现场处置

1. 迅速组织灭火排险，抢救伤员。

2. 疏散围观群众，设置警戒线，必要时实行临时交通管制。

3. 请求专业技术部门派员对爆炸物品进行处置。

4. 查找、追缉、堵截、抓捕犯罪嫌疑人。

5. 控制局面，保护现场，搞好取证工作。

6. 进行初步现场访问和调查侦查。

（四）注意事项

1. 企（事）业单位内部发生爆炸的，指令其主管部门和治安部门到现场调查了解案情，稳定职工情绪，做好善后工作。

2. 金融机构、重点物品仓库等重要部位和党委、政府等首脑机关发生爆炸的，要指定一定警力保护贵重物品和机要文件，防止丢失。

3. 处警民警应立即携带必需的武器、警械及有关装备，同时注意自身安全。

七、纵火类警情的接处警

（一）纵火案件及其特征

纵火案，是指故意放火焚烧公私财物，危害公共安全的案件。如何正确认定纵火案，标准看其是否危害公共安全。根据《刑法》第114条，如果威胁到公共安全，则属于纵火案；如果没有，则不以犯罪论处。一般而言，对独门独户放火不属于纵火犯罪。

纵火类案件的特征主要表现在以下几个方面：

1. 纵火者作案动机较为明显，多为达到报复、掩盖某人某事或转移侦查视线之目的。

2. 纵火时间多选在人们活动的空隙时间，以深夜纵火者为最多。待被人们发现着火时已是大面积猛烈燃烧，纵火者早已逃离现场。

3. 纵火案具有突发性，往往在无任何征兆的情况下，突发起火，往往因纵火者使用易燃物品或助燃剂，起火后，几乎没有初起阶段和发展阶段，在很短的时间内，很快就进入猛烈燃烧阶段。

4. 现场可能有多个起火点，且每个起火点之间无任何因果关系，火势蔓延发展方向杂乱无规律。起火点的位置无规律可循，在起火点不具备任何其他火源、电源和热源等引起火灾的条件。

5. 有明显的破坏痕迹，如门锁或抽屉的撬痕，有些虽已炭化，但也清晰可辨。又如，玻璃破碎掉落的状态和地点，玻璃炸裂纹形状，落地玻璃有无烟尘附着，门窗等出口被封死或用金属丝拧住等。

6. 有些物品被翻动或变动，如抽屉被翻，燃气开关、液化气钢瓶被打开等。

7. 有明显的地表燃烧痕迹。纵火者为使其目的得逞，在作案过程中，往往采用汽油、煤油或香蕉水、酒精等易燃液体作为引火物，实施纵火，以汽油最为多见。

（二）接警和指挥调度

重点问清地点及着火基本情况，立即指令消防部门灭火抢险，并指令辖区刑警队立案侦查。性质恶劣，造成较为严重后果的，及时向值班主任和局领导报告，并按领导指示上报。

（三）现场处置

1. 灭火排险，抢救伤员。坚持救人第一的原则，首先解救受到火情威胁的群众，同时迅速组织进行灭火工作。现场及周边地区有易燃易爆物品的要迅速转移，妥善处置。在灭火排险救人中，要尽可能减少对现场的变动，对变动要做好记录。

2. 迅速追缉堵截。对实施纵火的犯罪嫌疑人尚未逃离的，要立即抓获；

对虽已逃离现场，但有明确逃跑方向、路线和体貌特征等条件的，应迅速组织追缉，同时，立即在犯罪嫌疑人逃跑路线和交通必经之路设卡堵截，争取将其抓获。

3. 保护现场。在灭火排险救人的同时，要尽快封锁现场，防止现场遭人为破坏，对现场发现的物证或有关残留物要明确标示，妥善保护。对现场上的尸体，要观察并记录其位置、姿势，等待勘查。

4. 进行初步现场访问。一是访问案件发现人和报告人，了解起火的时间、位置、火焰，燃烧的过程、颜色、浓度，听到的响声，闻到的气味等。二是访问事主。了解现场上有无引起火爆炸的物资设备和易燃易爆物品，有无人为破坏以外的其他因素和条件，起火前后现场的变动情况，有哪些可疑人、可疑事以及犯罪嫌疑人的体貌特征或姓名、住址。三是访问知情人和现场群众。了解谁最先进入现场，当时现场情况如何，还有谁参加了抢救工作，采取了哪些措施，处警民警到达前现场是否发生了变动及变动情况，了解事主的为人表现、社会关系、道德品质、生活作风、是否与他人结怨，冲突矛盾的情况，群众对案件性质、作案人的看法和议论等。

（四）注意事项

1. 对正在发生的，指令消防部门灭火抢险。火场中有人员被困的，组织警力全力营救。有人员伤亡的，通知120进行急救。

2. 案件性质恶劣、后果严重的，指令刑警大队组织侦破工作。

3. 认真判断案情，正确区分纵火与火灾事故。

八、走私、贩卖、运输、制造毒品类警情的接处警

（一）走私、贩卖、运输、制造毒品类案件及其特征

走私、贩卖、运输、制造毒品类案件，指的是行为人明知是毒品而故意实施走私、贩卖、运输、制造的案件。毒品问题是困扰当今世界几乎所有国家的严重社会问题，长期吸食、注射毒品会导致人的体质和素质下降，财富流失，不思正事，甚至造成死亡。对中华民族而言，毒害是心头之痛，灾难深重的中国近代史，就是以中国人民反对帝国主义鸦片贸易而引发的鸦片战争为开端的。因此，毒品违法犯罪行为历来为我国法律所严厉禁止。近年来，我国禁毒工作取得了明显成效，但是毒品违法犯罪形势依然十分严峻。

根据我国《刑法》第347条以及其他相关法律法规的规定，走私、贩卖、

运输、制造毒品的，无论数量多少，都应予以刑事处罚，即行为人只要有走私、贩卖、运输、制造毒品的行为，不论走私、贩卖、运输、制造毒品数量多少，一律构成犯罪，予以刑事处罚，体现了我国从严打击毒品犯罪的决心和力度。此外，根据近年来我国打击毒品犯罪的实际情况，并参照国际公约的规定，《刑法》还具体规定了可以适用15年有期徒刑、无期徒刑、死刑的5种严重情节，包括：走私、贩卖、运输、制造鸦片1000克以上、海洛因或者甲基苯丙胺50克以上或者其他毒品数量大的；走私、贩卖、运输、制造毒品集团的首要分子；武装掩护走私、贩卖、运输、制造毒品的；以暴力抗拒检查、拘留、逮捕，情节严重的；参与有组织的国际贩毒活动的。

这里说的"走私"毒品，是指携带、运输、邮寄毒品非法进出国（边）境的行为；"贩卖"毒品，是指非法销售毒品，包括批发和零售以及为贩卖目的而收买毒品；"运输"毒品，是指利用飞机、火车、汽车、轮船等交通工具或者采用随身携带的方法，将毒品从这一地点运往另一地点的行为；"制造"毒品，是指非法从毒品原植物中提炼毒品或者利用化学分解、合成等方法制成毒品的行为。为医疗、科研、教学需要，依照国家法律、法规生产、制造、运输、销售麻醉药品、精神药品的，不是违法犯罪，自然也不宜认定为本类案件。

这里说的"毒品"，根据《刑法》第357条以及其他相关法律法规的规定，指的是鸦片、海洛因、冰毒、吗啡、大麻、可卡因以及国务院规定管制的其他能够使人形成瘾癖的麻醉药品和精神药品。而根据1987年11月和1988年11月国务院发布的对麻醉药品和精神药品的管理办法中的界定，所谓麻醉药品，是指连续使用后易产生生理依赖性，能形成瘾癖的药品，包括阿片类、可卡因类、大麻类、合成麻醉药品类以及卫生部指定的其他易成瘾癖的药品、药用原植物及其制剂，如鸦片、海洛因、吗啡、可卡因、杜冷丁等；精神药品则是指直接作用于中枢神经系统，使之兴奋抑制，连续使用能产生依赖的药品，如甲基苯丙胺（去氧麻黄素）、安纳咖、安眠酮等。

根据《治安管理处罚法》第71、72、73条以及其他相关法律法规的规定，非法种植罂粟不满500株或者其他少量毒品原植物的（在成熟前自行铲除的，不予处罚），非法买卖、运输、携带、持有少量未经灭活的罂粟等毒品原植物种子或者幼苗的，非法运输、买卖、储存、使用少量罂粟壳的，非法持有鸦片不满200克、海洛因或者甲基苯丙胺不满10克或者其他少量毒品的，向他人提供毒品的，吸食、注射毒品的，胁迫、欺骗医务人员开具麻醉药品、精神药品的，教唆、引诱、欺骗他人吸食、注射毒品的等，均构成治安违法行为，行为人需承担相应的法律责任。

总的来说，走私、贩卖、运输、制造毒品类案件具有以下几个方面的特征：

1. 行为人主观上表现为故意，且是直接故意，即明知是毒品而走私、贩卖、运输、制造，过失不构成本类案件。如果行为人主观上不明知是毒品，而是被人利用而实施了走私、贩卖、运输、制造的行为，就不宜认定为本类案件。

2. 本行为侵犯的是国家对毒品的管理制度和人们的生命健康。由于鸦片、海洛因、甲基苯丙胺等麻醉药品和精神药品既有医用价值，又能使人形成瘾癖，使人体产生依赖性，因此任何单位和个人违反规定实施走私、贩卖、运输、制造毒品行为的，就破坏了国家对毒品的管理秩序以及危害到吸食人员的身体健康。为此国家陆续颁布了一系列的法律、法规，严格控制麻醉药品、精神药物的进出口、供应、运输、生产等活动，严禁非法走私、贩卖、运输、制造毒品活动。

3. 行为的主体是一般主体，即达到刑事责任年龄且具有刑事责任能力的自然人均可成为本罪主体。根据《刑法》第 17 条第 2 款的规定：已满 14 周岁未满 16 周岁的未成年人贩卖毒品的，应当负刑事责任。因此，对于走私、运输、制造毒品犯罪，只有达到 16 周岁才负刑事责任。对于被利用、教唆、胁迫参加贩卖毒品犯罪活动的已满 14 周岁不满 16 周岁的人，一般可以不追究其刑事责任。

值得注意的是，在刑事认定领域，因为走私、贩卖、运输、制造毒品的行为有四种行为方式，每种行为方式均可独立成罪，因此其既遂与未遂的标准因行为方式的不同而不同。

（1）走私毒品罪的既遂与未遂。走私毒品主要分为输入毒品与输出毒品，输入毒品分为陆路输入与海路、空路输入。陆路输入应当越国境线、使毒品进入国内领域内的时刻为既遂标准。海路、空路输入毒品，装载毒品的船舶到达本国港口或航空器到达本国领土内时为既遂，否则为未遂。

（2）贩卖毒品的既遂与未遂。贩卖以毒品实际上转移给买方为既遂。转移毒品后行为人是否已经获取了利益，则并不影响既遂的成立。毒品实际上没有转移时，即使已经达成转移的协议，或者行为人已经获得了利益，也不能认为是既遂。

（3）运输毒品的既遂与未遂。行为人以将毒品从甲地运往乙地为目的，开始运输毒品时，是运输毒品罪的着手，由于行为人意志以外的原因没有到达目的地时，属于犯罪未遂；毒品到达目的地时是犯罪既遂，到达目的地后，即使由于某种原因而将毒品运回原地或者其他地方时，也是犯罪既遂。

（4）制造毒品罪的既遂与未遂。制造毒品罪应以实际上制造出毒品为既遂标准，至于制造出来的毒品数量多少、纯度高低等，都不影响既遂的成立。着手制造毒品后，没有实际上制造出毒品的，则是制造毒品未遂。

（二）接警和指挥调度

1. 问清毒品的种类、数量和交易地点、运输车辆、行车路线及犯罪嫌疑人的人数、体貌特征、是否携带武器等情况并及时向值班主任和局领导报告，并按领导指示上报。在警情重大、危急来不及请示的情况下，可以先出警后汇报。

2. 对走私、贩卖、运输毒品的，指令禁毒（刑警）部门组织布控、抓捕和立案侦查。

3. 对制造毒品、种植毒品原植物的，指令禁毒（刑警）部门组织警力捣毁制造窝点，铲除原植物，抓捕犯罪嫌疑人和立案侦查。

（三）现场处置

1. 当场盘问。对运输、制造毒品，非法携带、提供毒品，容留他人吸食、注射毒品以及吸食、注射毒品等行为暴露较充分、案情明确、不影响扩大案件线索和其他侦查措施开展的涉毒案件，处警民警接到处警指令后，可对有涉毒违法犯罪嫌疑的人员进行当场盘问，进一步发现、证实或排除疑点。

对被指控有毒品犯罪行为的，有现场作案嫌疑的，有作案嫌疑身份不明的，以及携带的物品可能是毒品的，可依法将嫌疑人带至就近的公安派出所继续盘问。

2. 现场检查。对毒品违法犯罪分子可能藏匿毒品、毒资，吸食、注射毒品的器具，制造加工毒品的设备，用以走私、贩卖、运输毒品的交通工具和通信工具的场所、部位开展现场检查和搜索，以在现场掌握确凿的违法犯罪证据，防止涉毒分子抵赖、转移、毁证。特别要注意发现违法犯罪分子利用身体隐秘部位携带毒品，在托运的行李物品里夹带毒品，利用对瓜果、书籍、衣物、工艺品、食物等进行特殊加工隐匿，雇用他人夹带等方法走私、贩卖毒品。对人身进行检查时，要做到先盘问后检查，一人监视、一人检查，防止反扑。有条件的可以使用警犬搜索。在对女嫌疑人进行搜身检查时，应由女警员进行。

3. 组织追缉堵控。对毒品违法犯罪嫌疑人已经逃离现场，但已掌握其体貌特征、衣着打扮、口音、携带物品或证件、逃跑方向的，应迅速组织追缉，并请求上级通报车站、码头、机场、国（边）境口岸等地布控堵截。对涉及境外、国外的制造、贩卖、运输毒品案件，应上报公安外事部门。

4. 采取强制措施。除国家制定的国有农场严格按照国家计划种植少量的药用罂粟外，其他任何单位和个人私种罂粟、大麻等毒品原植物都是非法的。

发现非法种植的毒品原植物，应一律当场强制铲除，就地当众销毁，同时强制追缴已经收获的果实、种子及毒品成品、半成品，并依法追究私种毒品原植物者的法律责任。在销毁时应当现场拍照、录像固定证据。

此外，查获地公安机关对怀孕、哺乳期妇女走私、贩卖、运输毒品案件，认为移交居住地公安机关管辖更有利于采取强制措施和查清犯罪事实的，可以报请共同的上级公安机关批准，移送犯罪嫌疑人居住地公安机关办理。查获地公安机关应当继续配合。

（四）注意事项

对吸食、注射毒品成瘾人员实施强制戒毒，同时县级以上地方各级人民政府的卫生部门、民政部门配合同级公安机关做好强制戒毒工作。吸食、注射毒品成瘾人员有下列情形之一的，不宜收入强制戒毒所，应当限制在强制戒毒所外戒毒：

（1）患有急性传染病或者其他严重疾病的；

（2）怀孕或者正在哺乳未满 1 周岁婴儿的；

（3）其他不适宜在强制戒毒所戒毒的。

此外，对戒毒期满出所的戒毒人员，强制戒毒所应当通知其常住户口所在地或者暂住地公安派出所，并定期进行跟踪调查回访，配合戒毒人员及其家属、所在单位或者居（村）民委员会、常住户口所在地或者暂住地派出所落实帮教措施，巩固戒毒成果。解除强制戒毒人员的家属、所在单位和户口所在地公安派出所应当继续对其进行帮助教育，防止其再次吸食、注射毒品。

实训任务

一、简要案情

2013 年 5 月 18 日 5 时许，某宾馆 203 房间触发火警报警装置，经监控发现一名女性从房间内跑出，透过房门能看见房间内产生大量烟雾。该宾馆工作人员立即拨打 119 报警。消防人员进入房间，发现 203 房间内有大量的浓烟冒出，可以看见沙发位置有明火在燃烧。消防人员将房间内的明火扑灭后，一名中年男子突然手持匕首从 203 房间内的卫生间冲出来，边跑边称有人要追杀自己，并且不断的自言自语。消防人员在宾馆门口将该男子控制住，并通知辖区派出所。派出所值班民警赶到现场，发现该房间内的床和沙发均被人为点燃。经查看监控，当天入住该宾馆 203 房间的是一男一女共两人。在其入住之后，无其他人员进入 203 房间，直到发生着火后，该女子从房间内跑出。消防赶到后，该男子持刀从 203 房间冲出。该男子自称其和妻子入住酒店后，因感觉有人要追杀自己，便通过点燃床单和枕头的方式触发消防报警器的方式报警。该男子称他和其妻子点燃床单后就躲在房间的卫生间内，后来妻子自行跑出房间，因其本人害怕房间外有人要伤害自己，便躲在卫生间内，待消防人员赶到后再跑出房间。

二、课堂讨论

1. 如果该名男子称自己有精神病史，应如何处置？
2. 如果在现场发现有吸毒工具，应如何处置？
3. 现场物证如何保护收集？

三、课堂作业

制作报警人的询问笔录。

附：主要法律依据

一、《中华人民共和国刑事诉讼法》

第一百零七条　公安机关或者人民检察院发现犯罪事实或者犯罪嫌疑人，应当按照管辖范围，立案侦查。

第一百零八条　任何单位和个人发现有犯罪事实或者犯罪嫌疑人，有权利也有义务向公安机关、人民检察院或者人民法院报案或者举报。

被害人对侵犯其人身、财产权利的犯罪事实或者犯罪嫌疑人，有权向公安机关、人民检察院或者人民法院报案或者控告。

公安机关、人民检察院或者人民法院对于报案、控告、举报，都应当接受。对于不属于自己管辖的，应当移送主管机关处理，并且通知报案人、控告人、举报人；对于不属于自己管辖而又必须采取紧急措施的，应当先采取紧急措施，然后移送主管机关。

犯罪人向公安机关、人民检察院或者人民法院自首的，适用第三款规定。

第一百零九条　报案、控告、举报可以用书面或者口头提出。接受口头报案、控告、举报的工作人员，应当写成笔录，经宣读无误后，由报案人、控告人、举报人签名或者盖章。

接受控告、举报的工作人员，应当向控告人、举报人说明诬告应负的法律责任。但是，只要不是捏造事实，伪造证据，即使控告、举报的事实有出入，甚至是错告的，也要和诬告严格加以区别。

公安机关、人民检察院或者人民法院应当保障报案人、控告人、举报人及其近亲属的安全。报案人、控告人、举报人如果不愿公开自己的姓名和报案、控告、举报的行为，应当为他保守秘密。

第一百二十二条　侦查人员询问证人，可以在现场进行，也可以到证人所在单位、住处或者证人提出的地点进行，在必要的时候，可以通知证人到人民检察院或者公安机关提供证言。在现场询问证人，应当出示工作证件，到证人所在单位、住处或者证人提出的地点询问证人，应当出示人民检察院或者公安机关的证明文件。

询问证人应当个别进行。

第一百二十三条　询问证人，应当告知他应当如实地提供证据、证言和有意作伪证或者隐匿罪证要负的法律责任。

第一百二十六条　侦查人员对于与犯罪有关的场所、物品、人身、尸体应当进行勘验或者检查。在必要的时候，可以指派或者聘请具有专门知识的人，在侦查人员的主持下进行勘验、检查。

第一百二十七条　任何单位和个人，都有义务保护犯罪现场，并且立即通知公安机关派员勘验。

第一百二十八条 侦查人员执行勘验、检查，必须持有人民检察院或者公安机关的证明文件。

第一百二十九条 对于死因不明的尸体，公安机关有权决定解剖，并且通知死者家属到场。

第一百三十条 为了确定被害人、犯罪嫌疑人的某些特征、伤害情况或者生理状态，可以对人身进行检查，可以提取指纹信息，采集血液、尿液等生物样本。

犯罪嫌疑人如果拒绝检查，侦查人员认为必要的时候，可以强制检查。

检查妇女的身体，应当由女工作人员或者医师进行。

第一百三十四条 为了收集犯罪证据、查获犯罪人，侦查人员可以对犯罪嫌疑人以及可能隐藏罪犯或者犯罪证据的人的身体、物品、住处和其他有关的地方进行搜查。

第一百三十五条 任何单位和个人，有义务按照人民检察院和公安机关的要求，交出可以证明犯罪嫌疑人有罪或者无罪的物证、书证、视听资料等证据。

第一百三十六条 进行搜查，必须向被搜查人出示搜查证。

在执行逮捕、拘留的时候，遇有紧急情况，不另用搜查证也可以进行搜查。

第一百三十七条 在搜查的时候，应当有被搜查人或者他的家属，邻居或者其他见证人在场。

搜查妇女的身体，应当由女工作人员进行。

第一百三十八条 搜查的情况应当写成笔录，由侦查人员和被搜查人或者他的家属，邻居或者其他见证人签名或者盖章。如果被搜查人或者他的家属在逃或者拒绝签名、盖章，应当在笔录上注明。

第一百三十九条 在侦查活动中发现的可用以证明犯罪嫌疑人有罪或者无罪的各种财物、文件，应当查封、扣押；与案件无关的财物、文件，不得查封、扣押。

对查封、扣押的财物、文件，要妥善保管或者封存，不得使用、调换或者损毁。

第一百四十条 对查封、扣押的财物、文件，应当会同在场见证人和被查封、扣押财物、文件持有人查点清楚，当场开列清单一式二份，由侦查人员、见证人和持有人签名或者盖章，一份交给持有人，另一份附卷备查。

第一百四十一条 侦查人员认为需要扣押犯罪嫌疑人的邮件、电报的时候，经公安机关或者人民检察院批准，即可通知邮电机关将有关的邮件、电报检交扣押。

不需要继续扣押的时候，应即通知邮电机关。

第一百四十二条 人民检察院、公安机关根据侦查犯罪的需要，可以依照规定查询、冻结犯罪嫌疑人的存款、汇款、债券、股票、基金份额等财产。有关单位和个人应当配合。

犯罪嫌疑人的存款、汇款、债券、股票、基金份额等财产已被冻结的，不得重复冻结。

第一百四十三条 对查封、扣押的财物、文件、邮件、电报或者冻结的存款、汇款、债券、股票、基金份额等财产，经查明确实与案件无关的，应当在三日以内解除查封、扣押、冻结，予以退还。

二、《公安机关办理刑事案件程序规定》

第十四条 根据刑事诉讼法的规定，刑事案件由公安机关管辖，但下列刑事案件除外：

（一）贪污贿赂犯罪，国家工作人员的渎职犯罪，国家机关工作人员利用职权实施的非法拘禁、刑讯逼供、报复陷害、非法搜查的侵犯公民人身权利的犯罪以及侵犯公民民主权利的犯罪案件，经省级以上人民检察院决定立案侦查的国家机关工作人员利用职权实施的其他重大的犯罪案件；

（二）自诉案件，但对人民法院直接受理的被害人有证据证明的轻微刑事案件，因证据不足驳回起诉，人民法院移送公安机关或者被害人向公安机关控告的，公安机关应当受理；被害人直接向公安机关控告的，公安机关应当受理；

（三）军人违反职责的犯罪和军队内部发生的刑事案件；

（四）罪犯在监狱内犯罪的刑事案件；

（五）其他依照法律和规定应当由其他机关管辖的刑事案件。

第十五条 刑事案件由犯罪地的公安机关管辖。如果由犯罪嫌疑人居住地的公安机关管辖更为适宜的，可以由犯罪嫌疑人居住地的公安机关管辖。

犯罪地包括犯罪行为发生地和犯罪结果发生地。犯罪行为发生地，包括犯罪行为的实施地以及预备地、开始地、途经地、结束地等与犯罪行为有关的地点；犯罪行为有连续、持续或者继续状态的，犯罪行为连续、持续或者继续实施的地方都属于犯罪行为发生地。犯罪结果发生地，包括犯罪对象被侵害地、犯罪所得的实际取得地、藏匿地、转移地、使用地、销售地。

居住地包括户籍所在地、经常居住地。经常居住地是指公民离开户籍所在地最后连续居住一年以上的地方。

法律、司法解释或者其他规范性文件对有关犯罪案件的管辖作出特别规定的，从其规定。

第十六条 针对或者利用计算机网络实施的犯罪，用于实施犯罪行为的网站服务器所在地、网络接入地以及网站建立者或者管理者所在地，被侵害的计算机信息系统及其管理者所在地，以及犯罪过程中犯罪分子、被害人使用的计算机信息系统所在地公安机关可以管辖。

第十七条 行驶中的交通工具上发生的刑事案件，由交通工具最初停靠地公安机关管辖；必要时，交通工具始发地、途经地、到达地公安机关也可以管辖。

第十八条　几个公安机关都有权管辖的刑事案件，由最初受理的公安机关管辖。必要时，可以由主要犯罪地的公安机关管辖。

具有下列情形之一的，公安机关可以在职责范围内并案侦查：

（一）一人犯数罪的；

（二）共同犯罪的；

（三）共同犯罪的犯罪嫌疑人还实施其他犯罪的；

（四）多个犯罪嫌疑人实施的犯罪存在关联，并案处理有利于查明犯罪事实的。

第十九条　对管辖不明确或者有争议的刑事案件，可以由有关公安机关协商。协商不成的，由共同的上级公安机关指定管辖。

对情况特殊的刑事案件，可以由共同的上级公安机关指定管辖。

第二十条　上级公安机关指定管辖的，应当将指定管辖决定书分别送达被指定管辖的公安机关和其他有关的公安机关。

原受理案件的公安机关，在收到上级公安机关指定其他公安机关管辖的决定书后，不再行使管辖权，同时应当将案卷材料移送被指定管辖的公安机关。

对指定管辖的案件，需要逮捕犯罪嫌疑人的，由被指定管辖的公安机关提请同级人民检察院审查批准；需要提起公诉的，由该公安机关移送同级人民检察院审查决定。

第二十一条　县级公安机关负责侦查发生在本辖区内的刑事案件。

设区的市一级以上公安机关负责重大的危害国家安全犯罪、恐怖活动犯罪、涉外犯罪、经济犯罪、集团犯罪案件的侦查。

上级公安机关认为有必要的，可以侦查下级公安机关管辖的刑事案件；下级公安机关认为案情重大需要上级公安机关侦查的刑事案件，可以请求上一级公安机关管辖。

第二十二条　公安机关内部对刑事案件的管辖，按照刑事侦查机构的设置及其职责分工确定。

第二十三条　铁路公安机关管辖铁路系统的机关、厂、段、院、校、所、队、工区等单位发生的刑事案件，车站工作区域内、列车内发生的刑事案件，铁路沿线发生的盗窃或者破坏铁路、通信、电力线路和其他重要设施的刑事案件，以及内部职工在铁路线上工作时发生的刑事案件。

铁路系统的计算机信息系统延伸到地方涉及铁路业务的网点，其计算机信息系统发生的刑事案件由铁路公安机关管辖。

对倒卖、伪造、变造火车票的案件，由最初受理案件的铁路公安机关或者地方公安机关管辖。必要时，可以移送主要犯罪地的铁路公安机关或者地方公安机关管辖。

铁路建设施工工地发生的刑事案件由地方公安机关管辖。

第二十四条　交通公安机关管辖交通系统的机关、厂、段、院、校、所、队、工区等单位发生的刑事案件，港口、码头工作区域内、轮船内发生的刑事案件，水运航线发生的盗窃或者破坏水运、通信、电力线路和其他重要设施的刑事案件，以及内部职工在交通线上工作时发生的刑事案件。

第二十五条 民航公安机关管辖民航系统的机关、厂、段、院、校、所、队、工区等单位、机场工作区域内、民航飞机内发生的刑事案件。

重大飞行事故刑事案件由犯罪结果发生地机场公安机关管辖。犯罪结果发生地未设机场公安机关或者不在机场公安机关管辖范围内的，由地方公安机关管辖，有关机场公安机关予以协助。

第二十六条 森林公安机关管辖破坏森林和野生动植物资源等刑事案件，大面积林区的森林公安机关还负责辖区内其他刑事案件的侦查。未建立专门森林公安机关的，由所在地公安机关管辖。

第二十七条 海关走私犯罪侦查机构管辖中华人民共和国海关关境内发生的涉税走私犯罪案件和发生在海关监管区内的非涉税走私犯罪案件。

第二十八条 公安机关侦查的刑事案件涉及人民检察院管辖的案件时，应当将属于人民检察院管辖的刑事案件移送人民检察院。涉嫌主罪属于公安机关管辖的，由公安机关为主侦查；涉嫌主罪属于人民检察院管辖的，公安机关予以配合。

公安机关侦查的刑事案件涉及其他侦查机关管辖的案件时，参照前款规定办理。

第二十九条 公安机关和军队互涉刑事案件的管辖分工按照有关规定办理。

公安机关和武装警察部队互涉刑事案件的管辖分工依照公安机关和军队互涉刑事案件的管辖分工的原则办理。列入武装警察部队序列的公安边防、消防、警卫部门人员的犯罪案件，由公安机关管辖。

第五十九条 公安机关向有关单位和个人调取证据，应当经办案部门负责人批准，开具调取证据通知书。被调取单位、个人应当在通知书上盖章或者签名，拒绝盖章或者签名的，公安机关应当注明。必要时，应当采用录音或者录像等方式固定证据内容及取证过程。

第六十条 公安机关接受或者依法调取的行政机关在行政执法和查办案件过程中收集的物证、书证、视听资料、电子数据、检验报告、鉴定意见、勘验笔录、检查笔录等证据材料，可以作为证据使用。

第六十一条 收集、调取的物证应当是原物。只有在原物不便搬运、不易保存或者依法应当由有关部门保管、处理或者依法应当返还时，才可以拍摄或者制作足以反映原物外形或者内容的照片、录像或者复制品。

物证的照片、录像或者复制品经与原物核实无误或者经鉴定证明为真实的，或者以其他方式确能证明其真实的，可以作为证据使用。原物的照片、录像或者复制品，不能反映原物的外形和特征的，不能作为证据使用。

第六十二条　收集、调取的书证应当是原件。只有在取得原件确有困难时，才可以使用副本或者复制件。

书证的副本、复制件，经与原件核实无误或者经鉴定证明为真实的，或者以其他方式确能证明其真实的，可以作为证据使用。书证有更改或者更改迹象不能作出合理解释的，或者书证的副本、复制件不能反映书证原件及其内容的，不能作为证据使用。

第六十三条　物证的照片、录像或者复制品，书证的副本、复制件，视听资料、电子数据的复制件，应当附有关制作过程及原件、原物存放处的文字说明，并由制作人和物品持有人或者物品持有单位有关人员签名。

第六十四条　公安机关提请批准逮捕书、起诉意见书必须忠实于事实真象。故意隐瞒事实真象的，应当依法追究责任。

第六十五条　需要查明的案件事实包括：

（一）犯罪行为是否存在；

（二）实施犯罪行为的时间、地点、手段、后果以及其他情节；

（三）犯罪行为是否为犯罪嫌疑人实施；

（四）犯罪嫌疑人的身份；

（五）犯罪嫌疑人实施犯罪行为的动机、目的；

（六）犯罪嫌疑人的责任以及与其他同案人的关系；

（七）犯罪嫌疑人有无法定从重、从轻、减轻处罚以及免除处罚的情节；

（八）其他与案件有关的事实。

第六十六条　公安机关移送审查起诉的案件，应当做到犯罪事实清楚，证据确实、充分。

证据确实、充分，应当符合以下条件：

（一）认定的案件事实都有证据证明；

（二）认定案件事实的证据均经法定程序查证属实；

（三）综合全案证据，对所认定事实已排除合理怀疑。

对证据的审查，应当结合案件的具体情况，从各证据与待证事实的关联程度、各证据之间的联系等方面进行审查判断。

只有犯罪嫌疑人供述，没有其他证据的，不能认定案件事实；没有犯罪嫌疑人供述，证据确实、充分的，可以认定案件事实。

第六十七条　采用刑讯逼供等非法方法收集的犯罪嫌疑人供述和采用暴力、威胁等非法方法收集的证人证言、被害人陈述，应当予以排除。

收集物证、书证违反法定程序，可能严重影响司法公正的，应当予以补正或者作出合理解释；不能补正或者作出合理解释的，对该证据应当予以排除。

在侦查阶段发现有应当排除的证据的，经县级以上公安机关负责人批准，应当依法予以排除，不得作为提请批准逮捕、移送审查起诉的依据。

人民检察院认为可能存在以非法方法收集证据情形，要求公安机关进行说明的，公安机关应当及时进行调查，并向人民检察院作出书面说明。

第六十八条　人民法院认为现有证据材料不能证明证据收集的合法性，通知有关侦查人员或者其他人员出庭说明情况的，有关侦查人员或者其他人员应当出庭。必要时，有关侦查人员或者其他人员也可以要求出庭说明情况。

经人民法院通知，人民警察应当就其执行职务时目击的犯罪情况出庭作证。

第六十九条　凡是知道案件情况的人，都有作证的义务。

生理上、精神上有缺陷或者年幼，不能辨别是非，不能正确表达的人，不能作证人。

对于证人能否辨别是非，能否正确表达，必要时可以进行审查或者鉴别。

第一百六十六条　公安机关对于公民扭送、报案、控告、举报或者犯罪嫌疑人自动投案的，都应当立即接受，问明情况，并制作笔录，经核对无误后，由扭送人、报案人、控告人、举报人、自动投案人签名、捺指印。必要时，应当录音或者录像。

第一百八十七条　公安机关对已经立案的刑事案件，应当及时进行侦查，全面、客观地收集、调取犯罪嫌疑人有罪或者无罪、罪轻或者罪重的证据材料。

第一百九十三条　公安机关对于不需要拘留、逮捕的犯罪嫌疑人，经办案部门负责人批准，可以传唤到犯罪嫌疑人所在市、县内的指定地点或者到他的住处进行讯问。

第二百零五条　询问证人、被害人，可以在现场进行，也可以到证人、被害人所在单位、住处或者证人、被害人提出的地点进行。在必要的时候，可以通知证人、被害人到公安机关提供证言。

询问证人、被害人应当个别进行。

在现场询问证人、被害人，侦查人员应当出示工作证件。到证人、被害人所在单位、住处或者证人、被害人提出的地点询问证人、被害人，应当经办案部门负责人批准，制作询问通知书。询问前，侦查人员应当出示询问通知书和工作证件。

第二百零八条　侦查人员对于与犯罪有关的场所、物品、人身、尸体应当进行勘验或者检查，及时提取、采集与案件有关的痕迹、物证、生物样本等。在必要的时候，可以指派或者聘请具有专门知识的人，在侦查人员的主持下进行勘验、检查。

第二百一十七条　为了收集犯罪证据、查获犯罪人，经县级以上公安机关负责人批准，侦查人员可以对犯罪嫌疑人以及可能隐藏罪犯或者犯罪证据的人的身体、物品、住处和其他有关的地方进行搜查。

第二百二十二条　在侦查活动中发现的可用以证明犯罪嫌疑人有罪或者无罪的各种财物、文件，应当查封、扣押；但与案件无关的财物、文件，不得查封、扣押。

持有人拒绝交出应当查封、扣押的财物、文件的，公安机关可以强制查封、扣押。

第二百三十一条　公安机关根据侦查犯罪的需要，可以依照规定查询、冻结犯罪嫌疑人的存款、汇款、债券、股票、基金份额等财产，并可以要求有关单位和个人配合。

第二百三十九条　为了查明案情，解决案件中某些专门性问题，应当指派、聘请有专门知识的人进行鉴定。

需要聘请有专门知识的人进行鉴定，应当经县级以上公安机关负责人批准后，制作鉴定聘请书。

第二百四十九条　为了查明案情，在必要的时候，侦查人员可以让被害人、证人或者犯罪嫌疑人对与犯罪有关的物品、文件、尸体、场所或者犯罪嫌疑人进行辨认。

第二百五十四条　公安机关在立案后，根据侦查犯罪的需要，可以对下列严重危害社会的犯罪案件采取技术侦查措施：

（一）危害国家安全犯罪、恐怖活动犯罪、黑社会性质的组织犯罪、重大毒品犯罪案件；

（二）故意杀人、故意伤害致人重伤或者死亡、强奸、抢劫、绑架、放火、爆炸、投放危险物质等严重暴力犯罪案件；

（三）集团性、系列性、跨区域性重大犯罪案件；

（四）利用电信、计算机网络、寄递渠道等实施的重大犯罪案件，以及针对计算机网络实施的重大犯罪案件；

（五）其他严重危害社会的犯罪案件，依法可能判处七年以上有期徒刑的。

公安机关追捕被通缉或者批准、决定逮捕的在逃的犯罪嫌疑人、被告人，可以采取追捕所必需的技术侦查措施。

三、《公安派出所执法执勤工作规范》

第十二条　公安派出所民警对报案、控告、举报、群众扭送和投案自首等事项应当受理，不得拒绝、推诿，并分别情况处理：

（一）对于管辖范围内的事项，应当依法受理，及时处理；

（二）对不属于管辖范围内的事项或者管辖范围不明的，应当先行受理，然后移送有管辖权的公安机关或者有关部门处理；

（三）对不属于管辖范围的事项，但情况紧急，应当依法采取紧急措施后，再进行移交并记录在案；

（四）跨辖区执行任务时，除紧急情况外，应当事先通知当地公安机关，请求协助。

第四十七条　公安派出所值班民警在接到110指挥中心出警指令后，应当做到：

（一）立即向公安派出所所长报告并通知距离案（事）件发生地最近的民警赶赴现场，需备勤民警出警的，应当立即告知其发案地点及基本情况；

（二）接到案（事）件现场民警回报后，立即向公安派出所所长、110指挥中心报告，并做好相关记录。

第四十八条　公安派出所值班民警接受报案、控告、举报及扭送违法犯罪嫌疑人和投案自首人员，应当做到：

（一）询问基本情况，制作询问笔录，填写《接受案件回执单》，并根据公安派出所所长意见交有关民警处理；

（二）对紧急案（事）件，应当立即依法采取紧急处理措施，并向公安派出所所长报告。

经典案例

　　2015 年 1 月 2 日 13 时 14 分，位于黑龙江省哈尔滨市道外区太古头道街的北方南勋陶瓷大市场的三层仓库起火，过火面积 1.1 万平方米。发生火灾的仓库位于一栋总层高 11 层的居民楼，其中 1~3 层为仓库，4~11 层为居民楼。

　　火灾扑救过程中，起火建筑多次坍塌，坍塌面积 3000 平方米，造成 5 名消防员遇难、14 人受伤。

　　北方南勋陶瓷大市场仓库位于哈尔滨市道外区太古街 727 号，仓库所在建筑为回字形的商住两用的居民楼，钢筋混凝土结构，建于 20 世纪 80 年代，地下一层是仓库，1~3 层是商铺，约有 1560 户商铺，4~11 层是居民楼。仓库内存放着笤帚、塑料制品等日杂用货，系非消防安全重点单位，使用性质为批发零售小商品。

2015 年 1 月 2 日 13 时 14 分，位于黑龙江省哈尔滨市道外区太古头道街的北方南勋陶瓷大市场的三层仓库起火。

2015 年 1 月 2 日 13 时 23 分，多辆消防车赶到现场，消防人员和民警组织市场内的群众撤离建筑并设隔离线，开展灭火救援。

2015 年 1 月 2 日 14 时左右，市场内群众全部撤离。

2015 年 1 月 2 日 19 时许，外部的明火被扑灭，随后消防人员进入仓库内部继续清理火灾隐患。

2015 年 1 月 2 日 21 时 37 分，持续了 9 个多小时的大火导致仓库所在的居民楼塌方，将多名消防战士压在里面。

2015 年 1 月 3 日凌晨 1 时，火灾现场出现了明火复燃，此前坍塌的楼体的另一侧墙体发生了二次坍塌，救援工作被迫中止。哈尔滨市相关部门紧急疏散了火灾区域周边 1 平方公里内的所有群众和商户，以避免更大的危险和损失。

2015 年 1 月 3 日凌晨 2 时 20 分，救援工作再次启动。

2015 年 1 月 3 日凌晨 5 时，火势得到控制，居民楼烧成废墟。

2015 年 1 月 3 日凌晨 6 时，建筑西边的几排商铺房屋再次发生坍塌。

2015 年 1 月 4 日 10 时 30 分左右，楼体内部地下火上蹿，火灾现场再次有浓烟从未坍塌的楼体内部冒出。消防战士采用架设云梯、水枪压制，同时采取建筑物外围打水降温的方式控制火情。

2015年1月5日9时30分，废墟东侧蔓延的余火被扑灭并阻断，挖掘机和打桩机清障配合喷水灭火，逐步清理废墟和废墟内出现的余火。

哈尔滨市公安消防支队指挥中心接到报警后，在黑龙江省公安消防总队的指挥下，先后调集哈尔滨市以及大庆、绥化等地27支消防部队、152辆消防车、642名指战员，赴现场实施灭火救援。火灾发生后，哈尔滨市市委、市政府和道外区委、区政府立即启动火灾抢险救灾应急预案，组织公安、消防、安监、行政执法等部门及辖区3个街道办事处1000余名干警和工作人员，维护火灾现场秩序，有序组织人员疏散，共组织疏散居民752户2731人，商户272户，群众无一人伤亡。

问题导入

一、事故灾害发生后，首先应该了解哪些方面情况？

二、讨论不同种类的事故灾害，应该邀请不同部门参与。

三、如果有人在散布谣言，如何化解市民的恐慌情绪？

模块概述

事故灾害是指由于事故的行为人出于故意或过失的行为，违反治安管理法规和有关安全管理的规章制度，造成物质损失或者人员伤亡，并在一定程度上对社会或内部单位，或居民社区的治安秩序和公共安全造成危害的事故。主要包括工矿商贸等企业的各类安全事故、交通运输事故、公安设施和设备事故、环境污染和生态破坏事故等。

国务院发布的《国家突发公共事件总体应急预案》（以下简称"总体预案"），明确提出了应对各类突发公共事件的6条工作原则：以人为本，减少危害；居安思危，预防为主；统一领导，分级负责；依法规范，加强管理；快速反应，协同应对；依靠科技，提高素质。"总体预案"是全国应急预案体系的总纲，明确了各类突发公共事件分级分类和预案框架体系，规定了国务院应对特别重大突发公共事件的组织体系、工作机制等内容，是指导预防和处置各类突发公共事件的规范性文件。

突发公共事件的特点有：

（一）突发性

对能否发生、什么时间、地点、方式爆发、程度等都是始料未及，难以准确把握。来源于三方面因素：有些突发事件由难以控制的客观因素引发；有些爆发于人们的知觉盲区；有些爆发于熟视无睹的细微之处。

（二）复杂性

往往是各种矛盾激化的结果，总是呈现出一果多因、相互关联、环环相扣的复杂状态。多变性，处置不当可加大损失，扩大范围，转为政治事件。突发事件防治的组织系统也较复杂，至少包括中央、省市及有关职能部门、社区三个层次。

（三）破坏性

以人员伤亡、财产损失为标志，包括直接损害和间接损害，还体现在对社会心理和个人心理造成的破坏性冲击，进而渗透到社会生活的各个层面。

（四）持续性

整个人类文明进程突发事件从未停止过。只有通过共同努力最大限度降低突发事件发生的频率和次数，减轻其危害程度及对人类造成的负面影响。无数次突发事件使人类反思人与自然的关系，变得更加成熟，行为更加理性。突发事件一旦爆发，总会持续一个过程，表现为潜伏期、爆发期、高潮期、缓解期、消退期。持续性表现为蔓延性和传导性一个突发事件经常导致另一个突发事件的发生。

（五）可控性

可控性是指掌握住使之不超出范围。从系统论看控制是对系统进行调节以克服系统的不确定性，使之达到所需要状态的活动过程。是人类改造自然、利用自然的重要内容和社会进步的重要标志。

（六）机遇性

突发事件存在机遇或机会，但不会凭空掉下来，需要付出代价。机遇的出现有客观原因，偶然性之后有必然性和规律性。只有充分发挥人的主观能动性，通过人自身的努力或变革，才能捕捉住机遇。但突发事件毕竟是人们不愿看到的，不应过分强调其机遇性。是机遇，也需要有忧患意识。

任务一

人为事故警情处置

情景导入

　　2016 年 5 月 26 日 13 时 38 分，××市公安局指挥中心接群众报警称，在××路某小区 2 栋 1 单元 12 楼一住户家中着火。接警后，辖区派出所民警立即前往，同时通知 119 消防官兵前往支援，到达现场时，发现该住户家的大门紧闭，房屋内有大量的浓烟排出。经敲门，无人应答。在消防官兵到达后，发现小区通道过窄，无法架设云梯，之后通过使用消防斧破门而入。消防官兵迅速将房屋内的着火点扑灭，同时发现房屋内无居住人员在场，无人员伤亡。经消防火灾调查认定，该火灾系居住人员未熄灭的烟头引燃沙发造成。经处警民警走访，发现该房屋为出租房屋，房屋的居住人员赵某长期有吸烟的情况，火灾发生前正在家中抽烟，期间接到电话到楼下办事，在未处理烟头的情况下离开家中。在周边群众发现 12 楼着火时，赵某也在人群中观看，因害怕被追究责任，未与处警民警联系的情况下选择围观。在发现火被扑灭后离开现场，前往农村老家躲避处理该事件。之后民警联系到该房屋房东，找到租客赵某后建议双方通过到法院诉讼解决被烧毁物品赔偿问题。

课前讨论

　　一、灾害事故发生时，如何在救灾的同时保护现场？

　　二、灾害事故现场的证人如何走访？

　　三、灾害事故现场的警戒范围如何划分？

理论知识

一、危险物质事故警情处置

（一）危险物质事故及其特征

根据《治安管理处罚法》《民用爆炸品安全管理条例》《化学危险物品安全管理条例》以及其他相关法律法规的规定，危险物质事故，是指违反爆炸性、易燃性、放射性、毒害性、腐蚀性物品的管理规定，在生产、储存、运输、使用中，由于过失发生泄漏的事件。

危险物质事故的特征主要表现在以下几个方面：

1. 危险物质类别繁多，危险性大。按其主要危险特性危险物质可分为：爆炸品、压缩气体和液化气体、易燃液体、易燃固体、自燃物品和遇湿易燃物品、氧化剂和有机过氧化物、有毒品、放射性物品、腐蚀品。上述危险物质一旦发生泄漏，很可能对周边居民的人身和财产、环境等造成重大威胁。

2. 危险物质事故处理要求民警具备先期处置能力，处警过程中若处置不当有可能会引发二次灾害，致人重伤、死亡或使公私财产遭受重大损失。

（二）接警及指挥调度

1. 迅速了解清楚泄漏物质或气体的名称、性质等基本情况：是否易燃、易爆、易挥发，是否具有毒性；有毒物质撒落、液（气）体泄漏的数量、范围、规模；有毒物质或液（气）体的来源及危害程度。

2. 立即指令消防机构特勤部门携带专业设备前往现场处置，同时指令就近巡警或辖区派出所民警、交警部门民警，协助做好现场封锁和交通管制等工作，疏导车辆和行人。

3. 指令辖区派出所和刑警、治安部门调查事故原因，构成刑事案件的组织立案侦查。

4. 出现人员伤亡的，立即通知120急救中心派车前往救治。

5. 在指令有关警种、单位出警的同时，按规定上报党委、政府，并向业务主管部门通报；对可能产生有毒有害物质或危险物品泄漏的警情，应立即通报政府有关部门派员赶赴现场处置。

（三）现场处置

1. 在与泄漏物质保持一定距离的情况下，询问知情人或拨打运输标签上的电话，核实泄漏物品名称、种类、毒性等理化性质以及防护要求，及时报告 110 报警服务台。泄漏物质为气体的，要密切监测泄漏气体的浓度，可根据实际情况利用喷雾水枪对有毒气体进行稀释。

2. 了解人员伤亡情况、现场及周边情况，请求指令或者支援。

3. 疏散现场群众，抢救伤员；根据现场的位置、地势地形以及范围大小等，尽可能大地划定现场警戒区域。在离泄漏发生地至少 200 米的地方划定警戒区域，设置警戒线和告示牌，组织人员沿警戒地界进行巡逻，禁止无关人员进入警戒区。负责现场保护的民警未经现场指挥员批准，不得擅离警戒岗位。

4. 参加现场火灾扑救、现场人员救助或者排除现场其他险情的先期工作，对爆炸、放射等专业性较强的排险工作，应当在疏散现场人员的同时，请求并等候专业人员处置。

5. 在指挥部的指挥和专家的指导下，积极开展个人防护及熄灭警戒区的所有明火、关闭电气设备等工作。

6. 现场进行调查访问、收集、保全证据；注意发现、监视和控制事故责任人或肇事人。

7. 维护现场和周边秩序，利用通告、广播等形式，及时向群众通报处置措施和情况，严防群众恐慌或各种谣传。

8. 填写、储存接处警记录；处警结果需要制作法律文书的，按照有关规定办理。

（四）注意事项

1. 公安民警到达现场后，如果未携带专业防护设备，应尽可能利用湿毛巾、口罩等防护性用具，保护自身安全；在没有专业防护设备和专业人员指导情况下，民警不得贸然进入中心现场。

2. 在相关专业人员未到现场时，根据现场情况，若为有毒物品泄漏，则应当根据现场地势、风向等现场情况，确定警戒范围或者疏散范围，警戒范围要宽，执勤民警要站在上风口。有毒物品流入江河的，要迅速通知自来水、水文监控等部门前往处置，防止水源受到污染，导致中毒事件。

3. 对于爆炸物、放射性等专业较强的排险工作，在明确泄漏物质后，应当立即请求上级公安机关派专业人士现场处置。同时，可以立即向有关煤气公司、卫生防化、防疫等专业部门了解该物质的属性，并根据该物质的属性及可能造成的危害提醒现场指挥人员和民警注意安全。

4. 对于一些性能不明的化学物品，尽量不要用手直接接触，防止发生中毒、腐蚀等其他事故。对因排险、救灾引起的现场变动，要记明。

二、有毒、有害、易燃、易爆等危险品泄漏类警情的接处警

（一）有毒、有害、易燃、易爆等危险品泄漏类警情其特征

根据《危险化学品安全管理条例》和《消防法》等相关法律法规的规定，有毒、有害、易燃、易爆等危险品泄漏事故，是指与上述危险化学品有关的单位在生产、经营活动中由于某些意外的情况突发性地发生危险化学品泄漏，或人为的破坏，使有毒有害的化学品大量泄漏，或伴随火灾、爆炸事故次生成大量有害气体，从而在较大范围内造成比较严重的环境污染，对国家财产和人民的生命财产安全造成严重危害的灾害性事故。

有毒、有害、易燃、易爆等危险品泄漏险情的特征主要表现在以下几个方面：

（1）有毒、有害、易燃、易爆等危险品在泄漏的过程中主要存在突发性强，发生环节具有不确定性、连锁性，救援难度大，危害严重等特点，泄漏后严重危及人民群众的生命安全、造成严重的经济损失，甚至会对生态环境造成破坏。

（2）易燃、易爆危险品容易扩散，较轻的可燃气体逸散在空气中可以无限制地扩散与空气形成爆炸性混合物；比空气重的可燃气体容易散于地表、沟渠、隧道、厂房死角等处长时间聚集或浓度过高不散遇明火会发生爆炸。

户外泄漏的，扩散范围广且难以控制，易发生爆燃，液化气体泄漏易产生白雾、静电，易造成附近人员中毒，易形成大面积火灾。

易燃、易爆等危险品泄漏处理不当，易造成大面积燃烧；燃烧往往引起储罐、气瓶、油罐车爆炸；易造成连锁爆炸，导致灾情扩大，引发大面积火灾，造成大量人员伤亡和财产损失，火灾扑救难度大。有毒、有害危险品泄漏，易造成多人中毒事故发生以及环境污染事件。

（二）接警和指挥调度

1. 问清事故发生的时间、地点、原因、人员伤亡情况、采取的措施、需要什么援助等情况，果断进行先期处置，并向有关职能部门通报情况。造成人员伤亡的，立即向值班主任和局领导报告，并按领导指示上报。

2. 指令就近警力到现场疏散群众、设置临时警戒线，严禁一切车辆、人员通行，严禁一切火种进入危险区域，确保安全，并协助有关部门关闭、堵塞泄漏源、清除泄漏物。

3. 指令辖区消防部门到现场协助抢险、防止火灾发生。

4. 指令辖区交警部门对出事地段实行交通管制。

5. 必要时与驻军联系，请求防化部队协助堵塞泄漏源、清理泄漏物。

6. 指令辖区派出所、刑警和治安部门调查事故原因，构成刑事案件的组织立案侦查。

7. 造成人员中毒、伤亡的通知120进行急救，中毒、伤亡人数较多的通知卫生局领导组织协调。

（三）现场处置

1. 先期到达的民警，迅速了解泄漏毒气及危险品的名称、种类、性质、储量、泄漏情况，人员伤亡情况，现场及周边情况。

2. 快速侦检，持续监测，划定警戒区域。在有毒、有害物质泄漏事故现场，必须加强侦检环节，并且要使检测工作贯穿抢险救援过程的始终。准确快速地了解和掌握现场有毒、有害物质的种类、浓度及其分布。泄漏现场应不间断地对泄漏区域进行定点与不定点的监测，时时掌握事故发展的态势，适时调整决策方案。

根据现场情况协同有关部门划定警戒区，尽可能宽地划定警戒区，设置警戒线和警示牌，警戒区一般分为重度区、中度区、轻度区。重度区，是指泄漏事故中心的圆周区域，只允许少量消防特勤官兵和抢险队员进入；中度区，是指泄漏装置下风向扇形防护区域，禁止与应急抢险无关的人员进入，必须紧急疏散该区域范围内的群众；轻度区，是指下风向有害气体可能涉及的区域，应疏散该区域内的群众。指挥区，是指重危区外上风向或侧风向一定距离的区域，只允许指挥部和应急人员进入。易燃、易爆危险品泄漏警戒区内禁止一切明火、手提电话等可能引发火灾、爆炸的物品，指令封闭道路、疏散过往车辆、人员，待险情消除后方可勘查现场。

3. 查明泄漏源，控制扩散。发现有毒、有害物质泄漏时，对于比较明显的泄漏点，应通过视觉判断法、听觉判断法等方法，在短时间内尽快查找出泄漏源，并确定泄放孔面积的大小。对于细小的裂缝或阀门等不容易察觉的部位，可以借助于气密性检测法查找泄漏源。消防力量到场后，根据已经划定的警戒区域和有毒物质泄漏扩散的范围，充分发挥常规灭火救援器材装备的效能，可以从上风方向利用喷雾水枪、水幕水带、水驱动排烟机等器材装备对泄漏的有毒有害气体设置控毒防线，最大限度地控制或延缓有毒有害物质的扩散。

4. 如现场有初起火灾应当立即组织人员参加火灾扑救。

5. 消除泄漏源，处理泄漏物。在有毒、有害物质泄漏事故处置中，堵漏是最为关键的环节。若在生产使用过程中发生泄漏，可采取关阀断料、开阀导流、排料泄压、紧急停车等工艺措施制止泄漏。采取堵漏措施时，要使用专用工具、器材，由专门的技术人员操作。

（1）气体泄漏物处置：①通风驱散。对于泄漏扩散的染毒空气，可以采用自然通风、机械通风、排风设施等驱散现场有毒物质。②喷雾稀释。由于向空中喷洒水雾，能引起空气和水汽的对流，因此喷雾状水能有效地降低空气中泄漏物质的浓度，通常根据到达现场的消防力量，组织一定数量的喷雾水枪排成一排或数排，从现场的某一处或几处，沿着由上风到下风向的方向，向有毒蒸气云喷射雾状水，加速气体向高空扩散。同时可根据气体性质，在水中加入酸或碱液进行中和处理。③点燃放空。在易燃的有毒气体泄漏事故现场，如果条件允许，还可以采取点燃、放空的工艺措施来减少和降低气体的浓度。

（2）液体泄漏物处置：①筑堤引流。修筑围堤是控制陆地上的液体泄漏物最常用的处理方法。如果有毒物质泄漏到地面上四处蔓延扩散，难以收集处理，可以采用筑堤堵截或者引流到安全地点。②泡沫覆盖。为降低泄漏物向大气的蒸发，可用泡沫或其他覆盖物进行覆盖，在其表面形成覆盖后，抑制其蒸发，而后进行转移处理。③吸附法。对于少量的液体泄漏物，可用沙子、蒙古土或其他吸附剂吸附，收集于容器内后进行处理。④中和泄漏物。根据泄漏物质的化学性质，选择能与其发生反应的物质进行中和。对于陆地泄漏物，常常用强酸、强碱中和，这样比较经济；对于水体泄漏物，建议使用弱酸、弱碱中和。⑤收集输转。对于大量液体泄漏，为了减少泄漏液体的挥发，降低危害，可选择用隔膜泵将泄漏出的物料抽入容器内或槽车内进行收集输转。

（3）固体泄漏物处置：①少量物品泄漏时，小心扫起，收集于专用密封桶或干净、有盖的容器中；对与水反应或溶于水的物品可视情况直接使用大量水稀释，污水排入废水系统。②大量物品泄漏时，先用塑料布、帆布等覆盖，减少飞散，然后尽可能回收，恢复原状。若完全回收有困难，可在收集后进行转运。

6. 加强洗消，消除污染。在有毒物质泄漏事故现场，为了消除毒物的危害作用，杜绝二次污染，必须加强现场洗消工作。对染毒人员、器材、装备、染毒的区域都要进行彻底的洗消。

7. 做好安全防护与疏散急救工作。参与有毒物质泄漏事故的处置，抢险救援人员一定要有安全防护意识。在整个事故处置过程中，根据化学毒物的毒害性及划定的危险区域，来确定相应的安全防护措施。抢险救援人员应在开花水流或雾状水流的掩护下进行排险，以确保安全。抢险救援人员应当穿戴相应的防护设备才能进场抢险。

8. 进行现场调查访问，收集、保全证据。

9. 注意发现、监视和控制事故责任人或肇事人。

10. 填写、存储接处警记录。处警结果需要制作法律文书的，按有关规定办理。

（四）注意事项

1. 有毒、有害、易燃、易爆等危险品泄漏的处置原则：避免人员伤亡、减少财产损失、控制事故扩大、降低环境污染。民警进入现场，尽可能利用湿毛巾、口罩等防护性用具，保护自身安全。

2. 在相关专业人员未到现场时，根据有毒气体泄漏的现场情况，确定警戒或者疏散范围；对于爆炸、放射等专业性较强的排险工作，应当请求上级公安机关派专业人士现场处置，切忌盲目行动。

3. 在没有专业防毒用具和专业人员指导的情况下，不得贸然进入中心现场。

4. 接到燃气泄漏或者燃气设备出现故障，通知燃气公司处理，公安机关协助处理。如有人中毒的，及时通知医院或者送医院抢救。

5. 事故现场指挥部应当设置在有毒气体的上风口。

6. 事故要做好善后处理，彻底清理现场，消除隐患之后再解除警戒，恢复用电、用火、用气。

三、交通事故类警情的接处警

（一）交通事故及其特征

根据《道路交通安全法》以及其他相关法律法规的规定，交通事故，是指车辆驾驶人员、行人、乘车人以及其他在道路上进行与交通有关活动的人，因违反道路交通管理法规、规章或违反安全操作规程而引起的人身伤亡或者财物损毁的事故。

交通事故的特征主要表现在以下几个方面：

（1）突发性强。车辆超载、超员往往容易导致车辆爆胎事故发生；天气情况不佳，大雨、大雾等天气造成路面湿滑、能见度低等也易发生交通事故；车辆的刹车失灵、刹车淋水缺水或发动机故障，驾驶人员对车况和行驶道路不熟悉，违章超车、饮酒驾车等违章行为等都会导致道路交通事故的发生。

（2）死亡率高，损失大。车辆事故的突发性往往会造成车辆变形，车内人员无法自行逃生，人员伤亡概率大，车辆损坏严重，同时公路灾害事故能伴随着起火甚至发生爆炸，火灾烧毁大量的车辆和货物，造成重大的经济损失。

（3）易引发二次事故，造成其他后果。公路交通事故可能直接引发火灾，即使事故后没有发生火灾，但燃油四处流淌，一旦救援迟缓，就可能引发火灾事故。另外，如果救援不及时或现场保护不周，也可能出现新的车辆碰撞、翻车事故，导致出现新的灾害。

（4）抢险救援条件差，处置灾害事故难度大。公路上一旦发生交通事故，事故车辆无法及时疏散，随时可能发生起火燃烧、爆炸或化学危险品泄漏。而且事故车辆往往撞毁变形或坠入路沟，司机和乘客等众多人员被困在受损的事故车辆内无法及时逃生随时都有生命危险。尤其是多车多点相撞时，救援点多，灾害事故造成道路堵塞，救援装备和人员难以接近事故现场。

（二）接警和指挥调度

1. 按照要求问清有关情况，立即向交警下达处警指令，并根据警情处置需要或交警部门的要求，视情决定调派辖区派出所、消防或就近警力协助。

2. 涉及交通肇事逃逸的，应当详细询问肇事车辆的车牌号码、颜色、特征及其逃逸的方向等情况，及时组织实施堵截、追缉；并视情通报相邻公安机关布控、协查。

3. 因交通事故引发的纠纷，同时指令就近协助处置。

4. 对涉及人员伤亡等，立即通报 120 赴现场实施医疗救护。

5. 符合信息报送规范要求的，及时上报上级公安机关。

（三）现场处置

1. 抢救伤者。一是急救。在偏远地区或者紧急情况下，先期到达现场的民警应运用所掌握的医学和救护常识，判断伤员损伤的大致部位和严重程度。如果伤员未受困于事故车辆内，应先将伤员转移到安全地带，给伤员止血、包扎、固定，科学有效地运送伤员。医疗人员到达现场的，民警应积极协助医疗人员抢救受伤人员，协助将伤员运送到附近的医疗、急救机构。二是抢救伤员需要变动现场的，应当标明受伤人员的原始位置；有人员死亡的应由医疗、急救机构专业人员确认、签名。

2. 划定现场警戒范围。一是在非高速公路上，在距现场来车方向 50 米至 150 米外或路口处设置发光或者反光交通标志，标志间隔 20 米。二是高速公路上，白天在距现场来车方向 200 米外停放警车示警，现场民警指挥车辆减速慢行，引导驾乘人员到安全地带。三是在缺乏交通警示标志情况下，可利用绳索、石块、砖头或者其他可利用物品设置保护警戒线，防止无关人员和车辆进入现场保护区。

3. 保护现场痕迹、物证。一是根据路面上的血迹、散落物和刹车痕迹划定现场保护范围，禁止无关人员进入。对于现场中容易消失的痕迹、物证，可用塑料布、席子和纸板等遮盖。若事故发生在人车拥挤的主要干道或交通警卫路线，必须移动现场车辆及物体时，要迅速做好标记，固定方位，先疏导交通，再进行现场补充勘验。二是做好现场的安全防护工作，车辆通行有可能使现场受到破坏时，可以暂时封闭现场，中断交通。

4. 抓住时机进行现场访问。一是民警在现场处置时，若伤员神志清醒，状况良好，还能讲话，应该及时询问情况，以免后期伤势恶化无法获取情况。二是寻访证人，询问围观人员及附近群众有无目击事故经过。若现场无人应答，应仔细旁听围观者的谈论，注意发现目击证人，并注意工作方法，将知情人引至路边个别交谈。寻访到目击证人的，要询问、记录事故简要经过、时间、肇事一方或各方在事故的行进方向、位置，各有哪些违章行为，现场是否原始，痕迹、物证是否变动，肇事逃避车辆和驾驶员的特征，死者的姓名、地址等情况，并登记证人姓名、性别、年龄、单位、住址、联系方式等。

5. 疏导交通。一般由专人或使用车载可变信息屏显示文字、标志，指挥或引导车辆、行人绕行。根据事故现场情况及对交通的影响程度，视情开展疏导。狭窄道路上的交通事故，为使现场不遭受破坏，可以将现场封闭，中断交通。此时应在现场路段两侧相邻路口设立疏导人员，组织过往车辆绕行，禁止驶入现场路段，造成不必要的延误和拥堵，并给现场人员救护、撤出等工作造成困难。较宽道路上发生的交通事故，在现场情况允许的条件下，要开辟交通要道，组织车辆有序地通行。可以组织双向通行，无法双向通行的，组织单向通行，确保现场停留的无关车辆与行人疏散。路面完全堵塞的，应及时反馈 110 报警服务台，采取外围分流措施。要保留应急通道，确保 120、119 等救援车辆能够及时到达事故现场。疏导围观群众、车辆，避免发生二次事故。

6. 监护、控制事故当事人。民警在进行现场处置时，应立即扣留肇事人的车辆和有关证件，并交给赶到的交通警察。肇事人无证驾驶、车辆无牌或当事人重伤或死亡的，应严格控制肇事人，责令肇事人不得离开现场或者与无关人员谈论事故情况，必要时可以先行将其带离现场，防止其逃跑、串供，防止受害者亲属殴打肇事人或发生其他意外事故。

7. 填写、储存接处警记录；处警结果需要制作法律文书的，按照有关规定办理。

（四）注意事项

1. 现场民警应穿着反光背心，夜间佩戴发光或者反光器具。遇有运载危险物品车辆发生道路交通事故的，应当穿着防护服、佩戴防护用具。

2. 对于有人员被困、伤势较重等情况的，注意跟踪处置、抢救情况。遇有群死群伤、涉外事故，以及涉及领导人、知名人士、警员等事故，应及时向上级领导汇报。

3. 对接报的运载易燃、易爆、易腐蚀、毒性、放射性等危险物品以及传染病病原体的车辆发生道路交通事故，可能产生有毒有害物质或危险物品泄漏警情，在指令消防、交警、治安、巡警等的同时，还应立即通报政府有关职能部门赶赴现场共同处置。毁坏电、通信等设施损毁的，应通报有关部门及时处理。民警到达现场，应及时向 110 报警服务台反馈现场情况，并协同有关部门划定隔离区、封闭道路、疏散群众，严禁无关人员入内。

4. 交通事故有被害人为当地居民且被害人家属聚集现场的，要注意对肇事者的监护，防止受害者亲属殴打肇事者或发生其他意外事故。

四、供水、供电、供气等公用设施险情类警情的接处警

（一）供水、供电、供气等公用设施险情及其特征

根据相关法律法规的规定，公共设施险情，是指城市供水设施、供电设施、燃气设施等，因意外或人为原因发生故障或者破坏，造成可能危害人民群众生命财产安全的各种紧急危险情况。

公共设施险情的特征主要表现在以下几个方面：

（1）公共设施险情一旦发生，会造成大面积的停水、停电、断气、断热等，涉及面广，关系广大人民群众的生产、生活等切身利益，如不及时采取有效措施对险情加以排除，可能会造成不可估量的损失和后果。

（2）公共设施险情的排除，需要公安民警与其他相关技术部门密切配合，公安民警应协助技术人员排除险情，维护现场秩序。

（3）疏散范围广、难度大。公共设施险情影响范围大，特别是供电、供气设施险情，有可能会涉及大面积的人员疏散，疏散难度大。

（二）接警和指挥调度

1. 问清地点、现场情况，有无人员伤亡、被困或其他危险情况，采取相应措施进行先期处置。后果严重的，及时向值班主任和局领导报告，并按领导指示上报。

2. 对供电设备损坏、高压线落地、电杆折断和异物与高压线路碰撞、连接的。通知供电部门切断电源，并组织抢修。若有触电等危险情况发生可能的，指令就近警力到现场设置警戒线、疏散群众。引起火灾和有发生火灾可能的，指令消防部门进行灭火、备勤。

3. 对供暖管道破裂且有现实危险性的：（1）指令就近警力到现场设置警戒线、疏散群众；（2）通知供暖单位组织抢修；（3）有人员伤亡的，通知120进行急救；（4）有人员被困的，指令就近巡警、派出所组织营救。

4. 接到燃气管道破裂、燃气泄漏警情的：（1）指令就近警力到现场设置警戒线、疏散群众；（2）指令交警实行交通管制，严禁一切车辆人员通行，严禁一切火种进入危险区域，确保安全；（3）通知供气单位组织抢修；（4）调消防车到现场，以防发生火灾。

5. 对燃气管道爆炸的：（1）根据案情最大限度地调集公安民警和消防、武警部队快速赶到现场，组织灭火、抢救伤员、疏散群众、维护现场秩序；

（2）必要时与驻军联系，请求部队增援；（3）通知卫生局组织市区各大医院进行急救，并指令交警开辟救护车专用通道；（4）组织调查事故原因，追究有关人员责任；（5）配合政府有关部门做好善后工作。

（三）现场处置

1. 先期到达现场的民警应立即了解现场情况，准确掌握险情，立即向110报警服务台反馈情况，指挥中心再视情与有关单位联系，通知供水、供电、供气、医疗急救、消防等相关部门到场处置。

2. 设置警戒线，疏散群众，禁止无关人员进入现场。一是根据险情设置警戒线，供水、供电等险情警戒区域要适当，在确保安全情况下，尽量不影响相关区域的交通畅通及群众的生产生活。对于供气险情，要依据泄漏情况、风向、现场环境确定警戒区，防止警戒区范围过小导致警戒区外人员发生燃气中毒、爆炸、火灾等危险。二是将无关人员隔离出警戒区，如果泄漏发生在居民楼、工厂、商业区等人员密集场所，应当通过广播、喊话等方式尽快疏散群众。三是警戒区外安排巡逻人员，禁止无关人员进入，随时准备增援。四是因抢险和安全需要，可及时向指挥中心请示进行必要的交通管制，警戒区域占用公共道路的，及时指派交警到场指挥交通，确保警戒区域周围交通畅通，工程抢险车能够迅速到达现场，避免人流、车辆聚集。五是供气险情的，对现场进行警戒，禁止任何机动车辆、行人进入泄漏现场，严禁任何明火出现，现场人员关闭手机，应当使用手持电台进行现场指挥和情况通报。警戒线外安排巡逻人员对过往人员车辆进行指挥，禁止在现场使用明火、电话等。

3. 根据现场情况，组织相关人员迅速关闭主水阀、主电闸和主气阀。

4. 现场发现伤员的，应立即组织抢救。抢救伤员时应当注意，先将伤员带离警戒区，到相对安全、开阔的地带进行抢救。

5. 组织转移易燃、易爆等危险品。现场有易燃、易爆等危险品的，应当立即向相关单位或个人确认危险品位置，立即组织人员转移危险品，防止发生火灾、爆炸。

6. 消防车辆到达现场后，要迅速占领有利阵地，密切监控现场情况，防止火灾发生。燃气泄漏的，立即利用喷雾水枪对空气中弥漫的气体进行稀释，防止燃气浓度过高造成中毒。

7. 进行现场调查访问，收集、保全证据。主要访问内容：险情发生的原因、险情发生经过、事故责任人。向最先发现险情的人和报警人主要了解：

发现险情的时间或报警的时间；最先发现险情的部位；发现险情后的现场变化情况；是否有可疑的人和事。现场有施工单位的，向施工单位了解是否因为其施工导致险情发生，险情发生的原因，险情发生的主要部位，有几个泄漏点，泄漏情况如何。向险情发生区域单位、社区了解：单位、社区情况，人员分布情况，区域内是否有其他危险品等。

8. 注意发现、监视和控制事故责任人或者肇事人。

9. 填写、存储接处警记录。处警结果需要制作法律文书的，按有关规定办理。

（四）注意事项

1. 掌握用电、用气和防火、防爆常识。

2. 对专业性较强的排险工作，及时通知专业部门和技术人员到场处置，不要盲目行动。

实训任务

一、简要案情

2016年6月2日9时许，××市某派出所接辖区某建筑公司工作人员报警，称有人在其公司办公室泼洒汽油，并手持打火机，扬言要放火烧死所有人。接警后，派出所立即组织警力前往处置，并通知消防以及医院前往协助处置。民警到达现场时发现，一男子自称吴某，因该建筑公司拖欠其工资3年时间，导致其生活困难，现在已向该公司其中一间办公室泼洒了两瓶汽油，现手持一枚打火机，称如果今天拿不到钱，就大家一起死。但是建筑公司负责人称，吴某的工资早已结算完毕，已全额发放，但是吴某所垫付的部分材料款未予结清，因公司在做该项目时亏损严重，现无力支付材料款。

二、课堂讨论

1. 假如你是当时处警民警，应首先了解哪些情况？

2. 在处置过程中，应邀请哪些人参与？

3. 在处置中，应提前做好哪些准备？

三、课堂作业

如果吴某的情况属实，而建筑公司又坚决不支付费用，这时应如何处理？

任务二

灾害意外警情处置

情景导入

2012年7月1日18时许，××市气象部门发布暴雨预警通报，可能有强降雨。2012年7月2日上午9时许，××市公安局110指挥中心接群众报警，称在×路段看到路边的一面墙被大水冲倒，可能砸到正在路过墙边的路人。接警后，民警在该路段查询，看到路边某废弃单位的围墙垮塌，围墙的砖块向外倒在公路上，一名男子躺倒在砖块中间，民警通知120进行救治的同时向派出所值班领导汇报了该警情。经现场走访，报案人已离开现场赶往单位上班，周边商铺群众反映，大雨造成废弃院子内大量积水，在院墙被冲垮时，水面高约1.5米，水流冲击砖块将该男子砸倒在地。处警民警马上派人查找报案人和周边商铺证人，对其进行制作询问笔录，同时联系该废弃单位的负责人，要求其到场处置，并且及时查证该男子身份信息，通知其家属到派出所处理该事件。

课前讨论

一、对于突发灾害警情，现场如何控制？

二、对于突发灾害警情，现场处置有哪些原则？

理论知识

一、自然灾害类警情的接处警

（一）自然灾害事故及其特征

根据相关法律、法规的规定，自然灾害事故，是指因各种不可抗拒的自然现象对社会和人民群众所造成的危害。主要有地震、洪水、火山爆发、雪崩、滑坡等。

自然灾害事故的特征主要表现在以下几个方面：

（1）自然灾害事故具有广泛性。自然灾害分布的范围广，只要有人类活动就有可能发生自然灾害。

（2）自然灾害事故具有区域性。自然地理环境的区域性决定了自然灾害的区域性，特定的地理特点更容易产生特定的自然灾害，如地质构造岩性松软、比较破碎，风化程度严重的地区，比较容易发生滑坡、崩塌和泥石流灾害。

（3）自然灾害事故具有周期性。不同地理环境下，无论是地震还是洪水、滑坡，它们的发生都呈现出一定的周期性。

（4）自然灾害事故具有频繁性和不确定性，在很大程度上增加了人们抵御自然灾害事故的难度，也增加了自然灾害事故处置的难度。

（5）突发性强，灾害过程复杂，有时候一种灾害可由几种灾害引起，或者一种灾害同时引起多种不同的灾害。如滑坡、崩塌与泥石流关系十分密切，容易发生滑坡、崩塌的区域也容易发生泥石流。

（6）自然灾害破坏性强、灾害强度大，损失严重。自然灾害持续时间较长，灾害中后期抢险救援难度大。灾害一旦发生，需要投入大量人力、物力进行抢险救灾，灾后的恢复重建也需要大量的人力、物力、财力保证。

（二）接处警和指挥调度

1. 接警人员接到洪水、地震、飓风等自然灾害的报警，要重点问清事故发生的时间、地点、波及范围、人员伤亡和财产损失情况，果断进行先期处置，及时向值班主任和局领导报告，并按领导指示上报。

2. 对损失较小、影响不大的，指令就近警力到现场维持秩序、救护伤员、抢险救灾。同时，向政府有关职能部门通报情况，并协助其做好善后工作。

3. 对波及范围大、损失严重的，按有关预案进行先期处置。并随时掌握现场情况，及时调整警力部署。

（三）现场处置

1. 水灾事故的处置

（1）"察"。一是实地察看了解洪涝危害的地域，最危险的地段，了解被困人员、受灾单位、是否有危险化学品被浸、被困；了解地形、地貌以及河堰、堤坝、桥梁是否有决堤或娓塌的危险。二是防汛，组织相关单位对河道、水道两侧进行防护，并准备多台水泵以便水位过高时，抽水引流，防止河水对周边粮田的影响。三是对已疏散到安全区域的人数、尚未转移的人数、去向不明的人数进行清查，以便组织开展救援。四是安排专人对危险区域设置醒目危险警示标志，确定应转移或加固的设备、设施。

（2）"救"。一是如有人员被困，应组织救援突击队，利用绳索、冲锋舟、橡皮艇等工具，在确保安全的情况下，积极营救被困遇险人员，搜寻失踪人员。二是与当地群众一起加固河堤、堤坝，疏导水道，防止暴涨的洪水引起堤坝的溃决。对跨河路堤边坡采用浆砌片石加固，防止水流过大及长期对路堤边坡的浸泡、冲刷造成的坍塌事故，必要时可将便道断开。

（3）"助"。一是协助水利、交通等部门及时修复毁坏的道路，保证救援所需车辆、装备顺利抵达目的地；协助卫生部门对重伤员进行必要的现场急救，并迅速送往医院救治。二是在危险区域周围设置警力进行值守，防止人员到危险区域逗留或其他活动，避免不慎被洪水卷走造成伤害；同时要维持区域内的秩序，保障救援物资分发秩序正常，防止哄抢、盗窃救援物资。

2. 风灾事故的处置

（1）报告受灾范围、遇险人员数量以及可能发生的次生灾害；了解有无建筑物坍塌，是否造成煤气、天然气、自来水管道爆裂，掉落的电线是否带电，并报告110报警服务台。

（2）组织力量疏散危险地段的群众，保护或转移国家和集体的重要物资；尽一切可能抢救建筑物倒塌、溺水、悬空、触电、交通事故等各种险恶环境中的遇险人员；协助医院人员对重、危、急、伤员进行现场急救，或及时送往医院救治。

（3）实行局部交通管制，保障救援通道的畅通；协助交通部门清除城镇主要道路障碍，恢复交通；如有电线路灯杆倒塌、电线掉落、水管断裂、煤气泄漏等，应设法通知供电、电信、供水等部门赶赴现场进行处置，尽快排除故障。

3. 地震事故的处置

（1）及时报告情况。调查地震造成的建筑物坍塌面积、建筑物构造和人员伤亡情况以及建筑物坍塌后是否造成煤气、天然气、自来水管道破裂，掉落的电线是否带电，并迅速报告110报警服务台和相关部门。

（2）划定警戒区域。设置警戒线，疏导救援通道。车辆通过应选择主要干道，需要通过桥梁时，要先查明其结构是否震坏，不要贸然通过。在安置点要配备警力进行治安秩序维护，确保救灾物资有序发放，防止被盗抢。

（3）做好宣传工作。向居民宣传如何预防地震引起的火灾和初期火灾的扑救方法，发动和组织群众进行自救、互救，利用灭火器和简易工具灭火。

（4）协助开展救护。组织救助队、急救预备队以及急救担架队，救助受灾人员。发生大面积伤亡的，应报告上级请求设置紧急救护所，协助医务人员对受伤人员做好现场施救工作。同时，在现场指挥部的领导下，积极协助专业部门营救被埋压在废墟内的遇险者。

（四）注意事项

1. 以最快的速度向当地党委、政府通报和反馈灾害事故情况，以便及时启动危机应急预案，对自然灾害事故进行应对和处置；

2. 注意与其他抢险救灾相关部门的协调与合作，尽可能挽回损失；

3. 划定警戒区域时要观察灾害现场是否还存在潜在的危险，如危楼坍塌、地面塌陷等，防止造成二次危害。

二、意外事故类警情的接处警

（一）意外事故及其特征

根据相关法律法规的规定，意外事故，是指不可预料的以及人为无法控制并造成物质损失、人身伤亡的突发性事件。

意外事故的特征主要表现在以下几个方面：

1. 突发性。意外事故的突发性，是指对于意外事故是否发生，于什么时间、地点，以什么样的方式发生，事故的结果等情况，人们都始料未及，难以准确地把握。

2. 公共性。一是意外事故的公共性体现在意外事故涉及公共利益，即对公共财产、公共安全、公共秩序产生影响（通常是消极的、负面的影响）。二是意外事故的公共性还体现在调动和整合全社会的人力、物力、信息等公共资源和力量上，这不仅意味着行政系统内部不同部门之间的协调和配合，同时意味着政府与社会组织及公民个人的合作与沟通，在高度信息化、复杂的现代社会里尤其如此。三是意外事故的公共性还体现在公共权力介入的可能性和必要性上。

3. 危害的严重性。意外事故造成的损害有直接损害和间接损害。这种损害性主要体现在人员的伤亡、财产的损失和环境的破坏上，还体现在意外事故对社会心理和个人心理所造成的破坏性冲击。

4. 变化发展的不确定性。意外事故发生后，事态的变化、发展趋势以及事故影响的深度和广度不能事先描述和确定，难以预测，有可能带来连锁反应，使意外事故复杂化。

5. 处置的紧迫性。紧迫性，是指意外事故所反映的问题极端重要，关系到个人的安危，需紧急采取特别措施及时有效地处理。对意外事故的反应越快，决策越准确，意外事故所造成的损失就会越小。

（二）高空坠物伤人事故警情

1. 接警和指挥调度

（1）问清事故发生的时间、地点、人员伤亡情况。

（2）通知120进行急救。

（3）指令辖区派出所配合有关部门调查事故原因。

（4）有他人故意所为嫌疑的，指令刑警部门立案侦查。

2. 现场处置

（1）对现场有伤员的，立即采取止血等救助措施，并通知120急救中心。

（2）在现场划定警戒区，将现场以及物证用警戒带或醒目的标志标示，不许无关人员靠近，隔离危险区域，防止再次发生事故。

（3）维护现场秩序，根据现场情况开展疏导，指挥群众注意避让；造成交通阻塞的，及时疏导或请求110指挥中心指令交、巡警部门在外围疏导。

（4）调查取证，询问目击证人，收集现场物证，制作现场笔录，并对坠物情况及原因展开初步调查。

（5）填写、存储接处警记录。处警结果需要制作法律文书的，按有关规定办理。

3. 注意事项

（1）在救助过程中，要注意保护现场物证。

（2）属于刑事或行政案件的，按法定程序办理；属于民事纠纷的，告知当事人向人民调解组织请求调解或向人民法院提起民事诉讼。

（三）人员溺水事故警情

1. 接警和指挥调度

（1）迅速问清具体位置及溺水者的简要情况，指令就近警力组织抢救。

（2）通知 120 派救护车到现场，准备急救。

（3）因水深打捞困难时，联系就近水性较好的人员进行打捞，必要时采取排水等非常措施。

（4）溺水人员较多或情况复杂时，指令消防部门支援。

（5）有人为故意嫌疑的，指令刑警部门立案侦查。

（6）情况复杂、影响较大的及时向值班主任和局领导报告。

2. 现场处置

（1）通过现场观察和访问，初步了解溺水原因、溺水人数、溺水者年龄，了解水域深浅、宽度、河床形态等。

（2）准备现场搜寻可利用的救生器材，如船只、救生圈、竹竿、绳子、木制品等。

（3）视情形请求 110 报警服务台指令消防、120 急救中心、水利等专业部门协助处置。

（4）对溺水者尚未沉入水中的，在确保安全的前提下，积极组织施救。

（5）溺水者已经沉入水中的，根据目击者的指认，在溺水者落水的地点，用竹竿等工具向水下探索，并迅速报告 110 报警服务台请求专业部门协助。

（6）宽、深、水流急、水情复杂、河岸陡峭等不可以下水或无法保障施救人员自身安全的，不宜盲目下水和动员组织人员下水，应积极联系消防部门寻找船只等组织救援打捞。

（7）溺水者被救上岸后，可根据情形采取人工呼吸、倒水、心肺复苏等急救措施，并通知 120 急救中心。

（8）填写、存储接处警记录。处警结果需要制作法律文书的，按有关规定办理。

3. 注意事项

（1）尽可能利用现场的救生器材合理施救。溺水者尚在水面的，迅速向其抛救生圈（衣）或将竹竿、绳索递给落水者；现场有船只的，迅速利用船只实施救助。

（2）施救的、会水的民警可以根据自己的能力和水情下水施救，并可以动员其他在场有救援能力的群众下水施救。施救时，应从落水者背后接近。不会水的民警，也要在水边开展力所能及的救援活动。

（3）携带相应的救生设备，注意自身安全，无论是民警还是参与救援的群众，对不能下水的水域，不要盲目下水；可以下水的，也要掌握正确的施救方法，避免无谓的牺牲。

（三）人员昏卧街面警情

1. 接处和指挥调度

通知120进行急救。同时，指令辖区派出所调查昏卧人员的基本情况、昏卧原因，并查访、通知其亲属。构成刑事案件的，指令辖区刑警队立案侦查。

2. 现场处置

（1）近距离观察昏卧者状态并呼唤。

（2）根据观察和现场了解，初步判断属因伤还是因病昏卧，通知120急救中心。

（3）在现场周围查找有无昏卧者随身物品，从物品中核实其身份，查找亲友联系方式。

（4）现场走访报警人和周围群众，设法弄清当事人的身份。

（5）可能涉案的，保护现场，开展初查，并通知有关部门；暂无涉案迹象的，待清醒后续查。

（6）填写、存储接处警记录。处警结果需要制作法律文书的，按有关规定办理。

3. 注意事项

（1）有条件的，可以对昏卧现场进行拍照。

（2）妥善保管昏卧人员的随身物品。

（3）有亲友联系方式的及时通知其亲友到场。

三、火灾事故类警情的接处警

（一）火灾事故及其特征

根据《消防法》以及其他相关法律法规的规定，火灾事故，是指由于违反防火规章制度和安全操作规程或由于不了解物质的特性，放置不当，混装混存，而发生物质自燃，雷击、静电起火等，造成人身伤亡和财物损毁的事故。

火灾事故的特征主要表现在以下几个方面：

（1）火灾易形成大面积燃烧，蔓延速度快，易造成财产损失和人员伤亡。

（2）火场情况复杂，火势发展情况较难控制，特别是山林火灾、公共场所火灾、涉危险物品火灾的扑救难度大。如涉危险化学品火灾，火情复杂多变，灭火剂选择难度大，危险化学品种类繁多，各具特性，在灭火和疏散物资时，如果不慎使性质相异的物品混杂、接触或错误使用忌用的灭火剂，都将造成火情突变。

（3）火灾通常伴随着大量浓烟产生，火灾中，浓烟、毒气及其他燃烧产物易造成人员呼吸困难，甚至窒息、中毒死亡；内部温度高、烟气浓、能见度低，灭火救援人员难以深入内部实施有效的人员救助及灭火行动。

（4）火灾会产生高强度的热辐射，热辐射会引起邻近建筑物燃烧，造成火势的蔓延和扩大。火灾的高温对建筑物承重构件有极大的影响，当达到一定程度即可发生坍塌事故，给实施内部灭火行动造成极大困难。

（5）疏散困难。一是供电中断，为了防止火灾导致电路短路、防止扑救过程中造成触电，火灾发生后一般会立即切断电源，浓烟之下，消防电源照明能见度降低，人员辨不清方向，易引起被困人员惊慌失措，造成人员伤亡。二是火场结构复杂，如高层建筑楼层高，消防移动作战装备器材难以发挥作用，或火场可供疏散逃生的通道少，被困人员惊慌失措，就容易造成大量人员伤亡。比如，地铁、隧道、火车、轮船等火灾，人员密集、出人口少，疏散距离长，通风、照明条件差，一旦发生火灾，人群惊慌失措，很难冷静有序地疏散到安全地点。

（6）火灾现场一般较为混乱，较大型火灾现场需要出动较多警力维持秩序，防止交通拥堵，防止人群返回火场哄抢物资等。

（7）火灾破坏性强，火灾事故调查难度大。

（二）接警和指挥调度

1. 按照要求询问火灾事故情况，重点了解火灾地点、起火物质、火势大小、有无人员被困及报警人基本情况，并立即向消防处警单位下达处警指令。火场中有人员被困的及时通报消防部门做好营救准备工作。

2. 当农村及偏远地区发生火灾时，在调派消防单位处警的同时，应指令事发地派出所组织社会消防力量先期扑救。

3. 发生山林火灾的，应先通报当地林业部门，视情调派辖区消防单位警力出动。

4. 视情通知事发派出所维持秩序，指令交警部门疏导交通，必要时对火灾周边道路实施交通管制。

5. 有人员伤亡的，通知 120 进行急救。

6. 发现纵火嫌疑的，应指令事发地刑侦部门出警侦查。

（三）现场处置

1. 察看并报告火情。处警民警应通过观察和询问，迅速了解和报告火灾准确地点、起火部位、燃烧物质、过火面积、火势、受困人员状况、周边环境、风向等相关情况，并及时报告 110 报警服务台，通报消防部门。

2. 视情开展外围控制。对初起火灾，火势不大，无爆燃、爆炸、触电、坍塌、中毒等危险的，可根据现有条件进行处置，首先，积极抢救被困人员，特别是要注意抢救最危险的人员。在确认被困人员全部安全转移的情况下，再积极抢救贵重物品。其次，采取有效的方法扑灭初起火灾。公安民警要根据物质燃烧原理和现场情况，在确保安全的前提下组织现场群众投入抢险和灭火。在外围利用灭火毯、便携式灭火器、车载灭火器等简易灭火器材或者水盘进行灭火。最后，对于重要物资需要保护疏散时，对疏散物资应放置于安全地点，并派专人看护，防止飞火、水浸和被盗。

3. 切断电源和气源，转移危险物品。根据火情，通知有关负责人和电工对火场断电，有管道煤气的应当切断气源。若火势较大或无法接近断电、断气闸门的，应视消防部门要求，及时请求供电、供气部门从外部切断电源、气源。火灾现场储存有危险物品的，应当立即组织抢出危险品，防止发生危险物质事故。

4. 疏散现场群众，抢救伤员，设置警戒范围，疏通道路。一是引导人员撤离，并划定警戒区。通常在外围以喊话、打手势、设立标志等方式，引导被困群众向安全地带疏散。二是现场民警要迅速划出警戒区域，设置警戒线和告示牌，设置警戒人员，组织力量维护火场秩序，禁止无关人员进入火场，要防止群众返回火场拿取财物。有人受伤的，立即通知 120 急救。三是尽快疏散救援通道，排除堵塞消防安全通道的障碍，并安排人员到路口引导消防车辆和急救车辆等进入火灾现场，向消防人员和救援人员介绍现场情况。负责现场保护的民警未经现场指挥员批准，不得擅离警戒岗位。

5. 迅速开展火灾现场访问，收集、保全证据，注意发现、监视和控制事故责任人或者肇事人。访问的要点主要有起火源、起火过程、火灾责任者、火灾损失等情况。

（1）向最先发现火灾的人和报警人主要了解：发现火灾的时间或报警的时间；最先发现起火的部位；发现起火的详细过程；发现起火后的火场变化情况；火势蔓延的方向；是否有可疑的人和事。

（2）向熟悉起火部位情况的人了解：起火部位存放、使用的物资、材料、产品情况；起火部位的火源、电源情况；设备及工艺情况；是否曾发生过火灾；经常接触起火部位的人员情况等。

（3）向最先到达火场扑救的人员主要了解：到达时火灾的情况和特点；火灾扑灭的经过；灭火过程中是否发现了可疑物品、痕迹或可疑人员；起火单位的消防设备是否正常运转、是否遭到破坏；起火点的状况；灭火过程中对起火点有无破坏；采用了何种方式灭火或使用何种灭火剂灭火；火场燃烧的特点，如火焰和烟雾的颜色、气味；火势蔓延的经过；起火点附近的破坏情况等。

（4）向在场人和最后离开起火部位的人了解：离开起火点前的用火、用电情况；香烟、发热源附近是否有可燃物；是否发现有异味；有无不符合防火安全的行为等。

（5）向当事人或受害者了解：有无疏忽或违反安全操作规程或生活用火、用电不慎的情况；有没有私人纠纷或者私仇等情况。

（6）向火场附近群众了解：起火后发现的异常情况；有关当事人的一般情况。对有疑点的火场开展现场保护和走访调查，一要树立案件意识，注意发现被殴、被抢疑点，撬砸痕迹，血迹和尸体，开展对目击者和知情人的挽留、登记和访问工作并报告。二要树立保护现场意识。对有疑点的火场，应全面保护起火点和痕迹物证，提醒救火人员注意。有条件的可用湿被等物遮盖，并可采用照相、录像等措施先予固定证据。对疏散出来的重要物品，应注意看守，防止有人趁乱偷窃。三要树立控制可疑人员或事故责任人意识。嫌疑人尚未逃离的，立即控制；嫌疑人受伤的，应组织救助，并彻底搜身，严密看管；嫌疑人逃离的，视逃跑时间决定现场围追，并报告110报警服务台组织堵截；带伤逃跑的，请求110报警服务台对医院等地布控。

6. 填写、储存接处警记录；处警结果需要制作法律文书的，按有关规定办理。

（四）注意事项

1. 要根据火灾级别和类别，正确下达首次处警指令，对重点单位、化学危险品及高层、地下等特殊火灾必须严格按预案要求进行调度和处置。

2. 到达现场后及时了解火灾及周边情况，弄清消防栓和消防水池等消防设施情况。火灾初起时，在消防队伍未到达现场前，积极组织相关人员、现场群众灭火，制止火势蔓延。

3. 对影院、商场、公共娱乐场所等人员密集、出入困难的公共场所发生重大火灾的：（1）指令消防部门组织灭火抢险、开辟被困人员出入通道；（2）最大限度地调集警力快速赶赴现场，组织灭火抢险、抢救伤员、疏散群众、维护现场秩序；（3）指令刑警、治安部门、辖区派出所调查失火原因、控制嫌疑人和负责人，组织立案侦查；（4）通知卫生局组织市区各大医院进行急救，并指令交警开辟救护车专用通道；（5）配合政府有关部门做好善后工作。

4. 对接报涉及化学危险物品的火灾事故，可能产生有毒有害物质或危险物品泄漏的警情，在指令消防、交警、治安、巡警等部门出警的同时，还应立即通报政府有关职能部门赶赴现场共同处置。

实训任务

一、简要案情

2015 年 10 月 23 日 10 时许，××市公安局指挥中心接群众报警求助，称在市区内某路走路时被路边的广告牌砸伤。接警后，民警到达现场时发现，报警人黄某于当天 10 时许，徒步行走至市区××路人行道时，原来立在路边的一个中型广告牌突然倒落在黄某身边。该广告牌的金属支架将黄某头部砸伤，导致黄某头部受伤。处警民警通知 120 救护车赶到现场对黄某进行救治。当时现场无其他人员在场，无目击证人。经现场勘查，发现该广告牌系旁边楼房拆除后废弃的广告牌，年久失修导致支架处生锈断裂。

二、课堂讨论

1. 如何寻找责任人？
2. 如何寻找伤者家属？
3. 如果广告牌已年久失修，没有相关责任人怎么办？

三、课堂作业

如果处警民警找不到责任人又找不到家属怎么处置？

附：主要法律依据

一、《中华人民共和国人民警察法》

第二十一条 人民警察应当积极参加抢险救灾和社会公益工作。

二、《城市人民警察巡逻规定》

第四条 人民警察在巡逻执勤中履行以下职责：

…………

（六）参加处置灾害事故，维持秩序，抢救人员和财物。

三、《公安派出所正规化建设规范》

第七十六条 对治安灾害事故现场的先期处置，应当遵守下列规定：

（一）迅速报告情况，请求指令或者支援；

（二）布置警戒，保护现场，疏散围观人员；

（三）参加火灾扑救、人员救助或者排除其他险情的先期工作，但对于爆炸、放射等专业性较强的排险工作，应当在疏散现场人员的同时，请求并等候专业人员处置；

（四）进行现场调查访问，收集、保全证据；

（五）注意发现、监视和控制事故责任人或肇事人。

四、《110 接处警工作规范》

第二十九条 110 报警服务台受理求助的范围：

…………

（四）涉及水、电、气、热等公共设施出现险情，威胁公共安全、人身或者财产安全和工作、学习、生活秩序，需要公安机关先期紧急处置的。